Lutz van Dijk • AFRIKA

Lutz van Dijk

AFRIKA

Geschichte und Vielfalt eines Kontinents

Neu erzählt mit afrikanischen Stimmen

Peter Hammer Verlag

Lutz van Dijk, Dr. phil, geboren 1955 in Berlin, deutsch-niederländischer Schriftsteller, Pädagoge und Historiker. Er war zuerst Lehrer in Hamburg, später Mitarbeiter des Anne-Frank-Hauses in Amsterdam. Bis 1994 hatte er aufgrund seines Anti-Apartheid-Engagements Einreiseverbot in Südafrika. 1997 besuchte er Südafrika zum ersten Mal. Seit 2001 lebt er in Kapstadt, wo er sich als Mitbegründer der Stiftung HOKISA (www.hokisa.co.za) für benachteiligte Kinder und Jugendliche in einem Township engagiert.

1997 erhielt Lutz van Dijk den Jugendliteraturpreis von Namibia. Seine Jugendromane *Township Blues* (2000), *Themba* (2006) und *Romeo und Jabulile* (2010) werden auch in südafrikanischen Schulen gelesen. Für *Township Blues* erhielt er 2001 den Gustav-Heinemann-Friedenspreis. Sein Roman *Themba* wurde 2010 als internationale Produktion fürs Kino verfilmt. Für den Peter Hammer Verlag übersetzte er Mbu Malonis Autobiografie *Niemand wird mich töten* (2011) sowie Sonwabiso Ngcowas Roman *Nanas Liebe* (2014). Sein Fotogeschichtenband *African Kids. Eine südafrikanische Township-Tour* erschien 2012, der Roman für Kinder *Bis bald, Opa!* 2019. Sein Roman *Kampala-Hamburg* war 2021 für den deutschen Jugenditeraturpreis nominiert. 2024 veröffentlichte er ein Kinderbuch zum Holocaust, *Damals hieß ich Rita. Die Geschichte von Rozette Kats*, sowie eine Neuausgabe von *Jüdische Leben. Berichte aus 4000 Jahren*. Im selben Jahr erschien sein autobiografischer Roman *Irgendwann die weite Welt*.

Mehrere Jahre berichtete er für die *taz* und andere Zeitungen aus Südafrika. Mehr unter www.lutzvandijk.com

Für die Bewohner von Masiphumelele,
einem Township südlich von Kapstadt – unsere Nachbarn.
»Masiphumelele« bedeutet in Xhosa: Wir werden es schaffen!

»Der Mensch ist unsere erste Bedingung: Er bestimmt unser Maß … Eine Nation, die sich weigert, ihr Rendezvous mit der Geschichte einzuhalten, die nicht daran glaubt, etwas Eigenes beitragen zu können, so ein Land ist am Ende, bereit, in einem Museum gezeigt zu werden. Die Afrikanerin und der Afrikaner sind nicht am Ende, bevor sie oder er überhaupt richtig begonnen haben. Lasst sie sprechen, und vor allem, lasst sie handeln. Lasst sie, wie bei einem Sauerteig, ihre Botschaft bringen, um dabei zu helfen, die Zivilisation des Universums zu schaffen.«

Léopold Sédar Senghor (1906–2001), Dichter und erster Präsident Senegals, im Jahr 1959, ein Jahr vor der Unabhängigkeit seines Landes

Inhalt

Afrika: Der älteste und auch der jüngste Kontinent

Einleitung – und wieder zehn Jahre später

Als Sive gerade ein paar Wochen alt war, hat seine damals kranke Mutter aus Angst, sich nicht um ihr Baby kümmern zu können, ihn in einen Pappkarton gepackt und bei einem der Bauarbeiter gelassen, die ein Kinderhaus im Township Masiphumelele bei Kapstadt bauten. Später sagte Sive zuweilen: »Ich bin hier der Prinz, weil ich als Erster kam.«

Seit er zehn ist, steht er manchmal mit ein paar Freunden am Eingang des Townships, dort, wo so viele entlangkommen auf dem Weg zur Hauptstraße – und wo ab und zu auch mal ein großer Reisebus am Straßenrand hält. Dann steigen meist ein paar Touristen aus Deutschland, den Niederlanden, England, Amerika oder Australien aus und strecken die steifen Glieder.

Zuweilen fragen sie: »Ist das hier ein Township?«

»Ja«, antwortet Sive.

»Ist es gefährlich, hier herumzulaufen?«

»Nicht, wenn ihr mit mir geht!«, antwortet Sive ohne zu zögern und nimmt sie mit auf eine richtige Township-Tour für ein Taschengeld von zehn oder 20 Rand pro Person.

Wenn er dann nach seinem Alter gefragt wird, sagt er: »Fast zwölf!« Als ich wissen will, warum er sich immer älter macht, sagt er: »Zehn hört sich blöd an. Zwölf klingt besser.«

Es gibt in verschiedenen afrikanischen Ländern ein Sprichwort, das lautet: »In Europa haben viele eine Uhr, in Afrika hingegen haben wir die Zeit.«

Zehn Jahre. Für ein Menschenleben kann das viel bedeuten. Aber für die Geschichte des ältesten aller fünf Kontinente? Wir sprechen von einem Zeitraum von rund 550 Millionen Jahren, als das Land erstmals die feste Form von heute annahm, noch umgeben von glühend flüssiger Materie. Was sind da zehn Jahre? Oder zwei Mal zehn Jahre? Und doch – so viel ist seit dem ersten Erscheinen dieses Buches vor inzwischen gut 20 Jahren geschehen:

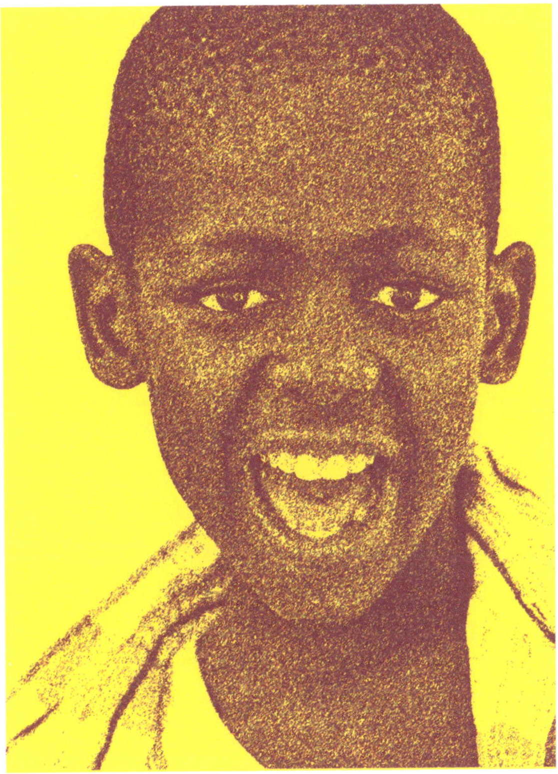

Sive Maholwana (10) im Township Masiphumelele im Jahr 2012

Damals – zu Beginn des zweiten Jahrtausends der gegenwärtigen Zeitrechnung – wurde der erst beginnende Einfluss Chinas in Afrika noch wenig wahrgenommen. Heute folgen 53 der 54 Staaten Afrikas den Einladungen der chinesischen Regierung zu den alle drei Jahre stattfindenden Gipfeltreffen, auf denen es spätestens seit 2009 nicht mehr nur um afrikanische Rohstoffe gegen günstige chinesische Darlehen, um Mammutbauten und Billigkomsumgüter geht, sondern auch um Ideen zu langfristiger ökonomischer Entwicklung in Afrika. Sosehr die Kritik an der chinesischen Missachtung universeller Menschenrechte und der scheinbar problemlosen Kooperation auch mit afrikanischen Diktatoren zutrifft, sowenig darf dies zur Blindheit gegenüber dem ungeheuren Ausmaß an Innovation auf beiden Seiten führen.

Damals hatte es seit dem Ende des Kolonialismus noch nie eine Frau an die Spitze einer afrikanischen Regierung geschafft – inzwischen gab bzw. gibt es immerhin neun Regierungschefinnen: In Äthiopien, Burundi, der Demokratischen Republik Kongo, Gabun, Liberia, Malawi, Mauritius, Tansania und der Zentralafrikanischen Republik. Wird die traditionelle Vorherrschaft der Männer endlich gebrochen oder sind das weiterhin Ausnahmen? Hat die systematische Unterdrückung von Frauen bis hin zum sexuellen Missbrauch innerhalb der Familie, selbst gegenüber Kindern, eher noch zugenommen? Warum wurde in mehreren Ländern Afrikas die Verfolgung sexueller Minderheiten drastisch verschärft bis hin zu lebenslanger Haft und gar Todesstrafe (zuletzt seit Mai 2023 im überwiegend christlichen Uganda)? Inzwischen werden in Ländern wie Kenia oder Nigeria selbst jene mit Gesetzen bedroht, die sich weigern, betroffene Familienangehörige, Nachbarn oder Arbeitskollegen anzuzeigen, von einem Engagement für gleiche Rechte ganz zu schweigen.

Damals saßen nordafrikanische Despoten, wie Libyens Muammar al-Gaddafi, noch fest im Sattel. Was in Tunesien mit dem Protest des jungen Straßenhändlers Mohamed Bouazizi gegen Armut und politische Unfreiheit begann, indem er sich öffentlich verbrannte und damit Millionen junge Araberinnen und Araber ermutigte, sich zu wehren, führte zu dem von kaum jemandem vorhergesehenen »Arabischen Frühling« in den meisten Nachbarländern, der schließlich auch Gaddafi wegfegte. Während Tunesien es schaffte, den Straßenkampf in eine freiheitliche Verfassung umzusetzen, hat es in anderen nordafrikanischen Ländern eher zu neuen Rückschlägen oder zu scheinbar unlösbaren Bürgerkriegen geführt – einem »arabischen Herbst«.

In jüngster Vergangenheit kam es auch in Westafrika zu von jungen Menschen angeführten Protesten gegen von westeuropäischen Ländern, vor allem Frankreich, unterstützte Regierungen, die zu militärischen Staatsstreichen in Mali, Burkina Faso und Niger führten. Nicht nur das französische Militär zog sich daraufhin zurück aus diesen Nationen, sondern auch die deutsche Bundeswehr beendete in Mali ihre »Friedensmission« von rund 20 000 Soldat*innen Ende 2023. Was von der einen Seite als indirekte Unterstützung eines »Putsches gegen demokratisch gewählte Regierungen« verurteilt wird, bezeichnen die anderen als »längst notwendiges Ende kolonialer Bevormundung«. Hoffnung macht auch die ebenfalls überwiegend junge Opposition Senegals, die seit den gewonnenen Wahlen vom 24. März 2024 einen demokratischen Neuanfang versucht. Unübersehbar neues Konfliktpotenzial kommt dagegen hinzu durch Russlands Angebote, dort militärisch und wirtschaftlich zu unterstützen, wo westeuropäische Mächte den Rückzug angetreten haben.

Wie wird es in West- und Nordafrika weitergehen?

Damals hatte noch kaum jemand etwas von *Boko Haram* gehört: Der fanatische Fundamentalismus hat vor allem dort in Afrika zugenommen, wo die extremen Unterschiede zwischen einer reichen Elite und der Masse der Armen weiter aufeinanderprallen. Dramatisch ist die weit offene Schere zwischen Arm und Reich in Nigeria, mit etwa 227 Millionen Menschen das bevölkerungsreichste Land des Kontinents (Stand: 2024). Zwei Drittel der Nigerianer leben unter der Armutsgrenze, ein fruchtbarer Boden für die 2002 gegründeten islamistischen Milizen von Boko Haram (in der Sprache der Hausa steht der Name für »Westliche Bildung ist schlecht«), die vor allem die nördlichen Landesteile mit Terrorakten überzieht. Spektakulär, weil endlich auch international beachtet, war im April 2014 die Entführung von über 270 Schulmädchen im Alter von 16–18 Jahren aus einer staatlichen Internatsschule in Chibok.

Ein anderes Beispiel ist der Sudan, das damals von der Fläche her größte Land Afrikas, in dessen Süden extreme Armut trotz reicher Ölvorkommen herrscht und wo ein jahrzehntelanger Bürgerkrieg zwischen Nord und Süd 2011 zur Gründung des 54. Staates Afrikas – dem Südsudan – führte, der gleichwohl bisher nicht zur Ruhe kommt. Wo werden in Ländern wie Nigeria und dem Sudan die Ursachen der Missstände angegangen und nicht nur deren Folgen?

Einerseits ist dort, wo das Schrecklichste nur wenige Jahre zurückliegt, wie der Völkermord an etwa 800 000 Menschen in nur 100 Tagen in Ruanda 1994, heute ein stabiler, wenn auch nicht sehr liberaler Staat entstanden, der 30 Jahre nach dem Genozid nicht nur die bemerkenswerte Verringerung früherer Armut feiern konnte, sondern auch Fortschritte bei der Versöhnung der ehemals gegeneinander aufgehetzten Bevölkerungsgruppen.

Andererseits gilt leider auch die Umkehrung: Wo fast gleichzeitig – ebenfalls 1994 – in Südafrika das Ende der Apartheid, der Unterdrückung der Mehrheit der »schwarzen« Bevölkerung durch eine »weiße« Minderheitsregierung, mit der demokratischen Wahl des ehemaligen politischen Gefangenen Nelson Mandela zum Präsidenten gefeiert werden konnte, hat sich vor allem unter Präsident Jacob Zuma (2009–2018) in der ehemaligen Befreiungsbewegung und späteren Regierungspartei ANC (African National Congress) in einem Ausmaß persönliche Bereicherung von Führungseliten breitgemacht, dass deren Bekenntnisse zur Armutsbekämpfung von immer weniger Menschen geglaubt werden. Nach Anklagen wegen Korruption und Betrug musste Zuma im Februar 2018 zurücktreten, konnte sich aber bis heute unter fadenscheinigen Gründen einem Prozess entziehen. Sein Nachfolger Cyril Ramaphosa setzte eine richterliche Kommission zur Untersuchung von staatlichem Machtmissbrauch ein, die zahlreiche zusätzliche Beschuldigungen gegen hohe Regierungsmitglieder belegte, aber zu nur wenigen personellen Konsequenzen führte. Bei den friedlich verlaufenen Wahlen vom 29. Mai 2024 verlor der ANC erstmals die absolute Mehrheit von 50 Prozent der Stimmen und formt seit dem 14. Juni eine Koalitionsregierung »der nationalen Einheit« mit der stärksten Oppositionspartei Democratic Alliance (DA) sowie zwei weiteren kleinen Parteien. Doch auch 30 Jahre nach Ende der Apartheid sind über 55 Prozent der Bevölkerung noch immer extrem arm.

An Dramatik nicht abgenommen haben in den vergangenen 20 Jahren nicht nur die Flüchtlingsströme innerhalb Afrikas (de facto haben sie sich allein in den letzten zehn Jahren mehr als verdoppelt), sondern auch die verzweifelten Anstrengungen der vielen Mittellosen, die von Nordafrika aus versuchen, in nicht seetauglichen und überfüllten Booten nach Europa zu kommen. Das Schlimmste ist in diesem Zusammenhang die fortbestehende Ignoranz mehr und mehr rechtsnationaler europäischer Regierungen gegenüber den Ursachen des Flüchtlingselends, die in Europa ganz wesentlich mitproduziert werden. Zuerst die Gründe ignorieren und dann über die Auswirkungen stöhnen – die vielen tausend Kinder, Frauen und Männer, die immer wieder alles riskieren, um auch ein menschenwürdiges Leben führen zu können –, ist mehr als zynisch. Sich die Ohren zuhalten gegenüber den Schreien Ertrinkender wird auf Dauer nicht funktionieren. Was könnte den einen Hoffnung auf Teilhabe geben – und den anderen die Angst vor dem Teilen nehmen?

Unvergessen ist für viele Afrikaner*innen auch die bedrückende Erfahrung, während und nach der Corona-Pandemie von den reichen westlichen Ländern im Stich gelassen worden zu sein, obwohl die UNO-Weltgesundheitsorganisation (WHO) COVID-19 im März 2020 zur »globalen Pandemie« mit bis heute weltweit 6,9 Millionen Toten erklärt hatte. Denn als die ersten schützenden Impfstoffe entwickelt waren, gingen diese nicht nur zuerst an die Länder des reichen Nordens, sondern selbst noch nachdem die Impstoffe dort doppelt und dreifach gehortet wurden, sodass die armen Länder des Südens unterversorgt blieben.

Mit dem Mord an dem Afroamerikaner George Floyd (46) am 25. Mai 2020 in der US-amerikanischen Stadt Minneapolis durch den »weißen« Polizisten Derek Chauvin, der Floyd, bereits am Boden liegend, mit dem Knie die Luft zum Atmen nahm, erfuhr die bereits seit 2013 in den USA bestehende Bewegung Black Lives Matter (Schwarze Leben zählen) weltweit solidarische Unterstützung und die Gründung zahlreicher ähnlicher Initiativen auch in Europa. Bestehende Organisationen wie die Initiative Schwarzer Menschen in Deutschland (ISD) bekommen endlich mehr Aufmerksamkeit. So erhält auch der Februar jedes Jahr in mehr Ländern Beachtung als Black History Month. Diese neuen Formen der weltweiten Solidarität mit Menschen afrikanischer Herkunft tragen hoffentlich zu mehr Verständnis und weniger Rassismus bei.

Der jahrhundertelangen Ignoranz gegenüber all den schrecklichen Kolonialverbrechen wird in den jüngsten Jahren auch dadurch entgegengewirkt, dass die Diskussion über die Rückgabe gestohlener afrikanischer Kulturschätze im Wert von vielfachen Millionen in einigen europäischen Ländern endlich begonnen hat und erste Erfolge verzeichnet. So gab zum Beispiel Deutschland endlich nach gut 125 Jahren im Dezember 2022 die ersten 20 sogenannten Benin-Bronzen an die Regierung in Nigeria zurück. Etwa 1100 dieser Bronzen lagern noch immer in deutschen Museen. Ein bescheidener Anfang – aber immerhin. Er wurde von Nigeria ausdrücklich als »bedeutsam« begrüßt.

All das in nur 20 Jahren. Was aber in jedem Fall gilt und im Trend eher noch zugenommen hat auf dem ältesten aller Kontinente: Es ist auch derjenige mit den meisten Kindern und Jugendlichen und damit gleichzeitig auch der jüngste Kontinent! Die Hälfte aller Afrikanerinnen und Afrikaner sind heute 18 Jahre oder jünger.

Was immer die heutigen Erwachsenen anstellen werden: Mit dieser Jugend, der Hälfte der Bevölkerung des gesamten Kontinents – ihren Sehnsüchten, Hoffnungen, aber auch ihrer Verzweiflung – ist zu rechnen. Mit Kindern und Jugendlichen wie Sive und seinen Freundinnen und Freunden.[1]

Lutz van Dijk
Amsterdam und Kapstadt, im Januar 2025

Sive Maholwana (22) als Kapitän im Jahr 2024

---

1 Mehr zu Sive und anderen Township-Kindern und -Jugendlichen in: van Dijk, Lutz (Hg.): *African Kids. Eine südafrikanische Township-Tour*, Wuppertal 2014 (3. Auflage). Sive Maholwana ist inzwischen 22 Jahre alt und bietet als ausgebildeter Kapitän ökologisch verantwortliche Delfin-, Hai- und Walbeobachtungen für Touristen im Hafen von Kapstadt an.

»Achtung vor den vielfältigen Stimmen Afrikas«

Vorwort von Erzbischof (em.) und Friedensnobelpreisträger Desmond Mpilo Tutu (Südafrika)

Anfangen möchte ich mit einer der schönsten Erinnerungen an meine Kinderzeit als Junge in einem Township nahe der Kleinstadt Klerksdorp im südafrikanischen Westen von Transvaal.

Es war ein langer Tag gewesen, und ich schlief bereits in unserem bescheidenen kleinen Haus, das im Wesentlichen aus einem Raum bestand und zur Methodisten-Kirche gehörte. Mein Vater war Schulleiter der dortigen Grundschule, meine Mutter arbeitete als Haushaltshilfe bei einer weißen Familie.

Ich kann mich nicht mehr erinnern, was tagsüber geschehen war. Ich weiß nur noch, wie müde ich war und dass ich bereits eingeschlafen sein musste, als die Erwachsenen noch auf waren und noch mehr Gäste erwartet wurden.

Viel später in dieser Nacht wurde ich wach – ich weiß nicht einmal mehr wodurch –, und während meine Augen sich langsam an die wenigen Lichter im Raum gewöhnten, entfaltete sich eine noch nie gesehene Schönheit vor meinen Augen: Trommeln, große und kleine, in allen Farben; Trompeten aus Blech und Silber funkelten, alles war neben- und übereinander gestapelt – und ich war Teil dieses Zaubers!

Was war geschehen? Mein Vater hatte mal wieder ein größeres Treffen der Pfadfinder organisiert, und weil es sonst keinen besseren Ort für die Jungen gab, wo sie ihre Instrumente aufbewahren konnten, hatte er erlaubt, sie alle in unserem kleinen Haus unterzubringen.

Als ich Lutz van Dijks Geschichte Afrikas las, musste ich an jenen frohen Augenblick denken.

Ja – es ist möglich, die Geschichte dieses Kontinents zu erzählen durch die vielfältigen Stimmen der afrikanischen Frauen und Männer, alte und junge, in ihren eigenen Worten, mittels ihrer persönlichen Erfahrungen, geprägt durch ihr Lachen und ihre Schmerzen, ihre Fehler und Erfolge, ihre Hoffnungen und Verzweiflungen. Keine Erklärung ist nötig. Nur ein ehrliches Interesse – zuzuhören.

Viele Bände sind geschrieben und veröffentlicht worden über die Geschichte dieses Kontinents, die weitaus meisten von ihnen aus europäischer Perspektive. Dieses Buch jedoch bietet eine zusätzliche Erfahrung für junge Leserinnen und Leser, unabhängig davon, ob sie aus Europa oder Afrika sind. Es lädt ein zum uneingeschränkten Dialog, einem Gespräch, das nur möglich ist, wenn alle gleichermaßen geachtet werden.

Als ich Student an der Universität war, wurde uns beigebracht, dass Geschichte wie andere Wissenschaften auch keine moralischen Urteile enthalten solle und sich stattdessen auf Fakten und Zahlen zu konzentrieren habe. Du kannst zwar die chemische Reaktion bestimmter Elemente mit Wasser durch solch eine neutrale Haltung lernen, aber Geschichte kannst du eben nicht umfassend verstehen, ohne leidenschaftlich alle Seiten anzuhören. Es gibt niemals nur eine Version, die die ganze Wirklichkeit erfasst. So wie es niemals nur eine Wahrheit gibt, um die gesamte Wahrheit zu verstehen.

Wenn wir die Geschichte des afrikanischen Kontinents studieren möchten, dann dürfen wir nicht vergessen, dass die Mehrheit der verschiedenen Völker, die hier seit Jahrhunderten, ja seit Jahrtausenden zu Hause sind, viel zu lange ignoriert worden ist. Geschichte wurde zu oft missbraucht, um Ungerechtigkeiten zu rechtfertigen.

Lutz van Dijks *Geschichte des Kontinents erzählt mit afrikanischen Stimmen* zeigt uns, dass wir Geschichte wesentlich genauer verstehen können, wenn wir lernen, auch denjenigen zuzuhören, die in der Vergangenheit zum Schweigen verurteilt waren. Die Fähigkeit zu Einfühlung und Mitgefühl ist keine Schwäche. Im Gegenteil, sie stärkt all diejenigen, die keine Angst davor haben, die gesamte Wirklichkeit zu erfahren.

Lutz van Dijk hatte keine Angst, sich selbst einem solchen Prozess zu stellen. Geboren und aufgewachsen in Europa, von Beruf Lehrer, Historiker und Schriftsteller und seit langem für Menschenrechte engagiert, kam er vor über 20 Jahren nach Südafrika, um von den Anhörungen junger Menschen vor der südafrikanischen Wahrheits- und

Der südafrikanische Erzbischof Desmond Mpilo Tutu (79) im Jahr 2010

Versöhnungskommission zu berichten, die die Aufgabe hatte, die Verbrechen der Apartheid aufzuarbeiten. Er entschloss sich später, nach Südafrika umzuziehen und beizutragen zur friedlichen Umgestaltung meines Landes, vor allem in einem Township-Projekt mit Kindern und Jugendlichen, die von Aids betroffen sind. Zum Glück hat er nicht aufgehört, als Schriftsteller zu arbeiten.

Lasst mich abschließend von einer anderen Überraschung berichten, die beim Lesen dieses Buches geschehen kann: Ein Dialog über die Zukunft Afrikas unter jungen Leuten verschiedenster kultureller oder ethnischer Hintergründe, ein Gespräch, das umso effektiver sein wird, je mehr die historischen Werkzeuge für gegenseitige Achtung in unseren Schulen von Anfang an gelernt werden – wenn Lernen aus der Geschichte ein Abenteuer des Entdeckens und Verstehens eines zunächst fremden Menschen wird, der doch so viel mit mir gemeinsam haben kann.

Sicher ist Lutz van Dijks Geschichte Afrikas nicht in jeder Hinsicht vollständig. Sie kann nicht vollständig sein, da diese neue Reise erst begonnen hat. Es wäre ein Leichtes, ihn für all das zu kritisieren, was nicht in seinem Buch erwähnt wird, einem Buch, das die unglaubliche Zeitspanne von der Urzeit bis heute umfasst, geschrieben in einer Sprache, die von jungen Leuten ebenso verstanden wird wie von uns allen, die wir keine Historiker sind. Es regt uns an, hier und dort mehr Fragen zu stellen – ohne vereinfachende Anklagen. Denn es verweigert sich allen Schwarz-Weiß-Malereien.

Nicht oft genug kann es gesagt werden: Niemand von uns ist gut oder schlecht aufgrund von Hautfarbe oder anderen Äußerlichkeiten, sondern allein wegen seines Charakters und seines Handelns. Lasst uns nicht vergessen: Wir alle wurden nach dem Bildnis Gottes geschaffen.

Das bunte Afrika

Die Geschichte des Kontinents Afrika ist wesentlich vielfältiger, als die Menschen in dem Teil unserer Erde, der Norden genannt wird, auch nur erahnen können. Afrika – der »schwarze Kontinent«? Afrika und seine Geschichte sind so bunt und vielfältig, so uralt und modern, so voller Höhen und Tiefen. Das Meiste und Wichtigste ist jedoch verloren gegangen oder ignoriert worden, einfach weil es nicht in die bei vielen vorherrschende Weltsicht passt.

Wir werden diese Geschichte erst zu erkennen beginnen, wenn wir bereit sind, neue Fragen zu bedenken und Gewohntes infrage zu stellen. Oder manchmal auch nur still zu sein und zuzuhören.

Es ist irgendwann kurz nach Mitternacht. Ich liege in Hamburg im Studentenwohnheim auf meinem Bett. Das kleine Zimmer teile ich mit einem anderen Jungen, der mit seinen 17 gut zwei Jahre jünger ist als ich. Er summt etwas vor sich hin, ganz leise, um mich nicht zu stören. Wir können beide nicht einschlafen. Ich frage ihn: »Tony, was singst du?« – »Ein Lied meines Großvaters.« – »Wohnt der auch in Lagos?« – »Nein«, antwortet Tony leise, »er kam aus dem Norden Nigerias und ist schon viele Jahre tot.«

Wir schweigen wieder eine Weile. Draußen lässt der Herbststurm ein paar Zweige gegen unser Fenster schlagen. Der Sommer war kurz dieses Jahr, schon Anfang September ist es ungewöhnlich kühl geworden. Ich schimpfe über die Kälte, Tony klagt nicht. Dann fragt er plötzlich: »Willst du wissen, wie das Lied geht?« Ich brumme Zustimmung. Zuerst singt Tony in seiner Muttersprache, dann für mich in Englisch:

»Schwarz hat so viele Farben,
schwarz ist das Licht, das wir finden.
Schwarz ist so bunt,
schwarz ist dunkel nur für den Blinden …«

Einen Monat später kommt ein älterer Bruder aus Paris und holt Tony ab, von einem Tag auf den anderen. Ich habe Tony Igbokwe niemals wiedergesehen. An die Melodie seines Liedes erinnere ich mich bis heute.

Wer Bücher zur Geschichte Afrikas liest, muss in den meisten Fällen den Eindruck bekommen, als habe die Existenz des Kontinents erst mit dem Anlanden der europäischen Handelsschiffe vor gut 500 Jahren begonnen. Selbst dort, wo wohlmeinende Historiker einige Kapitel über »Afrika als die Wiege der Menschheit« oder untergegangene Königreiche des Altertums hinzugefügt haben, herrscht allzu oft die herkömmliche Sichtweise vor: Wer hatte die Macht wie lange über welches Gebiet? »Oben und unten« – was ist eigentlich so erhellend an diesen Kategorien?

Am Ende der Grundschulzeit kommt Frau Sobirey zu uns. Sie hat eine ungewöhnliche Fächerkombination: Erdkunde und Religion. Und sie ist sehr dick und alt, jedenfalls erscheint sie uns Kindern uralt mit ihren wallenden grauen Haaren und den schweren Falten, die ihr rundes Gesicht durchfurchen. Ich mag sie auf Anhieb, obwohl vom ersten Tag an klar ist, dass sie es schwer haben wird, sich in unserer Berliner Schulklasse durchzusetzen. Wir sind über 40 Kinder, von denen die meisten aus einer nahen Obdachlosensiedlung kommen. Frau Sobirey ist schwerfällig und vor allem zu gutmütig.

Manchmal bringt sie Fotos mit – aus ihrem Leben. Denn als sie jung war, hat sie viel gesehen von der Welt. Von der Kirche war sie in mehrere Länder Afrikas geschickt worden. Wir sehen ein junges Mädchen in weißer Schwesternuniform inmitten vieler dunkelhäutiger Kinder. Es sind immer wieder solche Fotos, mit denen es ihr gelingt, für wenige Minuten die Aufmerksamkeit aller zu erringen.

Einmal fragt mein Freund Achim, der neben mir sitzt, warum Afrika unten an der Weltkugel hängen würde. Und Frau Sobirey antwortet: »Das ist gar nicht so! Afrika ist ganz oben!« Achim schüttelt entrüstet den Kopf: »Stimmt nicht, können Sie jeden Abend in den Fernsehnachrichten sehen – Afrika hängt unten.«

Frau Sobirey bittet Achim, nach vorne zu kommen und ihr zu helfen, den schweren Kartenständer in die Mitte vor die Tafel zu schieben. Dann entrollt sie die bereits bekannte Weltkarte – und hängt sie verkehrt herum auf.

»Das muss andersrum!«, ruft Achim.

»Wieso eigentlich?«, fragt Frau Sobirey – und einen Moment ist es tatsächlich still in der Klasse.

Es soll noch Jahre dauern, bis ich begreife, warum sie mit einem dicken Filzstift selbst die Äquatorlinie tiefer eingetragen hat, als wir es gewohnt waren. Frau Sobirey hatte mir den ersten Hinweis gegeben, über oben und unten – und über Afrika und uns in Europa – anders als gewohnt nachzudenken.

Wenn Europa nach Afrika schaut, will es alles erklären, vor allem das, was es nicht mal oberflächlich begriffen hat: Die Konflikte und Kriege und vor allem die Krankheiten und das Elend. Europa versteht so viel. Redet so viel und zeigt beeindruckende Bilder. Am liebsten immer die gleichen, damit selbst der Dümmste in Europa sofort weiß: Aha, hier geht es wieder um Afrika! Außerdem ist Europa immer hilfsbereit, egal ob die Hilfe gewünscht wird oder nicht. Bei allem Einsatz zur Rettung der Seelen und Hilfe für Kranke und Arme ist das Elend in den meisten Teilen des Kontinents unterm Strich jedoch bis heute nicht weniger geworden. Die besten Projekte haben einige der schlimmsten Folgen gemildert.

Die Missachtung und Ausbeutung Millionen armer Menschen durch die wirtschaftlichen Interessen Weniger wird von den meisten Politikern im Norden weiter als leider unumgänglich, wenn nicht als selbst verschuldet erklärt – oder schlicht geleugnet. Klugheit schützt nicht vor Korruption. Schließlich gibt es vor allem zwei Lager: die Mehrheit derjenigen, die Afrika als hoffnungslos abgeschrieben haben, und jene Minderheit der Zivilisationsmüden, die sich von afrikanischen Mythen und Ritualen eine Linderung der eigenen Seelennot erhoffen. Menschen, die zuhören und sich Zeit nehmen, bleiben die Ausnahme.

Wenn Afrika nach Europa schaut, ist auch hier die Sicht meist verzerrt: Die meisten Afrikaner*innen sind eher arm und haben keine persönlichen Kontakte zu Europäer*innen oder anderen »Westlern«, dafür haben sie jedoch zahllose fantastische Bilder aus dem Fernsehen vor Augen: So viel, so satt, einfach immer zu essen. Und ein Auto oder mehrere. Die Menschen, die nichts haben, die täglich hungern und nicht einmal genug für die eigenen Kinder haben, sind bereit, sehr viel auf sich zu nehmen, um von jenem fernen Reichtum wenigstens einen Bruchteil abzubekommen. Sie verlassen ihre Heimat, zu oft nur, um von einer Armut in eine andere, noch schlimmere, zu geraten. Sie

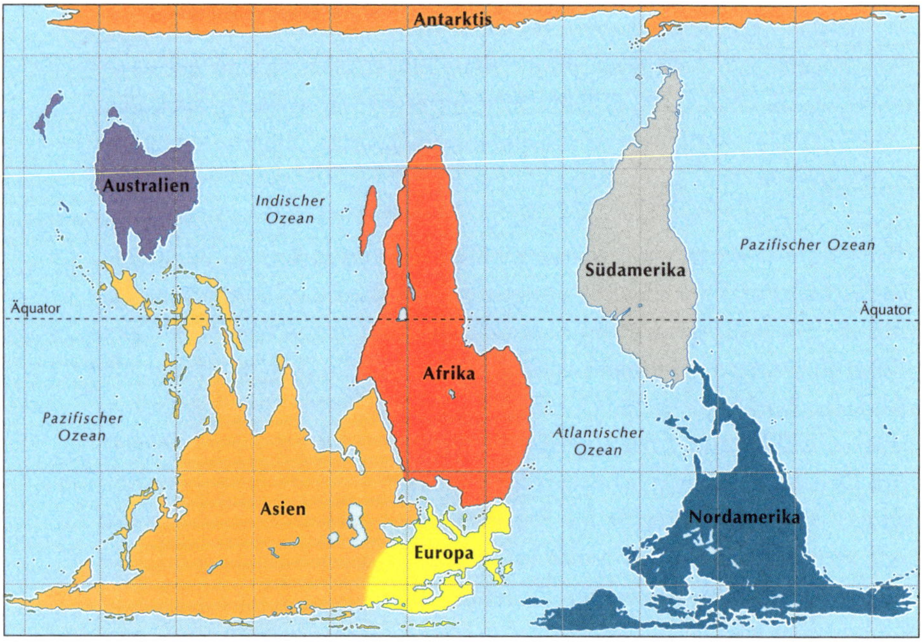

Oben oder unten? Die Weltkarte mit neuen Perspektiven für Afrika und Europa

helfen der eigenen Familie uneingeschränkt und hauen dafür schon mal jemanden übers Ohr.

Wer einmal Macht errungen hat, gibt sie so schnell nicht wieder her. Auch die persönliche Erfahrung von Armut schützt nicht vor Korruption.

Manche Afrikaner*innen, die die Chance einer guten Schulbildung hatten, sehen den Reichtum des Nordens kritischer: Wo kommt er her? Sie sind jung, oft nicht so arm wie die meisten ihrer Landsleute und konnten vereinzelt sogar im Ausland studieren. Einige machen Karriere und kommen nicht zurück. Andere erhalten sich ihren Zorn und wollen etwas tun. Sie suchen weiter und engagieren sich. Hören wir sie und geben ihren Anliegen Raum zur Auseinandersetzung?

Einige verzweifeln während ihrer Suche und geben auf. Wenige radikalisieren sich und suchen Anschluss an fanatische Fundamentalisten.

Der südafrikanische Friedensnobelpreisträger und Erzbischof Desmond Mpilo Tutu wurde vor vielen Jahren einmal in London gefragt:

»Herr Bischof, macht es Sie am Ende eines langen Lebens nicht bitter zu sehen, dass trotz all Ihres Einsatzes für Frieden und Gerechtigkeit der afrikanische Kontinent noch immer geprägt ist von zahllosen kriegerischen Auseinandersetzungen?«

Erzbischof Tutu zögerte einen Moment, bevor er mit gerunzelter Stirn antwortete: »Ja, Sie haben recht! Es macht mich oft sehr traurig zu sehen, dass der europäische Kontinent auch aus zwei, von hier begonnenen Weltkriegen so wenig gelernt zu haben scheint. Was soll aus Europa nur werden? Schauen Sie nach Irland, ins spanische Baskenland, von den Ländern Ex-Jugoslawiens ganz zu schweigen. Und nun sogar wieder Kriegsdrohungen wegen der ethnischen Konflikte in der Ukraine. Wann wird Europa endlich aus der Geschichte lernen?«

Der Journalist stellte keine weitere Frage.

Die wirkliche Geschichte Afrikas wird erst allmählich geschrieben – ermutigende Beispiele gibt es von Afrikaner*innen verschiedener Generationen. Hier seien aktuell genannt:

Sarr, Felwine: *Afrotopia*, Berlin 2019

Diallo, Moustapha M. (Hg.): *Visionäre Afrikas. Der Kontinent in ungewöhnlichen Porträts*, Wadersloh 2022

Faloyin, Dipo: *Afrika ist kein Land. Das Manifest gegen Dummheit, Faulheit und Einfachheit im Umgang mit der Vielgestaltigkeit des afrikanischen Kontinents*, Berlin 2023

Badawi, Zeinab: *Eine afrikanische Geschichte Afrikas. Vom Ursprung der Zivilisation bis zur Unabhängigkeit*, München 2024

Auch dieses Buch bleibt unvollständig und ist noch immer geprägt von vielen Beschränktheiten. Es kann im besten Fall bescheiden zu neuen Sichtweisen und Dialogen ermutigen. Und im Norden für neue Perspektiven auf Afrika werben – wohl wissend, wie machtvoll Vorurteile und Stereotype im eigenen Kopf sind. Sie abzulegen oder ihnen sogar entgegenzuwirken, ist nicht leicht.

Es gibt wenig überzeugende Alternativen.

Schließlich: Afrika gibt es auch in Europa – und umgekehrt. Und zwar nicht nur in Produkten und Rohstoffen, denn Afrikaner*innen gehören zum täglichen Bild in vielen Ländern Europas. Es gibt Freundschaften und Ehen und Kinder aus diesen Partnerschaften und Beziehungen zwischen Afrika und Europa. Und es hat auch mit einem neuen Geschichtsbewusstsein zu tun, wenn es mehr und mehr Initiativen gibt, die Identitäten mit afrikanischen Wurzeln mit Stolz und Selbstachtung verteidigen.

Die ganze – auch historische – Wirklichkeit wahrzunehmen, ist immer auch ein Akt der persönlichen Befreiung. Und das tut gut, weil es uns stärker macht. Im Süden wie im Norden.

Was ist »Afrika«?

»Afrika – Mutter Afrika,
Wüsten, Steppen, Urwald,
Flüsse, Seen und Berge.
Insekten, Vögel, Fische,
Reptilien und Säugetiere.
Alles deine Kinder,
so wie wir, deine Kinder.
Afrika – Mutter Afrika,
Mutter, Mutter,
siehst du alle deine Kinder?
Mutter, Mutter,
hörst du mich?«

Kabria (13), Schülerin in Ghana

Afrika – der Name

Am Anfang war das Wort? Nicht in Afrika. In früheren Zeiten wurde die Bezeichnung Afrika vor allem von Fremden zur Beschreibung des Kontinents benutzt. Die Römer nannten nach der Eroberung von Karthago im Jahre 146 vor unserer Zeitrechnung ihre neue Provinz *Africa proconsularis*. Vermutlich stammt der Begriff von den Vorfahren der heutigen Berber, die sich selbst *Afri* nannten. Die Araber haben daraus später das Wort *Afriquia* für den nordafrikanischen Raum geprägt.

Der südafrikanische Schriftsteller, Maler und Intellektuelle Zakes Mda (*1948) berichtet über das Entstehen einer afrikanischen Identität: »*Bis vor gut hundert Jahren verstanden die meisten Bewohner dieses Kontinents sich selbst nicht als Afrikaner. Zuerst sahen sie ihre Zugehörigkeit zu einer Familie oder einem Clan, ihre Geschlechterrolle oder ihren Klassenstatus. Über allem aber stand ihr Menschsein als das*

Wesentliche. Deshalb nannten sie sich in ihren jeweiligen Sprachen Abantu oder Khoikhoi oder benutzten ähnliche Begriffe, die ihr Menschsein betonen sollten.«

Afrika – das Land

Mit gut 30 Millionen Quadratkilometern ist Afrika (nach Asien mit mehr als 44 Millionen Quadratkilometern) der zweitgrößte der fünf Kontinente. Gut ein Fünftel der Erdoberfläche gehört zu Afrika – damit ist es etwa sechsmal so groß wie Europa. Allein die Wüste Sahara ist etwa so groß wie die USA. Afrika mutet an wie eine Rieseninsel, die große Ozeane umgeben. Nur im äußersten Nordosten – bei der ägyptischen Landenge von Suez – gibt es eine Verbindung mit Asien.

Der polnische Journalist Ryszard Kapuscinski (1932–2007), der mehr als 40 Jahre lang viele Länder Afrikas bereiste, erzählt: *»Dieser Kontinent ist zu groß, als dass man ihn beschreiben könnte. Er ist ein regelrechter Ozean, ein eigener Planet, ein vielfältiger, reicher Kosmos. Wir sprechen nur der Einfachheit, der Bequemlichkeit halber von Afrika. In Wirklichkeit gibt es dieses Afrika gar nicht, außer als geografischen Begriff. Afrika, das sind Tausende von Situationen. Verschiedenste, unterschiedlichste, völlig gegensätzliche Situationen. Jemand sagt: ›Dort herrscht Krieg.‹ Und er hat recht. Ein anderer sagt: ›Dort ist es friedlich.‹ Und er hat auch recht. Denn alles hängt davon ab – wo und wann.«*

Afrika – die Menschen

Kulturell gesehen gibt es in Afrika die größte Vielfalt von Menschen auf unserer Erde. Die fast 1,5 Milliarden Afrikanerinnen und Afrikaner (Stand: 2024) gehören mehreren tausend ethnischen Gruppen an, sprechen gut 2000 anerkannte Sprachen und leben in derzeit 54 Staaten (in Europa mit knapp 740 Millionen Einwohnern gibt es rund 70 Sprachen in knapp 50 Staaten). Mehr als 40 Prozent der Bevölkerung gehören dem Islam an, knapp 50 Prozent offiziell dem Christentum und gut zehn Prozent praktizieren traditionelle afrikanische Religio-

Die Vegetationszonen im Afrika von heute

nen oder gehören anderen Glaubensrichtungen an (wie dem Judentum oder dem Hinduismus). Schätzungen gehen davon aus, dass die Bevölkerung Afrikas sich bis 2050 auf mehr als 2,5 Milliarden erhöht haben wird.

Fatima S. (*1970), Geschichtslehrerin in Ägypten, kommentiert: *»Bevor die Europäer kamen, existierten auf diesem Kontinent mehr als zehntausend verschiedene ethnische Gruppen, Kleinstaaten, Königreiche, Sultanate, Familienclans. Nicht alle lebten friedlich miteinander, aber sie lebten und konnten sich selbst wahrnehmen und wurden wahrgenommen. Der Kolonialismus hat Afrika eigentlich weniger geteilt, als brutal vereinigt: Zehntausend selbstständige Einheiten wurden zu gut 50 Staaten zusammengeprügelt.«*

Und der englische Anthropologe John Reader (*1937) ergänzt: *»In der Tat, die zivilisierte Art des friedlichen Zusammenlebens in kleinen Gesellschaften ohne Staatenbildung, die nachweislich in Afrika vor dem Beginn äußerer Einflüsse existierte, ist ein wesentlicher afrikanischer Beitrag zur Menschheitsgeschichte.«*

Afrika und die Welt

In der Microsoft-Enzyklopädie »Encarta« las man noch bis 2009 unter dem Stichwort »Afrika« unter anderem: *»Afrikas Wirtschaft ist die am wenigsten entwickelte von allen Kontinenten, die Antarktis ausgenommen ... Schreckliche Hungersnöte und seuchenartige Krankheiten sind normal, noch verschlimmert durch schlecht ausgebaute Straßen und einen Mangel an medizinischem Personal ... Viele afrikanische Staaten sind von ausländischer Entwicklungshilfe abhängig oder vom Handel mit einer oder zwei ihrer natürlichen Ressourcen, der wiederum abhängt vom Auf und Ab des Weltmarktes.«*

Nur wer aufmerksam liest, stolpert über einen kurzen Satz, der sich ebenfalls in jenem Abschnitt über Afrikas Wirtschaft findet: *»Afrika ist reich an natürlichen Ressourcen und Teil seiner wirtschaftlichen Basis ist der Export dieses Reichtums.«* Warum haben die meisten Afrikaner dann so wenig von ihrem Reichtum an Bodenschätzen? Und wenn sie schon so viel exportieren: Warum kommt so wenig zu den Menschen in Afrika zurück?

Ein UNO-Gesandter aus Ruanda wies einmal bei einem Treffen mit Vertretern der Europäischen Union (EU) darauf hin, dass *»das Vieh in Europa mehr Getreide frisst, als den Menschen in ganz Afrika für* *ihre Ernährung zur Verfügung steht.«* Eine EU-Kommissarin aus Italien entgegnet: *»Das kann man so nicht vergleichen. Die Ansprüche an Energie beider Märkte sind einfach sehr verschieden.« – »Stimmt!«*, entgegnet der Mann aus Ruanda. *»Eure Ansprüche sind anders. Aber wir leben auf einem Planeten. Die Stadt New York zum Beispiel verbraucht so viel elektrische Energie wie der gesamte afrikanische Kontinent zusammen. Mit welchem Recht – außer dem Faustrecht des gegenwärtig Stärkeren?«*

»Afrika – Mutter Afrika, Mutter, Mutter, siehst du alle deine Kinder? Mutter, Mutter, hörst du mich?«

Diese Zeilen stammen aus einem Gedicht der damals 13-jährigen Kabria, mit dem sie an einem landesweiten Schülerwettbewerb teilgenommen hatte. Sie lebte, als ich sie traf, in einem Vorort von Accra, der Hauptstadt Ghanas, und sorgte allein für ihre Brüder Kwesi (8) und Ato (5). Kabrias Mutter war sechs Monate zuvor an Aids gestorben. Der Pastor ihrer Kirchengemeinde half unregelmäßig mit Gemüse und Brot. Ihren Schulbesuch unterbrach sie nach dem Tod der Mutter. Kabria sagte damals: »Ich werde wieder zur Schule gehen ... ganz sicher. Jetzt geht es einfach nicht.« Kabria hat Wort gehalten. Heute studiert sie an einem College, um Grundschullehrerin zu werden.

Afrikanische Zeiten: Wo alles begann

(550 Mill. v. Chr.–ca. 5 000 v. Chr.)

Afrika – der älteste aller Kontinente. Wo alles begann.

Das erste feste Land vor gut 550 Millionen Jahren, als alles Übrige auf dem jungen Planeten Erde noch in glühendem Fluss war. Die ersten Lebewesen, die aus dem Wasser an Land kamen. Über Jahrmillionen unveränderte Felsen- und Steinformationen, die nicht nur die Quelle gegenwärtiger Bodenschätze sind, sondern auch Studien über das Alter unseres Planeten zulassen wie sonst nirgendwo.

Vor gut 200 Millionen Jahren lebten die Dinosaurier, auch hier die ersten in Afrika. Ihre Entwicklung, die auf ihre beeindruckende körperliche »Hardware« setzte, erwies sich langfristig als nicht überlebensfähig. Die wesentlich schwächeren ersten Säugetiere entwickelten dagegen zunehmend eine »Software«, die sie für die nächste Stufe der Evolution qualifizierte: Anpassung durch Verhaltensänderungen.

Die ersten aufrecht gehenden Urmenschen gab es vermutlich in Ostafrika. In der dortigen Savannenlandschaft hatte der einen Vorteil, der sich einen Überblick verschaffen konnte. Verschiedene Fossilfunde lassen vermuten, dass dies ungefähr vor drei bis fünf Millionen

Jahren gewesen ist – als die ersten Affen sich erhoben, um auf zwei Beinen zu laufen, sich besser orientieren zu können und die Hände frei zu haben für andere Tätigkeiten.

Es sollte noch lange dauern, bis dieser Urmensch lernte, die verschiedenen Funktionen seines allmählich wachsenden Gehirns zu gebrauchen: seine Instinkte einem überlegten Handeln unterzuordnen, um anderen »überlegen« zu sein. Der moderne Mensch, der Homo sapiens, begann sich in Afrika vor etwa 200 000 Jahren zu entwickeln. Bis heute stimmt die Erbsubstanz zwischen einem Menschen und einem Schimpansen zu 99 Prozent überein. Der kleine, aber entscheidende Unterschied besteht im größeren Gehirn des Menschen.

Vor gut 100 000 Jahren verließ eine relativ kleine Gruppe des Homo sapiens den afrikanischen Kontinent über die heutige Sinai-Halbinsel in Richtung Naher Osten und breitete sich von hier aus langsam über den Rest der Welt aus. Fossilfunde belegen, dass diese ersten Migranten der Menschheitsgeschichte erst vor gut 40 000 Jahren in Europa ankamen. Nordamerika erreichten sie vor etwa 15 000 Jahren von Asien aus über eine Landbrücke, die zu dieser Zeit bei der Beringstraße bestand. In Südamerika kamen sie vor ungefähr 13 000 Jahren an.

Ein US-amerikanisches Forscherteam stellte Ende der achtziger Jahre des letzten Jahrhunderts die folgende Behauptung auf: Nicht nur liegt die »Wiege der Menschheit« in Afrika – sondern, genetisch gesehen, sind wir Menschen nach wie vor alle Afrikaner*innen, jedenfalls mehr Afrikaner*innen als alles andere. Es gibt bis heute eine größere genetische Vielfalt unter den Bewohnern Afrikas als zwischen Afrikaner*innen und Menschen von anderen Kontinenten!

Afrika – der älteste aller Kontinente. Wo alles begann. Ursprünge des Menschen, die bis heute die Grenzen unserer Existenz bestimmen: Die Grenzen unserer körperlichen Leistungsfähigkeit, die Grenzen unserer dreidimensionalen Vorstellungskraft, die Grenzen unserer Gefühls- und Sinneswahrnehmungen. Das tiefere Verstehen, was ein Mensch ist, beginnt in Afrika.

Der erste Kontinent

Vor rund fünf Milliarden Jahren – also 5 000 Millionen Jahren – entstand jener Planet, den wir Menschen bewohnen: die Erde. Bis heute wissen wir nicht genau, wie es dazu kam. Wissenschaftlerinnen und Wissenschaftler forschen nach den Ursachen, Philosophinnen und Philosophen denken über die Bedeutung nach. Und doch: Unsere dreidimensionale Vorstellungskraft ist beschränkt. Wie können wir uns einen Zeitraum von Millionen oder gar Milliarden Jahren vorstellen?

Trotz aller Forschung und Wissenschaft sind wir noch immer ratlos bei Fragen nach dem Ursprung des Lebens und der Zeit: Was war vor der Entstehung der Erde? Was existiert außerhalb des für uns erkennbaren Weltalls?

»Das ewige Nichts« (nach einer Zulu-Überlieferung)

»Keine Sterne gab es, keine Sonne,
Weder Mond noch Erde,
Nichts existierte außer dem Nichts,
Dunkelheit überall,
Ein Nichts, weder warm noch kalt
Ein Nichts, schlimmer als Leere
Angst einjagend und ewig.

Das Nichts floss dahin,
Niemand kann sagen wie lange,
Auf den Wassern der Zeit,
Jener mächtige Fluss
Ohne Quelle und Mündung,
Den es gab, der ist
Und immer sein wird.
Aber dann eines Tages –
Kann man überhaupt sagen: eines Tages? –

Verlangte der Zeitenfluss nach einer Partnerin
Wie ein Wesen aus Fleisch und Blut
Nach einem Partner schreit
Und als das Ergebnis jenes so unvorstellbaren Treffens
Zwischen dem Zeitenfluss und dem ewigen Nichts
Wurde der kleinste, kaum sichtbar flackernde Funken
Geboren – das Feuer des Lebens.«

»Das Feuer des Lebens« – so weit von dem, was wir heute von der Entstehung unseres Planeten Erde wissen, ist dieses Bild aus der Zulu-Überlieferung gar nicht entfernt. Unsere Erde war zu Beginn ein Feuerball, der auf eine ellipsenförmige Laufbahn als dritter Planet um die Sonne geschleudert wurde. Bis heute rasen wir in einem – wenn wir es wahrnehmen könnten – mörderischen Tempo von rund 30 000 Kilometern in der Stunde um die Sonne, in genau 365 Tagen, fünf Stunden, 48 Minuten und 47 Sekunden. Wir nennen diesen Zeitraum etwas ungenau »ein Jahr«.

Im Erdinneren brodelt es nach wie vor, im Kern nimmt man Temperaturen bis zu 12 000 Grad Celsius an. Und dick ist die Erdkruste auch nach gut 5 Milliarden Jahren noch immer nicht: Nur 30–70 Kilometer beträgt die feste Schicht unter den Kontinenten, unter den Ozeanen sogar nur 8–15 Kilometer – relativ wenig bei einem Gesamtdurchmesser der Erde von knapp 13 000 Kilometern. Kein Wunder, dass es an den dünneren Stellen immer wieder zu Erdbeben und Tsunamis kommt.

Am Anfang war dieser Planet fraglos ein höchst ungastlicher Ort: Beißende Säuredämpfe erfüllten die heiße Atmosphäre, das Sonnenlicht wurde verdunkelt von schweren Wolken, deren Niederschlag zu neuerlich brodelnden Reaktionen führte. Glühende Lavamassen aus andauernden Vulkanausbrüchen färbten riesige Gebiete feuerrot und Einschläge von Meteoriten waren an der Tagesordnung.

Nur ganz allmählich – über einen Zeitraum von vielen Millionen Jahren – setzte ein Abkühlungsprozess ein, der zur Bildung erster, dauerhaft fester Substanzen führte: Durch Chloride grün gefärbte Felsbrocken, die wie Korken auf der Oberfläche brodelnder, heißer Meere schwammen, aber doch den Kern für zunehmende Stabilisierung boten. Die aktuelle Forschung geht davon aus, dass die ersten Felsmassen im Süden Afrikas vor etwa 3,6 Milliarden Jahren zur Ruhe kamen. Sie verbanden sich im Laufe der folgenden Hunderte von Millionen Jahren mit zwei weiteren Felsmassen, die das spätere West- und Zentralafrika formten.

Vor rund 550 Millionen Jahren erhob sich ein Gebiet, das zu mehr als 90 Prozent mit der Form des heutigen afrikanischen Kontinents identisch ist, aus den Fluten und bildete festes Land: Afrika war geboren.

Auf keinem anderen Kontinent kann die Entstehungsgeschichte unseres Planeten so genau erforscht und nachverfolgt werden wie in Afrika. Die mittlere Höhe der gesamten festen Erdoberfläche beträgt heute 875 Meter über dem Meeresspiegel. Bis heute liegt der Kontinent Afrika im Durchschnitt rund 400 Meter über allen anderen Kontinenten. Dass es in Afrika die meisten mineralen Bodenschätze gibt, hat mit dem Alter des Kontinents zu tun.

Gold, Diamanten, Platin – alles Edelmineralien, die nur unter ganz bestimmten Bedingungen der Entwicklung der Erde entstehen konnten. Diamanten bilden sich bei Temperaturen von über 1000 Grad Celsius und unter einem Druck, der etwa 150 Kilometer überlagertem Fels entspricht. Gold benötigt zusätzlich extrem heißen Wasserdruck. Mehr als die Hälfte allen Goldes, das Menschen jemals aus der Erde zutage gefördert haben, kommt aus jener Gegend Südafrikas, in der die ersten Felsmassen abkühlten und stabiles Land wurden. Auch für andere Kontinente gilt, dass die erdgeschichtlich ältesten Regionen die meisten Bodenschätze aufweisen. Afrika ist hier eindeutig im Vorteil.

Die Erhärtung von Landmassen setzte sich in den kommenden gut 400 Millionen Jahren fort. Zuletzt stabilisierte sich der nordamerikanische Kontinent. Inwieweit alle Kontinente damals relativ dicht beieinanderlagen und sich erst allmählich auseinanderschoben, ist eine Theorie, die bis heute diskutiert wird. Auffallend bleibt, wie sehr Afrika und Südamerika zueinander passen, nicht nur geologisch und geografisch, sondern auch was bestimmte Pflanzen und Tiere betrifft.

Der deutsche Geophysiker Alfred Wegener (1880–1930) löste

Der Superkontinent Pangaea mit dem Zentrum Afrika

1912 mit seiner »Kontinentalverschiebungstheorie« eine heftige internationale Debatte aus: Demnach hatte es ursprünglich einen einzigen Superkontinent namens Pangaea (bedeutet: »alle Länder«) gegeben, der aus dem alten Afrika im Zentrum und den um Afrika liegenden Kontinenten Süd- und Nordamerika, Eurasien (als Einheit von Europa und Asien) sowie Indien, Australien (das noch über die Antarktis erreichbar war) und der Antarktis bestand.

Zu seinen Lebzeiten wurde Alfred Wegener nicht ernst genommen, da er keine Erklärung für das Auseinanderdriften der Kontinente geben konnte, auch wenn seine geophysikalischen Befunde über eine ursprüngliche Zusammengehörigkeit noch so beindruckend waren. Er widmete den Rest seines Lebens der Beweisführung. Bis zu seinem Tod bei einer Grönland-Durchquerung im November 1930 hatte er noch kein stichhaltiges Ergebnis vorlegen können.

Erst der südafrikanische Geologe Alex Du Toit (1878–1948) zeigte 1937 in seinem Buch *Die wandernden Kontinente* auf, dass Afrika und Südamerika rund 250 Millionen Jahre gebraucht hätten, um von unmittelbarer Nähe in die heutige Position zu kommen. Der US-amerikanische Geologe Harry Hess (1906–1969) schließlich erklärte 1959, warum die Kontinente nicht völlig ruhen, sondern im Prinzip permanent in Bewegung sind: Die verschiedenen Erdschichten – von der äußersten, relativ dünnen Erdkruste bis zu den heißen inneren Lagen – stehen in einem Spannungsverhältnis, das durch Veränderungen auf dem Meeresboden beeinflusst wird. Hess vermutete, dass es auf der kugelförmigen Erde einen Kreislauf von vielen Millionen Jahren gibt, in dem sich die Kontinente jeweils annähern und wieder entfernen. Unsere Zeit würde in diesem Szenario die Phase der größten Entfernung sein, wonach allmählich wieder eine Annäherung der Kontinente anstünde.

Der afrikanische Kontinent besteht seit gut 550 Millionen Jahren. Er ist der älteste Kontinent von allen und der mit den meisten Bodenschätzen. Hier lernten die Menschen zuerst den aufrechten Gang.

»Der Baum des Lebens«

Über die Entstehung des Lebens auf der Erde berichten auf dem afrikanischen Kontinent verschiedenste Mythen und Legenden. In mehreren ethnischen Gruppen und Völkern spielt der »Baum des Lebens« eine wichtige Rolle, so bei den Ndebele, vor allem in den Gebieten südlich des Flusses Sambesi, aber auch bei den Zulus Südafrikas.

Credo Mutwa (1921–2020), selbst ein Zulu aus dem Süden Natals, hat 1964 als einer der ersten Afrikaner eine umfassende Darstellung afrikanischer Geschichte in traditionellem Erzählstil in Englisch und Zulu verfasst. Darin schreibt er: »Es wird gesagt, dass der Große Geist das Universum aus Gründen geschaffen hat, die niemand versuchen soll zu ergründen. Der Große Geist gebrauchte dazu ein Wesen, das auch die Erste Göttin genannt wird …« Und dann erzählt er die Entstehungsgeschichte des Lebens, wie er sie von seinem Großvater gelernt hat:

» *Der erste Vater, der Baum des Lebens, wachte mit der ihm typischen Hilflosigkeit darüber, wie seine Gefährtin die Geburtsqualen meisterte. Aber nach langem, langem Schmerz wurde die Erste Göttin erlöst, und die erste mächtige Nation von Fleisch und Blut, zahllose menschliche Wesen, war geboren. Und sie vermehrten sich, um die Kalahari-Wüste zu bevölkern.*

Währenddessen widerfuhr dem Baum des Lebens die größte Veränderung: Grüne Knospen sprangen an seinen krummen Zweigen auf und Wolken von Samen verstreuten sich über die steinigen Ebenen. Wo immer sie den Boden berührten, gruben sie Wurzeln in den störrisch steinigen und trockenen Sand, um zu der wenigen Feuchtigkeit durchzudringen … Und schon wuchsen alle Sorten von Pflanzen, ein wuchernder Teppich von sattem, lebendigem Grün. Bald bedeckten mächtige Wälder die Erde, sich sogar gegenüber den Gebirgen behauptend. Raue Stürme und Regengüsse und die Wurzeln der Waldbäume gestalteten gemeinsam die unwirtlichen Berge um in sanfte Ebenen.

Kurz nach all diesen Anstrengungen wuchsen dem Baum des Lebens erneut Früchte: brummende, summende, rufende – tierisch-lebendige Früchte. Von seinen weit ausgebreiteten Ästen fielen sie in das Gras darunter und tollten sofort weiter in die Wälder, so viele, zahllose Millionen.

Aus den tiefen Furchen seines Stammes stiegen alle Sorten von Vögeln auf, die Luft erfüllend mit ihren Liebesgesängen, Adler, Falken und Flamingos, solche, die wir kennen, und andere, die wir niemals zuvor sahen, wie die zweiköpfigen und sprechenden Kaa-U-La-Vögel, die wir nur aus den Märchen kennen. Die Erde, die bis dahin leblos und tot war, begann zu leben und alle Arten von Geräuschen gaben ihr Echo aus Wäldern und Tälern, als die wilden Tiere miteinander kämpften und Vögel fröhlich sangen, hinein in die lächelnde Sonne.

Viele, viele Arten von Tieren, die der Baum des Lebens geschaffen hatte, sind seitdem für immer von der Erde verschwunden, weil Efa, der Geist der völligen Vernichtung, sie schon lange verschlungen hat. Und die Tiere, die wir heute kennen, wie viele es auch sein mögen, sind nicht mehr als die wenigen, die überlebten. Legenden berichten von drei Arten von Löwen, von denen nur eine überlebte.

Aus den Wurzeln des Baumes des Lebens entstanden Reptilien in allen Formen, und Wolke nach Wolke von Insekten stieg auf wie in einem endlosen Strom. Das Lied des Lebens hatte auf der Erde begonnen. Das Lied, das noch immer gesungen wird, aber eines Tages auch in Vergessenheit geraten kann, nicht mehr als ein schwaches Echo hinterlassend.

Die Sonne der Geschichte ist aufgestiegen, und sie scheint noch heute. Eines Tages jedoch wird sie ohne Zweifel untergehen – für immer.«

Urmenschen in Afrika

So viel haben wir bis heute gemeinsam mit den Menschenaffen. Die Genforschung belehrt uns, dass sich die Erbsubstanz zwischen einem Schimpansen und einem Menschen zu 99 Prozent gleicht, ähnlich etwa der Übereinstimmung zwischen einem Pferd und einem Zebra. Als »nackten Affen« hat deshalb der englische Verhaltensforscher Desmond Morris (*1928) den Menschen in seinem gleichnamigen Buch aus dem Jahr 1967 bezeichnet.

Der wesentliche Unterschied – genetisch betrachtet – besteht nicht zuerst im Körperbau, sondern im weiter entwickelten und größeren Gehirn des Menschen. Dem voraus ging vermutlich eine Veränderung der alltäglichen Bedingungen, die nicht die Lebenschancen derjenigen erhöhten, die am stärksten waren, sondern derjenigen, die sich am besten anpassen konnten.

Die größten und stärksten Lebewesen, die jemals unseren Planeten bevölkerten, waren vor rund 200 Millionen Jahren die Dinosaurier. Im ostafrikanischen Tansania wurde 1909 das komplette Skelett eines Brachiosaurus ausgegraben, dessen Lebendgewicht auf gut 80 Tonnen geschätzt wird (etwa so viel wie 20 ausgewachsene Elefanten). Er war knapp 13 Meter groß und könnte damit ohne Probleme über ein vierstöckiges Gebäude schauen. Dieses monströse Tier, dessen Skelett zu Kaiserzeiten nach Deutschland transportiert wurde und bis heute im Berliner Naturkundemuseum besichtigt werden kann, hatte ganz offensichtlich die stabilste »Hardware« zum Überleben.

Trotzdem verschwanden die kaltblütigen Riesenreptilien nach gut 140 Millionen Jahren wieder von der Erdoberfläche. Fraglos eine lange Zeit, und es bleibt abzuwarten, ob wir Menschen mit unseren bislang höchstens 5 Millionen Jahren Existenz dies überhaupt jemals erreichen. Und doch: Wie kam es, dass die wesentlich kleineren Säugetiere, die anfangs in jeder Hinsicht im Schatten der großen Echsen lebten und sich entwickelten, langfristig das Rennen machten und heute mit rund 4500 verschiedenen Arten eine weitaus größere Vielfalt aufweisen als die Dinosaurier je zu ihren Lebzeiten?

Eines der ersten Säugetiere wurde in einem kleinen Hügel nahe der Grenze zum heutigen Lesotho im Süden Afrikas bei archäologischen Ausgrabungen gefunden. Es bekam den Namen *Megazostrodon*, war wenig größer als ein Stachelschwein und hatte noch einen relativ kleinen Schädel. In unmittelbarer Nähe war kurz zuvor ein Dinosaurier von etwa vier Metern Länge gefunden worden, der offensichtlich im Schlamm eines Sees stecken geblieben und ertrunken war. Erdproben ergaben, dass beide etwa zur gleichen Zeit gelebt haben.

Um in einer Welt zu überleben, die von den mächtigen Dinosauriern beherrscht wurde, mussten sich die ersten Säugetiere ausgezeichnet anzupassen wissen: tagsüber auf der Hut sein und nachts, wenn die Reptilien ruhten, auf Jagd gehen. Bei der Jagd im Dunkeln waren besonders Augen, Nase und Ohren der Säugetiere gefordert. Vielfältige Bewegungsabläufe mussten schnell koordiniert werden.

Genau diese Impulse zur Weiterentwicklung waren es, die den ersten Säugetieren gegenüber den Dinosauriern die besseren Chancen einräumten, die Evolutionsleiter weiter erklimmen zu können. Der im Schlamm versunkene Dinosaurier von Lesotho – zu wenig auf der Hut, um die Gefahr zu erkennen, und zu schwer, um sich selbst befreien zu können – steht wie ein Symbol für das Ende jener Epoche.

Was ist der Mensch? Jener »nackte Affe«, der sich – wie es in der Bibel heißt – »die Erde untertan« machen sollte? Und wer war der erste Mensch? Wo genau begann seine Entwicklung?

In den großen monotheistischen Weltreligionen Christentum, Islam und Judentum wird davon berichtet, wie jener eine Gott den Menschen als Krone der Schöpfung nach seinem Bilde schuf. Der erste Mensch Adam (der Name bedeutet im Hebräischen »Mensch«) lebte noch nackt im Paradies, einsam zwischen den Tieren und voller Verlangen nach einem weiblichen Gegenüber.

Die Realität war vermutlich wesentlich weniger poetisch: Nicht ein einmaliger Schöpfungsakt führte zur Menschwerdung, sondern ein Entwicklungsprozess über viele Jahrtausende, in dem sich in einem harten Überlebenskampf mehr und mehr jene Menschenaffen behaupten konnten, die lernten, aufrecht zu gehen und Steine als Werkzeuge und Waffen zu benutzen. Einige Menschenaffen entwickelten ihre Laute zu ersten Wortsignalen und konnten sich damit besser verständigen als jene Artgenossen, die noch Warnschreie und Grunzlaute benutzten.

Die Spuren erster Menschen in Ostafrika führen Forscher überwiegend auf einen damaligen Klimawechsel zurück, der im Westen Afrikas weiter tropischen Regenwald bestehen ließ, im Osten dagegen zur zunehmenden Austrocknung führte: Die großen grünen Bäume und wild wuchernden Pflanzenteppiche starben ab und machten weiten Savannengebieten mit hohem Gras Platz. Während in West- und Zentralafrika die Fähigkeit des Kletterns in hohen Bäumen gefragt war, mussten diejenigen, die in Ostafrika überleben wollten, lernen, auf flachem Boden schnell zu laufen, sich bei Gefahr zu ducken oder hoch aufzurichten, um Ausschau zu halten.

Gedanken zu Nyoha, einem jungen Homo habilis, dessen in Lehm gepresste Fußspuren um 1960 in einem Tal in der Nähe des heutigen Serengeti-Nationalparks gefunden wurden:

Nyoha war vielleicht zwölf oder 13 Jahre alt, vermutlich bereits geschlechtsreif, sehnsüchtig nach einem Mädchen. Ob er mit einem Namen gerufen wurde? Keine Ahnung. Wir nennen ihn Nyoha, ein Name, den es bis heute als männlichen Namen bei einem der ältesten noch lebenden Völker Ostafrikas, den Hadza in Tansania, gibt. Nyoha ist in Eile. Er kann noch nicht wirklich sprechen. Etwas beunruhigt ihn: Er stößt seine zwei erwachsenen Begleiter, einen älteren Mann und eine junge Frau, mit der Faust gegen den Oberarm, zieht an ihrer Schulter, grunzt aufgeregt. Die beiden kapieren nicht, was er will. Sie gehen langsam, viel zu langsam für Nyoha. Sie sind unbesorgt. Das ist das jugendliche Alter, die Ungeduld. Nyoha soll sich nicht so anstellen. Nyoha packt einen Stein und wirft ihn wütend in den Schlamm. Der ältere Mann geht lieber auf Füßen und Händen, das erscheint ihm bequemer. Aber es dauert natürlich länger. Die junge Frau stützt ihn, aber treibt nicht zur Eile wie Nyoha. Die Fußspuren zeigen die Ungleichheit in den Bewegungen: Die behäbigen Bewegungen des Alten auf allen Vieren, das helfende Umkreisen der jungen Frau, das aufgeregte Vor- und Zurücklaufen des Jungen. Sie sind nun etwa in der Mitte des Tales, umgeben von Gras und trockenen Büschen, mit wenig Schutz vor dem

Angriff möglicher Raubtiere. Nyoha lässt nicht locker. Er springt auf und weist auf etwas. Wieder hat er einen Stein gepackt und hält ihn drohend erhoben. Hinter ihnen am Horizont ein Vulkan, der dunkle Wolken, aber kein Feuer mehr ausstößt. Vor ihnen in noch weiter Ferne eine Bergformation mit karger Bewaldung. Dorthin wollen die drei, vielleicht ist eine der Felshöhlen ihr gegenwärtiges Zuhause. Nyoha weist auf etwas in unmittelbarer Nähe.

Dann trennen sich die Fußspuren plötzlich: Die des Alten verschwinden, die von Nyoha und der jungen Frau laufen zurück in Richtung des Vulkans, bevor auch sie auf nun wieder festerem Untergrund als Lehmspuren verschwinden.

Was ist passiert? Wir wissen es nicht. Es kann sein, dass der Alte von einem Leoparden getötet und weggezerrt wurde, den Nyoha hat anschleichen sehen. Es kann sein, dass er einfach erschöpft zusammengebrochen ist und nicht mehr weiter wollte. Es kann auch sein, dass Nyoha den Alten loswerden und mit der Frau davonlaufen wollte. Es kann sein …

Wir wissen, dass Nyoha aufgeregt war, dass er sich bereits sicher aufrecht bewegen konnte, dass er Steine als Waffe und Handwerkszeug benutzte. Nyoha … ein Junge in Ostafrika vor gut zwei Millionen Jahren.

Afrikaner*innen ziehen in die Welt

Über lange Zeit waren es vor allem die Archäologen, die mit zum Teil spektakulären Ausgrabungen die Ursprünge der Menschheit ans Licht zu bringen versuchten. Knochen und Skelettfunde aus verschiedenen Kontinenten wurden verglichen und ihr Alter geschätzt. Bis heute liegen diese Schätzungen der Expert*innen oft weit auseinander. Viele Jahrtausende der frühen Menschheitsgeschichte befinden sich nach wie vor im Dunkeln und lassen allein Vermutungen zu.

Erst die relativ junge Genforschung, die anhand der Erbsubstanz Gemeinsamkeiten und Unterschiede zwischen Menschen genauer bestimmen kann, hat fundamental neue Kenntnisse hervorgebracht, die manche der bisherigen Theorien wie Luftblasen zerplatzen ließen. Die zwei größten Provokationen für die etablierte Wissenschaft bis heute lauten:

Wir heutigen Menschen, mit unserem hoch entwickelten Sprach- und Denkvermögen, sind nach wie vor alle, jedenfalls genetisch gesehen, mehr Afrikaner*innen als alles andere.

Und: Unsere genetischen Wurzeln sind auf weibliche Vorfahren zurückzuführen, die die wesentlichen Erbinformationen weitergaben. Nicht ein Adam war demzufolge der erste Mensch, sondern eine Eva, eine afrikanische Eva, genauer gesagt.

Vor rund zwei Millionen Jahren beginnt die Entwicklung der ersten Urmenschen in Afrika, wie des *Homo habilis* (»der Werkzeuge gebraucht«) oder des *Homo erectus* (»der aufrecht geht«). Am Ende der Entwicklung steht vor rund 200 000 Jahren der erste *Homo sapiens* (»der seinen Verstand gebraucht«). Vor 100 000 Jahren verlässt eine vermutlich kleine Gruppe von einigen Hundert bis höchstens 2 000 Menschen der Gattung *Homo sapiens* erstmals den afrikanischen Kontinent in Richtung Asien.

Die gut 100 000 Jahre, die der moderne Mensch in Afrika für seine Entwicklung brauchte, bis er in die weite Welt aufbrach, stellen etwa die Hälfte der gesamten Geschichte des Homo sapiens bis heute dar. In dieser Zeitspanne konnten sich viele unterschiedliche Völker, Ethnien und Clans auf dem afrikanischen Kontinent herausbilden, lange bevor es den modernen Menschen irgendwo anders auf der Welt gab. Genforscherinnen und Genforscher unterscheiden 13 afrikanische Ursprungsgruppen. Aus der kleinen Gruppe von Menschen, die Afrika in Richtung Naher Osten verließ, kommt das genetische Material – die Erbsubstanz – der allermeisten Menschen heutzutage.

Die große ethnische Vielfalt auf dem heutigen afrikanischen Kontinent hat hier ihren Ursprung, ein Reichtum, der zuweilen ziemlich ignorant als »Sprachengewirr« oder »Stammeschaos« abgetan wird. Von allen genetischen Linien aus dieser ersten Emigrantengruppe ist es nach einer Theorie des modernen englischen Humangenetikers Bryan Sykes (1947–2020) eine weibliche Linie (von einer Mutter zur anderen), die sich ungebrochen bis heute nachweisen lässt. Jene erste Frau erhielt in der Wissenschaft den christlich-jüdischen Namen Eva und nicht etwa einen afrikanischen, wie es ihrem Ursprungskontinent eher entsprochen hätte.

Natürlich haben klimatische Veränderungen in den frühen Phasen der Menschheitsentwicklung eine wichtige Rolle gespielt. Wo nicht genug Nahrung war, musste man weiterziehen. Wo es zu kalt oder zu heiß wurde, musste man Ideen entwickeln, um sich gegen Eis oder Sonnenhitze zu schützen. Aber das erklärt nicht alles: Warum haben vor gut 100 000 Jahren aus einer Gesamtbevölkerung von vermutlich rund einer Million Menschen in Afrika sich gerade mal ein paar Hundert entschlossen aufzubrechen? Was trieb diese Gruppe dazu, über die Sinai-Halbinsel in Richtung heutiges Palästina und Israel zu ziehen? Ist es vorstellbar, dass neben möglichen Konflikten zwischen jenen Pionieren vielleicht auch pure Neugier auf Neues und Unbekanntes das Motiv war?

Fest steht – übrigens diesmal durch archäologische Funde bestätigt –, dass die ersten Migrant*innen der modernen Menschheitsgeschichte sich relativ lange im Nahen Osten niederließen, bevor sie weiter nach Asien, Australien und schließlich nach Europa wanderten. Zum Teil war es sicher das wesentlich kältere Klima, das die Menschen aus Afrika davon abhielt, Europa zu besiedeln.

In Europa hatte sich vor ungefähr 120 000 Jahren jedoch noch

Die Wanderungen der Menschheit

eine eigenständige Evolutionsstufe zwischen Urmensch und modernem Menschen etabliert, der sogenannte Neandertaler (*Homo neanderthalensis*), so benannt nach dem ersten Fundort eines Schädels im Jahr 1856 im Neandertal bei Düsseldorf. Der Neandertaler war wesentlich robuster gebaut als der aus Afrika kommende *Homo sapiens*

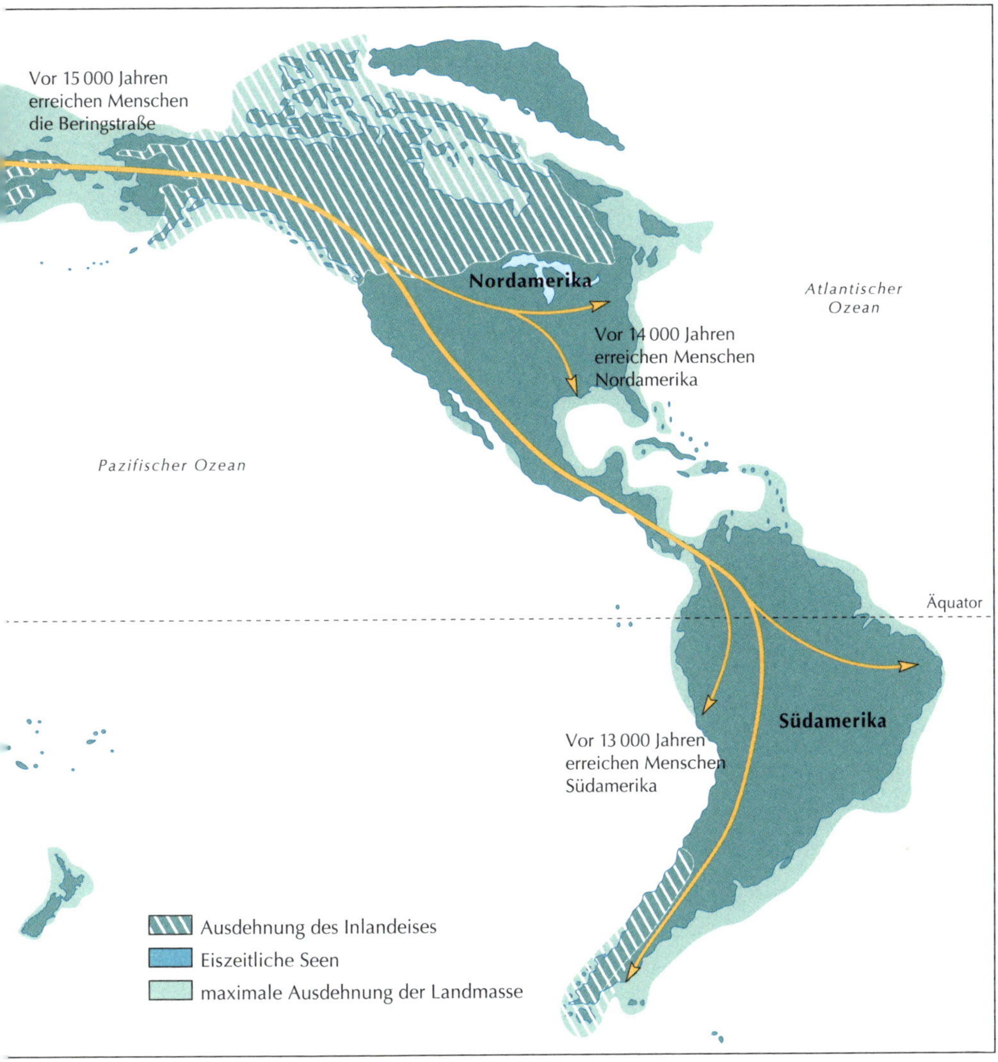

und konnte offensichtlich besser der Kälte trotzen. Obwohl er damit den afrikanischen Einwanderern körperlich überlegen war, konnte er sich nicht durchsetzen. Die Neandertaler existierten noch mindestens weitere 10 000 Jahre neben den Neuankömmlingen. Die Neandertaler blieben jedoch weitgehend unter sich, nur wenige vermischten sich (so dass in jüngster Zeit Neandertaler-Gene auch im modernen Menschen nachgewiesen werden konnten), begannen als eigene Gruppe aber vor etwa 30 000 Jahren auszusterben.

Der aus Afrika stammende *Homo sapiens* breitete sich weiter über ganz Asien aus, überquerte vor etwa 15 000 Jahren die damals bei der Beringstraße bestehende Landbrücke nach Nordamerika und erreichte vor etwa 13 000 Jahren Mittel- und Südamerika.

Maro, etwa 18 Jahre, Frau des Jägers Maroba, aus dem Volk der Hadza, das in einem Savannengebiet in der Nähe des tansanischen Manyara-Sees lebt, berichtet heute:

»*Wir sind hier zu Hause, schon davor und davor. Und auch davor. Aber wir sind so wenige geworden. Eins, zwei, drei, vier ... so wenige. So wenige, die noch umherziehen. Wir sind frei. Wir haben alles. Wenn du herumziehen willst, ist es nicht gut, viel anzuhäufen.*

Wir kommen immer wieder zurück zum großen See. Und von da wieder in die Savanne. Und von da wieder zum See, weit, weit, das ist gut. Die Tiere helfen uns, nicht die anderen Menschen.

Da ist zum Beispiel der Honigvogel. Schau mal. Er flattert zu einem dürren Ast des Baobab, er ruft und flattert. Er ruft uns. Mein Mann klettert hinauf und stemmt die Rinde auseinander. Ja, wilder Honig, so gut und so süß. Und wenn wir fertig sind, kommt der Honigvogel und frisst die Bienenlarven, das frisst er am liebsten. Allein bekommt er die Rinde nicht auf. So helfen wir uns.

Wir haben alles. Wir brauchen nicht mehr. Es ist gut so. Warum kommen die anderen Menschen uns immer näher und wollen uns verändern? Ein paar haben sich überreden lassen, sie wohnen jetzt in der Siedlung, aber haben gar nichts. Leben schlechter als die Hunde. Weil die Hunde keinen Gin trinken. Ganz billigen Gin aus kleinen Plastikbeuteln, in einem Zug ausgetrunken. Dann wirst du ganz dumm im Kopf, ganz müde, ohne ruhen zu können, ganz wild, ohne jagen zu können, oder ganz einsam. Das ist am schlimmsten. Sie sagen dann nicht mehr wir, nur noch ich.

Wir sagen wir. Eins, zwei, drei, vier ... auch wenn wir nur noch wenige sind. Doch noch – wir.«

Die ersten Sprachen

Was unterscheidet den Menschen vom Tier? Nach dem Lernen des Gebrauchs von Werkzeugen und des aufrechten Ganges ist es die Entwicklung des Sprachvermögens, das sich so bei keinem anderen Lebewesen auf unserem Planeten finden lässt. Sprache ermöglicht dem Menschen, seine Umwelt nicht nur wahrzunehmen und wie die Tiere instinktiv darauf zu reagieren, sondern das Erlebte zu interpretieren, Erfahrungen zu sammeln, sich darüber mit anderen auszutauschen und es für die nächste Generationen zu bewahren.

Verstand und Sprache – sie sind nicht voneinander zu trennen. Je differenzierter die Sprache wurde, desto präziser lernte der Mensch zu denken – und umgekehrt. Erst durch den aufrechten Gang und die Streckung des Halses entstand im Hals-Nasen-Rachenraum Platz für differenzierte Sprechwerkzeuge. Durch ein beständiges Üben der Zunge können wir nicht nur eine Vielzahl von unterschiedlichen Lauten produzieren, sondern dies auch in einer Schnelligkeit tun, wie es kein anderes Lebewesen vermag. Ein kurzer Satz, wie dieser hier niedergeschriebene, enthält ungefähr 50 verschiedene Tonsegmente. Sie müssen deutlich artikuliert und von einem Gegenüber ebenso schnell entschlüsselt werden, um Kommunikation gut verlaufen zu lassen.

Dieser Prozess begann in Afrika mit der Entwicklung des Urmenschen zum »Verstand gebrauchenden« Menschen – dem *homo sapiens*. Es ist daher wichtig, auch zu untersuchen, inwieweit die Entwicklung der Sprache sich zurückverfolgen lässt: Sprachwissenschaftler*innen haben die heute existierenden, viele Tausend verschiedenen Sprachen aufgrund von Wortschatz, Grammatik und Aussprache in rund 20 Sprachfamilien eingeteilt. Nur vier von diesen 20 Sprachfamilien weisen gemeinsame Merkmale mit allen anderen uns bekannten Sprachen auf – alle vier sind afrikanischen Ursprungs.

Kabbo, etwa 40 Jahre, ein Angehöriger der San, schildert die Erfahrung der Faszination beim Anblick eines jungen Mädchens, vielleicht von Liebe auf den ersten Blick – und wie ein Mann dadurch zum Baum wurde. Die San sind eines der ältesten noch lebenden Völker im südlichen Afrika. Es wird geschätzt, dass sie ihre Kultur seit rund 30 000 Jahren beinah unverändert bewahrt haben. Kabbos Worte wurden erstmals 1871 aufgeschrieben. Kabbos Name bedeutet »Traum«:

»*Einmal kommt ein Mann über den Berg. Er klettert und trägt dabei einen Köcher mit Pfeilen.*

Es ist in diesem Moment, dass das junge Mädchen ihn erblickt. Sie bleibt stehen. Auch er hält inne. Er steht ganz steif und hält nur seinen Köcher fest.

Noch hat er seine Arme, seine Beine, den Bogen, die Pfeile. Und er hat seinen Kopf. Er spricht zu dem Mädchen. Noch immer hat er seine Beine und noch immer steht er.

Das Mädchen spricht nicht. Sie schaut nur. Sie schaut ihn an.Und es ist wahr, dass der Mann zum Baum wird, so wie ihn das Mädchen anschaut.

Ein Baum, der zu dem Mädchen gewandt steht und einmal Arme hatte und Beine … und aus Fleisch war. Nun ist er ein Baum, der schaut. Er schaut für immer zu dem Mädchen. Er steht auf dem Berg und bewegt sich nicht.

Es ist wahr, dass er dort steht, weil das Mädchen ihm diesen Blick zugeworfen hat, ihn angeschaut hat. Ihn. Den Mann, den Baum.«

Es ist bis heute nicht möglich zu sagen, ob es eine erste »Muttersprache« der gesamten Menschheit gegeben hat, da Sprache sich ständig verändert. Welche Laute oder gar Worte vor rund 100 000 Jahren in der ostafrikanischen Savanne benutzt wurden, wissen wir heute nicht. Vermutlich waren es Laute, die auch Kinder am Anfang ihrer Entwicklung lernen. Das Wort »Mama« zum Beispiel findet sich so oder in ähnlicher Form in den meisten Sprachen, auch wenn diese sonst wenig gemein haben.

Noch lange bevor Menschen begannen, die gesprochenen Laute in Schriftzeichen zu übertragen, fertigten sie einfache Zeichnungen von ihrer Umgebung an, vor allem von Tieren, Menschen und Fantasiewesen, die bis heute in geschützten Höhlen erhalten sind. Sie zeigen, dass Menschen noch vor der Entwicklung von Schriftsprache begonnen hatten, über ihre Umwelt nachzudenken und sich auch abstrakte Vorstellungen zu machen.

Vor gut 10 000 Jahren begannen Menschen in verschiedenen Teilen der Welt, das bisherige Leben als herumziehende Jäger und Sammler aufzugeben. Sie wurden sesshaft, bauten Pflanzen an, züchteten Tiere und lebten in zunehmend festeren und stabileren Häusern. Mehr und mehr Menschen lebten an einem Ort zusammen und organisierten ein dauerhafteres Zusammenwohnen. Damit begann eine Entwicklung, die die Basis für die Idee von Zivilisation legte: Menschen, die ihre Grundbedürfnisse friedlich miteinander regeln und dadurch Raum haben, sich geistig weiterzuentwickeln. Die Menschen begannen, Zeichnungen und Zeichen miteinander zu verbinden und sich damit zu verständigen. Einige dieser Bilderschriften sind uns überliefert.

Es ist kein Zufall, dass die erste große Zivilisation des modernen Menschen sich vor rund 7 000 Jahren im Norden Afrikas herauszubilden begann: An den fruchtbaren Ufern des Nils, des längsten Flusses der Welt, hatten die dort sesshaft gewordenen Bauern eine moderne Form der Bewässerung entwickelt, die den Zuzug immer neuer Menschen ohne Konflikte vertragen konnte. Vermutlich in keiner anderen Gegend der Welt wohnten damals so viele Menschen auf so begrenztem Raum zusammen – ohne Nahrungsprobleme und in anfangs noch unabhängigen Dorfgemeinschaften ohne zentrale Regierung.

Afrikanische Zivilisationen: Wie Menschen zusammenleben

(ca. 5 000 v. Chr.–ca. 1500 n. Chr.)

Afrika – erste Zivilisationen vor Tausenden von Jahren.

Über 6 000 Jahre leben Menschen in Afrika in unterschiedlichsten Gruppen und Gemeinschaften zusammen – in weiten Teilen des Kontinents ohne wesentliche Einflüsse von außerhalb.

Eine Geschichte des Aufstiegs und Untergangs höchst unterschiedlicher Gesellschaften: Einige leben isoliert, aber in enger Verbundenheit mit der sie umgebenden Natur und ohne Ambitionen auf Eroberung oder Ausbeutung. Andere stehen in regem Handel miteinander und lernen dabei viel voneinander. Wo dies nicht gelingt, gibt es Kriege und Grausamkeiten, alles zerstörende Machtkämpfe, Unterwerfung und Ausbeutung der jeweils anderen.

Afrikanische Zivilisationen – so alt, so vielfältig, so weitgehend vergessen oder unverstanden ... Mit Ausnahme der ersten und größten: Die ägyptischen Pharaonendynastien (ca. 3 000–332 v. Chr.) mit ihren imposanten Pyramiden faszinieren seit jeher. Über das Ägypten des Altertums gibt es ausführliche Werke, ihm wird uneingeschränkt Bewunderung gezollt. Gleichzeitig wird bis heute von vielen Wissenschaftler*innen immer wieder betont, dass das klassische

Ägypten eigentlich »mehr dem Mittelmeerraum und Westasien« zuzurechnen sei als dem afrikanischen Kontinent.

Einher geht damit oft die Darstellung der ägyptischen Pharaonen als eher hellhäutig. Obwohl die Hautfarbe außer für Rassisten sowieso keinerlei Aussagekraft in Bezug auf das geistige Niveau von Menschen hat, wurde dies oft zusätzlich dafür benutzt, die »nichtafrikanische« – und damit »höhere« – Kultur der alten Ägypter nachzuweisen. Tatsache ist jedoch, dass in den gut 2500 Jahren Pharaonenherrschaft auch starke Einflüsse von den weiter südlich angesiedelten dunkelhäutigen Menschen aus Nubien (im Norden des heutigen Sudan) ausgegangen sind, ja es für einige Zeit auch »schwarze« Pharaonen gegeben hat.

Im folgenden Kapitel soll es deshalb unter anderem darum gehen, auf einige der bislang eher vergessenen Aspekte ägyptischer Geschichte aufmerksam zu machen. Zahlreiche europäische Forscher haben Ägypten in den letzten 200 Jahren nicht nur vieler historischer Schätze beraubt, um diese in Museen ihrer Hauptstädte zu präsentieren, sondern auch Afrika als Kontinent um einen wesentlichen Anteil der eigenen Geschichte gebracht. Ein Umdenken hat erst in jüngster Zeit begonnen.

Abgesehen vom Verhältnis der ägyptischen Pharaonen zu ihren nubischen Nachbarn im Süden können die folgenden Fragen weitere spannende Hinweise auf die vielfältigen frühen Zivilisationen Afrikas und ihre Auswirkungen bis heute geben:

- Warum entscheiden sich die kleinwüchsigen »Pygmäen« in den Regenwäldern Zentralafrikas als eines der ältesten Völker der Erde bis heute für ein Zusammenleben in Familienverbänden und lehnen jede staatliche Kontrolle ab?
- Welche Rolle spielten Spiritualität und Glauben früher in Afrika, und welche Traditionen sind auch in der Gegenwart wirksam?
- Wie haben sich die verschiedenen frühen Bantu-Völker ab etwa 800 v.Chr. ausgebreitet, und warum ist es irreführend, sie als »Stämme« zu bezeichnen?
- Warum führte die Islamisierung ab 622 n.Chr. zur bis heute bestehenden kulturellen Teilung Afrikas in Nord und Süd – und wieso hatte das Christentum damals noch wenig Einfluss?

- Wieso haben einige Staaten Afrikas heute Namen mittelalterlicher Reiche gewählt wie zum Beispiel Benin, Ghana, Mali und Simbabwe – und was ist über diese Reiche bekannt?

Afrika hat allen Grund, selbstbewusst auf die Ursprünge eigener Zivilisationen zu schauen, die lange vor den europäischen existierten. Und Europa sollte nicht länger so tun, als habe die kulturelle Entwicklung der Menschheit nach Ägypten erst mit den Griechen und Römern begonnen.

Nicht weil die einen oder anderen dadurch heute besser wären, sondern einfach aus Achtung vor einer Wahrheit, die den einen bereits zu lange vorenthalten wird. Dialoge für eine bessere Zukunft tun gut daran, die Vergangenheit so vollständig wie möglich wahrzunehmen und anzuerkennen.

An den Ufern des Nils: Ägypter und Nubier

Zugegeben: Unter der autoritären Herrschaft der Pharaonen wurden kulturelle Entwicklungen möglich, die es bislang nicht gegeben hatte. Die heiligen Zeichen (griechisch: Hieroglyphen), um 3000 v. Chr. entworfen und bis kurz vor das Jahr 400 v. Chr. in Gebrauch, waren die erste bekannte Zeichenschrift, die eine differenzierte Geschichtsschreibung zuließ (selbst wenn wir heute wissen, dass längst nicht alle Daten stimmen).

Der altägyptische Sonnenkalender war der erste Kalender, der mit 365 Tagen Vorbild für alle weiteren bis zu unserer heutigen Zeitrechnung sein sollte. Hinzu kommen zahlreiche Leistungen auf medizinischem, landwirtschaftlichem und architektonischem Gebiet, die noch immer nicht alle entschlüsselt sind. Mit welchen Techniken es zum Beispiel möglich war, die beeindruckenden Pyramiden zu bauen, ohne über Maschinenkraft zu verfügen, darüber wird noch heute gegrübelt.

Die von Pharao Cheops ab etwa 2549 v. Chr. erbaute Pyramide von Gizeh, die im Wesentlichen gut erhalten am heutigen Stadtrand von Kairo besichtigt werden kann, ist etwa 146 Meter hoch. Sie besteht aus rund 2,3 Millionen Steinblöcken mit einem durchschnittlichen Gewicht von zweieinhalb Tonnen. Der griechische Geschichtsschreiber Herodot (ca. 490–425 v. Chr.) recherchierte auf seiner Ägyptenreise: »Dieses Bauwerk kostete viele Menschenleben. Meinen Berechnungen zufolge ließen hier rund 100000 Menschen in gut 20 Jahren ihre Arbeitskraft.«

Eine solch konzentrierte Ausbeutung von Menschen war nur möglich durch einen Staat, der klare Herrschaftsstrukturen vorgab, die er durch Armee und Aufseher durchzusetzen wusste. Er gewährleistete außerdem ein gewisses Maß an Versorgung der Untertanen und band sie durch eine einheitliche Religion an sich. Die Pharaonen (wörtlich bedeutet Pharao: »Großes Haus«) präsentierten sich selbst als göttliche Wesen, als Personifikationen des Sonnengottes Ra, der der Gegenspieler von Osiris, dem Gott aus dem Land der Unterwelt war. Ab etwa 3000 v. Chr. gelang es der Legende zufolge König Menes, die bis dahin gespalteten Nord- und Südkönigtümer des Niltales zu einem ägyptischen Pharaonenreich zu vereinen.

Von Anfang an werden nicht nur viele Bewohner des eigenen Gebietes, zumeist einfache Bauern, zu Zwangsarbeitern gemacht, es tauchen auch die ersten Berichte über Sklaven (aus anderen Gebieten für Arbeitszwecke gefangen genommene Menschen) auf. In der Menschheitsgeschichte steht neben neuen intellektuellen Erkenntnissen erstmals die systematische Ausbeutung von Menschen durch Menschen einschließlich ihrer moralischen Rechtfertigung: dass einige angeblich mehr wert seien als andere, und demzufolge diejenigen, die weniger wert seien, ihnen zu gehorchen hätten. Auf diese Idee waren die Urmenschen ebenso wenig wie die ersten Jäger und Bauern gekommen. Man stritt unter Umständen um ein Stück Weideland, aber nicht weil der eine mehr Rechte als der andere hatte, sondern weil beide hungrig waren.

Die Pharaonen wussten ihre Herrschaft im Innern durchzusetzen. Dafür hatten sie einen militärisch organisierten Staatsapparat aufgebaut, in dem zahlreiche Familienmitglieder des Pharao wichtige Positionen als Minister oder Priester innehatten. Nach außen hin betrieben sie dazu eine Politik der Ausbeutung der südlich, westlich und später nordöstlich von ihnen gelegenen Gebiete, wobei die Sahara anfangs als Steppenlandschaft noch bewohnt war und erst ab etwa 2400 v. Chr. durch Klimaveränderungen völlig auszutrocknen begann und zur heutigen Wüste wurde.

Die ersten Berichte über Kontakte zwischen Ägypten und Nubien stammen von Expeditionen im Auftrag von Pharao Sahure aus dem Jahr 2450 v. Chr. Die Ägypter nannten das südlich von ihnen gelegene Gebiet »Punt« und schrieben: *»Aus Punt haben wir dieses Mal 134 Sklaven, männlich und weiblich, 114 Ochsen und Kälber, 305 Bullen, Edelhölzer und Pantherfelle mitgebracht ... Eigentlich alles von Wert, das wir bekommen konnten, auch die gesamte Ernte des Gebietes, in dem wir waren.«*

In einer nachfolgenden Expedition wird dem Pharao Meldung gemacht von einem »tanzenden dunklen Zwerg«, den man zu seinem Vergnügen gefangen genommen hätte – möglicherweise ein »Pygmäe« aus Zentralafrika. Dem Anführer der Expedition wird die Botschaft zurückgesandt: »*Komme umgehend gen Norden zurück zum Hofe; du sollst den Zwerg mit dir bringen, lebend und gesund, jenen Zwerg aus dem Land der Geister, für die Gottestänze, um das Herz des Herrschers von Ober- und Unterägypten zu erfreuen … Meine Majestät wünscht diesen Zwerg mehr zu sehen als alle anderen Schätze aus Punt.*«

Die wesentlichen Schätze, die die Ägypter aus Nubien abtransportierten, waren Gold – und Sklaven. Es ist richtig, dass jene Sklaven in Ägypten als Arbeiter meist ausreichend Essen und Kleidung bekamen und später in einigen Regionen selbst in relativ freien Dörfern zusammenwohnen konnten. Manche erhielten im späteren Leben auch die Möglichkeit, in ihre Heimat zurückzukehren. Über 1500 Jahre gebärdeten sich die verschiedenen ägyptischen Herrscher gegenüber ihren südlichen Nachbarn als Kolonialmacht, die alles mitnahm, was möglich war, und wenig dafür zurückgab. Die Nubier jedoch lernten von ihren Unterdrückern im Laufe der Zeit.

Zuerst begannen ehemalige Transportarbeiter selbst Teile der Handelsrouten gen Norden mehr und mehr zu kontrollieren, indem sie von den Nilschiffen Zoll verlangten. Inzwischen waren sie offensichtlich so stark geworden, dass einige Pharaonen lieber ihre Boote auseinanderbauen und an jenem kontrollierten Stück Nil über Land tragen ließen, als die verlangten Zölle zu zahlen oder die freie Fahrt mit Waffengewalt durchzusetzen. Um 1000 v. Chr. waren die Nubier so weit, einen eigenen, zentral regierten Staat auszurufen. Sie gaben ihm den Namen »Kusch« und gestalteten ihn ähnlich dem ihrer früheren Ausbeuter.

Es dauerte noch bis zum Jahr 750 v. Chr., als der erste militärische Angriff der Nubier gegen ihre nördlichen Nachbarn erfolgte. Im Jahr 730 v. Chr. gelang es den Nubiern schließlich endgültig, Ägypten für 66 Jahre zu besetzen und sich selbst als Pharaonen zu präsentieren. Von 690 bis 664 v. Chr. regierte der aus Nubien stammende Pharao Taharqa vermutlich als letzter schwarzer Pharao über ganz Ägypten und Nubien.

Der senegalesische Historiker Cheikh Anta Diop (1923–1986), nach dem heute die Universität von Dakar benannt ist, vertrat hierbei die These, dass alle Ägypter*innen ursprünglich aus dem Süden gekommen und folglich früher alle »schwarz« gewesen seien.

Der Historiker Cheikh Anta Diop, geboren 1923 im Senegal

Ab 663 v. Chr. drängten die aus dem Nordosten kommenden Assyrer die kuschitischen Nubier zurück in den Süden. Die Nubier verlegten daraufhin sicherheitshalber ihre bisherige Hauptstadt von Napata in die weiter südlich gelegene und durch Flussläufe des Nils besonders geschützte Stadt Meroë. Die Macht des ägyptischen Reiches war endgültig gebrochen. In der Folge übernahmen die Perser und ab 332 v. Chr. der makedonische Herrscher Alexander der Große (356–323 v. Chr.) die Herrschaft über Ägypten. Alexander war es auch, der im Jahr 331 v. Chr. die bis heute zweitgrößte Stadt Ägyptens mit dem größten Hafen gründete und ihr seinen Namen gab: Alexandria.

Das Gebiet des antiken Nubiens – und des späteren nubischen Königreiches Kusch – liegt heute vor allem im Norden des Sudan. Der Sudan war bis zur Spaltung 2011 in Nord- und Südsudan von der Oberfläche her der größte afrikanische Staat und einer der ärmsten, obwohl es hier in früheren Zeiten wahrscheinlich einmal die meisten Goldvorkommen der gesamten Region gab. Bis heute führen die reichhaltigen Ölvorkommen, vor allem im Süden, zu schwersten Konflikten.

Die Grabpyramiden der ehemaligen Königsstädte Napata und Meroë sind kleiner als ihre ägyptischen Vorbilder und fallen durch die abgeflachten Spitzen auf. Sie sind im Kern jedoch ebenso gut erhalten. Der Name Sudan stammt von der arabischen Bezeichnung »bilad as-Sudan« – das Land der schwarzen Menschen.

Heute stellen die Nuba, wie die Nachfolger der antiken Nubier genannt werden, die größte nicht-arabische Bevölkerungsgruppe im Sudan. Als Minderheit gegenüber den Arabern wurden sie vor allem seit dem 16. Jahrhundert immer wieder angegriffen, woraufhin sie sich in eine unzugängliche Bergregion zurückzogen, die bis heute »Nuba-Berge« genannt wird. Die britische Kolonialregierung (1896–1956) erklärte dieses Gebiet zu einem »geschlossenen Distrikt«. Seit der Unabhängigkeit des Sudan 1956 bestehen starke Spannungen zwischen der islamisch-orientierten Regierung in Khartum und den Nuba, die sich gegen eine Zwangsintegration wehren. Bei einer Gesamtbevölkerung des Sudan von etwa 40 Millionen Menschen (ohne Südsudan mit etwa 10 Millionen Bewohnern) wird die Zahl der Nuba heute auf etwa drei bis vier Millionen geschätzt.

Die durch ihre Propagandafilme für Adolf Hitler umstrittene Leni Riefenstahl (1902–2003) hat in den 1960er-Jahren als erste weiße Frau längere Zeit bei den Nuba zugebracht und dabei eindrucksvolle Fotos aufgenommen. Die Würde der Nuba wird auch in deren Liedern und Gedichten deutlich.

Aus einem Gedicht des Nuba Kamal El Nur Dawud (Geburtsjahr unbekannt), geschrieben als Anklage gegen die Missachtung seiner afrikanischen Herkunft durch die sudanesische Regierung, die ihm einen arabischen Namen aufgezwungen hat:

»Das Land von Kusch
Von deinem Himmel, oh Sudan,
scheint der Name von Generationen,
Land von Kusch, in dem zwei Ströme fließen.
Im Namen Gottes, Schöpfer der Menschen im Sudan,
die Geschichte wird weitergehen, und Zukunft wird geschaffen,

falsche Identitäten und Nationalitäten wurden uns aufgezwungen.
Menschlichkeit lässt Skepsis und Verleugnung nicht zu,
Sudan ist bekannt als das Land der Schwarzen.
Jenen, denen Ehrgeiz fehlt, soll kein Land gehören.
Warum wurde die afrikanische Herkunft des Landes
in eine arabische verändert?«

In den Regenwäldern Zentralafrikas: Die »Pygmäen«

Neben den San und Khoikhoi im südlichen Afrika und den Hadza in Tansania gehören die »Pygmäen« in Zentralafrika zu den ältesten Völkern des Kontinents – und sind wie diese nach vielen zehntausend Jahren Existenz heute vom Aussterben bedroht. Wobei das Wort »Aussterben« eigentlich eine unzulässige Verharmlosung ist. Ihr Lebensraum, der tropische Regenwald, wird in einem Umfang und Tempo vernichtet, dass ihr Wenigerwerden wie das Warnsignal der Klimakatastrophe anmutet, die die reicheren Länder verschulden und deren Folgen in einiger Zeit alle Menschen in noch unvorstellbarem Ausmaß treffen wird.

Doch noch verschließen die meisten Menschen in den wohlhabenden Ländern vor diesen und anderen Warnsignalen beide Augen. Und die »Pygmäen« sind keine politischen Kämpfer. Sie sind auf eine Weise friedlich, die – wären wir höher entwickelt – absolut entwaffnend wirken müsste. Ihre Sprache kennt kein Wort für Krieg oder Kampf. Für beinah jede Lebenssituation dagegen haben sie eine bestimmte Musik, ein Lied, einen rituellen Tanz. Und sie bestehen darauf, in kleinen, familienähnlichen Gemeinschaften zusammenzuleben, die keinerlei Besitz ansammeln. Ihre Kinder werden von allen gemeinsam aufgezogen, ein Baby kann von verschiedenen Frauen gestillt werden.

Die jeweiligen Regierungen in den Ländern Zentralafrikas, in denen die »Pygmäen« leben – in Kamerun, den beiden Kongo-Republiken, Gabun und der Zentralafrikanischen Republik –, haben allerlei Versuche unternommen, sie zu »entwickeln«. Vergeblich. »Pygmäen« sind verletzlich, ihre Kindersterblichkeit ist hoch und kaum jemand von ihnen wird älter als 50 Jahre. In ganz Afrika wird ihre Zahl derzeit auf nicht mehr als 300 000 geschätzt, wahrscheinlich liegt sie eher bei 150 000. Aber sie haben sich in den letzten Jahrhunderten stark und resistent gegenüber allen Versuchen der Beeinflussung von außen gezeigt. So weigern sich zum Beispiel die Kinder der »Pygmäen« standhaft, Schulen zu besuchen, und die meisten Eltern unterstützen sie darin. Ihre Welt scheint – für sie – zu stimmen.

In der Geschichte werden die »Zwergvölker« Afrikas zuerst im 8. Jahrhundert v. Chr. von dem griechischen Dichter Homer erwähnt. Das griechische Wort pygmaios bedeutet »eine Faust lang«. Da das Wort eine Fremdbezeichnung ist, wird es in Anführungszeichen gesetzt. Von manchen »Pygmäen«-Völkern sind Eigennamen bekannt (wie die Baka, Bambuti oder Efe), von anderen nicht. In der westlichen Völkerkunde bezeichnet man »Pygmäen« als zwergwüchsige Menschen, bei denen die erwachsenen Männer nicht größer als 150 cm werden. Einige »Pygmäen«Gruppen, wie zum Beispiel die Baka in Kamerun, werden durchschnittlich nicht größer als 130 cm. Kleinwüchsige Völker gibt es auch auf den Philippinen, in Zentral-Neuguinea und auf einigen Inseln vor der Küste Indiens. Genetische Untersuchungen haben nachgewiesen, dass diese ethnischen Gruppen untereinander nicht direkt verwandt sind, sondern sich unabhängig voneinander in Afrika, Asien, Ozeanien und Indien über lange Zeiträume entwickelt haben. In Afrika waren sie nachweislich die ersten Bewohner des riesigen Kongobeckens, lange bevor andere afrikanische Völker sich dort ansiedelten.

Wo die Wälder abgeholzt werden, bleibt den »Pygmäen« oft nichts anderes übrig, als für einen Hungerlohn auf den Plantagen der Umgebung zu arbeiten – oder zu sterben. Wie viele sich für Letzteres entscheiden, ist nicht bekannt. Die »Pygmäen« halten sich von anderen Völkern lieber fern und bewahren ihre intimsten Rituale für sich – dazu gehören auch die des Sterbens.

Im Regenwald verständigen sich die Männer bei der Jagd mit Lauten, die einem tiefen Bellen ähneln, die Frauen beim Sammeln von Früchten mit hohen Trillerrufen. Beide Rufe sind der Akustik der Wälder auf besondere Weise angepasst und gut über weite Entfernungen zu hören. Die Gesänge und Tänze der »Pygmäen« begleiten verschiedene Arten von Trommeln und einfache Saiteninstrumente. Fachleute beschreiben ihre Musik als äußerst melodisch und vielfältig.

Es ist keine falsche Idealisierung, die mich bei der Schilderung der »Pygmäen« vorsichtig mit Kritik sein lässt. Keineswegs möchte ich romantisierende Darstellungen von »unschuldigen Wilden« oder »edlen Wilden« unterstützen. Die »Pygmäen« beanspruchen jedoch so wenig und ihre beharrliche Friedfertigkeit wird selbst von jenen nicht geleugnet, die sie als »dumm und minderwertig« ablehnen – Eigenschaften, die so gegensätzlich sind zu jenen, die in der modernen, westlichen Welt zählen.

Ein Sprichwort, das ich zuerst in Westafrika hörte, lautet: »Wenn du das erste Mal hierherkommst, dann mach die Augen auf und nicht den Mund.«

Mensila, eine ältere Frau, die sich zu den Baka in Kamerun zählt und mit etwa 50 Menschen in einer Dorfgemeinschaft am Ufer des Sanaga-Flusses lebt, spricht in einem Interview über ihr Verständnis von Zeit:

»Wir sind hierhergezogen, als der alte Mann starb. Wir werden weiterziehen, wenn wieder jemand stirbt. Der Geist des Toten braucht Ruhe. Die Geister der Lebenden sollen nicht stören … Ich erinnere mich an meine Mutter und meine Großmutter. So lange lebe ich schon. Davor? Ich verstehe nicht. Davor habe ich nicht gelebt. Wir waren schon immer da.

Die Welt ändert sich, nicht wir. Hier in der Nähe bauen sie nun die riesigen Palmenplantagen an, einzig wegen des Öls dieser Bäume. Das ist ganz schlimm. So viele Pflanzen und Tiere sterben für eine einzige Pflanze, die immer neben der gleichen Pflanze steht. Die Welt ändert sich, nicht wir. Der Wald gab uns bisher alles. Wir nehmen deshalb auch nur, was wir brauchen. Aber niemand kann nur von Palmen leben, auch nicht von ganz vielen Palmen. Deshalb müssen wir wieder weiter … Wohin? Ich weiß es nicht.

Wir werden weiterziehen, so lange es geht. Unsere Mongulus [einfache Hütten aus Zweigen und Blättern] woanders bauen. Das ist, was wir tun, was wir können. Etwas anderes sollen wir nicht beginnen. Jetzt tragen einige unserer jungen Leute manchmal diese Sandalen [Plastiksandalen]. Etwas stimmt nicht damit. Sie gehören nicht in den Wald. Sie lösen sich nicht auf, sie gehen nur kaputt. Aber sie sind eben bunt. Jemand hat sie mal aus einer dieser Schulen mitgebracht. So was kommt aus den Schulen. Nichts weiter.

Ein Leben ist alle Zeit. Ein Leben als Mann, ein Leben als Frau, ein Leben als Junge, ein Leben als Mädchen, ein Leben als Vater oder Großvater, als Mutter oder Großmutter, als Bruder oder Schwester. So viele Leben. So viel Zeit.«

Bei den Geistern der Vorfahren: Glaube in Afrika

Menschen in allen Kulturen und auf allen Erdteilen haben sich über Jahrtausende hinweg immer wieder bestimmte Fragen gestellt, die bislang keine Wissenschaft beantworten konnte: Worin besteht der Sinn des Lebens? Was ist Gut und Böse? Was bedeuten Liebe und Glück? Hat der Mensch eine Seele, etwas, das über den Körper als Hülle hinausgeht – und vielleicht vor der Geburt schon da war und nach dem Tod weiter existiert? Aber wo und wie geschieht das?

Islamische wie christliche Geistliche, die nach Afrika kamen, um ihren Glauben zu verbreiten, bezeichneten die Afrikanerinnen und Afrikaner, auf die sie trafen, oft als »Ungläubige« oder »Heiden«, solche, die »primitiv« sind und »keinen Glauben« haben. Diese Beschreibung zeigt eher das eigene Ausmaß an Ignoranz als die Wirklichkeit vielfältiger Traditionen afrikanischer Spiritualität und Religiosität. Bis heute übersehen viele die aktuelle Bedeutung traditioneller Glaubensvorstellungen – wobei sich nicht wenige Afrikanerinnen und Afrikaner auch angewöhnt haben, diesen Teil ihres Lebens nicht mit Besuchern zu teilen.

Viele haben ihren persönlichen Seelenfrieden gefunden, indem sie zum Beispiel die christlich-kirchliche mit ihrer traditionell afrikanischen Religion verbinden, was weder den Kirchenvertreter noch die Ahnen zu stören scheint. Wer heute einen christlichen Gottesdienst von Schwarzen in New York oder in Accra besucht, kann erfahren, wie intensiv Religion hier erlebt wird: in der Kirche wird getanzt, gesungen, geweint, gejubelt. Die gemeinsamen Wurzeln gehen zurück auf afrikanische Glaubenstraditionen, die sich – trotz der regionalen und kulturellen Vielfalt – im Kern anhand einiger Merkmale wiedererkennen lassen:

- Rituale im Alltag: Es gibt nicht einen gemeinsamen heiligen Text wie den Talmud, die Bibel oder den Koran oder einen Begründer wie Moses, Jesus, Mohammed oder Buddha. Die traditionell afrikanische Religion beruht auf alltäglichen Ritualen des jeweiligen Volkes und wird in Form von Mythen und Legenden weitergegeben, häufig durch Erzählungen der Großmutter oder des Großvaters. In diesem Sinn ist jeder, der in der Gemeinschaft lebt, religiös. Die Bekehrung Außenstehender macht daher keinen Sinn. Die wichtigsten Rituale begleiten das Erreichen bestimmter Lebensphasen sowie die dazugehörige Bestätigung der Gemeinschaft: die Geburt, der Übergang vom Mädchen zur Frau und vom Jungen zum Mann, die Hochzeit, der Tod und die Vorbereitung darauf.

- Ein höchstes Wesen: Der Schöpfer der afrikanischen Welt ist – anders als der jüdische, christliche oder islamische Gott – zu groß, als dass er an einem bestimmten Ort zu finden wäre. Kirchen, Moscheen oder Synagogen sind eher importiert, obwohl es schon immer heilige Orte in der Natur für bestimmte Rituale gab und gibt. Jenes höchste Wesen kann verschiedene Namen tragen, manchmal ist es der Himmel selbst oder es lebt im Himmel. Aber es hat kein engeres Verhältnis zu den Menschen. Die nützlichen und zerstörerischen Kräfte von Naturgewalten zeigen, dass dieser Schöpfer gut und böse sein kann.
- Die Vorfahren oder Ahnen: Je länger man lebt, desto mehr Bedeutung und Autorität hat man. Stirbt ein Mensch, endet dessen Existenz nicht, sondern er ist nur an einen anderen Ort gelangt. Verstorbene können als Verbindung zwischen dem höchsten Wesen und den auf der Erde Lebenden wirken. Anders als der Schöpfer der Welt fühlen sich die Ahnen ihren Nachkommen gegenüber weiter verantwortlich. Daher dürfen die Lebenden die Verbindung zu ihnen nicht verlieren: Die Gräber der Ahnen müssen gut versorgt werden, und es ist wichtig, selbst einmal bei ihnen bestattet zu werden. Auch die Ungeborenen sind Teil der Gemeinschaft, wobei es unterschiedliche Vorstellungen von Wiedergeburt gibt.
- Das Wohlergehen der Gemeinschaft: Der Einzelne kann nur überleben und sinnvoll leben, wenn es allen gut geht. Die Idee des afrikanischen Ubuntu besagt: »Ein Mensch wird zum Menschen durch andere Menschen.« Im Zweifelsfall soll der Einzelne sei-

ne persönlichen Wünsche dem Wohlergehen der Gemeinschaft unterordnen. Zu der Gemeinschaft gehören auch die Vorfahren. Verschiedene Opfer können sie besänftigen, wenn sie gekränkt oder beleidigt wurden. Auch kann es von bösen Geistern besessene Menschen geben, die Unheil anrichten.

- Traditionelle Heiler und Heilerinnen: Die Heiler, früher oft auch Medizinmänner oder Medizinfrauen genannt, werden meist von den Ahnen berufen, um ihrer Aufgabe nachzukommen. Ihre Ausbildung ist lang und umfasst auch Formen der Diagnose und Heilung, vor allem durch Naturkräuter und Naturkräfte. Sie werden unterstützt von den Herbalisten, die sich auf die Suche und Zubereitung von Heilkräutern spezialisiert haben.
- Die Bedeutung der Seele: Nicht nur Menschen besitzen eine Seele, sondern auch Tiere, Pflanzen und viele Gegenstände. Der Glaube an die Beseeltheit der Umwelt wird auch, häufig abwertend, »Animismus« (vom lateinischen Wort »anima«: die Seele) genannt. Er kann einerseits zur besonderen Achtung gegenüber der Natur führen, andererseits aber auch negative Kräfte zur Rache oder Strafe bei persönlichen Feindschaften wecken.

In der Geschichte hat es unterschiedliche Meinungen über die traditionellen afrikanischen Religionen gegeben. Während die früheren islamischen und christlichen »Glaubenskrieger« sie strikt ablehnten, betrachten heute mehr und mehr Menschen das eher ganzheitliche afrikanische Weltbild mit seiner starken Verbindung zwischen Mensch und Natur als heilsam – im Gegensatz zu der Entfremdung und Zerrissenheit im Alltag der »westlichen Welt«. Einige Pharmakonzerne haben begonnen, die Erfahrungen afrikanischer Herbalisten zu untersuchen und für die Herstellung sanfterer Medikamente nutzbar zu machen.

Sobonfu Somé (verschiedene Angaben zum Geburtsjahr – gestorben 2017), die im westafrikanischen Obervolta (heute: Burkina Faso) geboren wurde und dem Volk der Dagara angehört, lebte später in den USA und unternahm mit ihrem Mann Vortragsreisen, um die »spirituellen Lehren ihres Volkes zu verbreiten«. In ihrem Buch *Die Gabe des Glücks* schreibt sie:

»In der Kolonialzeit änderte sich vieles im Leben der Dagara. Doch Dinge wie Familienstrukturen und die Art und Weise, wie man mit Führerschaft umgeht, sind mehr oder weniger gleich geblieben …

Es gibt kein Oberhaupt, das für alles zuständig ist und allen anderen Anweisungen gibt. Wir haben immer noch ein System, in dem die Ältesten im Dorf einen Vorstand bilden, ohne dabei nach Reichtum oder Macht zu streben. Denn Macht wird im Dorf als etwas sehr Gefährliches angesehen, wenn sie nicht richtig eingesetzt wird. Also sind alle sehr vorsichtig, wenn es darum geht, Macht über andere auszuüben …

Unter den Ältesten gibt es einen Rat von zehn Mitgliedern, der sich um die Rituale und andere Dorfbelange kümmert … Ihr müsst verstehen, dass die Ältesten gar nicht unbedingt in diesen Rat wollen, weil das sehr viel Arbeit mit sich bringt. Man arbeitet für die gesamte Gemeinschaft und ist nicht die Person mit der Macht, die alles entscheiden darf. Zu jeder Tageszeit können Leute kommen und um Hilfe bitten. Man kann gerade schlafen, jemand klopft an die Tür, und dann hat man zu tun …

Der Rat wird von allen gewählt, die die Ältesten-Initiation hinter sich haben. Sie werden auserwählt entsprechend den Gesetzen der Dagara, die sich auf die Erdungskräfte des Universums, die Elemente, beziehen. Wir gehen von fünf verschiedenen Elementen aus: Erde, Wasser, Stein, Feuer und Natur. Jedes dieser Elemente wird im Rat durch eine Frau und einen Mann vertreten; der Rat besteht also aus fünf weiblichen und fünf männlichen Ältesten.

Das Element Erde ist für unsere Verbindung zur Erde, unser Identitätsgefühl und unsere Fähigkeit, einander zu nähren und zu unterstützen, verantwortlich.

Wasser ist Frieden, Konzentration, Weisheit und Versöhnung.

Der Stein dient uns zur Erinnerung an unser Lebensziel, befähigt uns zur Kommunikation und dazu, das, was andere sagen, zu begreifen.

Beim Feuer geht es ums Träumen und darum, dass wir mit uns selbst und den Ahnen verbunden bleiben und unsere Visionen erhalten.

Die Natur unterstützt uns dabei, unserem wahren Selbst treu zu sein und große Veränderungen oder lebensbedrohliche Situationen zu überstehen. Sie bringt uns den Zauber und das Lachen.«

So anregend solche Betrachtungen sind – es soll nicht geleugnet werden, dass afrikanische Glaubensvorstellungen von manchen Menschen in westlichen Gesellschaften auch auf eine Weise idealisiert werden, die nur wenig mit Afrika, aber viel mit eigenen Sehnsüchten und ungelösten Problemen zu tun hat. Im Alltag vieler afrikanischer Länder bestehen durchaus auch Probleme mit manchen traditionell-religiösen Ritualen.

Im heutigen Südafrika zum Beispiel unterziehen sich nach altem Brauch nach wie vor jedes Jahr viele Hunderte junger Männer aus dem Volk der Xhosa einem etwa einmonatigen Ritual, das »Ulwaluko« genannt wird: der Übergang vom Jungen zum Mann. Es beginnt im Dorf des Vaters und wird in der Wildnis fortgesetzt, wo die Jungen unbekleidet und mit nur wenig Nahrung Fertigkeiten zum Überleben erlernen sollen. Höhepunkt ist die Beschneidung der Vorhaut ohne Betäubung. Seit langem beobachtet das südafrikanische Gesundheitsministerium diese Rituale mit Skepsis: Viele männliche Jugendliche müssen danach in Krankenhäuser aufgenommen werden, da sich die Wunden entzündet haben oder – noch schlimmer – bei nicht ausreichender Hygiene Infektionskrankheiten übertragen wurden. Es kommt zu Amputationen und Jahr für Jahr gibt es mehr Todesfälle.

Obwohl bereits 2001 ein Gesetz erlassen worden ist, das zur Schließung sogenannter Initiationsschulen bei Nichtbeachtung bestimmter Regeln führen kann, geschieht vieles weiterhin ohne wirkliche Kontrolle. Seit 1995 starben mehr als 960 junge Männer in Südafrika an den Folgen »misslungener Beschneidungen«, die Zahl der Verstümmelungen und Penis-Amputationen wird auf mehr als 2000 geschätzt.

Ein 18-jähriger Jugendlicher, dessen Freund aufgrund unhygienischer Beschneidung starb, sagte danach trotzdem: *»Das ist unsere*

Kultur, und ich habe mich entschieden, es gemäß unserer Kultur zu machen. Diejenigen Jungen, die sich im Krankenhaus beschneiden lassen und moderne Medikamente nehmen, sind keine richtigen Männer.«

Die Drohung, dass diejenigen Jungen, die sich weigern, an dem Ritual teilzunehmen, nicht nur nicht »als richtiger Mann« angesehen werden, sondern gemäß der Tradition nicht erben oder heiraten dürfen und auch bei wichtigen Entscheidungen der Gemeinschaft keine Stimme haben, wiegt schwer.

In der Autobiografie von Nelson Mandela (1918–2013), dem ersten demokratisch gewählten Präsidenten Südafrikas, der fast drei Jahrzehnte für seinen Widerstand gegen das weiße Apartheidsregime im Gefängnis gesessen hat, kann ausführlich nachgelesen werden, wie er als Junge von 16 Jahren dieses Ritual als Angehöriger der Xhosa erlebt hat: *»Ich zähle meine Jahre als Mann vom Tag meiner Beschneidung.«*

In der ihm eigenen Ehrlichkeit berichtet er jedoch auch davon, dass seine »Heldentat« während des Rituals vor allem darin bestand, ein zuvor betrunken gemachtes Schwein geschlachtet zu haben. Und dass es ihn, nachdem seine Vorhaut mit einem Hieb abgetrennt worden war, einige lange Sekunden gekostet hat, den Ruf »Ndiyindoda!« (Ich bin ein Mann!) auszustoßen, was eigentlich gleichzeitig mit dem Hieb hätte geschehen müssen.

Vom Kongo aus: Die Wanderungen der Bantu-Völker

Als Nubien noch dabei war, sich von der Vorherrschaft Ägyptens zu befreien, kam es zu neuen Bewegungen im zentralafrikanischen Kongobecken: Verschiedene Völker einer gemeinsamen Sprachenfamilie brachen ab 800–500 v. Chr. auf der Suche nach neuen Besiedlungsgebieten anfangs in Richtung Westen und Osten und später in Richtung Süden auf (nach neuesten Forschungen auch schon früher). Sie werden auch als »Bantu« bezeichnet, ein Wort, das in ähnlichen Formulierungen und Aussprachen der jeweiligen Völker »Menschen« bedeutet. Was für ein faszinierender Gedanke: Zur Beschreibung der eigenen Identität zuerst das Menschsein zu benennen – nicht die Herkunft oder den Grad des Wohlstands oder die Religionszugehörigkeit. Einfach zu sagen: Das, was uns am meisten ausmacht, ist: Wir sind Menschen!

Bis lange nach dem Zweiten Weltkrieg erklärten viele europäische Historiker die frühe Emigration der Bantu nach einem typisch westlichen Denkmodell: Es gab demnach eine Gruppe von »Bantu-Negern«[2] im Gebiet des heutigen Nigeria und Kamerun, die »weiter« waren, weil sie von arabischen Händlern gelernt hatten, Eisen zu bearbeiten. Durch diese »Überlegenheit«, die sie sich allerdings mit fremder Hilfe angeeignet hatten, waren sie stark genug, andere »Stämme zu unterwerfen« und sich entsprechend auszubreiten.

Diese Theorie wird sinnvollerweise immer mehr infrage gestellt. Zum einen waren die verschiedenen Bantu-Völker niemals als zentrale Staaten organisiert. Es gab lediglich verschiedene kleine Gemeinschaften von zumeist wenigen hundert Menschen. Einige waren

2 In diesem Buch werden in ein paar wenigen historischen Zitaten Wörter mit klar diskriminierender Bedeutung wiedergegeben. Sie verdeutlichen, wie weiße Menschen früher dachten – und wie sie nicht zuletzt mittels Sprache ihre Herrschaft über andere durchgesetzt haben. Selbstverständlich dürfen diese Begriffe heute aufgrund ihrer diskriminierenden Herkunft und Gebrauchsgeschichte nicht mehr verwendet werden.

kämpferischer als andere, die Auseinandersetzungen hatten jedoch niemals die »Ausrottung« anderer Völker zum Ziel. In den Bantu-Gesellschaften regelten vor allem die »Räte der Ältesten« das tägliche Leben, nur in Ausnahmen wurde Einzelnen die Macht zum Regieren anvertraut.

In Europa, wo ein autoritärer Glaube an einzelne »mächtige Männer« vorherrschte, erschien dieses Modell schlicht als »naiv« und »unterentwickelt«. Typisch für »Wilde«, die in »Stämmen« ohne erkennbare Befehlsstrukturen zusammenlebten. Bis heute werden kriegerische Konflikte in Afrika zuweilen noch immer als »undurchsichtige Stammesfehden« abgetan, was mehr darüber aussagt, wie wenig über die tatsächlichen Ursachen von Konflikten bekannt ist als über das Niveau der Konfliktaustragung selbst.

Als die Bantu-Völker sich von Zentralafrika gen Süden ausbreiteten, trafen sie unter anderem auf die alten Völker der San und Khoikhoi, die heute noch gemäß ihren ursprünglichen Traditionen leben. Die Ausbreitung, so weiß man heute, fand nicht innerhalb weniger Jahre statt, sondern zog sich über einen wesentlich längeren Zeitraum hin. Es ging dabei auch eher um ein allmähliches Erproben neuer Formen der Landwirtschaft in bislang wenig besiedelten Gebieten. Die Gemeinschaften, die dort bereits lebten, wurden nicht immer einfach nur »erobert«, sondern man lernte durchaus auch voneinander. Die »Neuen« kamen ja selbst nicht in »Heeresstärke«, sondern in Gruppen, die oft die Zahl von Großfamilien kaum überstieg. Selbst die Theorie des Imports der Eisenbearbeitung von außerhalb Afrikas brach inzwischen zusammen: Neuere Forschungen haben nachgewiesen, dass es Eisen verarbeitende und Bantu sprechende Gemeinschaften bereits um 800 v. Chr. an den großen Seen Ostafrikas im Nordwesten Tansanias und auch in Ruanda gegeben hat, deutlich vor jedem Einfluss aus arabischen Ländern.

Die Bantu sprechenden Völker Afrikas, in der linguistischen Ähnlichkeit etwa den romanischen Sprachen Europas vergleichbar, stellen heute Bevölkerungsmehrheiten in den meisten Staaten südlich der Sahara dar. Zu ihnen gehören die Suaheli sprechenden Völker Ostafrikas ebenso wie etwa die Kikuyu in Kenia, die Shona in Simbabwe, die Herero in Namibia oder die Zulus und Xhosa in Südafrika. Die europäischen Kolonisatoren stellten sie häufig als die »typischen Eingeborenen« dar. Das Erziehungssystem des weißen Apartheidsregimes in Südafrika für die schwarze Bevölkerungsmehrheit wurde dann auch jahrzehntelang als »Bantu-Erziehung« bezeichnet – eine minderwertige Erziehung für Menschen, die ohnehin keine Führungspositionen bekommen sollten.

Die Ausbreitung des Islam ab 622 n. Chr. wird an der Mehrheit der dezentral lebenden Bantu-Völker historisch vorerst scheitern. Die islamischen Eroberer haben nicht allein Probleme mit den klimatischen Bedingungen jenseits der schier unendlichen Wüste Sahara. Die Völker, die südlich von ihr leben, kennen andere Formen des Zusammenlebens und spirituelle Überzeugungen, die sich nicht ohne Weiteres an einen Glauben anpassen lassen, der so strengen und starren Regeln unterliegt. Das werden knapp tausend Jahre später auch noch die christlichen Missionare aus Europa zu spüren bekommen, als sie sich bemühen, den »Wilden Afrikas den richtigen Glauben« zu bringen.

Jean-Claude Kuba, geboren 1976 in Kinshasa, damals Hauptstadt von Zaire, heute Geschichtslehrer in Paris, berichtet 2001:

»Wenn ich mit meinen französischen Freunden über meine Heimat spreche, reden viele nach wie vor von den ›wilden Stämmen‹ in Afrika. Mich macht das so zornig.

Ich möchte dir etwas über meinen Familiennamen erzählen: Kuba – das ist nicht nur jene von Fidel Castro befreite Karibikinsel, das war einmal ein Königreich an den Ufern des Kongo, das lange, lange bestand, bevor jener aufgeblasene belgische König Leopold II. 1884 unser Land zu seinem ›Kongo-Freistaat‹ machte. Belgien gab es als souveränes Königreich in Europa gerade mal seit 1830 – und dieser Kerl maßte sich an, ein Gebiet, das 80-mal so groß wie sein eigenes Land war, zu seinem ›Freistaat‹ zu erklären! Wie grausam und dumm war dieser europäische Monarch. Wie viel Elend hat er über meine Menschen gebracht …

Und wie ignorant war er: Er hätte lernen können vom klassischen Königreich der Kuba, das ein politisches System unter den Bantu sprechenden Menschen der Region aufgebaut hatte, das wie kein anderes kulturelle

Entwicklungen ermöglichte. Ohne jede Gewalt wurden Traditionen der Ehe reformiert und effektivere Formen der Landwirtschaft eingeführt. Die vielfältigen Verzweigungen der Flüsse in den Urwaldgebieten wurden wie heutige Autobahnen genutzt zur Kommunikation und zum Austausch von Gütern, Wissen und Kunst.

Ja – auch Kunst: Der König von Kuba war besonders stolz auf die Förderung der Künste, die sich zum Beispiel in außergewöhnlich fein gearbeiteten Masken und Schmuck zeigte.

Wer gebärdete sich als ›Wilder‹ in meiner Heimat? Du ahnst meine Antwort. Wenn ich es in einem Geschichtsseminar sage, lachen meine Freunde. Wenn ich es auf der Straße oder in einer Kneipe in Paris sage, werden die Menschen böse. Sie wollen nicht verstehen.«

Importreligionen in Nordafrika: Urchristentum und Islam

Die Herrschaft der ägyptischen Pharaonen ist mit der Eroberung durch die Griechen unter Alexander dem Großen ab 332 v. Chr. endgültig gebrochen. Ägypten beginnt sich mit der neuen Hafenstadt Alexandria in Richtung Athen zu orientieren, Griechisch wird für viele zur Sprache der Gebildeten. Denn die Griechen kommen nicht nur mit Soldaten und Waffen, sondern importieren auch eine neue Kultur, die Achtung vor Wissenschaft und Künsten ebenso wie erste Ideen einer demokratischen Politik einführt.

Bereits nach dem Tode Alexanders im Jahr 323 v. Chr. streiten sich seine Feldherren (griechisch: Diadochen) und teilen ihr Weltreich in drei große Gebiete, wobei Ägypten den Ptolemäern zufällt. Die letzte ägyptische Herrscherin griechischer Herkunft ist Kleopatra (69–30 v. Chr.), die durch ihre Liebesaffären mit den römischen Feldherren Julius Cäsar und Marcus Antonius zur Rettung der Unabhängigkeit Ägyptens berühmt wurde. Nach ihrem Selbstmord wird auch Ägypten offiziell Teil des neuen römischen Weltreiches. Weite Gebiete Nordafrikas waren bereits seit dem Sieg der Römer über Karthago (heute Tunesien) im Jahr 146 v. Chr. von diesen erobert worden. Die römischen Herrscher sprachen von Nordafrika als *Africa proconsularis*.

Das Jahr 0 wird in der christlichen Zeitrechnung allgemein als das Geburtsjahr von Jesus Christus angegeben. Vermutlich wurde der jüdische Junge Joschua in der palästinensischen Stadt Bethlehem bereits gut vier bis acht Jahre vorher geboren, seine Eltern nannten ihn erst später auf der Flucht vor den römischen Verfolgern Jesus. Als junger Mann protestiert dieser Jesus nicht nur gegen die Ungerechtigkeiten der römischen Besatzung, sondern ebenso gegen die Scheinheiligkeit der jüdischen Gesellschaft, aus der er stammt. Im Jahr 33 kommt es zu seiner Verhaftung, die schließlich zur Todesstrafe durch Kreuzigung nach römischem Recht führt.

Seine Anhänger – die Christen – werden zunächst verfolgt, gewinnen aber trotzdem mehr und mehr Zulauf. Es ist eine Zeit großer politischer Unruhen im Mittelmeerraum, in der auch die von den Römern nun schon so lange unterdrückten Juden immer wieder versuchen, die Fremdherrschaft abzuschütteln und ihre alte Königshauptstadt Jerusalem zurückzugewinnen. Es gelingt nicht. Im Gegenteil – im Krieg gegen die Römer werden sie nicht nur vernichtend geschlagen, sondern ihr größtes Heiligtum, der Tempel in Jerusalem, wird im Jahr 70 zerstört. Es gibt kein jüdisches Reich mehr bis zur Gründung des Staates Israel 1948. Viele Juden leben ab 70 n. Chr. verstreut im ganzen römischen Weltreich von Nordafrika bis ins germanische Rheingebiet und auch außerhalb davon.

Zu neuen Verfolgungen der Juden kommt es, als der römische Kaiser Konstantin im Jahr 313 das Christentum zuerst anerkennt und später zur Staatsreligion erklärt. Der Bischof von Rom wird später der erste Papst, eine Machtzentrale bis heute, die sich längst nicht nur um religiöse Belange kümmert. Der Einfluss des Christentums in Afrika bleibt gleichwohl über viele Jahrhunderte, bis auf wenige Ausnahmen – wie zum Beispiel in Äthiopien ab 350 durch König Ezana – sehr gering, da das europäische Interesse an »aktiver Mission« erst zu Zeiten der wirtschaftlichen Kolonisierung des Kontinents erwacht.

Der äthiopische Sonderweg: Das Königreich Aksum (ca. 50–800 n. Chr.) – und was Kaiser Haile Selassie I. mit Bob Marley zu tun hat:

Im Altertum wurde das Gebiet südlich Ägyptens und Nubiens ohne konkrete geografische Angaben mit dem Wort Äthiopien bezeichnet – »Land der Menschen mit (sonn-)verbrannten Gesichtern«. In der Mitte des 1. Jahrhunderts n. Chr. siedelten sich zunehmend Menschen aus Südarabien in dieser damals von Regenfällen begünstigten Gegend an und gründeten das Königreich von Aksum.

Obwohl der aksumitische König Ezana erst um 350 n. Chr. das Christentum als offizielle Religion verkündete, ist eine Legende bis heute lebendig, auf die sich selbst der letzte Kaiser Äthiopiens, Haile Selassie I. (1892–1975), berief: Er behauptete, ein Nachfahre des jüdischen Königs Salomon

Kaiser Haile Selassie I. (50) im Jahr 1942

(etwa 966–930 v. Chr.) und der sagenumwobenen Königin von Saba zu sein, wobei er sich in biblischer Tradition dem Christentum verpflichtet fühlte, aber wegen der angeblichen Herkunft von König Salomon gleichzeitig den Namen »Löwe von Juda« trug.

Nach der Legende, so niedergeschrieben in der Bibel (1. Buch der Könige, 10. Kapitel), hatte die Königin von Saba so viel Gutes über König Salomon gehört, dass sie ihn gern besuchen wollte und sich »mit großem Gefolge, mit Kamelen, Gold und Edelsteinen« zu ihm nach Jerusalem auf den Weg machte. Da es Kamele in Afrika erst ab dem 2. Jahrhundert n. Chr. gab, kann Saba nicht in Äthiopien gelegen haben, sondern eher in Südarabien, vermutlich im Gebiet des heutigen Jemen. In der Bibel wird von ihren guten Gesprächen berichtet. Die äthiopische Legende ergänzt, dass sie auch ein Kind gezeugt haben: Menelik I., den ersten Kaiser von Äthiopien. Zeiten und Orte purzeln nur so durcheinander, aber in der äthiopischen Hauptstadt Addis Abeba begegnen einem bis heute auf Schritt und Tritt »Spuren« dieser historischen Begegnung von König Salomon und der Königin von Saba, einschließlich der Ruinen ihres angeblichen Palastes.

All dies schützte Kaiser Haile Selassie I. nicht davor, nach einer von vielen Hungersnöten vom Militär 1974 gestürzt zu werden. Das antike Königreich Aksum war bereits um 800 n. Chr. untergegangen, nachdem für mehrere Jahre jene günstigen Regenfälle ausgeblieben waren, die einstmals zu seiner Gründung geführt hatten.

Eine weitere Besonderheit mit Konsequenzen bis in die Gegenwart: Haile Selassie I. wurde 1892 als Tafari Makonnen geboren. Durch seine Heirat mit der Tochter des damaligen Kaisers Menelik II. wurde er zum Prinzen (»Ras«). Von diesem Zeitpunkt an, er war 19 Jahre alt, wurde er Ras Tafari genannt. Anlässlich der eigenen Kaiserkrönung 1930 nannte er sich als überzeugter Christ Haile Selassie – »die Macht der heiligen Dreieinigkeit«.

Die pompöse Krönungsfeier, über die international berichtet wurde, inspirierte auf der Karibikinsel Jamaika eine Gruppe von Nachkommen ehemaliger Sklaven zur Gründung der Rastafari-Religion: In Haile Selassie I. sahen sie den lange erwarteten göttlichen Erlöser und glaubten, dass nun endlich die Zeit der Gerechtigkeit auch für die Menschen Afrikas und afrikanischen Ursprungs bevorstehe. Die Rastafaris entwickelten eine eigene Kultur, die nach ihrem alttestamentarischen Verständnis jede Lohnarbeit ablehnte, aber bestimmte Nahrung, den spirituellen Gebrauch von Marihuana sowie das Tragen einer zopfähnlichen Haartracht empfahl. Rastafaris standen zunehmend für ein »schwarzes« Selbstbewusstsein und politische Radikalität. Die jamaikanische Musikrichtung des Reggae wurde international berühmt durch Bob Marley (1945–1981), der sich mit 22 Jahren vom Christen zum Rastafari bekannte. Reggae und damit die Kultur der Rastafaris fand nun außer in der Karibik und in afrikanischen Ländern viele Anhänger auch in den USA, Lateinamerika und Europa.

Haile Selassie I. selbst besuchte nur einmal in seinem Leben Jamaika. Das war im Jahr 1966, als den äthiopischen Kaiser in seiner traditionellen Militäruniform die wilde Begeisterung tausender tanzender Rastafaris am Flughafen von Jamaika eher irritierte. Sie war »jenseits aller Erwartungen«, wie er gegenüber der jamaikanischen Regierung diplomatisch formulierte, deren offizieller Gast er war und die die radikale Minderheit der Rastafaris im eigenen Land eher als »Problem für Ruhe und Ordnung« sahen.

Der Besuch des äthiopischen Kaisers trug in keiner Weise zur Entspannung bei. Im Gegenteil – sein Besuchsprogramm sah keine offizielle

Begegnung mit Vertretern der Rastafaris vor. Die Konflikte zwischen den Rastafaris und der Regierung von Jamaika nahmen in den Jahren danach eher zu. Bob Marley verließ nach einem anonymen Mordanschlag 1976 Jamaika und lebte bis zu seinem frühen Tod in verschiedenen Ländern Europas.

Ab dem Jahr 622 sollte eine damals neue Weltreligion den afrikanischen Kontinent bis heute neu aufteilen: der Islam. Zunächst verstand sich sein Begründer, der zu einigem Wohlstand gekommene ehemalige Karawanenführer und Kaufmann Mohammed (ca. 570–632), der in der arabischen Stadt Mekka lebte, keineswegs in Widerspruch zu Juden und Christen. Er hatte deren Schriften ausführlich studiert – die Thora von Moses, die Psalmen König Davids und die Evangelien über Jesus. Seine Offenbarungen, die später im heiligen Buch des Koran (arabisch: Lesung) aufgeschrieben wurden, führten zum Islam – die »Hingabe an Allah«, den einen Gott. Er empfand sie als Fortentwicklung von Juden- und Christentum.

Als Mohammed in Mekka seine neue Lehre zu verkünden begann, hörten ihm jedoch kaum Juden oder Christen zu, nur ein paar arme Araber. Enttäuscht zog er 622 mit einigen Anhängern in die nördlich gelegene Oasenstadt Medina, in der damals rund die Hälfte der Bewohner*innen Juden waren. Diese lehnten ihn auch hier ab, die dortigen Araber zeigten nun jedoch Begeisterung. Mit dem Jahr 622 beginnt deshalb auch die islamische Zeitrechnung.

In den kommenden Jahrzehnten entsteht ein islamisch-arabisches Weltreich, an dem sich bis heute rund eine Milliarde Anhänger des Islam orientieren. Mohammed selbst setzte sich trotz aller Enttäuschungen für ein friedliches Nebeneinander der Religionen ein: In den von ihm eroberten Gebieten sollten Juden wie Christen Schutz und Glaubensfreiheit genießen (2. Sure 257). Die wesentlichen islamischen Eroberungen begannen erst nach seinem Tod. Das Reich des Islam reichte in seiner Blütezeit um das Jahr 800 von Marokko und Südspanien bis zum asiatischen Fluss Indus.

In Nordafrika wurde zuerst Ägypten ab 639 islamisiert. Der neue Glauben breitete sich von hier in Richtung Sudan aus und später nach Nordlibyen und Tunesien. Von etwa 800 bis 1250 hatte sich der Islam im gesamten Nordafrika bis über die Sahara hinaus und in Ostafrika an der gesamten Küste bis zur Höhe Madagaskars etabliert. Die Berber im Nordwesten Afrikas, darunter auch die Tuareg, gaben ihren Widerstand gegen die Muslime unter militärischem Druck auf, in manchen Landesteilen auch, nachdem diese ihnen Gleichberechtigung zusagten. Ab 711 islamisierten Araber und Berber gemeinsam Südspanien.

Je nördlicher, desto »reiner« die islamische Lehre, je südlicher, desto stärker kam es zu Vermischungen mit traditionell afrikanischem Glauben. Die Händler auf beinah allen transsaharischen Handelsrouten wurden zu Anhängern des Islam – auch aus durchaus lebenspraktischen Überlegungen: Die Araber waren bekannt als gute Kaufleute, sie sorgten für Sicherheit und eine effiziente Rechtsprechung. Wissenschaften und Kunst blühten auf im goldenen Zeitalter des Islam. Arabisch wurde, wie zuvor Griechisch, in weiten Teilen Nord- und Nordostafrikas die Sprache der Gebildeten.

Südlich der Sahara: Ghana, Mali und Simbabwe

Etwa ab 600 n. Chr. entstand am südlichen Ende einer der großen transsaharischen Handelsrouten das erste westafrikanische Königreich Ghana, etwa dort, wo heute Senegal, Mauretanien und Mali liegen. Es befand sich also mehr im Landesinneren und nicht dort, wo sich heute der Küstenstaat Ghana befindet. Das historische Ghana verfügte über große Goldvorkommen, sein eigentlicher Reichtum kam aber vor allem aus dem Handel, der von der historischen Stadt Kumbi Saleh bis an die Küsten des Mittelmeers betrieben wurde.

Die Herrscher von Ghana waren Anhänger traditioneller afrikanischer Religionen und blieben es auch bis zum Ende des Reiches. Viele Details der altghanaischen Gesellschaft sind noch nicht erforscht, die ehemalige Hauptstadt, die Historiker*innen in der Nähe des Handelszentrums Kumbi Saleh vermuten, ist bis heute nicht ausgegraben. Das ghanaische Volk der Soninke bildete die regierende Schicht und stellte die Könige. Deren Namen sind bis heute nicht vollständig bekannt.

Frühe Besucher des Ghanareiches wurden nicht müde, den übergroßen Reichtum seiner schwarzen Herrscher zu preisen.

Ein arabischer Reisender notiert im Jahr 1067 über den König von Ghana:

»*Der König besitzt einen Palast und zahlreiche überkuppelte Räume, die von einer Art Stadtmauer umgeben sind … Der König schmückt sich wie eine Frau an Hals und Unterarmen, auf dem Kopf trägt er eine hohe, mit Gold verzierte Mütze, die mit einem Turban aus feiner Baumwolle umwickelt ist. Bei Audienzen oder während der Anhörung von Beschwerden gegen Beamte sitzt er in einem Kuppelbau, einem Pavillon, um den zehn Pferde stehen, die mit goldbestickten Decken geschmückt sind. Hinter ihm halten sich zehn Edelknaben auf, Träger von Schwertern und Schilden aus Leder; sie sind prachtvoll gekleidet und tragen mit Goldfäden durchflochtene Zöpfe.*«

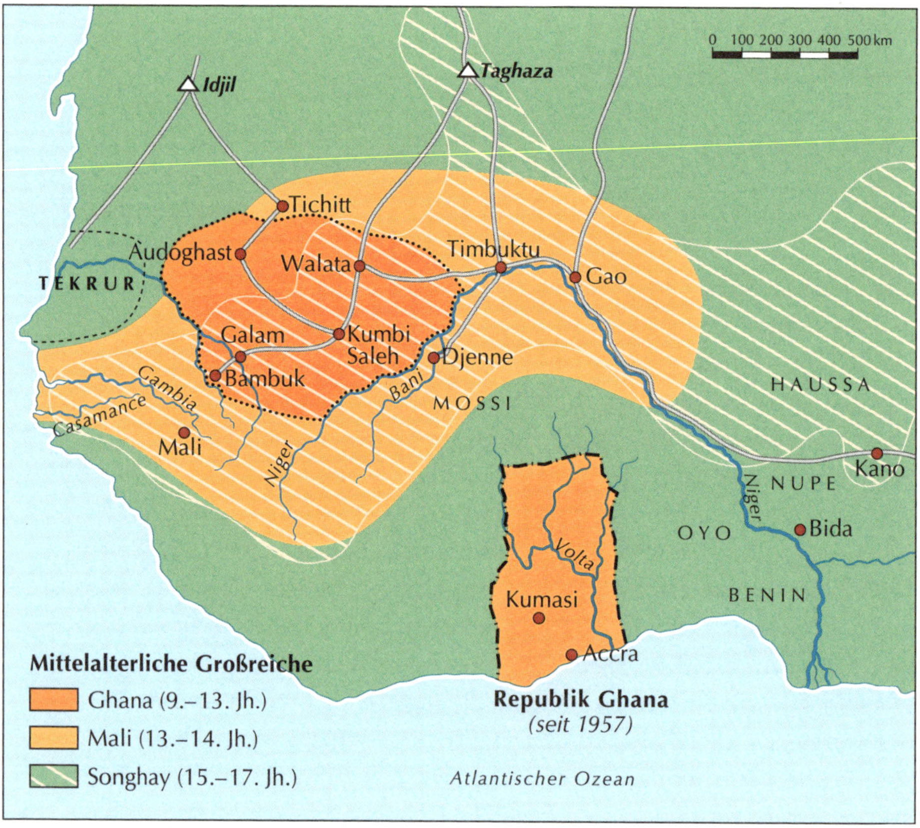

Westafrikanische Großreiche im Mittelalter – Ghana, Mali und Songhay

Über den König wird weiterhin berichtet, dass er eine »wohlwollende Toleranz« gegenüber den Anhängern des Islam in seinem Reich an den Tag legte. Leider kann dies von einigen Vertretern des Islam nicht behauptet werden: In der Gegend machten zunehmend die als besonders orthodox bekannten islamischen Almoraviden von sich reden, eine aus Marokko stammende mönchische Priesterkaste, die die gewalttätige Idee des Djihad, des heiligen Krieges zur Durchsetzung des Islam, vertraten. Mit all ihrem Fanatismus griffen sie Ghana an und fügten im Jahr 1076 dem ghanaischen König eine empfindliche Niederlage bei, die zur allmählichen Aufsplitterung des Reiches führte. Einige unter dem ghanaischen König geeinte Völker, die sich einer Islamisierung widersetzten, flohen gen Süden. Dazu gehörten vermutlich auch die Akan, die die größte Bevölkerungsgruppe im heutigen Ghana darstellen.

Den Todesstoß erhält Altghana jedoch nicht von den Almoraviden, die in ihrem Eifer der Bekehrung längst wieder gen Norden weitergezogen waren, sondern vom Volk der Malinke, die zum Islam übergetreten waren und um 1200 ein Fürstentum von Ghanas Gnaden gegründet hatten. Im Jahr 1235 überwältigte ihr Anführer in einer entscheidenden Schlacht den letzten König von Ghana – das neue Reich Mali war geboren.

Trotz seines kriegerischen Beginns entwickelte sich Mali in den nächsten über 250 Jahren nicht nur zu einem der größten Handelszentren der Welt, sondern wurde auch zum Vorbild für neueste Entwicklungen in den Wissenschaften. Moscheen, Schulen und Universitäten entstanden in über 400 Städten, von denen Timbuktu bis heute die berühmteste ist. Die Hochschulen von Timbuktu tauschten Gelehrte mit Spanien und Ägypten aus.

Der malische König Mansa Musa, der von 1312 bis zu seinem Tode 1335 regierte, galt bei vielen als der »reichste Mann seiner Zeit«. Sein Ruf reichte bis nach Europa. Auf seiner ersten Pilgerreise nach Mekka im Jahr 1324 – wie Quellen berichten »mit 12 000 Sklaven und 800 Hofdamen für seine Gemahlinnen« – ließ er unterwegs Gold »wie Brot« verteilen. Es herrschte auch unter seinen Untertanen Wohlstand. Die Sklaven wurden nicht gequält, sondern kamen nach Ablauf bestimmter Fristen frei. Ohne weitere kriegerische Auseinandersetzungen erstreckte sich das damalige Mali im Westen über die Grenzen von Altghana hinaus bis zum Atlantik und im Osten bis zum heutigen Nigeria.

Ein Besucher schildert Mali zu Zeiten des Königs Mansa Musa um 1325:

»Die Menschen in Mali sind selten ungerecht und haben eine große Abneigung gegen Ungerechtigkeit wie alle anderen Völker. Der Sultan zeigt keine Gnade gegen Gesetzesbrecher. Es gibt absolute Sicherheit in ihrem

Land. Weder Reisende noch Einheimische dort brauchen sich vor Räubern oder Gewalttaten zu fürchten. Es ist möglich, in kleinen Gruppen zu reisen ...«

Erst mit Anfang des 15. Jahrhunderts beginnt der allmähliche Verfall Malis. Ab 1464 übernimmt das islamische Reich Songhay mit der neuen Hauptstadt Gao, das im Osten des bisherigen Mali liegt, die Vorherrschaft in diesem Teil Westafrikas. Andere wichtige Zivilisationen zu dieser Zeit sind die Königreiche Benin und Kongo, die Hausa-Staaten und das islamische Bornu-Kanem an den Ufern des Tschadsees. Die Liste ist noch lange nicht vollständig.

Im Süden Afrikas hat sich um diese Zeit eine andere Zivilisation entwickelt, die zur Inspiration für einen jungen afrikanischen Staat nach der Unabhängigkeit werden wird: Simbabwe. In der Sprache der Shona, einem Bantu-Volk, bedeutet das Wort so viel wie »königlicher Hof«. Und genau so fing es an: Um 1100 begannen Shona-Baumeister Höfe zu bauen, die riesige Steinmauern umgaben – Ausdruck einer hoch entwickelten Architektur, die mit dem Bau der Pyramiden im alten Ägypten verglichen wurde. Der größte Hof – Groß-Simbabwe – diente lange Zeit als Kultstätte der Shona. Auf einem Berg in der Nähe standen die für diese afrikanische Kultur typischen steinernen Vögel, die den Anführern als Orakel dienten.

Der Wohlstand Simbabwes hatte seinen Ursprung zum einen in den Vertreibungen des ursprünglich hier lebenden Volkes der San, sowie in den kriegerischen Eroberungen, die dem Reich eine Ausdehnung bis nach Mosambik und hinauf zur ostafrikanischen Küste gaben. Dort hatten Bantu-Völker eine relativ eigenständige Kultur des Swahili (oder auch: Suaheli) entwickelt, die sich nicht zuerst in einem zentral organisierten Reich darstellte, sondern in mehreren, jeweils eigenständigen Handelsstädten, wie zum Beispiel Kilwa an der Küste des heutigen Tansania oder Mombasa im heutigen Kenia. Den Vertretern des Swahili war es gelungen, islamisch-arabische Einflüsse stärker in die eigene Kultur einzubinden, anstatt vom Islam »geschluckt« zu werden. Als Beispiel kann gelten, dass selbst Teile des Arabischen in Bantu-Sprachen aufgenommen wurden, woraus die bis heute lebendige Sprachfamilie des Swahili entstand.

Die Shona aus Simbabwe exportierten Bodenschätze wie Gold und Kupfer und führten über die ostafrikanischen Hafenstädte Baumwolle, ja selbst Porzellan aus China ein. Nach dem Tod des letzten Königs von Simbabwe, Matope, im Jahr 1480 zerfiel das Land in zwei Reiche.

Ghana, Mali, Simbabwe – Inspiration für junge afrikanische Staaten nach der Unabhängigkeit, die mit neuen Namen auch selbstbewusst Traditionen erkennen lassen wollten. Ghana hieß bis 1957 Goldküste, Mali war bis 1960 in einer von Frankreich diktierten Föderation mit Senegal, Simbabwe hieß bis 1980 Rhodesien, so benannt nach dem englisch-südafrikanischen Kolonialpolitiker Cecil Rhodes (1853–1902).

Eine eigenständige Weiterentwicklung der vielfältigen frühen afrikanischen Zivilisationen wurde ab dem 15. Jahrhundert ganz entscheidend durch jene Europäer unterbrochen, die meinten, hier einen »dunklen und geschichtslosen Erdteil entdecken« zu können. Das Ausmaß ihrer gewaltsamen Ausbeutung für die kommenden Jahrhunderte sollte alles in den Schatten stellen, was es je an Unterdrückung vor ihrem Eintreffen in Afrika gegeben hatte.

Afrikas Unterdrückung: Wie Europäer einen Kontinent unter sich aufteilen

(ca. 1500–1945)

Afrika vor gut 500 Jahren: durchaus kein Paradies. In weiten Teilen ein menschenleerer Kontinent mit unwirtlichen Wüsten und tropischen Gebieten voller krankheitserregender Insekten, die eine Besiedlung von Menschen und ihren Haustieren erschweren. Um das Jahr 1500 lebten vermutlich weniger als 50 Millionen Menschen auf dem Kontinent (heute – 2025 – fast 1,5 Millarden).

Sklaverei gab es von jeher. Die ersten Berichte gehen zurück auf ägyptische Armeen, die von Feldzügen mit Gefangenen zurückkehrten, die zur Sklavenarbeit beim Bau von Pyramiden eingesetzt wurden. Auch unter den Bantu-Völkern gab es gegenseitige Versklavung nach kriegerischen Auseinandersetzungen. Arabische Händler aus dem Norden waren die Ersten, die Geschäfte im großen Stil mit versklavten Kindern, Frauen und meist jungen Männern aus Zentralafrika aufzogen.

Jedoch: Sklaverei in den meisten frühen afrikanischen Zivilisationen ist nicht zu vergleichen mit den späteren Sklavengeschäften der Araber und Europäer. Sklaven waren Mitglieder der jeweiligen Familie, und es gab verschiedene Möglichkeiten, wieder freizukommen. In vielen Gemeinschaften hatten sich beachtliche kulturelle Entwicklungen vollzogen, die eben nicht zuerst auf der Ausbeutung anderer basierten.

Noch vor den Europäern waren es Chinesen, die auf riesigen Handelsschiffen im Auftrag ihres Kaisers ab 1415 an der ostafrikanischen Küste anlandeten, Waren austauschten und danach wieder zurücksegelten – ohne Ambitionen, weiter ins Landesinnere vorzustoßen.

Europa war in den Jahrhunderten zuvor vollauf mit Streitigkeiten der verschiedenen Königreiche und Fürstentümer untereinander beschäftigt, die ihre Untertanen in sinnlose Kriege schickten oder als »Leibeigene« für den eigenen Luxus schuften ließen. Hinzu kam im 14. Jahrhundert die Pestepidemie, auch der »schwarze Tod« genannt, die unter ärmlichen hygienischen Bedingungen vor allem von Ratten auf Menschen und später als Lungenpest auch von Menschen untereinander übertragen wurde. Innerhalb weniger Jahre starben etwa ein Drittel aller Europäer an der Pest, gut 25 Millionen Menschen. Europa ist um 1500 noch viel weniger ein Paradies als Afrika. Es gibt viele Menschen, die fort wollen, und es gibt Herrscher und Händler, die nach neuen Quellen für ihre Luxusgüter suchen.

Die Portugiesen erreichen als Erste mit ihren Segelschiffen Mitte des 15. Jahrhunderts die Küste Westafrikas. Ihnen sollen bald andere europäische Händler, Missionare und später auch Soldaten und ganze Armeen folgen.

Auch in anderen Erdteilen – in Amerika und weiten Teilen Asiens – spielen sich Europäer im Laufe der Zeit als Ausbeuter und Unterdrücker auf. Nirgendwo wurden jedoch so viele Millionen Menschen gefangen genommen, Familien auseinandergerissen, funktionierende Lebens- und Dorfgemeinschaften zerstört und Kinder, Frauen und Männer tausende Kilometer weit fort verschleppt, um dort ihr Leben als Sklaven ohne Hoffnung auf Heimkehr führen zu müssen.

Erst allmählich begreifen wir, dass die katastrophalen Folgen des systematischen Menschenraubs in Afrika weit über das Abschütteln der europäischen Kolonisatoren und die formale Unabhängigkeit der modernen afrikanischen Staaten hinausreichen. Das Trauma der Sklaverei, die unterschiedlichen Formen der Entrechtung und Erniedrigung afrikanischer Menschen sind von den nachfolgenden Generationen nicht nur in Afrika, sondern auch in Europa und Amerika noch längst nicht im notwendigen Umfang verstanden worden.

Dazu gehört auch ein aufrichtiges Anerkennen dieses Unrechts in Europa und Amerika und ein Verstehen der Ideologien, die damals und heute zur Rechtfertigung von Ungleichheit und Benachteiligung von Menschen nichtweißer Hautfarbe benutzt werden. Viele westliche Hilfsaktionen für die »armen Menschen in Afrika« tragen bis heute Merkmale der Bevormundung und scheuen sich noch immer zu oft, Ursachen für Unrecht beim Namen zu nennen.

Der brasilianische katholische Erzbischof Dom Hélder Câmara (1909–1999), der sich selbst als Sozialist bezeichnete, beschrieb den Unterschied zwischen Almosen und Engagement gegen Hunger so: »Wenn ich den Armen Nahrung gebe, nennen sie mich einen Heiligen. Wenn ich frage, warum die Armen hungern, nennen sie mich einen Kommunisten.«

In Afrika müssen die Menschen sich der bitteren Wahrheit stellen, dass das ungeheure Ausmaß des Sklavenhandels nicht möglich gewesen wäre ohne die Komplizenschaft arabischer, aber eben auch afrikanischer Händler, häufig auch politischer Anführer, die sich auf Kosten ihrer Landsleute bereicherten. Das Infragestellen autoritärer und hegemonialer Strukturen in Afrika, die wesentlich zum Ausmaß der Katastrophe beitrugen, ist ebenfalls eine wichtige Aufgabe, die noch bevorsteht.

All dies keine leichten Lektionen.

Historisch gesehen ist es nur eine kurze Zeitspanne, in der sich die Europäer in Afrika als Ausbeuter und Unterdrücker aufführen und bis auf wenige Ausnahmen beinah den gesamten Kontinent in Kolonien untereinander aufteilen, ohne auf die Bewohner*innen auch nur die geringste Rücksicht zu nehmen – eben wie Verbrecher dies mit gestohlener Beute tun.

Viel zu wenig ist bisher bekannt über die vielen Formen des Widerstands von afrikanischen Anführern gegenüber den europäischen Kolonialherren: Von der Anpassung und dem Bemühen um friedliche Konfliktlösung bis hin zum mutigen, oft auch verzweifelten Kampf. In vielen europäischen Geschichtsbüchern wird nach wie vor ausführlich über die Schlachten der Europäer berichtet, um die »bedrohten eigenen Frauen und Kinder in den Kolonien« zu schützen. Die Verteidigungsformen der von eigenem Grund und Boden vertriebenen Afrikanerinnen und Afrikaner werden meist als »Massaker« beschrieben und ihre ermordeten Frauen und Kinder sind kaum eine Erwähnung wert.

Um die Eskalation von Rivalitäten der Europäer untereinander in Afrika zu verhindern, rief der deutsche Kanzler Otto von Bismarck (1815–1898) Vertreter der europäischen Mächte im Jahr 1884 in Berlin zusammen. Damit wurde gleichzeitig die Aufteilung des afrikanischen Kontinents am Verhandlungstisch vorbereitet. Vertreter der afrikanischen Völker waren hierbei ausgeschlossen. Auch wenn sich die Europäer noch so mächtig fühlten und in den kommenden Jahrzehnten Schrecken und Armut in Afrika verbreiteten: Die Phase des Kolonialismus in Afrika dauerte nicht lange, auch wenn deren Folgen sich tief in die Realität eingegraben haben und bis heute sichtbar sind.

Die Verabredungen, die in Berlin getroffen wurden, und die Ländergrenzen, die in den darauf folgenden Jahren gezogen wurden und keinerlei Rücksicht auf ethnische Verwandtschaften nahmen, bestehen im Wesentlichen bis heute. Spätestens ab Mitte des letzten Jahrhunderts mussten jedoch auch die überzeugtesten Kolonisatoren anfangen zu erkennen, dass sie sich auf Dauer nicht würden halten können. Zu stark war inzwischen die Opposition verschiedener afrikanischer Widerstandsgruppen geworden, zu teuer das Unterhalten der jeweiligen Kolonialverwaltung. Die Manier, in der sich die Europäer schließlich zurückzogen, war in vielen Fällen mindestens ebenso ungut wie ihre Ankunft auf dem afrikanischen Kontinent, wenn nun auch überwiegend nur noch mit verdeckten Karten gespielt wurde.

Zu oft wurde alles getan, um den korruptesten afrikanischen Politikern an die Macht zu helfen, nicht selten Marionetten, die trotz des Banners der »Unabhängigkeit« aus egoistischen Motiven weiter den Interessen der europäischen oder inzwischen auch US-amerikanischen und sowjetrussischen Mächte dienten. Zynisch konnte dann immer wieder darauf verwiesen werden, wie wenig die Afrikaner doch in der Lage seien, »ihre Sachen selbst zu regeln«. Jene, die dieses neokolonialistische Spiel durchschauten und sich dem wirtschaftlichen und politischen Einfluss von außen nach der offiziellen Befreiung vom Kolonialismus widersetzten, wurden mehr als einmal systematisch unter Druck gesetzt, und wo selbst dies nicht funktionierte, auch kaltblütig ermordet.

Afrikas Unterdrückung durch europäische Mächte begann vor mehr als 500 Jahren – mit der Ankunft der Portugiesen in Westafrika.

Gescheiterte Anpassung: Die Bakongo und die Portugiesen

Bereits 1415 haben sich die Portugiesen mit der Eroberung der marokkanischen Hafenstadt Ceuta, die Gibraltar gegenüber liegt, eine erste Bastion auf dem afrikanischen Kontinent geschaffen. Von hier aus erkundet Prinz Heinrich von Portugal (1394–1460), der später den Beinamen »der Seefahrer« erhielt, die Küste gen Süden. 1444 erreicht seine Flotte die Küste Guineas in Westafrika. Einige Monate später kehren sie mit viel Gold und den ersten gefangenen Afrikanern »als Beweis der erfolgreichen Eroberung« nach Lissabon zurück.

Allmählich beginnt ein Wettlauf zwischen Portugiesen und anderen europäischen Monarchien, der die innereuropäischen Konflikte in den nächsten Jahrhunderten auf andere Kontinente tragen wird: Unter dem Banner von Handelsgesellschaften oder christlichen Missionen werden Abenteurer, arme Leute und überzeugte Christen aller Schattierungen angelockt, um ihr Glück außerhalb Europas zu suchen. Gegen Ende des 15. Jahrhunderts kommen die ersten Europäer auch in Nord- und Südamerika an – 1492 »entdeckt« der Italiener Christoph Kolumbus (1451–1506) im Auftrag der spanischen Königin auf einer nach Indien geplanten Erkundung die »neue Welt« Amerikas.

Engländer, Franzosen, Portugiesen, Skandinavier, Niederländer und Deutsche folgen auch hier. Nachdem die meisten »Indianer« Nordamerikas und die »Indios« Südamerikas niedergemetzelt und die wenigen Überlebenden sich als »unbrauchbare Arbeiter« erwiesen haben, werden dringend mehr Arbeitskräfte zur Nutzung der riesigen landwirtschaftlichen Gebiete benötigt.

Dem Vordringen der Europäer in der »neuen Welt« Nord- und Südamerikas scheinen vorerst keine Grenzen gesetzt. Die Besiedelung jener Teile Afrikas, die sich seit der »Entdeckung« des südafrikanischen »Kaps der Stürme« 1487 durch Bartolomeu Dias (1450–1500) und seine Umsegelung und Umbenennung in das »Kap der Guten Hoffnung« 1497 durch Vasco da Gama (1469–1524) auch auf Ost- und später Südafrika erstrecken, erweist sich demgegenüber als wesentlich schwieriger. Die Vegetation erscheint an vielen Stellen undurchdringlich und gegen einige noch unbekannte Krankheiten gibt es vorerst keine Medizin. Zugleich merken die Neuankömmlinge, dass in Afrika bereits zahlreiche Handelsrouten bestehen, zum Beispiel die arabischer Händler Richtung Norden und die einzelner Bantu-Anführer ins Landesinnere. Diese Routen werden gut verteidigt.

Die Portugiesen, ebenso wie die später folgenden Franzosen, Niederländer, Engländer, Deutschen, Skandinavier und Belgier errichten vorerst Festungen und Handelsstationen entlang der afrikanischen Küsten. Von hier aus regeln sie ihre Geschäfte vor allem mit Gold, Elfenbein und Sklaven – über arabische und afrikanische Mittelsmänner im Inneren des Kontinents, die in der Regel die »Drecksarbeit« der Menschenjagd erledigen. Der westafrikanische Staat Elfenbeinküste verdankt seinen Namen dieser Zeit, ebenso wie das moderne Ghana, das vor seiner Unabhängigkeit als britische Kronkolonie Goldküste hieß.

Als die Portugiesen an der Westküste Afrikas als erste Europäer ankamen, trafen sie keineswegs auf »halbnackte Wilde«, wie dies spätere Ideologen zur Rechtfertigung zahlloser Verbrechen gern glauben machen wollten. In vielen westafrikanischen Ländern gab es hoch entwickelte Methoden des tropischen und subtropischen Landbaus, die genügend Nahrung, teilweise auch Überfluss erwirtschafteten. Es gab ausgeklügelte Bewässerungssysteme, die keinerlei ökologischen Schaden anrichteten, und die Kenntnis von Heilpflanzen war weit verbreitet. Die Kunstwerke zeitgenössischer afrikanischer Künstler aus Holz, Elfenbein, Metall und Terrakotta zeigen ein hohes Niveau in verschiedenen Stilen. Viele dieser Kunstschätze wurden unrechtmäßig in europäische Sammlungen und Museen transportiert und bis heute nicht zurückgegeben, siehe auch S. 295.

1483 kamen die Portugiesen erstmals mit dem Volk der Bakongo in Kontakt, die nahe der Mündung des Kongoflusses lebten. Sie waren ursprünglich Einwanderer aus dem Norden, die sich hier als dominante Gruppe in einem losen Zusammenhalt von mehreren Dorfgemeinschaften angesiedelt hatten. Ihr Zentrum war Mbanza Kongo, dort regierte der erste kongolesische König, der Vater von Prinz Nzinga Mbemba (ca. 1456–1543). Anfangs behandelte man sich gegenseitig

Der junge Prinz Nzinga Mbemba, der sich später als König in »Afonso I. von Kongo« umbenannte (Regierungszeit ca. 1506–1543), nach historischen Quellen gemalt vom Afroamerikaner Carl Owens (1929–2002)

durchaus mit Respekt, obwohl die Portugiesen bald mit der christlichen Missionierung begannen und ab 1490 nicht nur mehrere Missionsstationen errichteten, sondern auch portugiesische »Damen« zu den Frauen der Bakongo-Gesellschaft schickten, um ihnen »Handwerk und portugiesische Sitten« beizubringen.

Die Mehrheit der Bevölkerung betrachtete die hellhäutigen und für das Klima äußerst unpraktisch gekleideten Damen und Herren aus Portugal wohl eher mit Erstaunen als mit Argwohn. Es gab lebhaften Handel, der scheinbar allen zugute kam. Das Christentum sahen viele vermutlich weniger als Alternative, sondern eher als eine mögliche Ergänzung traditioneller afrikanischer Religionen. Nicht jedoch König Nzinga Kuwu, der Vater von Prinz Nzinga Mbemba, der eine ungewöhnliche Überanpassung an den Tag legte und nicht nur sich und seinen Sohn 1491 taufen ließ, sondern auch seinen Untertanen fortan bei Todesstrafe verbot, die weit verbreiteten Fetische zum Ausüben traditioneller Religionen zu gebrauchen. Als Prinz Nzinga Mbemba selbst König wurde, gab er sich den christlichen Namen Afonso I.

Eine Weile schien es, als könnte die frühe portugiesisch-kongolesische Kooperation ein friedliches Beispiel setzen. König Afonso I. sprach vom portugiesischen König Manuel nur als dem »Brudermonarchen« und bildete seinen Hof nach portugiesischem Vorbild um. König Manuel seinerseits beauftragte seinen Botschafter für den Kongo, den afrikanischen König »voller Respekt zu behandeln, wie es einem rechtmäßigen König gebührt«. Als Anrede habe er zu gebrauchen: »Mächtiger und exzellenter König vom Kongo!« Junge kongolesische Adlige wurden zum Studium nach Lissabon gesandt. Einer von ihnen stieg 1518 sogar in den Rang des portugiesischen Bischofs von Utica auf.

Doch so viele Portugiesen, wie beiden Monarchen lieb gewesen wäre, wollten gar nicht in den Kongo, denn nach der ersten Begeisterung erreichte die Kunde von »schrecklichen Urwaldkrankheiten«, allen voran Malaria, das Mutterland. Nach der Vertreibung der Juden aus Portugal im Jahr 1497 verfällt der portugiesische König sogar auf die grausame Idee, 2000 jüdische Kinder, die ihren Eltern fortgenommen worden waren, zur Besiedlung nach Westafrika zu verschiffen. Und König Afonso I. ist dankbar für die Ausstattung mit neuen Waffen, die er nicht nur zur Stärkung der eigenen Macht nutzt, sondern auch zum Einsatz bei der Menschenjagd auf Sklaven bei benachbarten Völkern.

Diese Sklaven werden sowohl zur Zwangsarbeit im Zuckeranbau, den die Portugiesen eingeführt haben, eingesetzt, als auch im internationalen Sklavenhandel nach Übersee, vor allem nach Brasilien, verkauft. Die Plantagen auf der Insel São Tomé vor der westafrikanischen Küste werden in kurzer Zeit zum größten Zuckerlieferanten in Europa. Rund 3000 Sklaven pro Jahr liefert König Afonso I. allein für diese Inselplantagen.

Im Laufe der Zeit werden die Forderungen der Portugiesen nach immer mehr Sklaven jedoch so hoch, dass selbst der zu vielem bereite Kongokönig dem nicht mehr nachkommen kann. Die Portugiesen beginnen daraufhin, mit anderen afrikanischen Sklavenjägern zusammenzuarbeiten und diese darin zu ermutigen, auch Untertanen von König Afonso I. zu fangen.

Der vom portugiesischen König für den Kongo eingesetzte Gouverneur Fernando de Mello missbraucht schließlich zunehmend seine Machtbefugnisse und behandelt den Kongokönig mit deutlicher Verachtung. Er untersagt ihm, mit anderen europäischen Händlern Kontakt aufzunehmen. Alle Aktivitäten des Königs werden täglich mehr kontrolliert. Zum Eklat kommt es, als der Gouverneur kongolesische Jugendliche, die als Schüler nach Portugal geschickt werden sollten, zurückhält und als Sklaven weiterverkauft. In dieser Gruppe befinden sich auch Familienangehörige des Kongokönigs.

Im Jahr 1526 schreibt König Afonso I. daraufhin einen verbitterten Brief an seinen »Brudermonarchen«:

»*In unseren afrikanischen Königreichen gibt es eine große Unannehmlichkeit, die wenig Achtung vor Gott zeigt. Es handelt sich darum, dass viele unserer Leute, in ihrem großen Verlangen nach Gütern aus Ihrem Land, die von Ihren Leuten hierher gebracht wurden, um ihren Hunger danach zu stillen, viele freie und befreite Mitmenschen gefangen nehmen. Und oft geschieht es, dass sie sogar Adlige oder die Söhne von Adligen und sogar unsere Familienmitglieder einfangen, um sie an die weißen Männer zu verkaufen, die sich in unseren Königreichen aufhalten …*

Und sobald sie in der Gewalt der weißen Männer sind, werden sie umgehend mit glühendem Eisen gebrandmarkt. Und wenn die weißen Männer dann von unseren Wachen angehalten werden, behaupten sie, dass sie sie gekauft hätten, aber nicht mehr wüssten von wem … und so verbreitet, Sir, ist die Korruption und Unkontrolliertheit, dass unser Land völlig entvölkert wird … Darum bitten wir Ihre Hoheit, uns in dieser Angelegenheit zu helfen … weil es unser Wunsch ist, dass in diesen Königreichen kein Sklavenhandel mehr stattfinden soll.«

Der portugiesische Monarch lehnt die Forderung des Kongokönigs mit der Begründung ab, dass *»der Kongo ja außer Sklaven sonst nichts zu verkaufen«* habe. Wolle er weiter portugiesische Waren erhalten, müsse er wie bisher Sklaven liefern.

Die Macht von König Afonso I. wird zunehmend auch von seinen eigenen Leuten untergraben. Er verliert an Ansehen, seine Anpassung ans Christentum und an die Wünsche der Portugiesen haben ihm wenig gebracht. Sein Reich löst sich zunehmend in viele Fraktionen auf, die sich auf unterschiedlichen Ebenen mit oder gegen Portugiesen verbünden. Nach dem Tod des greisen Königs 1543 verliert das Reich der Bakongo endgültig an Bedeutung. Eine Einheit im Vorgehen der Afrikaner des Kongogebiets gibt es nicht mehr. Wenn sich ein Anführer oder König weigert, den Europäern Sklaven zu liefern, tut es ein anderer.

Der in Ghana aufgewachsene langjährige BBC-Journalist für Afrika, George Alagiah (1955–2023), berichtet von einem aktuellen Interview mit Ugandas Präsident Yoweri Museveni (*1944) über die Anfänge des Kolonialismus in Afrika, in dem dieser antwortet: *»Sie können nicht über Kolonialismus sprechen, ohne über afrikanische Anführer zu sprechen. Kolonialismus kam in ein offenes Haus. Wie wenn der Räuber in ein Haus will und jemand ihm von innen die Tür öffnet.«*

Auf Menschenjagd: Die Katastrophe der Sklaverei

Die ersten afrikanischen Menschen, die nach Europa verschleppt worden waren, wurden hier anfangs eher als »exotische Figuren« mit Neugier betrachtet. Es gab eine Zeit, da es zum guten Ton bei den Reichen in Portugal und Spanien, später auch in England, Frankreich und Deutschland gehörte, einen »Mohren» oder einen »Neger« in der Dienerschaft zu haben, der im Prinzip die gleichen Rechte hatte wie das übrige Personal. In dieser Zeit gab es noch nicht eine ausgefeilte Ideologie des Rassismus, der die »Schwarzen« als »minderwertig« definierte. Sie waren eben nur »ganz anders«, durchaus interessant, »kurios«. Es war möglich, dass junge Kongolesen in Portugal studieren und in Ausnahmefällen sogar Karriere machen konnten. Um 1550 waren etwa zehn Prozent der Bevölkerung Portugals Afrikanerinnen und Afrikaner, längst nicht alle als Diener oder anderes Personal.

In den meisten afrikanischen Zivilisationen kannte man vor dem Eintreffen der Europäer zwar auch Sklaven, die als Beute nach kriegerischen Auseinandersetzungen mitgenommen worden waren oder hatte schon vom Sklavenhandel der Araber gehört. Es ging hierbei jedoch eher um ein Familienmitglied mit eingeschränkten Rechten als um ein Stück Gut, das man schlechter als Vieh hätte behandeln dürfen.

Der westafrikanische Historiker Joseph Ki-Zerbo (1922–2006) schreibt:

»Im Allgemeinen integrierte man den Sklaven sehr schnell in die Familie ... Folglich besaß der Sklave Bürgerrechte und zusätzlich auch Eigentumsrechte, denn es gab vielfache Befreiungsverfahren und unter ihnen viele, die auf die Initiative der Sklaven selbst zurückzuführen sind. Im Kongo kannte man sogar Sklaven, die selbst Sklaven besaßen ... Es ist deshalb lächerlich zu behaupten, dass die Europäer nur eine schon existierende Praxis fortgesetzt hätten.«

Die einschneidende Veränderung kam, als die Europäer in Nord-, Mittel- und Südamerika für die in kürzester Zeit entstandenen riesigen Plantagen, auf denen vor allem Baumwolle, Tabak und Zuckerrohr angepflanzt wurden, dringend Arbeiter brauchten, um die gigantisch steigenden Gewinne immer höher treiben zu können. Die Ureinwohner Amerikas schieden hierfür aus, da sie nicht nur ihres Landes beraubt worden waren, sondern durch Völkermord und zusätzliche Infektionen mit europäischen Krankheiten so dezimiert und demoralisiert waren, dass sie den Herren als nicht mehr »brauchbar« erschienen.

In kürzester Zeit bildete sich eine Mafia europäischer, afrikanischer und arabischer Händler, die mit unglaublicher Menschenverachtung ein völlig neues Verständnis von Sklaven einführten: Es ging nicht mehr um Menschen mit weniger Status oder mit geringeren bzw. gar keinen Rechten, sondern nur noch um eine Ware, die möglichst gewinnträchtig zu fangen, zu transportieren und zu verkaufen war. Das Monopol der Portugiesen wurde bald von anderen Europäern angegriffen, und so tummelten sich neben Piratenschiffen vor der Küste Westafrikas auch Flotten der Spanier, Engländer, Franzosen und Holländer, für eine Weile auch Schweden, Dänen und Deutsche, die sich gegenseitig die Geschäfte streitig machten.

Die Spanier setzten eine Zeit lang ein System durch, wonach sie Einfuhrzahlen kontrollierten und die Rechte dafür an andere Länder, aber auch einzelne Händler verkauften. Die Menschen wurden dabei nicht einmal mehr als individuelle Personen notiert, sondern in Tonnen angegeben. Zum ersten Mal wurde so eine Genehmigung (»Asiento«) 1518 ausgegeben. Ein Dokument aus dem Jahr 1696 erlaubt der portugiesischen Guinea-Kompagnie »10 000 Tonnen Neger« pro Jahr einzuführen.

Wer die Küste Westafrikas heute besucht, findet jene mit Kanonen ausgestatteten Burgen und Festungen, mit denen die Europäer ihre Geschäfte ausschließlich untereinander und nicht etwa gegen Afrikaner zu verteidigen hatten. Es sind stumme, dicht an dicht entlang der Küste gereihte Zeugen jener grausamen Epoche. Millionen afrikanischer Kinder, Frauen und Männer wurden in diesen Festungen vor der Überfahrt nach Übersee zusammengetrieben und sahen von hier aus zum letzten Mal ihren Kontinent. Bescheidene Schätzungen gehen von acht Millionen – wahrscheinlich aber eher 15 Millionen – Afrikanerinnen und Afrikanern aus, die als Sklaven unter den entwürdigendsten Umständen deportiert wurden. Wie viele allein bei der Menschenjagd ermordet oder auf der wochenlangen Überfahrt starben und ins Meer geworfen wurden, vermag keine Statistik mehr zu beweisen.

Der erste Sklave, der es nicht nur schaffte, sich im Alter von 21 Jahren selbst freizukaufen, sondern über sein Leben ein Buch zu schreiben, das 1789 in England erschien und wesentlich zur Abschaffung der Sklaverei beitrug, war Olaudah Equiano (1745–1797). Hier erinnert er sich, wie er als elfjähriger gefangener Junge auf dem Sklavenschiff ankam:

»*Einige packten und schüttelten mich, um zu sehen, ob ich zu gebrauchen sei. Ich war überzeugt, dass ich in einer Welt böser Geister angekommen war und sie mich bestimmt töten werden ... Als ich mich weiter an Deck umsah ... erblickte ich eine große Anzahl von schwarzen Menschen, die aneinandergekettet waren und deren Gesichter nichts als Leid und Niedergeschlagenheit ausdrückten. Ich war so überwältigt von so viel Qual und Schrecken, dass ich keinerlei Zweifel an meinem weiteren Schicksal hatte und bewusstlos zu Boden fiel. Als ich wieder zu mir kam, erkannte ich einige der schwarzen Bewacher, die uns hierhergebracht und die nun wohl ihren Lohn dafür erhalten hatten. Sie versuchten, mir als einem der Jüngsten Mut zuzusprechen, jedoch vergeblich.*

Ich fragte sie, ob diese weißen Männer mit ihrem schrecklichen Aussehen, den roten Gesichtern und langen Haaren, mich nicht fressen würden. Sie meinten, dass dies nicht geschehen würde, und einer aus der Gruppe brachte mir sogar Schnaps. Ich kostete etwas davon, aber erschrak nur erneut, denn noch nie hatte ich so einen Geschmack in meinem Mund gehabt. Kurz danach gingen die schwarzen Wachleute vom Schiff ... und ließen mich zurück in tiefster Verzweiflung.«

Auf diesen Sklavenschiffen wurden bei einer Besatzung von zum Beispiel 30 Seeleuten und fünf Offizieren bis zu 500 Sklaven unter schlimmsten Bedingungen und bei einer Überfahrtszeit von mindes-

Olaudah Equiano, später auch unter den Namen Gustavus Vassa bekannt, hier nach einer Zeichnung, die er 1789, im Alter von 43 Jahren, für seine berühmte Autobiografie in Auftrag gegeben hatte

tens fünf Wochen bis zu drei Monaten transportiert. Nicht wenige Gefangene versuchten bis zuletzt zu entkommen – oder sich das Leben zu nehmen, wenn jede Aussicht darauf endgültig unmöglich schien. Manche zogen es vor, sich ins Meer zu stürzen, anstatt weitere Qualen zu erleiden. Diejenigen, die keine andere Möglichkeit sahen, versuchten, durch die Verweigerung von Nahrung zu sterben.

Ein englischer Sklavenkapitän berichtet, dass Hungerstreik als schweres Vegehen geahndet wurde, indem der Mund des »*Verweigerers zuerst mit glühenden Kohlen, die an seine Lippen gehalten werden, geöffnet und dann ein Metalltrichter in seinen Hals geschlagen wird, über den Nahrung zwangsweise zugeführt werden kann*«. Ein zeitgenössischer Schiffsarzt empfiehlt, »*lieber bei Nacht die afrikanische Küste zu verlassen. So werden viele erst am nächsten Tag gewahr, dass ihre Heimat bereits außer Sicht ist, und das dann zumeist einsetzende Heulen und hysterische Schreien, vor allem der Weiber, kann keine anderen Ladungen mehr in Unruhe versetzen.*«

In wenigen Fällen versuchen Sklaven eine Meuterei auf hoher See. In der Regel werden Revolten schnell niedergeschlagen, wobei die Anführer erst nach schlimmsten Folterungen ins Meer geworfen werden. Ein zeitgenössischer Kapitän bedauert, dass eine Meuterei einmal dazu geführt hat, dass von seiner *»Ladung nicht nur 80 aufrührerische Neger sofort erschossen oder ertränkt werden mussten. Schlimmer noch war, dass ein Großteil der übrigen Ladung während der kurzen Kampfhandlungen so unglücklich angeschossen war, dass nicht nur ihre Wunden anschwollen und eiterten, sondern die meisten auch jede Behandlung verweigerten, ja die Wunden selbst immer neu aufrissen, bis sie verbluteten oder an Infektionen starben und so für uns wertlos wurden.«*

Der Fall einer einzigen erfolgreichen Meuterei ist bekannt – und von dem US-amerikanischen Regisseur Steven Spielberg (*1946) in seinem Film über das spanische Sklavenschiff »Amistad« (USA 1997) in weitgehender Orientierung an den Fakten gestaltet worden.

Die Meuterei von Sklaven auf der »Amistad« im Jahr 1839: »Wir sind Menschen aus Afrika, und wir sind dort frei geboren …«

Anfang 1839 wird der 25-jährige Sengbe Pieh (sein Vorname wird auch als »Cinque« oder »Singbe« angegeben), ein Angehöriger der Mende, im westafrikanischen Sierra Leone gefangen genommen und auf einem portugiesischen Sklavenschiff nach Kuba gebracht. In Kuba wird er zusammen mit 53 anderen gefangenen Frauen und Männern aus Sierra Leone von zwei Spaniern gekauft, die das Sklavenschiff »Amistad« (spanisch: Freundschaft) und seine Belegschaft unter Kapitän Ramon Ferrer anheuern, um sie zur Arbeit auf Plantagen zu bringen.

Kurz nach der Abfahrt schafft es Sengbe Pieh nachts, sich von seinen Eisenketten loszumachen und auch andere zu befreien. Sie schleichen sich zuerst zu den schlafenden Matrosen und berauben sie ihrer Waffen. Dann ergreifen sie Kapitän Ferrer und töten ihn sowie einen weiteren Mann. Sengbe Pieh übernimmt das Kommando, und es scheint, als würden die Matrosen seinen Anweisungen Folge leisten und zurück nach Afrika segeln. Den beiden Spaniern, Pedro Montez und José Ruiz, gelingt es jedoch, Sengbe Pieh und die Afrikaner zu täuschen, und statt ostwärts segelt die »Amistad« in Richtung Norden. Nach gut 60 Tagen erreichen sie eine kühle, neblige Küste – nicht in Westafrika, sondern in Long Island vor New York.

Mithilfe von Marinesoldaten gelingt es den beiden Spaniern, die verwirrten und erschöpften Afrikanerinnen und Afrikaner erneut gefangen zu nehmen. Sie werden der Meuterei und des Mordes angeklagt, die beiden Spanier verlangen zusätzlich die Rückgabe ihres »Besitzes an Sklaven«, eine Forderung, für die sie Unterstützung von der spanischen Königin erhalten.

Zu dieser Zeit ist im Staat New York und einigen anderen Nordstaaten die Sklaverei schon verboten. In den USA insgesamt wird das erst ab 1863 offiziell der Fall sein. Aber es gibt bereits seit langem die Bewegung zur Abschaffung (englisch: abolition) der Sklaverei.

Die Abolitionisten organisieren die Öffentlichkeit zur Unterstützung der Afrikaner. Ein Übersetzer des Mende kann für die bevorstehende Gerichtsverhandlung gefunden werden. Ihr Hauptargument ist, dass die Afrikaner freizusprechen sind, da sie vom Recht aller freien Menschen zur Verteidigung ihrer Freiheit Gebrauch gemacht hätten.

Der Prozess dauert mehrere Monate und geht schließlich zum Obersten Gerichtshof. Die öffentliche Meinung ist mehr und mehr gespalten. Der Fall der »Amistad« wird zu einem Schauprozess über das Für und Wider der Sklaverei.

Es ist eine leidenschaftliche Rede von Sengbe Pieh, in Mende gehalten und übersetzt, die zu einem Umschwung auch im Gericht führt. Der junge Mann sagt darin unter anderem: »Wir sind Menschen aus Afrika, und wir sind dort frei geboren. Seit dem Tag unserer Geburt sind wir frei und besitzen das Recht, frei zu sein. Deshalb sollen wir frei bleiben und nicht Sklaven.« Eine Argumentation, die von den Verteidigern beinah wörtlich übernommen wird.

Den Abolitionisten gelingt es schließlich, den früheren US-Präsidenten John Quincy Adams (1767–1848) als Anwalt für die Sache der Afrikanerinnen und Afrikaner zu gewinnen. Im Alter von 73 Jahren, krank und halb blind, hält er eine mehr als achtstündige Rede, die endgültig zum Freispruch der ehemaligen Sklaven führt.

Ihnen wird die Rückfahrt nach Sierra Leone bezahlt, wohin 35 von den ehemals 53 gefangenen Frauen und Männern, darunter auch Sengbe Pieh, Anfang 1842 zurückkehren. Die übrigen sind während der Fahrt nach Amerika und der langen Gerichtsverhandlung gestorben.

Die Sklaverei wurde in Großbritannien offiziell 1833 abgeschafft, in den USA insgesamt erst 1863 als Folge des gewonnenen Bürgerkriegs der Nord- gegen die Südstaaten. In vielen Ländern geschieht dies sogar erst im Laufe des letzten Jahrhunderts, wie zum Beispiel in Saudi-Arabien 1963. Inoffiziell gibt es Sklaverei auch heute noch. Immer wieder werden Fälle von Kindersklaven, vor allem in Asien und Afrika, aber auch Osteuropa, aufgedeckt: Kinder und Jugendliche, die von verarmten Eltern in großer Not, oft auch auf falsche Versprechungen hin, verkauft und ausschließlich zu Kinderarbeit oder Prostitution ausgenutzt werden.

Für den afrikanischen Kontinent bedeutete der Raub der gesündesten und kräftigsten Menschen in vielfacher Millionenhöhe über mehrere Jahrhunderte eine wirtschaftliche wie menschliche Tragödie von kaum vorstellbarem Ausmaß, für die die Verantwortlichen niemals zur Rechenschaft gezogen wurden. Von keinem anderen Kontinent sind jemals so viele Menschen zwangsdeportiert worden. Die Kinder und Enkelkinder afrikanischer Sklaven wuchsen Tausende Kilometer von ihrer Heimat entfernt auf – außer in den USA und Brasilien auch auf Aruba, Bonaire, Curaçao, Grenada, Jamaika, Haiti, Puerto Rico, Trinidad, Kuba und der Dominikanischen Republik, in Belize, Nicaragua, Panama, Venezuela, Kolumbien, Ecuador, Peru, Surinam und Guyana.

Menschen afrikanischen Ursprungs und Afrikanerinnen und Afrikaner, die außerhalb ihres Kontinents leben, gibt es heute überall auf der Welt.

Hätte das Verbrechen des millionenfachen Menschenraubs verhindert werden können? Gab es nicht auch afrikanische Völker oder Länder, die es schafften, sich gegen die europäischen Ausbeuter erfolgreich zu wehren?

Ein kurzer Sieg: Die Zulus und die Briten

Das Ende der Sklaverei wurde nicht in Afrika erstritten, sondern von weißen Gegnern der Sklaverei wie den Abolitionisten in England und in den Nordstaaten der USA, Helfern von geflohenen Sklaven wie den religiös orientierten Quäkern und schließlich aufständischen und befreiten Sklaven in Übersee. Sklaverei verlor aber auch an Bedeutung durch das Aufkommen des Kapitalismus und der Industriellen Revolution zuerst in Europa und später auch weltweit – das Geschäft der Sklaverei lohnte sich schlicht immer weniger.

Kapitalismus funktioniert, wenn eine bestimmte Summe Geldes (Kapital) so eingesetzt wird, dass dabei am Ende ein Gewinn (Profit) herausspringt. Das Produkt selbst oder die Arbeiter sind weniger wichtig als das Ingangsetzen einer Spirale von Produzieren, Verkaufen, den Gewinn investieren, mehr Produzieren, schließlich mehr Verkaufen und so fort. Dabei ist es wichtig, Kontrolle über die Rohstoffe (für die Produktion) und die Märkte (zum Verkaufen) zu bekommen. Alles andere hat sich dem unterzuordnen. Hinzu kam der zunehmende Einsatz von Maschinen, der menschliche Arbeitskräfte in vielen Bereichen überflüssig oder zu Handlangern der Maschinen machte – das industrielle Zeitalter der Fließbandarbeit hatte begonnen.

Als in die Länder in Übersee, vor allem Nord- und Südamerika, genügend Arbeitskräfte importiert waren und auch in der Landwirtschaft Menschen zunehmend durch Maschinen ersetzt wurden, erschien es unnötig teuer, Sklaven fortlaufend zu bewachen oder gar noch mühsam und mit Gewalt weiter zu importieren. Es lag näher, Bedingungen zu schaffen, unter denen Menschen sich »freiwillig vermehren« und sich dann selbst verkaufen, um ihr Brot verdienen zu können.

In Afrika waren es die Engländer, die im Süden des Kontinents als Erste kapitalistische Produktionsformen und ihren Anspruch auf koloniale Herrschaft durchsetzen wollten – und damit die konservativen, holländischstämmigen Buren, die dort bereits 1652 die Handelsstation Kapstadt gegründet hatten, von der Küste ins Landesinnere vertrieben.

Dieser Konflikt führte schließlich in den Jahren 1899 bis 1902 zu einem Krieg zwischen Engländern und Buren um die Vorherrschaft und zu einer zuweilen bis heute spürbaren Spannung zwischen englischen und niederländischstämmigen Weißen in Südafrika. Praktisch bestanden die Engländer in allen von ihnen besetzten Gebieten in Afrika, so auch in der britischen Kapkolonie, auf drei kapitalistischen Prinzipien: Alle Kolonien sollten sich selbst versorgen (also England kein Geld kosten), Rohstoffe für England liefern und englische Waren kaufen.

Sowohl Engländer als auch Buren führten ihre eigenen Kämpfe mit den verschiedenen afrikanischen Völkern, allen voran den Zulus und Xhosa, die wiederum untereinander verfeindet waren. Es war erklärtes Ziel der Engländer, den »südafrikanischen Flickenteppich« zu einer Konföderation unter britischer Flagge zu schmieden, notfalls mit Gewalt.

Die Völker der Xhosa und Zulus haben selbst eine lange Geschichte kriegerischer Auseinandersetzungen, die bis in die Gegenwart reicht. Es sind Völker, die bereits Erfahrungen gesammelt hatten in der Verteidigung von Weideland für den einzigen Reichtum, den beide Kulturen gleichermaßen hoch bewerten: den Besitz von Vieh, hier vor allem eine weit entwickelte Form der Rinderzucht.

Anhand der Geschichte zweier Anführer der Zulus und ihren durchaus unterschiedlichen Auseinandersetzungen mit den Engländern kann veranschaulicht werden, wie es von der ersten Begegnung über Widerstand bis zur Unterwerfung am Ende allein die Übermacht moderner Waffen war, die die Afrikanerinnen und Afrikaner in die Knie zwang.

Shaka Zulu (ca. 1787–1828): »Immer mit Respekt behandeln …«

Bei den Zulus gab es einen Anführer, der bereits zu Lebzeiten eine berühmt-berüchtigte Legende war und durch das Vereinigen vieler Fraktionen als Begründer der Zulu-Nation gilt: Shaka Zulu. Obwohl er ein uneheliches Kind war und aus einem eher unbedeutenden Teil des Zulu-Volkes stammte, fiel er bereits als junger Mann auf, weil er neue Kampfmethoden einführte.

Mit 24 Jahren nahm er die Herausforderung eines der besten Kämpfer des Zuluclans der Buthelezi an – und gewann mit dem Einsatz eines von ihm selbst konstruierten kurzen Schwertes, dem Assegai, der sich dem traditionellen Speer als überlegen erwies. Von da an begann eine militärische Karriere, die ihn nicht nur zum Anführer der Soldaten, sondern ab 1815 auch zum König aller Zulus machen sollte, wobei er vor keinem Gemetzel zurückschreckte, um sein Ziel eines großen Zulu-Reiches zu verwirklichen. Lange bevor ein Europäer in das Innere von Zululand vorgedrungen war, vertrieb Shaka Zulu all jene Völker wie die Sotho und Ndebele, die sich seinem Befehl nicht unterordnen wollten. Seine Taktik war nicht die traditionelle des offenen Kampfes, sondern eine, bei der ein Teil seiner Truppen von vorn kam, während zwei andere überraschend von den Seiten her angriffen.

Zu seinen ersten Aktionen als König aller Zulus gehörte es, die Erniedrigungen, die seine Mutter aufgrund der unehelichen Geburt ihres Sohnes erleiden musste, zu rächen, indem er ihr einen Ehrentitel als »Großer weiblicher Elefant« gab und alle ermorden ließ, die ihr aus seiner Sicht Unrecht angetan hatten. Zur Erinnerung ließ er eine neue Stadt in seinem Reich, das inzwischen etwa die Fläche Portugals hatte, bauen, die er »Bulawayo« nannte – der Ort des Tötens (heute heißt so die zweitgrößte Stadt in Simbabwe).

Im Jahr 1823 berichtete ein junger Xhosa-Mann Shaka Zulu, dass eine Gruppe von Weißen sich von der Küste her auf den Weg gemacht hätte, um ihn zu besuchen. Dankbar für diese Nachricht, belohnte Shaka den jungen Mann entgegen aller sonst bestehenden Feindschaft gegenüber den Xhosa mit einem hohen Posten. Gut zwölf Monate später trafen drei Weiße in Bulawayo ein, die sich als Gesandte des britischen Königs George ausgaben – tatsächlich waren es drei Abenteurer, die so schnell wie möglich reich werden wollten: Der englische Marineleutnant Francis Farewell, der Händler Henry Fynn und der Jugendliche Nathaniel Isaacs, der sich den beiden Männern später angeschlossen hatte. Shaka Zulu vertraute ihnen und überreichte Geschenke für den englischen König. Obwohl bekannt für viele Gräueltaten gegenüber politischen Gegnern aus dem eigenen Volk, gab er die Anweisung, dass die drei fremden Weißen »immer mit Respekt zu behandeln« seien.

Alle drei nutzten die Gastfreundschaft des Zulu-Anführers schamlos aus: Henry Fynn ernannte sich selbst zum »König von Natal« und nahm zahlreiche Zulu-Frauen in seinen Harem. Er und der junge Isaacs zeugten Dutzende von Kindern und exekutierten – unter dem Schutz von Shaka Zulu – die Todesstrafe durch Erschlagen an mehreren Zulus, die sie zu kritisieren wagten. Sie begannen einen skrupellosen Handel mit Elfenbein, der die Zahl der Elefanten im Zululand so drastisch reduzierte, dass selbst die englische Kolonialverwaltung in Kapstadt davon Wind bekam.

Um ihre Verbrechen zu rechtfertigen, veröffentlichten Fynn und Isaacs später sogenannte Tagebücher, in denen sie sich als »Gefangene des brutalen Shaka Zulu« ausgaben. Lange Zeit wurden diese Tagebücher »als wichtige Quelle« für das Studium der Zulus angesehen. Erst 1941 entdeckten Historiker einen Brief von Isaacs an Fynn, in dem er diesem Hinweise für das Abfassen der Tagebücher gab: »Stelle die Zulu-Anführer so blutdurstig wie möglich dar und strebe danach, eine geschätzte Zahl der von ihnen Ermordeten anzugeben, und schildere die frivolen Verbrechen, für die sie ihr Leben ließen. Es wird helfen, die Arbeit umfangreicher und interessanter zu machen.«

Ohne jemals eine Schlacht gegen die Europäer geführt zu haben, wurde Shaka Zulu von seinem Halbbruder Dingane, der selbst Anführer werden wollte, 1828 erstochen.

Einer der wenigen militärischen Siege, den eine Armee von Afrikanern gegen eine europäische Macht erringen konnte, gelang Zulu-König Cetshwayo, einem Neffen von Shaka Zulu, mehr als ein halbes Jahrhundert später: Im Januar 1879 schickte er 20 000 Krieger in den Kampf gegen die britische Armee, die 1877 erst die Republik der weißen Buren – Transvaal – annektiert und nun zur Einverleibung des Zululandes geblasen hatte. Es war etwas Entscheidendes geschehen, das die englische Regierung zum schnellen Handeln bewog: 1867 waren in Südafrika erstmals ungewöhnlich große Diamantvorkommen entdeckt worden. Nun begann der Wettlauf darum, wer hierüber langfristig die Kontrolle haben würde.

Zulu-König Cetshwayo (ca. 1826–1884): »Niemals habe ich Ihnen Unrecht getan, weswegen Sie ein anderes Ziel haben müssen, um mein Land zu besetzen!«

Ein halbes Jahrhundert nach Shaka Zulu gab es mannigfache Begegnungen zwischen Zulus und Briten. Die erste Fremdheit war einer gewissen Achtung voreinander gewichen. Unterschiedliche Erfahrungen hatten gelehrt, dass es aufrichtige und hinterhältige Menschen auf beiden Seiten gab. Cetshwayos Vater, der Zulu-König Mpande, regierte seit gut 15 Jahren, als es zu einem offenen Kampf um die Nachfolge zwischen Cetshwayo, dem ältesten Sohn, und Mbuyazi, dem Zweitgeborenen, kam. Der König selbst hatte den Streit entfacht, indem er zu erkennen gegeben hatte, den jüngeren Sohn vorziehen zu wollen. 1856 eskalierte der Streit in einen Bürgerkrieg zwischen den Nachfolgern Cetshwayos und denen seines jüngeren Bruders, der mit dem Sieg Cetshwayos und dem Tod von Mbuyazi im gleichen Jahr endete.

Bei der Versöhnung zwischen Cetshwayo und seinem Vater spielte die Vermittlung des britischen »Kommissars für Eingeborene« in Natal, Theophilus Shepstone, eine wichtige Rolle: Vater und Sohn respektierten seinen Vorschlag zur Beendigung der Streitigkeiten, wonach der König unwiderruflich Cetshwayo als Nachfolger anerkannte und der Sohn sich zur Loyalität gegenüber dem König verpflichtete. An dieses Wort hielt sich Cetshwayo bis zum Tode seines Vaters 1872 – nach 32 Jahren Regierung. Cetshwayo war, als er selbst König wurde, inzwischen 48 Jahre alt. Im Namen der englischen Krone sprach Kommissar Shepstone offizielle Glückwünsche aus.

Mit der Entdeckung von Diamanten änderte sich jedoch nicht nur die Haltung der englischen Krone gegenüber den Zulus, sondern auch die des langjährigen Kommissars Shepstone. Nachdem er in London zum Sir geadelt und dabei für die Pläne einer »britischen Konföderation« in Südafrika gewonnen worden war, begann er 1877 unmittelbar nach seiner Rückkehr, neue Töne gegenüber König Cetshwayo anzuschlagen. Hatte er bis jetzt die Zulus gegenüber den Buren unterstützt, sah er nun, nachdem er die Burenrepublik Transvaal annektiert hatte, die Zulus als letztes Hindernis auf dem Weg zur britischen Vorherrschaft in der Region.

Englische Generäle, die einen möglichen Krieg gegen die Zulus diskutierten, kamen zu der Einschätzung, dass nach ihrem Sieg über die Ashanti in Ghana und der erfolgreichen Unterdrückung der Xhosa am Ostkap Süd-

afrikas, nun »aktive Schritte erfolgen müssten, um die Arroganz von Cetshwayo zu testen«.

Nach mehreren unbedeutenden Zwischenfällen an der Grenze zum Zululand, die überwiegend von englischer Seite provoziert worden waren, stellte diese die Zulus am 11. Dezember 1878 vor ein Ultimatum: Würde König Cetshwayo neben anderen Forderungen nicht innerhalb von 20 Tagen seine Armee auflösen, käme es zum Einmarsch des britischen Militärs. Cetshwayo entgegnete hierauf: »Der König erklärt zum wiederholten Mal, dass er keinen Krieg beginnen wird, sondern abwartet, ob er angegriffen wird, bevor er zur Verteidigung übergehen muss.«

Anfang Januar 1879 begann die britische Armee tatsächlich ihre Invasion des Zululandes. Erst danach versammelte König Cetshwayo rund 20 000 seiner Krieger und rief zur Verteidigung des Zululandes auf: »Ich schicke euch in den Kampf gegen die Weißen, die ins Zululand eingedrungen sind und begonnen haben, unsere Rinder wegzutreiben.«

Am 22. Januar 1879 erreichten die militärischen Einheiten der Zulus ein weites Tal, gut sechs Kilometer von der Felsenformation Islandlawa entfernt, wo ein Lager aufgeschlagen wurde. Von hier aus sollte eine hochrangige Gruppe von Zulus zu Verhandlungen mit den britischen Generälen geschickt werden, um »alles zu versuchen, die Angelegenheit mit Worten zu regeln und nicht mit Waffen«.

Zu spät – nicht weit entfernt vom Lager der Zulus hatte auch eine Einheit der Engländer Position bezogen, genau 822 britische Soldaten und 431 afrikanische Söldner, ebenfalls ohne die Nähe zur Zulu-Übermacht zu ahnen. Gegen Mittag stieß eine kleine Gruppe berittener englischer Soldaten zunächst nur auf ein paar Zulus mit ihren Rindern. Sie nahmen die Verfolgung auf und erreichten innerhalb weniger Minuten eine Anhöhe, von der aus sie das Tal mit Tausenden von Zulu-Kriegern erblickten. Entsetzt machten sie kehrt und versuchten, sich zurück ins eigene Lager zu retten. Die Zulu-Anführer erkannten die Chance und umzingelten das englische Lager. Am frühen Nachmittag war alles entschieden – die erste Niederlage der Engländer auf afrikanischem Boden. Nur eine Handvoll Soldaten hatte fliehen können.

Auch wenn die Engländer aufgrund überlegener Waffen die Zulus am 4. Juli vernichtend militärisch schlagen konnten, war der Mythos der unbesiegbaren Weißen nachhaltig gebrochen.

König Cetshwayo (56) im Exil in London 1882

König Cetshwayo konnte zunächst fliehen, wurde aber später gefangen genommen und nach Kapstadt ins Exil verbannt. Er verfasste viele Briefe an hochgestellte Persönlichkeiten, in denen er um Unterstützung bat, unter anderem auch an die englische Königin Victoria. 1881 schrieb er die in der Überschrift zitierten Zeilen an den englischen Gouverneur von Kapstadt: »Niemals habe ich Ihnen Unrecht getan ...«

Auch wenn es ihm gelingt, 1882 mit Unterstützung liberaler Politiker nach England zu reisen, kann Cetshwayo die Zerstörung der Zulu-Nation nicht mehr aufhalten. Als er 1884 stirbt, ist sein Reich auf eine Fläche reduziert, wie sie Shaka Zulu zu Beginn seiner Zeit vorfand. 1897 wird Zululand endgültig der britischen Kolonie einverleibt.

Ausverkauf: Die Berliner Kongo-Konferenz

Anders als um 1500, als die ersten Europäer noch relativ ahnungslos zu Afrikas Küsten aufbrachen und sich dort versuchten festzusetzen, liegen um 1880 bereits genauere Kenntnisse über das Innere des »schwarzen Kontinents« vor. So genannte Entdeckungsreisende, wie der Deutsche Heinrich Barth (1821–1865), der Schotte David Livingstone (1813–1873) oder der Engländer Henry Morton Stanley (1841–1904), dringen zunehmend in das Landesinnere vor.

Hatten Heinrich Barth und David Livingstone noch viel christlichen Humanismus im Gepäck, der bei Livingstone immerhin zur scharfen Kritik an der Sklaverei führte, so änderte sich die Motivation zum Reisen spätestens seit Henry Morton Stanley. Die Idee, dass ein europäisches Land erst dadurch wirklich mächtig wird, wenn es auch internationale Machtpolitik betreibt, war noch relativ jung – der Begriff des Imperialismus wurde hierfür prägend. Ein Imperium ist ein Reich, das nicht durch nationale Grenzen eingeschränkt ist. Die Engländer verstanden ihr »British Empire« schon früh in diesem Sinn – ein Begriff, den man mit stolzgeschwellter Brust verkündete.

Es war anfangs vor allem die Konkurrenz zwischen England und Frankreich, die einen Motor auch zur »Entdeckung« und dann folgender »Beschlagnahme« des afrikanischen Kontinents bildete. Bis heute sind außer Arabisch in Nordafrika und Swahili in Ostafrika Englisch und Französisch die beiden kolonialen Sprachen, die in den meisten Teilen Afrikas verstanden werden. Dies erweist sich häufig als Nachteil für wichtige afrikanische Sprachen, die – trotz aller westlichen Ignoranz – als Muttersprachen für die meisten Afrikanerinnen und Afrikaner nach wie vor große Bedeutung haben.

Andere europäische Länder, wie Deutschland, Belgien oder Italien, spielten erst relativ spät eine Rolle auf dem afrikanischen Kontinent. Die ursprünglich die Ersten gewesen waren, wie die Portugiesen und Spanier, beschränkten sich zumeist auf jene Küstenländer, in denen sie von Anfang an saßen. Eine Ausnahme waren die Holländer im südlichen Afrika, die ihre Kontakte zum Mutterland gekappt hatten und sich nun als weiße Afrikaner mit »von Gott gegebenem Recht« auf afrikanisches Land verstanden.

Eine Chronologie der neuen Imperialisten liest sich anfangs wie ein Wettlauf zwischen Hase und Igel, ohne wirkliches Konzept und einig nur in der völligen Ignoranz gegenüber den afrikanischen Völkern. Als Frankreich 1881 Tunesien besetzt, schlägt England ein Jahr später in Ägypten zu. Während England sich mit den Zulus und anderen »Aufständischen« in Südafrika herumschlägt, schießen französische Offiziere sich ihren Weg in den Senegal und weite Teile Westafrikas frei. Unter dem Schutz des Kaisers hissen schließlich auch der Bremer Tabakhändler Adolf Lüderitz in »Deutsch-Südwestafrika« (heute Namibia), Carl Peters in »Deutsch-Ostafrika« (heute Tansania) und Gustav Nachtigal im westafrikanischen Togo und Kamerun die deutsche Flagge.

Der belgische König Leopold II. (1835–1909), ein »Spekulant großen Stils auf kleinem Thron«, mischt sich mit Unterstützung Henry Morton Stanleys im Kongo ein und erklärt einen belgischen »Kongo-Freistaat«, um, wie er 1876 verkündet, »endgültig das Banner der Zivilisation auf dem Boden Zentralafrikas aufzupflanzen«. Welch ein Hohn! Kaum eine andere Kolonie wurde so rücksichtslos für die private Kasse eines europäischen Herrschers ausgebeutet wie der »belgische« Kongo. So wurden Kindern, Frauen und Männern schon die Hände abgeschlagen, viele auch sinnlos zu Tode geprügelt, nur weil sie aus Sicht der Aufseher zu langsam gearbeitet hatten. Historiker schätzen heute, dass während der belgischen Gewaltherrschaft im Kongo rund zehn Millionen Afrikanerinnen und Afrikaner gewaltsam den Tod fanden.

In die zunehmend chaotische Situation wollte der deutsche Kanzler Otto von Bismarck (1815–1898) schließlich »Ordnung« bringen und lud Gesandte von 13 europäischen Regierungen (zusätzlich Vertreter der USA und des Osmanischen Reiches, jedoch keinen einzigen aus afrikanischen Ländern) am 15. November 1884 nach Berlin zur »Kongo-Konferenz« ein. Was ursprünglich vor allem als ein Klärungsversuch der portugiesischen Ansprüche auf die Kongomündung und der Kolonialpläne des belgischen Königs auf das Kongobecken begann, endete mit dem Plan einer vollständigen Aufteilung des afrikanischen Kontinents unter den europäischen Mächten.

Auch wenn die Europäer in der Präambel ihres Abschlussdokuments, der »Berliner Generalakte« von 1885, formulierten, dass alle Unterzeichner *»auf Mittel zur Hebung der sittlichen und materiellen Wohlfahrt der eingeborenen Völkerschaften bedacht«* sein sollten, ging es faktisch darum, weitere Konflikte untereinander zu vermeiden, um ungehindert die Ausbeutung der miteinander abgesprochenen Kolonien durchführen zu können. Auf keinem anderen Kontinent gibt es so viele über Tausende von Kilometern mit dem Lineal gezogene Ländergrenzen, die keinerlei Rücksicht auf geografische oder ethnologische Realitäten nehmen wie in Afrika. Was einmal verabredet war, wurde in den kommenden 20 Jahren mit unmenschlichster Gewalt durchgesetzt. In Artikel 35 der »Generalakte« war festgelegt worden, dass alle Unterzeichner sich dazu verpflichten, in den von ihnen besetzten Ländern eine *»Obrigkeit zu sichern, welche hinreicht, um erworbene Rechte … zu schützen«*.

Nur einem afrikanischen Land gelang es, die Europäer so zu schlagen, dass diese sich für die kommenden 40 Jahre hier zurückhielten: Kaiser Menelik II. von Äthiopien (1844–1913) siegte 1896 über die Italiener, die sich daraufhin nur noch in der Provinz Eritrea und einem Teil Somalias halten konnten.

Die koloniale Karte Afrikas von 1914, am Vorabend des Ersten Weltkrieges, zeigt nur noch Äthiopien und das kleine Liberia (wohin die USA ab 1822 freigelassene Sklaven geschickt hatten) als letzte unabhängige Inseln im Meer der europäischen Aufteilung: Das übrige Afrika ist zum »Kolonialbesitz« geworden.

Wie war es möglich, dass verhältnismäßig wenige Europäer fast einen ganzen Kontinent mit um 1900 rund 120 Millionen Menschen in ihre Gewalt bringen konnten?

Anders als zu Zeiten der Sklaverei, als es eine deutliche Kooperation zwischen arabischen, afrikanischen und europäischen Händlern gegeben hatte und viele afrikanische Anführer skrupellos mitverdienten, war diese Zusammenarbeit nun viel weniger gefragt. Es war deutlich, dass die Afrikanerinnen und Afrikaner beim Imperialismus nur ver-

Europäische Kolonien in Afrika bis 1914

lieren konnten, am meisten in der Anfangsphase, als es zuerst um das Abstecken und Sichern von riesigen Gebieten ging.

Dabei kamen den Europäern zwei weitere Aspekte zugute, die um 1500 noch nicht bestanden: Seit 1850 gab es mit dem Medikament

Chinin endlich eine Substanz zur Vorbeugung gegen Malaria, die die Zahl der Todesfälle um 80 Prozent reduzierte, sodass nun auch in tropischen Gebieten militärische Aktionen durchgeführt werden konnten. Außerdem waren neue mechanische Waffen (wie das Maschinengewehr ab 1884) entwickelt worden, die – so hatten sich die meisten Europäer 1890 in Brüssel geeinigt – nicht an Afrikaner verkauft werden durften. Mit dem Maschinengewehr konnten pro Sekunde elf Patronen abgefeuert werden. Begeistert berichteten britische Offiziere aus dem Sudan, dass sie in einer einzigen Schlacht rund 10 800 afrikanische Gegner getötet hatten »bei einem eigenen Verlust von nur 49 Mann«.

Kein Wunder, dass dieses Mal viele afrikanische Anführer, Könige und Politiker aus allen Teilen Afrikas, von denen die meisten inzwischen europäische Sprachen verstanden (was umgekehrt nur in Ausnahmen der Fall war und bis heute ist) und mehr als zwiespältige Erfahrungen mit den Weißen gesammelt hatten, ihren Protest gegen die Europäer formulierten. Es ist beeindruckend nachzulesen, dass in den vielen Dokumenten des Widerstands gegen die übermächtigen Europäer, die es gibt (auch wenn sie in den meisten Geschichtsbüchern bisher nicht auftauchen), zahlreiche Afrikaner bis zuletzt einen höflichen Ton wahren, während die Europäer oftmals aus ihrer Verachtung »gegenüber den Wilden« in einer eher primitiv-ordinären Sprache keinen Hehl machen.

Dokumente des Protestes afrikanischer Anführer gegen die Anfänge europäischer Kolonialpolitik (1890–1895): »Geht endlich weg und – vor allem – kommt niemals zurück!«

1890 sagt Sultan Machemba, Anführer der Yao in Ostafrika, den Deutschen:

»Ich habe Ihren Worten zugehört, aber kann keinen Grund finden, warum ich Ihnen gehorchen sollte – ich würde eher sterben wollen ... Ich werfe mich Ihnen nicht zu Füßen, denn Sie sind wie ich eine Schöpfung

Gottes. Ich bin Sultan hier in meinem Land. Sie sind Sultan in Ihrem. Hören Sie: Ich sage auch nicht, dass Sie mir gehorchen sollen: Weil ich weiß, dass Sie ein freier Mensch sind. Das gilt auch für mich. Ich werde nicht zu Ihnen kommen ...«

1891 teilt Prempeh I., König des Ashanti-Volkes in Ghana, den Engländern mit:

»*Der Vorschlag, dass die Ashanti, so wie wir heute leben, sich des Schutzes Ihrer Majestät der Königin erfreuen sollen, war Gegenstand sehr ernster Erwägungen, und ich bin froh, Ihnen sagen zu können, dass wir zu dem Schluss gekommen sind, dass mein Königreich der Ashanti sich niemals einer solchen Politik unterwerfen wird. Wir Ashanti müssen bleiben, wie wir schon immer waren, um allen weißen Menschen gegenüber freundlich bleiben zu können.*«

1895 lässt Makombe Hanga, Anführer der Barue in Mosambik, die Portugiesen wissen:

»*Ich sehe, wie weiße Männer mehr und mehr in Afrika eindringen, an allen Seiten meines Landes sind Geschäftsleute am Werk. Mein Land wird diese Reformen eines Tages übernehmen müssen, und ich bin darauf vorbereitet, mich ihnen zu öffnen. Ich möchte auch gern gute Straßen und Eisenbahnen haben ... Aber ich werde jener Makombe bleiben, wie es meine Väter waren.*«

1895 entgegnet Wobogo, König der westafrikanischen Mossi (im heutigen Burkina Faso), den Franzosen:

»*Ich weiß, dass die Weißen mich töten möchten, um mein Land zu bekommen. Und Ihr behauptet, dass Ihr nur helfen wollt, mein Land besser zu organisieren. Aber ich finde mein Land völlig in Ordnung, so wie es ist ... Ich weiß, was für uns gut ist und was ich möchte: Ich führe meinen eigenen Handel. Außerdem: Schätzt euch glücklich, dass ich keinen Befehl gebe, um eure Köpfe abzuschlagen. Geht endlich weg und – vor allem – kommt niemals zurück!*«

Dann eben Völkermord: Die Herero und die Deutschen

Als die Portugiesen 1486 an der Küste Namibias als erste Europäer landeten, waren es vor allem die seit Jahrtausenden dort siedelnden Khoikhoi und die später hinzugekommenen Damara, auf die sie trafen. Die lang gestreckte, riesige Namibwüste sollte einmal dem Land seinen Namen geben. Erst im 16. Jahrhundert wanderten aus dem Norden Bantu sprechende Ovambo und kurz danach auch Herero und Nama mit ihren Rinderherden ein.

Die ersten Deutschen errichteten 1842 eine kleine Missionsstation in Windhuk (der späteren Hauptstadt Namibias), die die Neugier weiterer Deutscher weckte. 1883 erwarb der Bremer Kaufmann Adolf Lüderitz von den Nama einen etwa 16 Kilometer langen Küstenstreifen (die spätere »Lüderitzbucht«) für 100 englische Pfund und 200 Gewehre. 1884 ist dieses Gebiet durch weitere »Ankäufe«, die den Namen kaum verdienen, bereits auf über 100 Kilometer an der Küste und über 30 Kilometer landeinwärts erweitert und wird noch vor der Berliner Kongo-Konferenz als »Deutsch-Südwestafrika« zum »Schutzgebiet des Deutschen Reiches« erklärt. 1892 schließlich annektieren die deutschen Kolonisten, ohne sich noch um viele Kaufverträge zu kümmern, ein Gebiet von über 800 000 Quadratkilometer mit einer Küstenlänge von gut 1 600 Kilometern – etwa die gesamte Fläche des heutigen Namibia. Ausnahme bildete die sogenannte »Walfischbucht«, die seit 1878 von den Engländern besetzt war.

In den kommenden Jahren wurden die Nama, die die Deutschen verächtlich »Hottentotten« nannten, gewalttätig unterworfen und viele Herero von ihren Weidegebieten vertrieben. Hinzu kam das Ausbrechen einer Rinderpest, die in kürzester Zeit rund 250 000 Tiere der Nama und Herero sterben ließ und beide Völker in noch größere Abhängigkeit von den Deutschen zwang.

Daniel Kariko, ein Anführer der Herero, beschreibt seine Erfahrungen mit deutschen Kolonisatoren aus dieser Zeit:

»*Unser Volk wurde durch deutsche Händler rundum beraubt und betrogen und das Vieh mit Gewalt genommen. Unser Volk wurde geprügelt und misshandelt und ihm wurde keine Wiedergutmachung zuteil. Die deutsche Polizei unterstützte die Händler, statt uns zu schützen. Die Händler kamen des Weges und boten Waren an. Wenn wir sagten, dass wir kein Vieh entbehren könnten, da die Rinderpest viel Vieh vernichtet hatte, sagten sie, sie würden uns Kredit geben. Wenn wir ablehnten, Waren zu kaufen, geschah es oft, dass der Händler einfach die Waren ablud und daließ. Er sagte, wir könnten sie bezahlen, wann wir wollten. Er kam jedoch nach wenigen Wochen wieder und forderte Geld oder stattdessen Vieh. Er suchte sich dann die besten Rinder aus. Häufig wurde das Vieh irgendeines Mannes genommen, um damit anderer Leute Schulden einzutreiben. Wenn wir Einspruch erhoben, wurde die Polizei geholt, die mit Prügel und Erschießen drohte.*«

Völlig verarmt sahen viele Herero und Nama keine andere Möglichkeit, als sich als billige Arbeiter auf deutschen Farmen, in Fabriken, später auch im Bergbau oder bei mit öffentlichen Geldern geförderten Großprojekten, wie dem Bau einer Eisenbahnlinie von der Küste zur Hauptstadt Windhuk zu verdingen. Der deutsche Gouverneur von »Deutsch-Südwestafrika«, Theodor von Leutwein, berichtete nach Berlin, dass »die Herero sich der neuen kolonialen Ordnung mit bewundernswert guter Haltung anpassen«. Gab es noch 1896 gerade mal 2 000 deutsche Siedler im ganzen Land, so stieg ihre Zahl nach so guten Nachrichten im Jahr 1903 sprunghaft auf 4 700 an.

Von Gouverneur von Leutwein gibt es mehrere Zeugenaussagen, die ihm bescheinigen, den Nama und Herero »mit ausgesuchter Höflichkeit« begegnet zu sein. Dem stehen zahllose Berichte von Folter und Vergewaltigungen an Angehörigen der Nama und Herero durch deutsche Siedler gegenüber, die sich nur in seltenen Fällen dafür verantworten mussten. Im privaten Kreis sprach von Leutwein durchaus vom »barbarischen Verhalten« seiner Landsleute, als Gouverneur tat er wenig, um es zu verhindern. Am 12. Januar 1904 gingen die Herero zum gewalttätigen Widerstand über, der viele Deutsche völlig unerwartet traf. In wenigen Tagen griffen kleine Herero-Gruppen die oft weit auseinanderliegenden deutschen Farmen an und ermordeten rund 100 Siedler, darunter die am meisten verhassten. Alle bislang erlittenen Kränkungen brachen sich Bahn bei diesen Überfällen: Die deutschen Männer wurden erstochen, zerhackt, oft auch gefoltert, bevor sie schließlich den Todesstoß erhielten. In keinem Fall wurde ein Kind oder eine Frau getötet, auch keine Missionare oder anderen Europäer.

Aufruf von Samuel Maharero (1854–1923), dem Oberhaupt der Herero, an die Anführer der Nama und anderer afrikanischer Volksgruppen vor dem Aufstand von 1904:

»*Lasst uns lieber zusammen sterben und nicht sterben durch Misshandlung, Gefängnis und auf allerlei andere Weise ... Weiter will ich euch benachrichtigen ... dass mein Wunsch der ist, dass wir schwachen Nationen aufstehen gegen die Deutschen ... Alles andere wird uns nichts helfen.*«

Daniel Kariko, Anführer der Herero, sagt später aus:

»*Auf unseren geheimen Zusammenkünften beschlossen unsere Anführer, das Leben aller deutschen Frauen und Kinder zu schonen. Auch die Missionare sollten geschont werden ... Nur deutsche Männer wurden als unsere Feinde betrachtet.*«

Der Aufstand dauert nur wenige Monate. Doch ist er ein Schock für viele Deutsche, die sich zum Teil für kurze Zeit von ihren Farmen zurückziehen und in den Schutz des deutschen Militärs begeben. Während Gouverneur von Leutwein Verhandlungen vorschlägt, greifen einige Siedler bereits zur Selbstjustiz und töten nun ihrerseits »Neger, wo immer wir sie treffen können«. Im Juni 1904 trifft militärische Verstärkung aus Deutschland ein, angeführt von General Lothar von Trotha, der bekannt ist für »hartes Durchgreifen«. Mit seinen Soldaten umzingelt er nach einer kurzen Schlacht das größte Herero-Lager von rund 8 000 Männern und 16 000 Kindern und Frauen in der Nähe des Waterbergs und treibt sie vor sich her in die wasserlose Halbwüste

Samuel Maharero, ein Anführer der Herero, rief 1904 zum Widerstand auf gegen die Kolonialherren in »Deutsch-Südwestafrika«, dem heutigen Namibia

Omaheke. Über eine Strecke von 250 Kilometern wird ein militärischer Sperrgürtel errichtet, der kaum einen Fluchtweg aus der Wüste offen lässt. Ein Völkermord wird vollzogen.

General Lothar von Trotha erlässt 1904 folgenden Befehl: »*Ich, der große General der deutschen Soldaten, sende diesen Brief an das Volk der Herero. Herero sind nicht mehr deutsche Untertanen. Sie haben gemordet, gestohlen, haben verwundeten Soldaten die Ohren, Nasen und andere Körperteile abgeschnitten und wollen jetzt aus Feigheit nicht mehr kämpfen …*

Das Volk der Herero muss jetzt das Land verlassen. Wenn das Volk dies nicht tut, so werde ich es mit Waffengewalt dazu zwingen. Innerhalb der deutschen Grenzen wird jeder Herero, mit oder ohne Gewehr, mit oder ohne Vieh, erschossen. Ich nehme keine Weiber oder Kinder mehr auf, treibe sie zu ihrem Volk zurück oder lasse auf sie schießen.

Gezeichnet: Der große General des mächtigen Kaisers, von Trotha«

Auch wenn dieser Vernichtungsbefehl zwei Monate später nach Weisungen aus Berlin zurückgenommen wird, sind die Folgen für die Herero schrecklich: Die große Mehrheit der Herero überleben diese und andere Völkermordstrategien des deutschen Generals nicht.

Jan Cloete, ein afrikanischer Fährtenleser, der für die deutsche Armee arbeitete, berichtet als Augenzeuge der Vertreibung der Herero am Waterberg:

»Ich war dabei in Hamakari am Waterberg, wo die Herero geschlagen wurden. Nach der Schlacht wurden alle Männer, Frauen und Kinder, die in die Hände der Deutschen gefallen waren, ob verwundet oder nicht, ohne Mitleid umgebracht. Die Deutschen verfolgten die anderen ... die große Mehrheit der Herero-Männer waren ohne Waffen und nicht mehr fähig zu kämpfen. Sie versuchten nur noch, mit ihrem Vieh zu entkommen. Nicht weit von Hamakari kampierten wir an einem Wasserloch. Ein deutscher Soldat fand dort im Busch einen kleinen Jungen, etwa neun Monate alt. Das Kind schrie. Er brachte es ins Lager, wo ich war. Die Soldaten bildeten einen Kreis und warfen das Kind einander zu und fingen es auf, als wäre es ein Ball. Das Kind hatte Angst, war verletzt und schrie immer lauter. Nach einer Zeit waren sie müde, und ein Soldat pflanzte sein Bajonett aufs Gewehr und sagte, er wolle das Baby fangen. Das Kind wurde hochgeworfen, und als es fiel, fing er es auf und spießte es mit seinem Bajonett auf. Das Kind starb binnen weniger Minuten, und der Zwischenfall wurde mit großem Gelächter der Deutschen begrüßt, die es als Spaß zu betrachten schienen. Ich fühlte mich elend und wandte mich voll Ekel ab, auch wenn ich wusste, dass sie den Befehl hatten, alle umzubringen.«

Nach langem Zögern erheben sich nach den Ereignissen am Waterberg auch die Nama unter ihrem beinah 80-jährigen Anführer Hendrik Witbooi (1825–1905) gegen die Deutschen. Mit weniger als 1500 Mann, von denen nur die Hälfte mit Gewehren ausgerüstet ist, gelingt es Hendrik Witbooi mehr als 15000 deutsche Soldaten mit immer neuen Guerillaüberfällen in Atem zu halten. Für gut ein Jahr gelten weite Strecken im Süden Namibias als »unsicheres Gebiet« für die Deutschen. Im Oktober 1905 wird der alte Mann bei einem von ihm geleiteten Überfall auf ein deutsches Nachschublager tödlich verletzt. Obwohl die Guerillaangriffe der Nama noch fast zwei volle Jahre weitergehen, segelt General von Trotha bereits im November 1905 »siegreich« zurück nach Deutschland, wo er vom Kaiser ausgezeichnet wird. Der Aufstand der Herero und Nama hat die deutsche Regierung ein Vermögen gekostet und erforderte den Einsatz von rund 17000 Soldaten.

Tausende von Herero und Nama, die überlebt hatten, wurden ab 1905 in sogenannte Arbeitslager deportiert, wo viele von ihnen umkamen. Eine Volkszählung 1911 ergab, dass mehr als 75000 Herero und Nama (von vorher rund 100000) als Folge der deutschen Vernichtungspolitik ihr Leben gelassen hatten.

Im Hinblick auf den Völkermord an den Herero und den Nama und auf Forderungen nach Wiedergutmachung für die heutigen Überlebenden erklärte im Jahr 1998 der damalige deutsche Bundespräsident Roman Herzog (1934–2017) anlässlich eines Staatsbesuchs im seit 1990 unabhängigen Namibia: »Wir sind uns natürlich bewusst, dass die Auseinandersetzung zwischen der deutschen Kolonialverwaltung und den Herero nicht in Ordnung war.« Eine finanzielle Wiedergutmachung an die Herero sei aber nicht denkbar. Erst 2004, anlässlich von Gedenkfeiern 100 Jahre nach dem Aufstand der Herero, bat die deutsche Regierung offiziell um »Vergebung« für die Verbrechen und bot erhöhte finanzielle Hilfe im Rahmen einer »Versöhnungsinitiative« an.

Auch die demokratische namibische Regierung, zuerst ab 1990 unter Präsident Sam Nujoma (*1929), von 2005 bis 2015 unter dessen Nachfolger Hifikepunye Pohamba (*1935), seit März 2015 unter Hage Geingob (1941–2024) und nach dessen Tod unter Nangolo Mbumba

(*1941), unterstützt die Forderung der Herero nicht, da »sie nicht die Einzigen sind, die damals gelitten haben«. Dahinter steht nicht eine besondere Rücksicht auf die heutige deutsche Regierung, sondern, wie ein Sprecher der Herero sagte, »eine distanzierte Haltung von Sam Nujoma gegenüber den Herero und eine Bevorzugung anderer Volksgruppen im Norden des Landes, die traditionell zu seiner Anhängerschaft zählen«.

Nach mehr als fünf Jahren Verhandlungen zwischen der namibischen und der deutschen Regierung kommt es im Mai 2021 endlich zu einem Abkommen, das vor allem drei Punkte umfasst: Die Bundesregierung erkennt die Verbrechen an den Herero und Nama als Völkermord an, sie bittet mit einer Entschuldigung um Vergebung und erklärt sich zu einer Schadenersatzzahlung von 1,1 Milliarden Euro bereit.

Was zunächst wie ein »erster Schritt in eine gute Richtung« (so ein namibischer Regierungssprecher) aussieht, ist bei näherer Betrachtung eine »Beleidigung« für die direkt betroffenen Nachfahren des Genozids (wie die Tageszeitung *The Namibian* titelt): Vertreter*innen der Herero und Nama waren bei den mehrjährigen Verhandlungen nicht direkt beteiligt, und der Milliardenbetrag soll über 30 Jahre gestreckt ausschließlich in bestehende »Entwicklungshilfeprojekte« fließen – und stellt damit de facto eine Fortsetzung der »freiwilligen Unterstützungszahlungen« der vergangenen 30 Jahre dar.

Der Paramount Chief der Herero, Vekuii Rukoro (1954–1921), kommentierte entsprechend enttäuscht: *»Dies ist eine Versöhnung zwischen zwei Regierungen, aber nicht mit uns, den betroffenen Gemeinschaften, die leer ausgehen, weil es eben keine Reparationszahlungen sind. Es genügt nicht für das Blut unserer Ahnen.«*

Die zweite Welle: Missionare und Helfer

Zuerst kamen die Händler und Abenteurer – dann die christlichen Seelenretter und Helfer der Armen. Zuweilen war es auch andersherum. Im Kern gab es aber, bis auf wenige Ausnahmen, eine recht gut funktionierende Zusammenarbeit zwischen den weltlichen und geistlichen Eroberern Afrikas. Wenn das Land genommen, die Menschen verarmt und entrechtet waren, kamen die Missionare, um den Europäern das schlechte Gewissen zu erleichtern und den Afrikanern so zu helfen, dass sie nicht nur dauerhaft arm bleiben, sondern sich auch friedlich darein fügen würden.

Eine in vielen Teilen Afrikas bekannte Redensart lautet:

»*Als die Weißen kamen, hatten sie die Bibel und wir das Land. Jetzt haben wir die Bibel und sie das Land.*«

Natürlich ist die Wirklichkeit widersprüchlicher. Es gab und gibt auch Kirchengemeinschaften und Missionare, die sich kritisch zur Ausbeutung afrikanischer Menschen äußerten. Und für nicht wenige Afrikanerinnen und Afrikaner bedeutete der Besuch einer Missionsschule die einzige Möglichkeit eines sozialen Aufstiegs. Doch der Preis hierfür war hoch und bedeutete nicht selten das Auseinanderfallen sozial intakter Gemeinschaften.

Der nigerianische Historiker Don C. Ohadike (1941–2005) beschreibt die Begegnung zwischen Angehörigen der Igbo und europäischen Christen so:

»*Die Igbo hatten einen versöhnlichen Standpunkt gegenüber den ersten Missionaren eingenommen, da die Religion der Igbo pazifistisch war und die religiösen Ansichten anderer Völker respektierte. Die Igbo hörten den Christen oft geduldig zu und erwarteten dann von den Missionaren, dass sie ihren eigenen Ansichten gegenüber die gleiche Achtung zollen würden ... Es kostete die Igbo viel Zeit zu erkennen, dass die Missionare gefährlicher waren, als sie erschienen.*«

Der nigerianische Schriftsteller Chinua Achebe (1930–2013), der später als Professor für afrikanische Literatur in den USA lehrte, beschreibt in seinem 1958 erschienenen Roman *Things Fall Apart*, wie der erste weiße Missionar Mr Brown in das Igbodorf Umuofia kommt, dem Heimatdorf der Hauptperson Okonkwo:

»*Auf diese Weise lernte Mr Brown eine Menge über die Religion des Clans und kam zu dem Schluss, dass ein frontaler Angriff nichts bringen würde. Und so baute er eine Schule und ein kleines Hospital in Umuofia. Er ging von Familie zu Familie und flehte die Leute an, ihre Kinder in seine Schule zu schicken. Aber anfangs sandten sie allein ihre Sklaven oder ihre faulen Kinder. Mr Brown flehte und argumentierte und prophezeite. Er sagte, dass die zukünftigen Anführer im Land jene Männer und Frauen sein würden, die lesen und schreiben gelernt hätten. Falls Umuofia seine Kinder nicht zur Schule schickte, würden Fremde kommen, um sie zu regieren ... Am Ende begannen Mr Browns Argumente zu wirken. Mehr Leute kamen, um in seiner Schule zu lernen, und er ermutigte sie mit Geschenken wie Unterhemden oder Handtüchern. Sie waren nicht alle jung, diese Leute, die zum Lernen kamen. Einige waren 30 und älter. Sie arbeiteten auf ihren Farmen am Morgen und gingen zur Schule am Nachmittag. Und es dauerte nicht lange, bis die Leute sagten, dass die Medizin des weißen Mannes eine schnelle Wirkung hätte ... Ein paar Monate waren genug, um einen zum Boten oder zum Schreiber zu machen. Diejenigen, die länger blieben, wurden Lehrer ...*

Es war in der ersten Regenzeit, als Okonkwo nach Umuofia zurückkehrte ... Der Clan hatte sich während seiner Zeit im Exil so grundlegend verändert, dass er kaum noch erkennbar war. Nur noch die neue Religion, die Regierung und die Geschäfte waren in den Augen und Gedanken der Leute ... Okonkwo befiel tiefe Trauer. Aber es war nicht nur persönliche Trauer. Er trauerte um den Clan, den er auseinanderbrechen sah ...«

Der junge Schriftsteller Chinua Achebe (30) in Lagos, Nigeria 1966

1884 – im Jahr der Berliner Kongo-Konferenz – ernannte der Papst den französischen Kardinal Charles Lavigerie (1825–1892) zum Primas für ganz Afrika. Der Kardinal war bereits seit 1867 Erzbischof von Algier, ein verlorener Posten, wie sich bald herausstellte, denn die überwiegend islamischen Länder Nordafrikas erwiesen sich als nachhaltig resistent gegenüber christlichen Bekehrungsbemühungen. Der Stellvertreter des Papstes in Afrika konzentrierte sich deshalb, wie die meisten seiner Glaubensbrüder, bald nur noch auf das Afrika südlich der Sahara, das Afrika der »gottlosen Heiden«: »Schwarzafrika«.

Gleichgültig, ob die christlichen Missionare mit guten oder schlechten Intentionen kamen – in ihrer Ignoranz gegenüber traditionellen afrikanischen Religionen waren sie sich anfangs weitgehend einig. Das war »Heidenkult«, ein »Kinderglauben«, in jedem Fall nichts Ernstzunehmendes. Nur wenige Ordensbrüder und -schwestern erkannten die Kenntnisse von Heilpflanzen und lernten etwas von den Afrikanerinnen und Afrikanern, denen sie begegneten. Einige Missionare zeigten auch dadurch Bereitschaft zum Verstehen, indem sie afrikanische Sprachen aufzeichneten, lange bevor sich Linguisten dafür zu interessieren begannen. Auch wenn ihre Motivation die bessere Verbreitung des christlichen Glaubens war, blieb eine interessierte Beschäftigung mit einer bislang fremden Kultur doch selten ohne positive Folgen für beide Seiten. Es gab Missionare, die als Vermittler bei Konflikten auftraten und dabei nicht nur die Seite der Weißen im Auge hatten.

Christliche Mission in Afrika hat nicht nur das Selbstbild vieler Afrikanerinnen und Afrikaner geprägt, sondern auch das europäische Denken über Afrika und afrikanische Menschen nachhaltig beeinflusst. Christlich inspirierte Vokabeln geben sich – wenn man von jenen christlich getünchten Hetzparolen eingefleischter Rassisten absieht – immer wohlmeinend und aus der überlegenen Position desjenigen, der helfen möchte.

Verschiedene Gedankengänge christlicher Mission in Afrika in ihren Anfängen zu verstehen, kann sensibilisieren für aktuelle Formen problematischer Hilfen für Afrika, die trotz aller Nächstenliebe eben oft nicht Dialog und Partnerschaft bedeuten, sondern Bevormundung und Verlängerung von Abhängigkeit, egal ob gewollt oder ungewollt.

Als weitgehend unumstritten positives Beispiel für Menschlichkeit von Europäern gegenüber Afrikanern gilt der deutsche Pfarrer und »Urwalddoktor« Albert Schweitzer (1875–1965), der für sein Wirken in der von ihm aufgebauten Krankenstation Lambarene im westafrikanischen Gabun 1954 mit dem Friedensnobelpreis ausgezeichnet wurde. Viele Schulen in Deutschland, aber auch in anderen europäischen Ländern, tragen seinen Namen. Ohne die Anerkennung für sein Engagement schmälern zu wollen, ist es doch an der Zeit, die Perspektive seines Handelns genauer zu betrachten. Für ihn sind die Afrikaner keine gleichberechtigten Partner. *»Ich bin dein Bruder, aber dein älterer Bruder«*, beschreibt er selbst sein Verhältnis zu Afrikanern. Er schildert unter anderem, wie »die Schwarzen« fortlaufend beaufsichtigt werden müssen, soll eine Arbeit ordentlich zu Ende geführt werden: *»Letztlich hatte ich einen Tagelöhner, um eine neue Hütte beim Spital zu bauen. Kam ich am Abend, so war nichts geschafft. Als ich mich am dritten oder vierten Tag erzürnte, sagte mir einer der Schwarzen: ›Doktor, schrei* *nicht so mit uns. Du bist ja selber daran schuld. Bleib bei uns, dann schaffen wir. Aber wenn du im Spital bei den Kranken bist, sind wir allein und tun nichts.‹«* Dies schreibt Albert Schweitzer 1920. Und einer seiner Biografen erklärt dazu in der 15. Auflage seiner Lebensbeschreibung aus dem Jahr 2001: *»Das liegt an der Mentalität des Naturkindes ...«*

Wie viele Erniedrigungen haben Afrikanerinnen und Afrikaner nicht nur durch körperliche Ausbeutung erfahren, sondern – für das Entwickeln von Selbstbewusstsein schlimmer noch – durch das konsequente Variieren des immer gleichen europäischen Themas: *»Wir sind mehr wert als du – gebildeter, klüger, zivilisierter!«* Dort, wo Überheblichkeit in einer offenen Konfrontation formuliert wird, kann Widerstand wachsen. Dort, wo sie verschleiert mit Hilfs- und Rettungsangeboten daherkommt, ist sie viel schwieriger zu erkennen, zumal für diejenigen, die tatsächlich an Hunger oder Krankheit leiden.

So schreibt ein junger Deutscher um 1883 in sein Tagebuch über die Nama: *»Das Volk verhungert lieber, ehe es sich zur ernstlichen Arbeit entschließt, und mir sagte neulich ein Missionar, dass man beim besten Willen das Fluchen nicht lassen könne, wenn man mit diesem Pack arbeitet.«*

Und ein anderer empört sich in einem Brief an Kaiser Wilhelm II., nachdem er vom Aufstand der Herero 1904 gelesen hat: *»Wir dürfen niemals den Neger siegen lassen. Wo soll es hinkommen nach einem solchen Sieg, schon jetzt meinen die Neger, Afrika gehöre ihnen, statt dem lieben Gott.«*

Im November 2002 findet in Accra, der Hauptstadt Ghanas, im Rahmen der Afrika-Buchmesse eine Tagung afrikanischer Schriftstellerinnen zum Thema Feminismus unter Vorsitz von Ama Ata Aidoo (1942–2023) statt, die früher Erziehungsministerin ihres Landes war. Später lehrte sie an verschiedenen Universitäten in Afrika und den USA.

Es ist ihr Anliegen, vor allem Frauen zu ermutigen, ihre Gedanken und Gefühle einzubringen in eine Kultur, die, wie eine Teilnehmerin formuliert, »früher einmal unsere war, dann vom Kolonialismus zerhackt und vom Christentum aufgeweicht wurde und erst allmählich von uns als eige-

Die Schriftstellerin Ama Ata Aidoo (60) in Accra, Ghana 2002

ne neu gestaltet wird«. Zu mir sagt Ama Ata Aidoo in einer Pause der Tagung: »Es ist eine harte Lektion, dass das Vertreiben der Kolonialisten und falschen Missionare noch lange nicht bedeutet, frei zu sein. Das Wiederentdecken von afrikanischer Vielfalt als Wert, die Integration von Unabhängigkeit und Freiheit als etwas Bedeutungsvollem für Frauen und Männer in unserem afrikanischen Alltag steht noch immer bevor.

Die heute in vielen Ländern Afrikas wie Europas bekannte Schriftstellerin Chimamanda Ngozi Adichie (*1977) sagt über ihr Vorbild Ama Ata Aidoo:

»*Ich gelte heute als ›die positive afrikanische Feministin‹, weil Autorinnen wie Ama Ata Aidoo vor mir waren.*«

Dafür, dass es einige Afrikanerinnen und Afrikaner geschafft haben, die christliche Botschaft in eine Lehre von größter Achtung vor dem menschlichen Leben – trotz allem Missbrauch auf dem afrikanischen Kontinent – zu transformieren, steht wie kaum ein anderer der südafrikanische Erzbischof der anglikanischen Kirche, Desmond Mpilo Tutu (1931–2021). 1984 sagte er anlässlich der Verleihung des Friedensnobelpreises:

»*Wir haben genug Nahrung, um einander mehr als satt zu machen, aber wir setzen uns täglich dem Spektakel von hageren Gestalten der Menschheit aus, die in endlosen Reihen vorbeiwanken, um in Blechschüsseln einzusammeln, was die Hilfsorganisationen der Welt zur Verfügung stellen, zu wenig, zu spät. Wann werden wir lernen, wann werden die Menschen dieser Erde aufstehen und sagen: Genug ist genug ... Wann werden wir lernen, dass Menschen von unendlichem Wert sind, weil sie nach dem Bilde Gottes geschaffen wurden, und es Blasphemie ist, sie als weniger als das zu behandeln, und dass es auf diejenigen, die es doch tun, letztendlich zurückfallen wird? Diejenigen, die andere unmenschlich behandeln, werden selbst entmenschlicht. Unterdrückung entmenschlicht den Unterdrücker ebenso wie den Unterdrückten, wenn nicht noch mehr. Beide brauchen einander, um wirklich frei zu werden.*«

Vorbilder für religiöse Toleranz in Afrika sind in Europa kaum bekannt. Eines der beeindruckendsten Beispiele war lange die Lebenspraxis im westafrikanischen Senegal, das seit 1960 unabhängig ist. 90 Prozent der Senegalesen sind Muslime, die während zweier Jahrzehnte von Präsident Léopold Sédar Senghor (1906–2001) regiert wurden, einem Katholiken, der an den afrikanischen Sozialismus glaubte. Der international anerkannte Schriftsteller war einer der Begründer der Négritude und hatte stets die Stärkung afrikanischen Selbstbewusstseins zum Ziel.

Sein Nachfolger ab 1981 wurde Abdou Diouf (*1935), ein Muslim, der mit einer Katholikin verheiratet war. In seiner Regierung, die bis 2000 andauerte, gab es christliche und muslimische Minister. Als Geste der Verständigung und Achtung vor der anderen Religion wurden christliche Minister zu muslimischen Festen gesandt – und umgekehrt.

Afrika und die beiden Weltkriege

Beide Weltkriege wurden in Europa begonnen, aber später auch in Afrika geführt. Dabei zogen die Europäer Tausende von Afrikanerinnen und Afrikanern in ihre Kriege hinein, ohne dass diese auch nur eine Chance gehabt hätten – von einem Recht gar nicht zu sprechen –, sich dem zu entziehen. Wenn heute immer wieder von Afrika als dem Kontinent der zahllosen Konflikte und Kriege gesprochen wird, sollte nicht vergessen werden, dass die Kriege, die die meisten Opfer in der Menschheitsgeschichte forderten, von Europa ausgingen. Das mindert in keiner Weise das Leid schrecklicher und viel zu vieler Kriege auch in Afrika, aber es korrigiert die europäische Selbstgerechtigkeit, schon »seit jeher zivilisierter« gewesen zu sein.

Dabei ist besonders bedrückend, dass eine koloniale und rassistische Haltung in Europa keineswegs nur auf konservative, kapitalistische oder rechtsextreme Kreise beschränkt war. Als sich die Sozialisten Europas auf ihrem »Zweiten Internationalen Kongress« in Amsterdam 1904 trafen, verabschiedeten sie bei aller sonstigen Kapitalismuskritik und ihrem Einsatz für die Arbeiter in den eigenen Ländern, eine nur kaum verschleierte Anerkennung der Ausbeutung armer Länder, die nur von wenigen kritisiert wurde. In ihrer Abschlusserklärung heißt es wörtlich: *»Der Kongress erkennt das Recht der Einwohner zivilisierter Länder an, sich in Ländern niederzulassen, deren Bevölkerung sich in niederen Stadien der Entwicklung befindet.«*

Erst nach der Russischen Revolution vom Oktober 1917 sollte Wladimir Iljitsch Lenin (1870–1924) es zur offiziellen Politik der neuen kommunistischen Sowjetunion machen, sich gegen Kolonialpolitik zu wenden und nach dem Sieg über das Zarenreich auch zur Befreiung vom Kolonialismus in Afrika, Lateinamerika und Asien aufzurufen. Dieser Appell sollte später viele junge afrikanische Befreiungskämpfer inspirieren, aber auch eine Quelle neuer Bevormundung werden, da die dann auch materiell angebotene Unterstützung keineswegs selbstlos blieb.

Im Ersten Weltkrieg (1914–1918) war von Anfang an klar, dass die Kolonialmächte – allen voran Deutschland gegen England und Frankreich – sich auch um »ihren« Besitz in Afrika streiten würden. Eine geheime Mitteilung des britischen Außenministeriums erklärte bereits im August 1914: *»Wir wollen so viele deutsche Kolonien, wie wir bekommen können, um diese als Pfand zu gebrauchen, wenn über Frieden verhandelt werden soll.«* Dieser Plan gelingt in den meisten deutschen Kolonien bereits im ersten Kriegsjahr – bis auf »Deutsch-Ostafrika«, wo eine relativ kleine Einheit deutscher Soldaten, unterstützt durch rund 13 000 angeheuerte Afrikaner, es schafft, bis Kriegsende rund 160 000 englische Soldaten in immer neue Kämpfe zu verwickeln, ohne sich geschlagen zu geben.

Rudolf Duala Manga Bell, seit 1908 König der Duala: »Verdammt seien die Deutschen!«

Ein deutsches Kolonialverbrechen am jungen König der Duala, Rudolf Duala Manga Bell (1873–1914), im westafrikanischen Kamerun ist bis heute nicht von einer deutschen Regierung anerkannt: Als Jugendlicher hatte er u. a. ein Gymnasium in Ulm besucht und sprach perfekt Deutsch. 1908 folgte er seinem verstorbenen Vater mit 35 Jahren auf den Thron, zunächst mit freundlicher Haltung gegenüber der deutschen Kolonialmacht.

Als es ab 1910 jedoch zu Zwangsumsiedlungen seines Volkes aus fruchtbaren Gebieten kam, protestierte er in zahlreichen höflichen Eingaben voller Vertrauen mit Berufung auf das deutsche Rechtssystem. Auch schickte er einen Gesandten, Adolf Ngoso Din, nach Berlin, um Gehör zu erhalten. Schließlich beauftragte er Anwälte, die dafür sorgen sollten, dass die Rechte der Duala, wie der deutsche Kaiser sie dem Volk in einem »Schutzvertrag« von 1884 zugesichert hatte, auch eingehalten werden.

Die Zwangsumsiedlungen gingen jedoch unvermindert weiter. Noch immer bemühte sich König Manga Bell mit allen legalen Mitteln. Der Beginn des Ersten Weltkrieges am 28. Juli 1914 führte jedoch dazu, dass die deutsche »Schutzmacht« Stärke zeigen wollte und den jungen König und seinen Gesandten in einem Scheinprozess, bei dem keine Verteidiger zugelassen waren, am 7. August »wegen Hochverrats« zum Tode verurteilte und dies nur einen Tag später durch Erhängen auch ausführte.

König der Duala, Rudolf Manga Bell (ca. 37), in der deutschen Kolonie Kamerun etwa 1910

Rudolf Duala Manga Bell am 8. August 1914, dem Tag seiner Hinrichtung in Kamerun:

»*Verdammt seien die Deutschen! Gott! Ich flehe dich an, höre meinen letzten Willen, dass dieser Boden niemals mehr von Deutschen betreten werde!*«

*Ein Großneffe des Königs Manga Bell, der in der Nähe von München lebende, pensionierte Lehrer Jean-Pierre Félix-Eyoum (*1951) hat 2022 eine Petition an den Deutschen Bundestag zur Rehabilitierung der beiden von deutscher Kolonialjustiz Ermordeten auf den Weg gebracht, über die man bislang nicht entschieden hat. Immerhin wurden durch sein Engagement sowohl in Ulm als auch im Afrikanischen Viertel in Berlin-Wedding zwei zentrale Plätze in Manga-Bell-Platz umbenannt.*

Schätzungen gehen davon aus, dass rund zwei Millionen Afrikaner direkt in die Kampfhandlungen der Europäer einbezogen waren – sei es als Soldaten, als Lastenträger oder in anderen Funktionen. Etwa 200 000 von ihnen haben in diesem Krieg für ihre europäischen Herren ihr Leben gelassen. Gab es am Anfang durchaus afrikanische Freiwillige, die sich mit Aussicht auf ein bescheidenes Einkommen zu den Waffen meldeten, gingen die Europäer ab 1915 dazu über, Tausende von afrikanischen Männern zwangsweise zu verpflichten.

Als die Europäer gegen Ende des Krieges auch bei sich schreckliche Verluste von Menschen zu beklagen hatten, überlegte man, afrikanische Soldaten in Europa gegen den jeweiligen Feind kämpfen zu lassen. Auf eine Anfrage des obersten britischen Generalstabs kam die Antwort, dass dies unter Umständen »vorstellbar im Nahen Osten« sei, »aber nicht gegen deutsche Truppen in Europa«. Die Franzosen kannten solche Skrupel nicht: Aus ihren Kolonien in West- und Nordafrika schickten sie 450 000 afrikanische Soldaten an die Front gegen Deutschland, einige Einheiten nahmen nach dem Ende des Krieges – zur Empörung der Deutschen – an der Besetzung des Rheinlandes teil.

Der afroamerikanische Gelehrte und einer der Begründer des Panafrikanismus, W.E.B. (William Edward Burghardt) Du Bois (1868–1963) schreibt 1920 über die Grausamkeiten des Ersten Weltkrieges:

»Das ist nicht ein verrückt gewordenes Europa. Das ist nicht Abweichung oder Wahnsinn. So ist Europa ... Die Welt heute ist Handel. Die Welt hat sich verändert in einen Laden ... Leben wird genannt: sich einen Lebensunterhalt verdienen ... Es ist der furchtbare Katalysator des Weltkrieges, wo die Weißen sich nur vorübergehend davon abgewandt haben, uns zu schlagen, zu verleumden und zu ermorden, um sich gegenseitig umzubringen.«

Als Kriegsverlierer muss Deutschland 1919 all seine Kolonien in Afrika aufgeben. Der Völkerbund (als Vorläufer der Vereinten Nationen) übernimmt zunächst formal die Verwaltung der deutschen Kolonien, praktisch werden sie im Wesentlichen unter den Siegermächten England, Frankreich und Belgien aufgeteilt. Der Völkerbund gibt dabei den Europäern in einer offiziellen Erklärung den Auftrag, die Kolonien so lange zu regieren, bis sie in der Lage seien, *»auf ihren eigenen Füßen unter den wetteifernden Bedingungen der modernen Welt zu stehen«*.

Das missionarische Konzept nun auch als politische Vorgabe: Afrikaner als Kinder, die erst erzogen werden müssen, um *»vollwertige Mitglieder der modernen Völkergemeinschaft zu werden«*. Tatsächlich wurden nun auch von staatlicher Seite pädagogische Anstrengungen unternommen. Viele Kolonialverwaltungen ermöglichen für eine Minderheit von besonders ausgewählten Afrikanern (nur in Ausnahmen auch für Afrikanerinnen) eine weiterführende Schulbildung.

Bis Ende der dreißiger Jahre des letzten Jahrhunderts haben gerade mal rund 11 000 junge Menschen in Afrika eine Oberschule besuchen können (bei einer Gesamtbevölkerung von zu der Zeit etwa 165 Millionen).

Ahmed Sékou Touré (1922–1984), der sich im frühen Unabhängigkeitskampf engagierte und ab 1958 mit 36 Jahren erster Präsident von Guinea wurde, berichtet über seine Schulzeit:

»Unsere Bücher in den kolonialen Schulen haben uns belehrt über die Kriege de Gaulles, das Leben von Jeanne d'Arc und Napoleon, die Liste der französischen Départements und die Gedichte von Lamartine und das Theater von Molière, als ob Afrika niemals eine Geschichte gehabt hätte, eine Vergangenheit, eine geografische Existenz oder ein kulturelles Leben. Unsere Schüler wurden nur anerkannt in Bezug auf ihre Fähigkeit der völligen kulturellen Anpassung.«

In der Zeit vor dem Zweiten Weltkrieg (1939–1945) war Europa von mehreren wirtschaftlichen Krisen geschüttelt, die hohe Arbeitslosigkeit zur Folge hatten. Nach der Weltwirtschaftskrise 1929 wird die Ausbeutung von Bauern in vielen Teilen Afrikas so in die Höhe geschraubt (zur Bekämpfung der Not in Europa!), dass viele aufgeben und ihr Heil in den rapide wachsenden Städten suchen. Zum ersten Mal in der Geschichte Afrikas entstehen riesige Slumsiedlungen für Millionen entwurzelter Menschen in der Nähe von Städten.

In Deutschland ist eines der Motive zur Vorbereitung des Krieges das Anfeuern der Hoffnung, »unsere deutschen Kolonien zurückzuerobern«. Am 1. September 1939 beginnt Deutschland unter dem Diktator Adolf Hitler (1889–1945) den Zweiten Weltkrieg mit einem Überfall auf das benachbarte und viel kleinere Polen. Bereits 1936 hat der italienische Diktator Benito Mussolini (1883–1945) einen neuerlichen Anlauf Italiens unternommen, Äthiopien zu besetzen. Es gelingt für acht Jahre, bis die Italiener 1943 von den Engländern vertrieben werden.

Der Zweite Weltkrieg wird nicht unwesentlich auch in Nordafrika von Engländern, Franzosen, später auch US-Amerikanern gegen Deutsche und Italiener ausgetragen. Damit ist Afrika nun nicht nur geografisch von Interesse. Die seit dem Ersten Weltkrieg in den Kolonien aufgebauten Infrastrukturen ermöglichen jetzt mehr denn je das Nutzen von Rohmaterial als wichtigen Beitrag für das Kriegführen. Nachdem Belgien von Deutschland schon ab 1940 besetzt ist, sind es zu 85 Prozent die Einnahmen aus Belgisch-Kongo, die die belgische Exilregierung in London wirtschaftlich über Wasser halten.

Und es sind nicht nur erneut Hunderttausende afrikanischer Soldaten, die im Auftrag der verfeindeten europäischen Machthaber aufeinander schießen, sondern es gibt unter ihnen auch zunehmend Menschen, die kritisch wahrnehmen, dass sie eingesetzt werden zur Verteidigung von Werten, die in Afrika von den gleichen Herren mit Füßen getreten werden.

Hinzu kommen zwei neue Weltmächte: die Vereinigten Staaten von Amerika und die Sowjetunion, die – wenn auch aus völlig verschiedenen Motiven – kein Interesse an der Unterstützung der Kolonialinteressen ihrer englischen und französischen Verbündeten im Krieg gegen Hitler-Deutschland haben.

Im Kriegsjahr 1941, als der deutsche Diktator Hitler beinah ganz Europa im Griff hatte und eine Eroberung Englands drohte, traf sich der britische Premierminister Winston Churchill (1874–1965) mit dem US-Präsidenten Franklin D. Roosevelt (1882–1945), um ihn um Unterstützung zu bitten. Sie verabredeten damals die sogenannte »Atlantik-Charta«, die Absprachen für eine »neue Weltordnung« nach dem Krieg enthielt. Zwei Punkte waren wichtig für Afrika: das Selbstbestimmungsrecht aller Völker, auch *»derer, denen das bislang mit Gewalt vorenthalten wurde«* – und eine Zusicherung, dass die USA *»gleichen*

Zugang zu den Rohmaterial-Quellen« in der Welt erhalten sollte. Kurz: Die USA unterstützen England gegen Hitler-Deutschland, wenn dieses sich bereit erklärt, seine Kolonien langfristig aufzugeben und die USA am Handel mit Rohstoffen, nicht zuletzt aus Afrika, gleichberechtigt teilhaben lassen.

Verärgert reagierten die Franzosen im Londoner Exil, da sie sich ausgeschlossen fühlten, und schickten 1944 General Charles de Gaulle (1890–1970), den späteren Präsidenten Frankreichs, ins westafrikanische Brazzaville, wo er vor den höheren Beamten aller französischen Kolonien verkündete, dass »jede Idee von Autonomie … oder gar unabhängiges Regieren in den Kolonien auch in ferner Zukunft« ausgeschlossen sei.

Doch die Welt am Ende des Zweiten Weltkriegs, die mit der völligen Kapitulation Deutschlands und seiner Verbündeten endet, ist nicht mehr die gleiche wie vorher: Eine junge Generation von Afrikanerinnen und Afrikanern hat sich, anfangs noch beinah unbemerkt von der europäischen Öffentlichkeit, zusammengefunden, um ihre Stimme zu erheben. Bereits 1912 wird in Südafrika der Afrikanische Nationalkongress (ANC) gegründet, der später zur politischen Heimat des jungen Nelson Mandela (1918–2013) wird. Und seit 1919 gibt es eine, anfangs vor allem von Afroamerikanern ins Leben gerufene Bewegung des Panafrikanismus, die sich für ein neues afrikanisches Selbstbewusstsein stark macht.

»Wir sind entschlossen, frei zu sein!«

Auf dem fünften Panafrikanischen Kongress, der im Oktober 1945 im englischen Manchester stattfindet, verabreden überwiegend junge Afrikaner, darunter viele der späteren ersten Präsidenten unabhängiger afrikanischer Staaten wie Nnamdi Azikiwe (1904–1996, Nigeria), Kenneth Kaunda (1924–2021, Sambia), Jomo Kenyatta (ca. 1894–1978, Kenia), Kwame Nkrumah (1909–1972, Ghana), Julius Nyerere (1922–1999, Tansania) und Ahmed Sékou Touré (1922–1984, Guinea) die folgende Resolution:

»Die Delegierten glauben an den Frieden. Wie könnte es anders sein, wo die afrikanischen Völker für Jahrhunderte die Opfer von Gewalt und

Sklaverei waren? Doch wenn die westliche Welt noch immer entschlossen ist, die Menschheit mit Gewalt zu regieren, dann, als letzten Ausweg, kann es sein, dass auch die Afrikaner Gewalt benutzen müssen, um die Freiheit zu erlangen, selbst wenn die Gewalt sie selbst und die Welt zerstört. Wir sind entschlossen, frei zu sein. Wir wollen Bildung. Wir wollen das Recht auf ein bescheidenes Einkommen; das Recht, unsere Gedanken und Gefühle auszudrücken, Schönheit anzunehmen und zu gestalten…

Wir schämen uns nicht, jahrhundertelang geduldig gewesen zu sein. Wir sind weiter zu Opfern und Mühen bereit. Aber wir sind nicht länger bereit, zu hungern und die Packesel der Welt zu sein, um durch unsere Armut und Unwissenheit eine falsche Aristokratie und einen überholten Imperialismus zu unterstützen …

Wir werden mit allen uns zur Verfügung stehenden Mitteln für Freiheit, Demokratie und soziale Verbesserungen kämpfen.«

Afrikanische Befreiungen: Warum der Weg zur Freiheit so lang ist

(1946–heute)

Und dann die Unabhängigkeit.

Blutig, so endlos blutig. Folter, Bomben, erschossene Kinder und Frauen – mehr als eine Million Menschen müssen ab 1954 im nordafrikanischen Algerien ihr Leben lassen, bis die Franzosen endlich 1962 sagen: »Das war's! Es bringt einfach nichts mehr. Wir gehen.«

In Ostafrika laufen 1952–1956 die »Mau-Mau«-Aufstände der Kikuyu aus dem Ruder ... Eigentlich hatte es gegen die englische Kolonialmacht gehen sollen. Doch auf dem Weg zur Befreiung Kenias stolpert man über zu viele Verräter in den eigenen Reihen, tatsächliche und noch viel mehr vermeintliche. »Mau-Mau« – die abfällige Wortschöpfung der Engländer wird schließlich zum Synonym für Terror untereinander. Es gab mindestens 11 000 Tote, aber man muss von viel mehr ausgehen. In jedem Fall waren es fast alles Afrikanerinnen und Afrikaner. Im gleichen Zeitraum gab es 32 tote Engländer. Genau gezählt. Rund 80 000 Kikuyu werden bis zur Unabhängigkeit Kenias 1963 in Gefangenenlager gesperrt.

Die Visionäre West- und Zentralafrikas bildeten zunächst nur eine

Minderheit. Gut ausgebildet sind sie, vor allem in den USA, England und Frankreich. »Unabhängigkeit jetzt! Morgen sind wir die USA: Die Vereinigten Staaten von Afrika!«, ruft Kwame Nkrumah 1957 in Ghana.

Die jungen Träumer: Über alle Feindschaften zwischen den zersplitterten ethnischen Gruppen hinweg, die die Kolonialisten verächtlich »Stämme« nennen, verkündet Patrice Lumumba 1960 im Kongo: »Wir sind auf dem Weg zu einer starken Nation!« Doch nur Monate später: Seine Brille ist zerschlagen, gefesselt wird er an den Haaren vom Laster gezerrt, der junge Präsident schaut entsetzt in die Kamera. In Katanga wird er kurz darauf zu Tode gefoltert. Die Reporter in Europa berichten: »An den alten Stammesfehden gescheitert ...« Und sie wissen, dass es nur geschehen konnte, weil er den Zorn der alten Kolonialmacht Belgien herausgefordert, sich nicht artig genug gezeigt hatte.

Die als Erste kamen, gehen als Letzte: Die Portugiesen. Bis zuletzt tun sie so, als wären »ihre« Länder in Afrika keine Kolonien, sondern Teile Portugals, eben nur außerhalb. Drei Viertel der jungen portugiesischen Wehrpflichtigen werden nach Angola, Guinea-Bissau und Mosambik geschickt. Der Krieg gegen die schwarzen »Untertanen« dauert mehr als zehn Jahre und kostet am Ende die Hälfte des Staatshaushaltes. Erst 1974 beendet ein Putsch in Lissabon den Starrsinn der letzten Kolonialisten.

Im Süden liegen die Hochburgen der weißen Siedler, die wissen, was aus dem Boden zu holen ist: Namibia, das ehemalige »Deutsch-Südwest«, das von der weißen Apartheidsregierung Südafrikas noch immer illegal besetzt wird. Dann das nach dem Kapitalisten Cecil Rhodes benannte Rhodesien und Südafrika, wo die niederländischstämmigen Buren längst die Engländer in die Defensive gedrängt haben, jene »Schwächlinge«, die beinah alle aus Sicherheitsgründen ihren zweiten britischen Pass behalten haben. »Keine echten Afrikaner«, sagen die Buren. Sie empfinden sich selbst nicht als Kolonialisten. Dieses Land ist ihr Land. Sie sind hier geboren. Die Schwarzen sollten dankbar sein für alles, was sie hier aufgebaut haben. Sind sie aber nicht. Die Weißen im südlichen Afrika erklären schließlich ihre eigene »Unabhängigkeit« von England.

Als Erste wachen die Weißen in Rhodesien auf, als nach vielen

Jahren blutigen Kampfes 1980 das Ende ihrer Vorherrschaft kommt: Simbabwe heißt das neue Land. Und der neue Präsident Robert Mugabe (1924–2019) spricht von Demokratie und Versöhnung und schafft es tatsächlich, die Wirtschaft zu stabilisieren. Leider will er immer weiter Präsident bleiben, auch als er selbst schon über 90 ist. Mehr als drei Jahrzehnte lang, auch als es nicht mehr versöhnlich zugeht, die Wirtschaft am Boden ist und die meisten Menschen hungern …

Die »Weißen« in Südafrika machen sich, bis auf wenige mutige Ausnahmen, lange Zeit nichts aus der internationalen Isolation. »Sollen sie uns doch Rassisten schimpfen!« Sie fühlen sich stark, besitzen genug Gold und Diamanten, die meisten »schwarzen« Befreiungskämpfer sitzen im Gefängnis, leben im Exil oder sind ermordet worden …

Aber dann gerät plötzlich die Welt aus den Fugen: Die Sowjetunion fällt auseinander, die Kräfte, auch in Afrika, verschieben sich – und mit dem Rücken zur Wand wird 1990 der Weg freigemacht zur Abschaffung der politischen Apartheid, ohne jedoch die ökonomischen Privilegien der Weißen (und einiger weniger Schwarzen) anzutasten. Der neue Präsident Nelson Mandela (1918–2013) spricht von Demokratie und Versöhnung und schafft es tatsächlich, die Wirtschaft zu stabilisieren. Und er will nicht für immer Präsident bleiben. Er nimmt Demokratie und Versöhnung wirklich ernst.

Eine Atempause. Alles ging so schnell. Nach 500 Jahren Ausbeutung, Sklaverei und Kolonisation soll plötzlich in nur etwas mehr als 50 Jahren alles gut sein. Illusorisch. Der Weg zur Freiheit ist lang. Eine historische Entwicklung ist mehr als ein halbes Jahrtausend gewaltsam unterbrochen worden. Wo soll man nur ansetzen?

An den »alten afrikanischen Traditionen«? Klingt gut, aber was ist das schon genau? Den Alten gehorchen? Auch denen, die Unsinn reden? Oder den Männern? Weiter Frauen unterdrücken, verstümmeln, quälen, weil es einmal irgendwo Tradition war? Und welche Tradition soll es denn sein? Die der Maasai im Osten, die der Khoikhoi oder San im Süden, die der »Pygmäen« in Zentralafrika, die der Berber im Norden?

Einen Schritt Abstand nehmen. In die Wüste laufen, in einen

dichten Wald oder auf einen hohen Berg – und schweigen. Still sein. Bis alles ruhig wird, der Nebel aufsteigt, der Blick wieder frei wird. Was siehst du?

Millionen von Kindern und Jugendlichen, von Frauen und Männern, voller Ideen, Träume und Hoffnungen, die warten, die hungern, die in Lagern hocken oder wochenlang über staubige Straßen ziehen, immer von irgendwo weg, wo es noch schlimmer war, die niemand zu brauchen scheint, die sterben in Armut und an Krankheiten, die behandelbar sind.

Sie alle wollen arbeiten, um das Leben zu verbessern. So viel zu tun überall: Die Wüsten wollen bewässert werden, die Bodenschätze nicht nur aus der Erde geholt, sondern verarbeitet werden, das fruchtbare Land bebaut, die Sonne genutzt. Die Sonne Afrikas. Sie scheint so viel, in manchen Ländern zehn Stunden am Tag, das ganze Jahr. Und es gibt nicht genug Energie?

Die Zeit der großen Ideologien scheint vorbei zu sein. Gut so. Was hier funktioniert, kann vielleicht auch dort funktionieren. Vielleicht. Jedoch nur, wenn du zuhörst und mitdenkst. Selbstständig denkst und nicht nur ausführst. Nicht nur auf andere wartest, sondern selbst die Lösung für ein kleines Problem suchst. Nur so wirst du stärker auch für die großen Probleme. Nicht andersherum.

Und wenn der Nebel wieder kommt – Geduld zeigen. Mit dir selbst (oft am schwersten) und mit anderen. Der Nebel wird wieder gehen, wenn du allmählich verstehst, woher er kommt und wer oder was für ihn verantwortlich ist.

Unabhängig kann das Denken sein. Wenig anderes.

Als Menschen sind und bleiben wir abhängig voneinander. Mehr als je zuvor. In Afrika und Europa – und der ganzen Welt.

Träume und Albträume: Die ersten Jahre des Übergangs

So dicht beieinander: die Hoffnung auf eine bessere Zukunft, der Wunsch, endlich selbst bestimmen zu können, wie das Leben, das Land, das Zusammenleben gestaltet werden soll. Und gleichzeitig: Die noch offenen Wunden der Vergangenheit, die Verstricktheit mancher in früheres Unrecht, die durch Forschheit maskierte Unsicherheit der noch Unerfahrenen. Wie soll denn nun plötzlich alles anders werden? Wer kann welche Qualifikationen einbringen? In welcher Sprache sollen wir miteinander reden?

Es gibt nirgendwo eine Stunde Null in Afrika – wo Früheres einfach aufhört und Neues beginnen darf. Weder die Kolonialisten noch die Befreier haben erprobte Konzepte des Übergangs.

Natürlich versuchen die ehemaligen Kolonialisten ihren Abgang »mit Würde« zu vollziehen, was immer sie darunter verstehen. Sie wollen jene »jungen Staaten« gern in die Unabhängigkeit »entlassen«, das letzte Wort haben, am liebsten mit Dankbarkeit verabschiedet werden für all die »zivilisatorischen Errungenschaften«, die sie hinterlassen. Es wird tunlichst vermieden, ehrlich zuzugeben, dass das ganze Abenteuer zu teuer geworden ist und man längst Ideen hat, wie durch wirtschaftliche Abhängigkeiten neue Ausbeutungen viel leichter zu sichern sind als durch aufwändige Kolonial- und Militärapparate. »Sollen sich die Afrikaner doch selbst die Köpfe einschlagen ...«, hört man nicht wenige englische und französische Offiziere zwischen zusammengebissenen Zähnen fluchen, als sie zum letzten Mal ihre europäischen Flaggen einholen.

Die meisten Befreier dagegen feiern begeistert jene Tage der Unabhängigkeit, die meisten erklären sie umgehend zu Nationalfeiertagen. Das schafft Übersichtlichkeit. Es gibt ein paar Helden, einen klaren Schlussstrich und einen Neuanfang – auch wenn die Wirklichkeit leider oft anders ist.

Da musste lange verhandelt werden – untereinander und mit

dem Gegner, so viele Tote, so viele Jahre in Gefängnissen, so wenig Einfluss darauf, wie die ehemaligen Unterdrücker ihren Abgang vollziehen. Allein schon die Gebilde von sogenannten Staaten, die die Europäer hinterlassen: In ihren willkürlich gezogenen Grenzen leben oft mehr als 20 verschiedene Völker, manchmal auch 50 oder mehr – andere Völker wurden durch die gleichen Grenzen auseinandergerissen. Für viele Europäer bleiben es häufig bis zuletzt »undurchsichtige Stämme«, deren Charakterisierung nur darin bestand, ob sie gute oder schlechte Arbeitskräfte darstellten.

So viel kann erst einmal gar nicht vom einen auf den anderen Tag verändert werden. Die Sprache zum Beispiel: Was für eine bittere Erfahrung, dass (außer in Nordafrika, wo der Islam das Arabische zur Verfügung gestellt hat) in den meisten anderen hinterlassenen Staatsgebilden im Westen, Süden und weiten Teilen des Ostens die einzige gemeinsame Sprache tatsächlich jene der ehemaligen Unterdrücker geworden ist. Da die Unabhängigkeit Land für Land errungen werden muss, ist es ausgeschlossen, über gänzlich neue Ländergrenzen vorab nachzudenken, die eventuell mehr auf ethnische und kulturelle Besonderheiten Rücksicht nehmen. Und nur in Ausnahmen kommt es später noch zu geringfügigen Grenzanpassungen.

Auch Vorbilder gibt es so wenige. Nur das ferne Indien vielleicht, wo Mahatma Gandhi (1869–1948), der als junger Anwalt einige Jahre in Südafrika gelebt und politisch gearbeitet hat, es mit gewaltlosem massenhaftem Widerstand schließlich 1947 schafft, den Engländern für sein Heimatland die Unabhängigkeit abzutrotzen.

Aber in Afrika selbst? Zu den vielleicht bittersten Erfahrungen gehört die Geschichte des kleinen westafrikanischen Liberia, des einzigen afrikanischen Landes, das niemals von Europäern kolonisiert war. Seine Geschichte liest sich wie ein Gleichnis über die Unmöglichkeit, den Kreislauf von selbst erlittener Unterdrückung als ehemalige Sklaven und der daraufhin folgenden Unterdrückung von anderen zu durchbrechen.

Liberia – Albtraum der Freiheit oder: Wie aus ehemaligen Sklaven selbst Sklavenhalter werden

Gegner der Sklaverei in Nordamerika hatten 1816 eine Gesellschaft gegründet, die – nicht nur aus humanen Überlegungen – mit einem Vorschlag kam, wie »das Problem der freigelassenen Sklaven zu lösen« sei: Sie sollten am besten nach Afrika zurückgeschickt werden. Wohin genau? Keine Ahnung. Es sind doch »Schwarze«. Eben irgendwo in Afrika. Immerhin wurde Geld gesammelt für die Überfahrt und für den möglichen Kauf von etwas Land.

1821 landete schließlich ein weißer Missionar mit der ersten, bunt zusammengewürfelten Gruppe früherer Sklaven an einem westafrikanischen Küstenstreifen südlich von Sierra Leone, wo die Engländer etwas eher mit der Stadt Freetown bereits ein ähnliches Vorhaben gestartet hatten. An jenem Küstenstreifen lebte das in der gesamten Region als Schiffsbauer und Fischer geachtete Volk der Kru, die gar nicht vorhatten, Land zu verkaufen. Weder der Missionar noch die befreiten Sklaven waren hierauf vorbereitet, und anstatt zu verhandeln, gebrauchten sie jene Methode, die sie selbst zeitlebens erfahren hatten: Gewalt. Mit Gewehren, Kanonen und weiterer Verstärkung aus Amerika vertrieben sie schließlich die einheimische Bevölkerung und nannten ihre erste Stadt am Meer nach dem damaligen US-Präsidenten James Monroe (1758–1831) – Monrovia.

1822 wurde jener Küstenstreifen, der durch weitere Vertreibungen noch erheblich vergrößert worden war, Liberia getauft und einem US-Gouverneur unterstellt. 1847 hatten die freigelassenen Sklaven – inzwischen etwa 18 000 – genug von der Bevormundung aus Nordamerika und verkündeten ihre Unabhängigkeit, wobei sie die USA in vielem bis hin zur Flagge kopierten.

Gegenüber den 16 in den Grenzen von Liberia beheimateten anderen Völkern gebärdeten sich die ehemaligen Sklaven und ihre Nachkommen nun selbst als Sklavenhalter. Auf Kaffeeplantagen und im Schlagen von Edelhölzern wurden die dort lebenden Völker als rechtlose Arbeiter aufs Schlimmste ausgenutzt. Jene frühen Afroamerikaner, die sich nun Amerikoliberianer nannten, achteten darauf, dass alle Macht in ihren Händen blieb, obwohl sie niemals mehr als drei Prozent der Gesamtbevölkerung ausmachten. Alle Aufstände wurden blutig unterdrückt.

Als die Weltmarktpreise für Kaffee und Edelhölzer nach dem Ersten

Weltkrieg in den Keller fielen, erlaubte die Regierung von Liberia der US-Firma Firestone, einem Autoreifenhersteller, ab 1926 im Land die größte Kautschukplantage der Welt anzulegen. Damit hatte eine Politik des Ausverkaufs begonnen, die mit der Entdeckung von Eisenerz nach dem Zweiten Weltkrieg noch zunahm. Ohne jedes politische Konzept versuchte jeder, der die Macht dazu besaß, in kürzester Zeit noch reicher zu werden, ohne sich um das Wohl des Landes insgesamt zu scheren. Obwohl Liberia reich an Bodenschätzen ist, haben korrupte Politiker das Land bis in die jüngste Gegenwart im Chaos versinken lassen, in dem kriminelle Banden den Alltag bestimmen ohne Rücksicht auf die verarmte Bevölkerung. Schätzungen zufolge liegt die Zahl der zivilen Todesopfer aufgrund von Gewaltakten allein in den zehn Jahren zwischen 1990 und 2000 bei über 200 000.

*Deutliche Hoffnungen verbinden sich mit der Wahl von Ellen Johnson Sirleaf (*1938), die als erste Frau in der Geschichte des modernen Afrika im November 2005 zur Staatspräsidentin Liberias gewählt wurde und ihr Amt Anfang 2006 antrat. Gemeinsam mit den beiden Frauen Leymah Gbowee (*1972), ebenfalls aus Liberia und Tawakkol Karman (*1979) aus dem*

Liberias Präsidentin Ellen Johnson Sirleaf (73) zu Besuch in London 2011

Jemen erhielt sie 2011 den Friedensnobelpreis für ihren »Einsatz für die Rechte von Frauen bei der Schaffung von Frieden«. Im gleichen Jahr wurde sie erneut zur Präsidentin gewählt. Als einen ihrer großen Erfolge verbuchte sie die bessere Schulbildung von allen Kindern, aber vor allem von Mädchen in Liberia: »Alle Mädchen wissen heute, dass sie alles schaffen können. Diese Entwicklung stellt mich am meisten zufrieden.« Und über die Möglichkeit zu träumen fasste sie einmal zusammen: »Wenn deine Träume dir nicht auch Angst machen, sind sie nicht groß genug.«

Die wirklichen Befreiungen von den europäischen Kolonialmächten beginnen in Nordafrika als unmittelbare Folge des Zweiten Weltkrieges: Bereits 1943 werden die Italiener aus Libyen vertrieben (dessen Unabhängigkeit die UNO jedoch erst 1951 anerkennt). 1946 verlassen die Engländer Ägypten und im Jahr 1956 erlangen Marokko, Tunesien und der Sudan ihre Unabhängigkeit. Aus Algerien zieht Frankreich sich erst nach einem von 1954 bis 1962 blutig geführten Krieg zurück.

Frantz Fanon (1925–1961), Nachfahre ehemaliger Sklaven aus Martinique, nimmt als junger Arzt am Befreiungskrieg Algeriens teil:

Als Jugendlicher verlässt Frantz Fanon die Karibikinsel Martinique, um in Frankreich gegen Nazideutschland und die französischen Kollaborateure zu kämpfen. Nach dem Krieg beginnt er ein Medizinstudium in Paris, beschäftigt sich aber weiter mit den Ursachen von Rassismus, den er auch am eigenen Leib erlebt.

Mit 27 Jahren nimmt er seine erste Arztstelle in einem Krankenhaus in Algerien an, ein Jahr später heiratet er eine junge weiße Französin. In Frankreich wird sein erstes Buch Schwarze Haut, weiße Masken, *in dem er Kolonialismus und aktuellen Rassismus analysiert, heftig diskutiert. Als 1954 der offene Bürgerkrieg gegen die französischen Kolonisatoren in Algerien ausbricht, bekundet Frantz Fanon seine Sympathie: Er versteckt verfolgte Freiheitskämpfer in seinem Haus und bildet Schwestern aus, um in Lagern der Freiheitskämpfer zu arbeiten. Schließlich gibt er seine Arbeit im Krankenhaus auf, um aktiv am bewaffneten Kampf teilzunehmen, immer wieder aber auch seine Dienste als Arzt anzubieten. Täglich wird er mit*

Frantz Fanon inspirierte viele junge Leute in Algerien, Frankreich und aller Welt, für ein Ende der Kolonialisierung zu demonstrieren

furchtbar zugerichteten Opfern dieses erbarmungslosen Krieges konfrontiert, der auch vor Kindern und Frauen nicht haltmacht. Folter politischer Gegner gehört ebenfalls auf beiden Seiten zur Methode.

1959 wird der 34-Jährige an der Grenze zu Marokko schwer verwundet. Nach seiner Heilung arbeitet er eine Weile als provisorischer Botschafter des zukünftig freien Algerien in Ghana und gründet im bereits unabhängigen Tunesien die erste psychiatrische Klinik Afrikas. Frantz Fanon überlebt mehrere Anschläge auf seine Person, erkrankt aber 1960 unheilbar an Leukämie.

Mit nur 36 Jahren stirbt er im Dezember 1961 nach einer vergeblich gebliebenen Behandlung in den USA. Sein im gleichen Jahr erschienenes Buch Die Verdammten dieser Erde *wird zu einer wichtigen Inspiration für schwarze Befreiungsbewegungen in aller Welt. Frantz Fanon erlebt die Unabhängigkeit Algeriens nicht mehr, die erst ein Jahr später erreicht wird.*

So wie die Presse in Frankreich schockiert über den Guerrillakrieg in Algerien berichtet, wird die englische Presse nicht müde, immer neue

Details über die Grausamkeiten im »Mau-Mau«-Aufstand aus Kenia zu verbreiten, der bereits zwei Jahre früher – 1952 – begonnen hat. »Mau-Mau« wird zu einem Schlagwort für Terror im Europa der fünfziger Jahre, auch wenn die meisten Menschen keinerlei Kenntnis haben vom Volk der Kikuyu, die bis dahin besonders als stumme Hausangestellte der Engländer in Kenia geschätzt sind.

Die Bedeutung des Begriffes ist umstritten: Öffentlich wurde er von den Engländern meist abfällig benutzt, auch um den offiziellen Namen des Volkes der Kikuyu zu ignorieren. Der bis vor kurzem eher unbekannte Ursprung kann aber auch auf eine Abkürzung auf die Anfangsbuchstaben der damals geheimen Parole der Kikuyu zurückgehen, die lautete:

__M__zungu __A__rundi __U__laya – __M__zwafirika __A__pate __U__huru.

»Weißer« verschwinde – Afrikaner werde frei.

Die rund eine Million Kikuyu in Kenia hatten mehrere Monate einen geheimen Aufstand gegen die britische Kolonialmacht geplant und es für ratsam gehalten, einen Bruch des Geheimhaltungseides mit dem Tod zu bedrohen.

Bevor die Revolte losbrechen kann, beginnen die Kikuyu mit der Hinrichtung eigener Verräter, tatsächlicher und schließlich auch mehr und mehr vermeintlicher. Die Engländer schauen erst irritiert zu, bevor sie schließlich selbst mit Gewalt eingreifen: Am Ende des dreijährigen Aufstands sind mindestens 11 000 Kikuyurebellen und 32 Engländer tot. Rund 80 000 überwiegend junge Männer werden jahrelang in Arbeitslager interniert. Der spätere Präsident Kenias, Jomo Kenyatta (etwa 1894–1978), selbst ein Kikuyu, wird 1953 im Alter von rund 60 Jahren ebenfalls zu sieben Jahren Zwangsarbeit verurteilt, obwohl er sich kritisch gegenüber den Aufständen geäußert hatte.

Jomo Kenyatta, seit 1964 erster Präsident des freien Kenia, nachdem er sieben Jahre in britischer Gefangenschaft verbracht hatte:

» Wenn die Europäer uns auf unserem Land in Frieden gelassen hätten und ernsthaft mit uns die Vorzüge ihrer weißen Zivilisation geteilt hätten, wäre auch ein Handel über unsere Arbeitskraft, die sie so dringend

wollten, möglich gewesen ... Sie hätten uns selbst entscheiden lassen, was von der europäischen Kultur für uns von Vorteil gewesen wäre und was nicht.«

1964 wird er zum ersten Präsidenten des ein Jahr zuvor unabhängig gewordenen Kenia gewählt, seinen 1961 erstgeborenen Sohn nennt er *Uhuru*, was Freiheit in Kikuyu bedeutet. Nach seinem Tod 1978 übernimmt Daniel arap Moi (1924–2020) das Amt des Präsidenten. Obwohl sich das Land ökonomisch stabil entwickelt, unterdrückt Moi zunehmend kritische Stimmen, und es wird als Sieg der Mehrheit der Bevölkerung empfunden, als es der Opposition 2002 endlich gelingt, ihn abzuwählen und Mwai Kibaki (1931–2020) zum Nachfolger zu ernennen. Jedoch auch Kibaki enttäuscht die kenianische Bevölkerung durch Korruption und Versuche, seine Macht auszuweiten. Bei den Wahlen vom 27. Dezember 2007 scheint ein Sieg des Oppositionsführers Raila Odinga (*1945) sicher. Als dann jedoch unter anderem Wahlurnen verschwinden und sich wenig später Kibaki zum Wahlsieger erklären lässt, kommt es zu Protesten überall im Land, die mit Gewalt beantwortet werden.

In den darauffolgenden Wochen kommen bei Unruhen rund 1 300 Menschen um und das ehemals stabile Kenia erlebt die schwerste Krise seit der Staatsgründung 1963. Die Opposition fordert Neuwahlen, unterstützt von internationaler Kritik an Kibakis immer offensichtlicher werdender Wahlfälschung. Unter Vermittlung des ehemaligen UNO-Generalsekretärs Kofi Annan (1938–2018) gelingt schließlich am 28. Februar 2008 ein Kompromiss: Kibaki (als Präsident) und Odinga (mit dem neugeschaffenen Posten des Premierministers) teilen sich die Macht. Das Land atmet auf und viele der mehr als 300 000 Flüchtlinge kehren in ihre bei den Unruhen zerstörten Dörfer zurück. Die Regierung hält immerhin bis zu den folgenden Wahlen im März 2013.

Als Nachfolger für Kibaki tritt der Sohn des ersten Präsidenten Kenias, Uhuru Kenyatta (*1961) gegen Odinga an – und gewinnt im ersten Wahlgang, obwohl er mit zwei anderen Unterstützern Kibakis vom Internationalen Gerichtshof (IGH) in Den Haag seit 2012 angeklagt ist wegen »Verbrechen gegen die Menschlichkeit«. Konkret wird ihm vorgeworfen, Morde an politischen Gegnern bei den Unruhen

2007 mitgeplant und finanziert zu haben. Im Oktober 2013 nannte er daraufhin bei einem Gipfeltreffen der Afrikanischen Union (AU) den Internationalen Gerichtshof eine »Farce«. Und nicht nur das. Er bekam es sogar hin, dass die AU sich einstimmig dafür aussprach, dass amtierende afrikanische Präsidenten nicht vor dem IHG angeklagt werden dürfen. Die Argumentation lautete: Nach dem sudanesischen Präsidenten Omar al-Bashir (*1944, angeklagt seit 2009) sei mit Uhuru Kenyatta nun bereits ein zweites afrikanisches Staatsoberhaupt angeklagt, was als »rassistisch« und »imperialistisch« anzusehen sei.

Während al-Bashir sich weigerte, überhaupt vor dem IHG zu erscheinen, gelang es Kenyattas Anwälten bislang, immer neue Aufschübe durchzusetzen. Am 8. Oktober 2014 erscheint Uhuru Kenyatta dann tatsächlich vor dem Gerichtshof in Den Haag: Er kann es als deutlichen Erfolg verbuchen, dass aufgrund mangelnder Beweise (die die Regierung Kenias verweigert hatte) eine Anklage »dauerhaft verschoben« werden muss. Bei seiner Rückkehr nach Nairobi wird er mit Jubel auf den Straßen der Hauptstadt empfangen. Anfang Dezember 2014 wird die Anklage gegen ihn endgültig aufgehoben. Er bleibt Präsident Kenias bis 2022. Sein Nachfolger ist seitdem William Ruto (*1966).

Gemeinsam mit dem ehemaligen UNO-Generalsekretär Kofi Annan sprach sich auch Friedensnobelpreisträger Erzbischof Desmond Mpilo Tutu 2013 deutlich gegen alle Bemühungen innerhalb der AU aus, die Mitgliedschaft im IHG zu kündigen:

»*Jene afrikanischen Präsidenten, die sich jetzt gegen den IHG aussprechen, glauben, dass diejenigen, die ihren Machtinteressen im Wege stehen – die Opfer, oft das eigene Volk – ohne Gesicht und Stimme bleiben sollen ... Dies ist nicht ein Kampf zwischen Afrika und dem Westen, sondern einer innerhalb Afrikas, um die Seele von Afrika.*«

Seit Oktober 2011 schickt Kenia Soldaten über die Grenze nach Somalia, um mit der dortigen Regierung gegen die vor allem im Süden Somalias operierenden islamistischen Kämpfer von al-Shabaab (arabisch für: Jugend) vorzugehen. Längst sind jedoch auch Zivilisten auf beiden Seiten Opfer der zunehmenden Gewalt geworden. Die Plünderungen somalischer Geschäfte in Kenia durch die Polizei führten dazu, dass inzwischen hunderte, auch wohlhabende somalische Geschäftsleute Kenia verlassen haben.

Im September 2013 werden in einem großen Einkaufszentrum in Kenias Hauptstadt Nairobi, der Westgate Shopping Mall, mehrere Tage ein paar hundert Kinder, Frauen und Männer zu Geiseln von al-Shabaab. Am Ende waren 67 Menschen tot, davon vier Terroristen. Der bis dahin gut florierende Tourismus in Kenias Naturparks und an den Stränden muss schwere Einbußen hinnehmen.

Im zentralafrikanischen, von Belgien unterdrückten Kongo war es der junge Patrice Lumumba (1925–1961), dessen Geschichte zunächst viel Hoffnung auf einen friedlichen Übergang machte. Es war ihm 1958 – mit 33 Jahren – gelungen, eine Bewegung ins Leben zu rufen, deren Ziel es war, alle ethnischen Gruppen des Kongo zu einen.

»Wir werden der ganzen Welt zeigen, was schwarze Menschen vollbringen können, wenn sie frei sind …« – Patrice Lumumba am 30. Juni 1960 im Kongo

Patrice Lumumba kommt aus keiner einflussreichen Familie. Er arbeitet als junger Mann in einem Postamt in Stanleyville (dem heutigen Kisangani) und engagiert sich bei der Gewerkschaft. 1956 wird er einer geringfügigen Unterschlagung bezichtigt und zu einem Jahr Gefängnis verurteilt. Er nutzt dieses Jahr, um ein Buch über die Zukunft des Kongo zu schreiben und sich selbst auf mehr politische Arbeit vorzubereiten.

Nur Patrice Lumumba vertritt die Vision eines geeinten freien Kongo, während seine Rivalen spezielle Gruppen unterstützen, wie Joseph Kasavubu (ca. 1910–1969) vor allem das Volk der Bakongo und Moïse Tschombé (1919–1969) die an Bodenschätzen reiche Provinz Katanga. Anfang 1959 wird die belgische Kolonialmacht im Kongo von ungewohnten Unruhen überrascht, bei denen zum ersten Mal auch Europäer angegriffen werden. Es steht keine gezielte Organisation dahinter. Verschiedene Gruppen machen ihrem Unmut über die andauernde Ausbeutung des Landes Luft. Die belgische Regierung verspricht freie Wahlen zum Jahresende – und plant

Patrice Lumumba hofft als junger Mann auf die Einheit aller Kongolesen

insgeheim eine mehrjährige Übergangsphase, die den Belgiern genug Zeit lassen würde, ihre wirtschaftlichen Interessen auch ohne Kolonialmacht zu sichern. Doch alles kommt anders.

Im Laufe des Jahres 1959 nehmen die Unruhen im Lande ständig zu. Gleichzeitig spricht sich die belgische Öffentlichkeit gegen eine Erhöhung der Anzahl ihrer Soldaten im Kongo aus. Die für den Dezember unter Aufsicht der Belgier veranstalteten Wahlen verkommen zur Farce – über 120 Parteien kandidieren, mehrere Landesteile boykottieren sie. Erst nach diesem Fiasko setzt sich die Kolonialverwaltung zum ersten Mal an einen Tisch mit Afrikanern: Vertreter von 13 Parteien, darunter auch Lumumba, Kasavubu und Tschombé werden nach Brüssel eingeladen. Man einigt sich auf Neuwahlen im Mai 1960 und die unmittelbar danach erfolgende Entlassung in die Unabhängigkeit Ende Juni. Belgien ist nun entschlossen, so schnell wie möglich das »Pulverfass Belgisch-Kongo« loszuwerden. Die Kongolesen meinen, diesen historischen Moment nicht verstreichen las-

sen zu dürfen. Aus den Wahlen geht Patrice Lumumba mit seiner Partei als Sieger hervor: Er wird Kongos erster Premierminister, Kasavubu wird Staatspräsident und Tschombé nur Präsident der Provinz Katanga, was ihn deutlich ärgert.

Zur Feier des ersten Unabhängigkeitstages, am 30. Juni 1960, kommt der junge belgische König Baudouin (1930–1993) in den Kongo. Seine Festrede ist so naiv, dass sie von allen anwesenden Kongolesen nur als Provokation empfunden werden kann. Er beginnt, die »Leistungen« von König Leopold II. zu loben und alle »Opfer, die Belgien für den Kongo erbracht« hat. Er endet damit, dass es »nun an den Kongolesen« wäre, »Belgien zu zeigen, dass sie das in sie gesetzte Vertrauen rechtfertigen« würden.

Staatspräsident Kasavubu antwortet höflich, aber lässt den vorbereiteten Dank an den König weg. Lumumba dagegen kann seine Wut nur schwer verbergen und spricht offen von den »Erniedrigungen, die Kongolesen über so viele Jahre durch die Belgier erlitten« haben. Er fährt fort: »Wir werden der ganzen Welt zeigen, wozu schwarze Menschen in der Lage sind, wenn sie erst frei sind …« Die anwesenden Kongolesen spenden anhaltenden Beifall. Die Belgier sind schockiert. Das offizielle Mittagessen wird um zwei Stunden verschoben, da die belgische Delegation erst abreisen will, aber schließlich doch bleibt, um den Skandal nicht noch zu vergrößern.

Die kongolesische Regierung ist vom ersten Moment an mit ungeheuren Schwierigkeiten konfrontiert. Nur vier Tage nach der großen Feier beginnen Soldaten der Armee zu protestieren, weil sie nicht länger von weißen Offizieren schikaniert werden wollen, die – so ist vereinbart – noch für eine Übergangsfrist, bis die dafür designierten Kongolesen ihr Offizierstraining beendet haben, im Kongo bleiben sollen. Lumumba appelliert an die Soldaten, für den Übergang Disziplin zu bewahren – ohne Erfolg. Als erste Meutereien drohen, gibt Lumumba nach und entlässt alle noch rund 1100 belgischen Offiziere. Die freigewordenen Posten werden übereilt an unerfahrene Leute gegeben, zum Generalstabschef macht Lumumba seinen persönlichen Sekretär, den 29-jährigen Joseph Mobutu (1930–1997).

Chaos bricht in vielen Kasernen aus, Übergriffe auf noch im Kongo verbliebene Belgier nehmen täglich zu, selbst Priester werden beraubt und Nonnen vergewaltigt. Innerhalb weniger Tage fliehen rund 25000 noch im Kongo verbliebene Belgier aus dem Land, woraufhin Belgien neue Truppen in den Kongo entsendet. Im Juli nutzt Moïse Tschombé die Situation und erklärt die Unabhängigkeit »seiner« Provinz Katanga. Lumumba bittet die UNO um Hilfe, die umgehend Truppen schickt, aber nach Lumumbas Einschätzung längst nicht genug, sodass er auch die Sowjetunion um Militärhilfe bittet. Der US-Botschafter in Belgien meldet nach Washington: »Lumumba gefährdet unsere wesentlichen Interessen im Kongo und Afrika überhaupt ... Ziel muss sein, die Lumumba-Regierung zu vernichten, aber gleichzeitig ein anderes Pferd ... zu finden, das für den Rest Afrikas akzeptierbar ist.«

Dieses »andere Pferd« wird der ehemalige persönliche Sekretär Lumumbas, dem er die Führung der Armee anvertraute – Joseph Mobutu. Am 14. September 1960 ernennt er sich selbst vorübergehend zum neuen Staatschef und befiehlt dem Botschafter der Sowjetunion, das Land innerhalb von 48 Stunden zu verlassen. Lumumba wird unter Hausarrest gestellt, und Staatspräsident Kasavubu schlägt Moïse Tschombé als neuen Premierminister vor. Der Hausarrest von Lumumba wird überwacht von UN-Soldaten, die ihn vor Attentaten schützen sollen, und der Armee von Mobutu, die seine Flucht verhindern will.

Patrice Lumumba wird im Dezember 1960 nach seiner Verhaftung öffentlich gedemütigt und geschlagen – Bilder, die um die Welt gehen

Doch gelingt Lumumba Ende November 1960 die waghalsige Flucht. Bereits nach wenigen Tagen wird er jedoch mit zwei Vertrauten von Mobutus Armee ergriffen: Filmaufnahmen zeigen Patrice Lumumba, wie er vor der Kamera und in Anwesenheit von Mobutu an den Haaren gezerrt und geschlagen wird.

Eine Weile bleibt sein Schicksal unklar. Schließlich liefert Mobutu seinen ehemaligen Gefährten an dessen Erzrivalen Tschombé nach Katanga aus. Am 17. Januar 1961 werden Patrice Lumumba und seine beiden Vertrauten dort nach schrecklichen Folterungen und in Anwesenheit belgischer Offiziere erschossen. Ihre Leichen werden niemals gefunden.

Joseph Mobutu baut in den kommenden Jahren mit Unterstützung der USA systematisch das Militär auf und setzt nach einem Machtgerangel 1965 sowohl Kasavubu als auch Tschombé ab, um sich endgültig als Diktator auf Lebenszeit zu installieren. Kurz danach erklärt er Patrice Lumumba zum »Volkshelden«. 1967 führt er eine Kampagne zur »Afrikanisierung« durch, wobei das Land in Zaire umbenannt wird und alle Bürger afrikanische Namen annehmen müssen. Sich selbst nennt er »Mobutu Sese Seko Nkuku Ngbendu wa za Banga« was übersetzt bedeutet: »Der mächtige Krieger, der kraft seiner Unbeugsamkeit von Sieg zu Sieg eilt«.

Mobutu Sese Seko wird in den kommenden drei Jahrzehnten zu einem der reichsten und korruptesten Männer Afrikas und zu einem der schlimmsten Tyrannen. Erst im Mai 1997 gelingt es, ihn aus seinem Palast zu verjagen. Zaire wird erneut umbenannt in »Demokratische Republik Kongo« und noch stets von vielen Unruhen erschüttert. Mobutu stirbt im September 1997 im Exil in Marokko.

Als erstes Land Afrikas südlich der Sahara wird im Jahr 1957 die englische Goldküste unabhängig – und am 6. März offiziell nach dem historischen westafrikanischen Königreich in Ghana umbenannt. Die Chancen für diesen Start sind wesentlich besser als bei vielen anderen ehemaligen Kolonien: Der Übergang findet nicht überstürzt statt, und die Landwirtschaft ist relativ stabil, wenn es auch großen Nachholbedarf an Schulen und Krankenhäusern gibt.

»Ganz Afrika soll frei sein – noch zu unseren Lebzeiten!« – Kwame Nkrumah am 8. Dezember 1958 in Ghana

Als unbestrittener Anführer gilt der 1909 in einem kleinen Dorf im Südwesten Ghanas geborene Kwame Nkrumah, Sohn eines Goldschmieds und einer einfachen Bäuerin. Obwohl seine Eltern arm sind, hat er das Glück, eine katholische Missionsschule besuchen zu können. Danach ist er selbst einige Jahre als Lehrer tätig, will aber mehr verstehen über Afrika und die Welt und träumt davon, in Amerika politische Wissenschaften zu studieren.

Da ihm das Geld für die Schiffspassage fehlt, versteckt er sich mit 26 Jahren als blinder Passagier an Bord eines Überseedampfers und kommt nach vielen Strapazen in den USA an. Zehn Jahre lebt, studiert und arbeitet Kwame Nkrumah hier und begegnet nicht nur vielen prominenten Vorkämpfern für die Rechte der Schwarzen, wie dem gut 40 Jahre älteren W.E.B. Du Bois (1868–1963), sondern erhält am Ende sogar einen Doktortitel. 1945 zieht er nach London, wo er sich zwei Jahre lang vor allem für die Idee des Panafrikanismus einsetzt – eines starken und geeinten Afrikas.

Bereits in Westafrika politisch aktive Mitstreiter laden ihn 1947 ein, zurück an die Goldküste zu kommen. Die meisten bestehenden Gruppen und Parteien findet er zu zahm. Er organisiert Streiks und Boykotte, geht dafür auch eine Weile ins Gefängnis und gründet unter dem Slogan »Unabhängigkeit jetzt!« eine radikalere Partei, die nach den ersten Wahlen 1951 die Mehrheit erringt. Ab 1952 gestatten die Engländer eine erste Regierung in »ihrer« Goldküste, deren Ministerpräsident Nkrumah heißt und deren meiste Minister Afrikaner sind – letzte Entscheidungsgewalt behält jedoch der englische Gouverneur.

Nach sechs unruhigen, aber lernintensiven Jahren für beide Seiten gelingt 1957 ein unblutiger Übergang: Ghana gilt mit seinen gut bewirtschafteten Kakaoplantagen und ergiebigen Gold- und Diamantenvorkommen als stabil. Und Kwame Nkrumah bleibt seiner Vision treu, dass die Unabhängigkeit Ghanas das Fanal zur Befreiung aller noch bestehenden Kolonien sein soll, um die neuen »USA«, die Vereinigten Staaten von Afrika zu schaffen. Als überzeugter Sozialist gründet er zahlreiche Staatsbetriebe, um die Industrie anzukurbeln, sowie mehrere Universitäten, lässt Schulen bauen, beginnt ein riesiges Staudammprojekt und unterstützt die Befreiungsbewegungen in den noch bestehenden Kolonien.

Die US-amerikanische Wochenzeitschrift TIME MAGAZINE titelt am 9. Februar 1953 »Beginnt mit Kwame Nkrumahs Goldküste der frühe Sonnenaufgang des dunklen Kontinents?«

Für die meisten Ghanaer, vor allem für die Ärmeren, ist er ein Held. Auf zahlreichen Reisen wirbt er unermüdlich für seine Idee eines geeinten Afrika mit einem gemeinsamen Parlament, wie es sich die Europäer für ihren Kontinent noch lange nicht vorstellen können. Als Anlauf dazu gründet er mit Guinea und Mali eine erste Wirtschaftsgemeinschaft.

Diese ghanaische Begeisterung wird jedoch nicht in allen bis dahin vom Kolonialismus befreiten Ländern auf gleiche Weise geteilt. Als es tatsächlich im Mai 1963 zur Gründung der »Organisation Afrikanischer Einheit« (Organisation of African Unity/OAU) kommt, sind zwar alle unabhängigen afrikanischen Länder dabei, den wesentlichen Kernideen Nkrumahs wird jedoch eine Absage erteilt: Es soll kein gemeinsames Parlament geben, sondern die einzelnen Staaten in den zumeist von den Kolonialmächten gezogenen Grenzen werden bekräftigt. Als Warnschuss an Kwame Nkrumah wird das äthiopische Addis Abeba als erster Versamm-

lungsort gewählt und nicht die ghanaische Hauptstadt Accra, wohin Nkrumah eingeladen hatte.

Daheim in Ghana haben die vielen neuen Vorhaben die Staatskasse schneller leer werden lassen, als die erhoffte industrielle Produktion Mittel hereingebracht hat. Die Preise steigen, der Lebensstandard fällt, Kritik am Präsidenten wird laut. Als es zu ersten Bombenattentaten und Sabotageakten kommt, schlägt Nkrumah unerwartet hart zurück. Ende 1963 sitzen bereits um die 3000 Oppositionelle in ghanaischen Gefängnissen. Der Präsident wird zunehmend zum Diktator und lässt nur noch die eigene Partei zu. 1966 kommt es zu einem Militärputsch, als Kwame Nkrumah im Ausland ist. Er lebt fortan im Exil in Guinea und stirbt 1972, mit 62 Jahren, während einer medizinischen Behandlung in Bukarest.

Die folgenden zwei Jahrzehnte sind von verschiedenen Regierungen geprägt, die immer wieder durch einen Sturz der vorhergehenden an die Macht kommen. Das Land trudelt weiter abwärts. Am letzten Tag des Jahres 1981 putscht sich zum zweiten Mal ein junger Fliegerleutnant, Jerry John Rawlings (1947–2020), an die Macht, der zunächst wenig Gutes verheißt: Er löst das Parlament auf und verbietet alle politischen Parteien. Sodann verordnet er dem Land drastische Sparmaßnahmen und folgt, zwar gezwungenermaßen, aber konsequent allen Auflagen des Internationalen Währungsfonds und der Weltbank. Und hier (längst nicht überall) funktionieren die Auflagen: Das Land kommt wieder auf die Füße, neue Arbeitsplätze werden durch überlegte Investitionsprojekte geschaffen, der Lebensstandard beginnt endlich wieder zu steigen. Kein Luxus, aber doch nicht mehr die Not der Jahre zuvor.

1992 wird ein zweiter Anlauf zur Demokratie gewagt. Auch Jerry John Rawlings gründet eine politische Partei und stellt sich den sorgfältig vorbereiteten Wahlen, die ohne Einmischung von außen alle Ghanaer als ihre eigene Sache ansehen. In freien Wahlen erringt der Zivilist Rawlings 58 Prozent der Stimmen und wird damit zum nun demokratischen Präsidenten. Er hält sich ab jetzt an alle demokratischen Spielregeln. Nach zwei Amtsperioden tritt er gemäß der Verfassung nicht erneut an. 2001 wurde John Agyekum Kufuor (*1938) neuer Präsident Ghanas, abgelöst nach »fairen und freien Wahlen« 2009 von

John Atta Mills (1944–2012). Nach dessen Tod und erneuten Wahlen folgte von 2012 bis 2017 John Dramani Mahama (*1958). Seit 2017 ist Nana Akufo-Addo (*1944) Präsident.

Ghana gilt weiter nicht nur als eine stabile Demokratie in Afrika, in der Menschenrechte (mit Ausnahme der Rechte von sexuellen Minderheiten) und Oppositionsparteien weitgehend geachtet werden, sondern auch als eines der Länder mit starkem Wirtschaftswachstum. Der hundertste Geburtstag von Kwame Nkrumah am 21. September 2009 wurde in Anerkennung seiner Leistungen zum nationalen Feiertag erklärt.

Mit Freude wurde 1997 auch überall im Land die Wahl des Ghanaers Kofi Annan (1938–2018) zum UNO-Generalsekretär aufgenommen, dessen erfolgreiche Arbeit im UNO-Hauptquartier in New York bis zur Übergabe 2007 an seinen Nachfolger, den Süd-Koreaner Ban Ki-moon (*1944), mit dem Friedensnobelpreis 2001 belohnt wurde.

Macht und Machtmissbrauch: Befreier und Despoten

Es ist keine afrikanische Eigentümlichkeit, dass es Menschen gibt, die ihre einmal errungene Macht zu ihrem persönlichen Vorteil ausnutzen und dabei vor keinen Gräueltaten gegenüber jenen zurückschrecken, die sie davon abzuhalten versuchen. Dabei spielt es nur eine untergeordnete Rolle, ob jemand legal, zum Beispiel durch freie Wahlen, an die Macht gekommen ist oder illegal, etwa durch die gewaltsame Vertreibung oder Ermordung der vorherigen Machthaber. Hat sich jemand »oben« einmal mit der nötigen polizeilichen oder militärischen Gewalt ausgestattet, kann nur eine funktionierende, das heißt auch durchsetzbare Kontrolle derer »von unten« Diktatur und Machtmissbrauch verhindern.

Die Geschichte beinah aller Kulturen kennt Männer, die aus Machthunger und Gier nach Reichtum die eigene Bevölkerung auf das Schlimmste ausgebeutet haben. Im Afrika des ersten Jahrzehnts nach der Befreiung vom Kolonialismus sind es ganz überwiegend Herrscher, die drei Bedingungen erfüllen: 1. Sie kommen mit Duldung oder aktiver Unterstützung der ehemaligen Kolonialherren an die Macht; 2. Sie werden, zumindest anfangs, toleriert oder auch unterstützt von der jeweiligen, zumeist konservativen, einheimischen Elite; 3. Sie sind alle Männer.

Nur die dritte Bedingung gilt durchweg auch für jene, die als wirkliche Befreier und Humanisten auftreten. Männer, Männer, Männer … egal ob Despoten oder Befreier, immer waren es Männer, die in den ersten Jahrzehnten der Unabhängigkeit in Afrika Geschichte zu machen schienen. In einigen afrikanischen Ländern gibt es seit Jahren auch Ministerinnen, es dauerte jedoch immerhin bis 2005, bevor in Liberia die erste Premierminsterin in Afrika gewählt wurde: Ellen Johnson Sirleaf. Dabei haben Afrikas Frauen längst begonnen, das von traditionell orientierten Männergesellschaften auferlegte Schweigen zu brechen. Mehr darüber später.

In Europa sind die Grausamkeiten verrückt gewordener Diktatoren wie Kaiser Bokassa aus der Zentralafrikanischen Republik oder Idi Amin aus Uganda oft als genereller Beleg für die »erschreckende Unreife« politischer Führer in Afrika missbraucht worden, ohne die europäische Rückendeckung ausreichend darzustellen. In Afrika wird gern die Mitverantwortung einheimischer, konservativer Eliten geleugnet, die, vor allem wenn eine Diktatur einmal zusammengebrochen war, alle »schon immer« gegen diesen oder jenen Despoten waren. Umgekehrt – und das ist vielleicht noch verhängnisvoller – sind menschlich aufrichtige, politisch kluge und persönlich bescheidene Haltungen afrikanischer Regierungschefs – mit der einzigen Ausnahme von Südafrikas erstem Präsidenten Nelson Mandela – kaum ausreichend analysiert, geschweige denn bekannt und anerkannt als nötige Orientierungen auf dem langen Weg zur Freiheit.

Jean Bédel Bokassa (1921–1996) und Idi Amin (1925–2003) zeigen die Extreme menschlichen Machtmissbrauchs. Demgegenüber stehen Léopold Sédar Senghor (1906–2001), Julius Nyerere (1922–1999) und – nicht zu vergessen – der junge Thomas Sankara (1949–1987) für Persönlichkeiten, die keineswegs ohne Irrtümer sind, aber aufrichtig in ihrer Suche nach mehr Gerechtigkeit für alle Menschen waren.

»Ich verwirkliche die soziale Evolution in Schwarzafrika, ich, Kaiser Bokassa I., Herrscher über das Zentralafrikanische Reich« – Jean Bédel Bokassa am 4. Dezember 1977

Jean Bédel Bokassa wollte in die Geschichte eingehen als Napoleon Afrikas – die Kaiserkrönung am 4. Dezember 1977 fand auf seinen Wunsch hin beinah auf den Tag genau 173 Jahre nach jener Napoleons statt. Es wurde eine groteske Vorstellung. In einem der ärmsten Länder Afrikas, mit am meisten getroffen durch die Sklaverei und ihre Folgen, lieferte die ehemalige französische Kolonialmacht die entsprechende Dekoration: einen vergoldeten Thron in Form eines Adlers (gut zwei Tonnen schwer), eine Kaiserkrone (mit 2 000 Diamanten besetzt) und natürlich Champagner in Strömen. Die Kosten für das unwürdige Spektakel wurden auf 20 Millionen US-Dollar geschätzt.

Wie konnte sich Frankreich für so ein Theater einspannen lassen? Vermutlich nur, weil zu diesem Zeitpunkt ein neues Konzept für die französische Afrikapolitik noch immer fehlte. Denn die ursprüngliche Begeisterung für den starken Mann, der in der Silvesternacht 1965/66 durch einen Sturz der erst seit 1960 unabhängigen Regierung nach oben gekommen war, hatte bereits einige Kratzer abbekommen. Jean Bédel Bokassa hatte als einfacher Soldat in der französischen Armee begonnen und sich langsam hochgearbeitet. Erst 1964, vier Jahre nach der Unabhängigkeit der Zentralafrikanischen Republik, wechselte Bokassa von der französischen zur Armee seines Heimatlandes. Der erste Präsident, ein Vetter Bokassas, machte ihn bald darauf zum Generalstabschef. Ein verhängnisvoller Fehler.

Zum Jahreswechsel 1965/66 schlug Bokassa zu und setzte nicht nur seinen Verwandten ab, sondern zugleich die erst 1959 verabschiedete Verfassung außer Kraft. Niemand konnte ihn mehr kontrollieren, Hunderte politischer Gegner wurden ohne Prozess hingerichtet.

Außerhalb der Hauptstadt Bangui ließ er sich einen Palast bauen, der heute verfallen und von tropischen Pflanzen überwuchert ist, aber in dem immer noch Reste jener Käfige zu sehen sind, in denen er persönliche Feinde Löwen zum Fraß vorwarf, und jene Räume, in denen er Giftschlangen aufzog.

Solange Bokassa die französischen Interessen in Zentralafrika achtete, für die vor allem die strategische Lage dieses Landes bedeutsam war, konnte die Regierung in Paris mehr als ein Jahrzehnt problemlos über eine Vielzahl schlimmster Menschenrechtsverletzungen hinwegsehen. Immerhin, so hieß es bei kritischen Stimmen, habe er im Zweiten Weltkrieg auf der Seite Frankreichs gegen Nazideutschland gefochten.

1972 ernannte sich Bokassa zum Präsidenten auf Lebenszeit. Er überlebte zwei Putschversuche und einen Mordanschlag, die jeweils Anlass für neue Gewaltorgien waren. Vom jungen libyschen Staatschef Muammar al-Gaddafi (1942–2011) ließ er sich kurzfristig zum Islam bekehren, kehrte aber vor seiner Kaiserkrönung zum Katholizismus zurück.

Erneute Unruhen Anfang 1979 ließ er in gewohnt brutalen Massakern an Zivilisten niederschlagen. Im April 1979 wurden bei einer Demonstration von Schulkindern etwa 100 von ihnen erschlagen, wobei Journalisten berichteten, dass Bokassa selbst mit einem Stock am Kindermord beteiligt war. Dieses weltweit mit Entsetzen wahrgenommene Ereignis erst brachte das Fass zum Überlaufen. Frankreich gab endlich Zustimmung zur Absetzung Bokassas, die unblutig stattfand, als sich Bokassa im September 1979 erneut zu Besuch bei Oberst Gaddafi in Libyen befand.

Bokassa erhielt sicheres Asyl in Frankreich. Trotzdem kehrte er 1986 in die Zentralafrikanische Republik zurück, wurde verhaftet und nach einem hochemotionalen Gerichtsprozess, in dem immer neue Gräueltaten zutage kamen und die Zahl der unter seinem Regime ermordeten Menschen auf über 200 000 geschätzt wurde, 1987 zum Tode verurteilt. Ein Jahr später wurde diese Strafe vom damaligen Präsidenten André Kolingba (1936–2010) in lebenslange Haft umgewandelt. Im Rahmen einer allgemeinen Amnestie kam Bokassa schon nach fünf Jahren 1993 wieder frei. Er starb 1996 an einem Herzinfarkt.

»Diejenigen, die die ugandischen Kühe melken, ohne sie zu füttern, haben in Uganda nichts zu suchen« – Idi Amin 1972, am Vorabend der Vertreibung von rund 50 000 Asiaten aus Uganda

Idi Amin war gerade ein Jahr als Diktator an der Macht, als er auf die Idee kam (angeblich von Gott in einem Traum eingegeben), dass eine Aktion gegenüber einer ethnischen Minderheit im Land, die er gleichzeitig zu Sündenböcken für wirtschaftliche Probleme machte, seine Macht weiter stabilisieren würde. Alle Inder und Pakistani, egal ob Hindus oder Muslime, die zu englischen Kolonialzeiten ins Land gekommen waren und eine relativ stabile Mittelschicht von Geschäftsleuten gebildet hatten, mussten das Land innerhalb von 90 Tagen verlassen. Mitnehmen durften sie zwei Koffer und 50 Pfund.

Geboren wurde Idi Amin 1925 als Angehöriger der Kakwa, einer der kleineren ethnischen Gruppen im Nordwesten des Landes, von wo er als junger Mann in den Dienst der englischen Kolonialarmee – der »East African Rifles« – trat. Bereits als Soldat fiel er durch seine Fähigkeiten als Schwergewichtsboxer auf, der – weil nur begrenzt des Lesens und Schreibens mächtig – sich früh durch Körperkraft Respekt zu verschaffen wusste. Vorgesetzte beschrieben ihn durchweg als »äußerst gehorsam«.

Als Uganda endlich 1962 von den Engländern in die Unabhängigkeit entlassen wurde, bildete das Land – ähnlich wie Lumumbas Kongo zwei Jahre zuvor – ein hochexplosives Gemisch verschiedener ethnischer Gruppen, die die Engländer bis zuletzt bewusst gegeneinander ausgespielt hatten. Die größte Gruppe der Ganda hatten sie nach ihrem Konzept der »indirekten Herrschaft« als Eintreiber von Steuern, Polizisten und Beamte der Rechtsprechung allen anderen Gruppen gegenüber bevorzugt. Die erste Regierung bestand daher aus dem König der Ganda, Kabaka Mutesa II. (1924–1969), als Präsident und dem Parteipolitiker und Ganda-Hasser Milton Obote (1924–2005), der der Gruppe der Lango angehörte, als Premierminister. Nur vier Jahre nach der Unabhängigkeit schlug Obote zu: Er entmachtete den Ganda-König und jagte ihn nach England ins Exil, wo dieser bis zu seinem Tod 1969 blieb.

Idi Amin erhielt hierbei eine erste militärische Hauptrolle, indem er persönlich den Königspalast bombardieren durfte. Unter der Zivilbevölkerung der Ganda richteten die Soldaten von Obote und Amin ein schreckliches Blutbad an. Obote ernannte Amin einige Zeit später zum Kommandeur der Streitkräfte. Die Engländer sahen diesen Entwicklungen mit wachsendem Groll zu: Nicht nur war Obote wiederholt der Korruption angeklagt worden und hatte inzwischen mit viel Terror eine Einparteienherrschaft errichtet. Was die englische Regierung noch mehr ärgerte, war die Verstaatlichung einiger ihrer Firmen und die Organisation erster Boykotte gegen das rassistische Rhodesien und Südafrika. Hier sah Major-General Idi Amin seine Stunde gekommen.

Hinter dem Rücken Obotes gewann er die diplomatische Unterstützung Englands und – obwohl selbst Muslim – auch von Israel, das von Uganda aus an einer Destabilisierung des Sudan interessiert war. Als Obote sich 1971 auf einer Auslandsreise befand, setzte Amin sich nach der Ermordung vieler Getreuer Obotes an die Spitze einer Militärdiktatur. Das Schreckensregime Obotes war den meisten Menschen in Uganda so verhasst und Idi Amin als Politiker noch so unbekannt, dass die Menschen in der Hauptstadt Kampala Amin anfangs als »Retter aus der Not« feierten.

Um die eigene Rolle beim Putsch in Uganda herunterzuspielen, erkannte die englische Regierung Amin als Staatschef international erst an, nachdem auf ihr Drängen Kenia und Israel vorangegangen waren. Die Ersten, die nach den Anhängern Obotes zu spüren bekamen, dass hier ein Diktator nur durch den nächsten, noch schlimmeren, ersetzt worden war, waren die Asiaten 1972. Hatte Amin Engländern und Israelis anfangs ver-

sichert, dass er nur vorübergehend die Macht behalten würde, so schockte er seine ehemaligen Förderer nun bald mit der Nachricht, dass er sie nicht mehr nötig habe und ab nun Verbindungen mit der islamischen Welt aufnehmen werde. Es war wiederum Oberst Gaddafi aus Libyen, der Amin davon überzeugte, aus Uganda, obwohl nur sechs Prozent der Bevölkerung Muslime waren, einen Islamstaat zu machen. Der saudiarabische König Faisal (1906–1975) reiste eigens nach Uganda, um den landesweiten Bau von Moscheen mit vielen Millionen US-Dollar zu finanzieren.

Mit dem Rückhalt der arabischen Welt konnte Amin nun machen, was er wollte, ohne eine weitere Einmischung der Europäer zu fürchten. Nachdem die Getreuen Obotes, die nicht hatten fliehen können, bereits ermordet waren, machte Amin sich daran, auch die Angehörigen anderer ethnischer Gruppen systematisch zu vernichten. Seine Todesschwadrone verbreiteten überall im Land Schrecken und machten auch vor Richtern und Bischöfen nicht halt. Tausende von Menschen verschwanden, in den Flüssen trieben von Folter verstümmelte Leichen. Amin hieß hinter vorgehaltener Hand nur noch der »Schlächter von Uganda«. Experten schätzen, dass in den acht Jahren seiner Schreckensherrschaft mindestens 300 000 Menschen, vielleicht auch 500 000 einen gewaltsamen Tod fanden.

*Keine der ehemaligen Kolonialmächte, schon gar nicht England und Israel, die ihm zur Macht verholfen hatten, rührten auch nur einen Finger, um dieses Morden zu beenden. Afrikaner ermordeten Afrikaner, die ehemaligen Firmen waren sowieso verloren – warum sollte man sich noch engagieren? Es waren ugandische Widerstandskämpfer unter dem noch jungen Yoweri Museveni (*1944), die Idi Amin mit Unterstützung der Armee und der Regierung Tansanias unter Julius Nyerere endlich 1979 aus Uganda ins Exil nach Saudi-Arabien vertrieben. Dort lebte Idi Amin bis zu seinem Tod 2003, vor jeder gerichtlichen Verfolgung geschützt.*

In den folgenden kurzen Übergangsregierungen wird Yoweri Museveni Verteidigungsminister. 1980 gelingt es dem aus dem Exil zurückgekehrten Obote durch Wahlbetrug erneut, an die Macht zu kommen. Yoweri Museveni zieht sich in den Busch zurück und kämpft sechs lange Jahre einen Guerillakrieg gegen die zweite Terrorherrschaft Obotes, der erneut etwa 300 000 Zivilisten zum Opfer fallen.

Im Januar 1986 zieht Yoweri Museveni mit seiner Nationalen Widerstandsarmee (National Resistance Army) in Kampala ein und wird wenig später als neuer Präsident Ugandas vereidigt. Obwohl der Guerillakrieg von beiden Seiten mit unendlicher Gewalt geführt wird – so wird Museveni zu Recht der Einsatz von Kindersoldaten vorgeworfen –, schafft er es doch, dass die Menschen in Uganda endlich zur Ruhe kommen.

Zum ersten Mal verhalten sich Soldaten diszipliniert, bezahlen für Proviant oder versorgen auch notleidende Zivilisten. Die Regierung Museveni versucht zu Beginn, einen eigenen Weg zu gehen, der ihr durchaus internationale Anerkennung einbringt, auch wenn eine Mehrparteiendemokratie lange nicht zugelassen ist. »Ein afrikanisches Demokratie-Modell«, sagt Yoweri Museveni.

Zunehmend jedoch wird deutlich, dass er alles tut, damit er auch nach zwei Wahlperioden (1996–2006) nicht abtreten muss. Museveni lässt sich mehrfach seit 2006, zuletzt 2021, im Amt bestätigen – alle Wahlen werden als »nicht fair und nicht frei« international kritisiert, unter anderen von der Europäischen Union (EU). So beklagt Human Rights Watch Drohungen und Gewalt gegenüber Journalisten und Transparency International stuft Ugandas Regierung als »sehr korrupt« ein.

*Erst seit wenigen Jahren kann sich die Opposition in Uganda auch in einer neuen politischen Partei für die Achtung von Demokratie und Menschenrechten organisieren. Dies ist vor allem dem jungen Robert Kyagulanyi Ssentamu (*1982) zu verdanken, der im Land schon als Sänger und Schauspieler unter dem Künstlernamen Bobi Wine beliebt ist. Ab Juni 2019 tritt seine National Unity Platform (NUP) gegen den inzwischen 77-jährigen Museveni für die Wahlen 2021 an. Mehrfach werden Anhänger der NPU verhaftet, verletzt und auch getötet. Auch Bobi Wine wird wiederholt unter Hausarrest gestellt und verhaftet, was ihn jedoch nur noch populärer gemacht hat. Der während fünf Jahren in Uganda aufgenommene Dokumentarfilm* Bobi Wine: The People's President *(2022) wird 2024 für einen Oscar nominiert und erhält allein dadurch große internationale Aufmerksamkeit. Mit Bobi Wine und den überwiegend jungen Anhänger*innen der NUP ist weiter und inzwischen landesweit zu rechnen.*

Jean Bédel Bokassa und Idi Amin hatten beide persönliche Erfahrungen mit den jeweiligen Kolonialmächten gemacht, jedoch eher auf der Ebene von Befehlsempfängern. Franzosen wie Engländer waren

Bobi Wine (40) beim Global Media Forum in Bonn 2022

überzeugt, beide – wenn sie auch »skurrile Eigenarten« hatten – im Prinzip »gut im Griff zu haben«. Die Geschichten von Léopold Sédar Senghor und Julius Nyerere zeigen dagegen einen neuen Typ afrikanischen Staatsmann, der erstmals mit einem eigenen Konzept von politischer Kultur auftritt, wofür Jahre später auch der junge Thomas Sankara mit seinem Traum eines Landes für »aufrechte Menschen« oder der eben erwähnte Bobi Wine stehen werden. Die ehemalige Kolonialmacht kann dann entweder zum neuen Partner werden – wie Frankreich gegenüber Léopold Sédar Senghors Senegal – oder im besten Sinne bedeutungslos und damit allmählich zu einem Land, mit dem unabhängige internationale Beziehungen wie mit anderen auch aufgenommen werden können.

»Unsere Überzeugung ist, dass die Franzosen uns gegenüber zuverlässig sein müssen ...« – Léopold Sédar Senghor (1906–2001) im Juli 1959 in Senegal

Léopold Sédar Senghor wird 1906 in einem kleinen Fischerdorf südlich von Dakar geboren als Sohn eines wohlhabenden Kaufmanns von adliger Herkunft und einer Mutter, die zur ethnischen Gruppe der Fulbe (oder auch Fulani), einem Nomadenvolk, gehört. Nach Abschluss seiner Schulbildung in Senegal erhält er ein Stipendium und kann mit 22 Jahren zum Studium nach Paris reisen. Zu seinen Jugendfreunden gehört Georges Pompidou (1911–1974), der viele Jahre später französischer Premierminister (1962–1968) und Staatspräsident (1969–1974) wird. 1932 erhält Senghor die französische Staatsangehörigkeit und arbeitet ab 1935 als Gymnasiallehrer. Zu Beginn des Zweiten Weltkriegs meldet er sich als Soldat zur französischen Armee. Im Kriegsverlauf wird er gefangen und verbringt 18 Monate in einem deutschen Kriegsgefangenenlager, wo er Deutsch lernt und anfängt, Gedichte zu schreiben.

Nach seiner Freilassung erhält er eine Stellung als Professor für afrikanische Sprachen. Von 1945 bis 1958 ist Senghor der erste Abgeordnete Senegals in der französischen Nationalversammlung. 1947 gründet er in Senegal die Partei Bloc Démocratique Sénégalais (BDS), in der erstmals verschiedene ethnische Gruppen und Teile der armen Landbevölkerung repräsentiert sind. Aber auch seine Veröffentlichungen als Schriftsteller und Mitbegründer der »Négritude«, der Idee eines neuen afrikanischen Selbstbewusstseins, erringen Anerkennung. Er arbeitet mit führenden französischen Schriftstellern seiner Zeit zusammen wie André Gide, Albert Camus und Jean-Paul Sartre. 1958 vereinigt sich seine Partei BDS mit den Sozialisten zur Union Populaire Sénégalaise (UPS). Die Unabhängigkeit Senegals wird sorgfältig vorbereitet – zuerst 1959 in einer Föderation mit Mali: Am 4. April 1960 werden Mali (ehemals Französisch-Sudan) und Senegal, so benannt nach dem größten Fluss im Land, in die Unabhängigkeit entlassen.

*Im August 1960 trennt man sich friedlich und Senegal geht seitdem erfolgreich seinen Weg selbstständig. Léopold Sédar Senghor regiert bis 1980 als Präsident. Sein Nachfolger Präsident Abdou Diouf (*1935) setzt die Politik der aktiven Toleranz und Demokratie die nächsten zwei Jahrzehnte weiter fort. Im März 2000 verliert Abdou Diouf die demokratischen Wahlen und mit Abdoulaye Wade (*1926) kommt erstmals die Opposition*

Frankreich druckte 2002, ein Jahr nach dem Tod Léopold Sédar Senghors, eine Briefmarke zu seinem Gedenken, 2003 ehrte Senegal ihn ebenso

*an die Regierung. 2012 unterliegt Wade seinem Konkurrenten Macky Sall (*1961), der bis vor kurzem Präsident Senegals war. Dass auch die dritte Machtübergabe demokratisch und am Ende friedlich verlief, wurde international anerkannt.*

Senegal gilt lange als eines der friedlichsten Länder Afrikas, obwohl es auch hier eine Vielzahl verschiedener ethnischer Gruppen und Religionen gibt. Selbst das 300 Kilometer vom Atlantik her nach Senegal hineinragende Gambia (es ist komplett vom Staat Senegal umschlossen) hat niemals Anlass zu gewalttätigen Auseinandersetzungen gegeben. Im Gegenteil: Seit 1982 besteht eine Konföderation, die für beide Staaten wirtschaftliche Vorteile bringt, aber doch die jeweilige Selbstständigkeit sichert. Senghor hat von Anfang an als Katholik in einem Land mit 90 Prozent Muslimen die gegenseitige Achtung durch Beispiele persönlicher Freundschaften und die Zusammenarbeit mit Ministern unterschiedlicher religiöser wie ethnischer Herkunft gefördert. 1968 erhielt Senghor den Friedenspreis des deutschen Buchhandels. 1983 wurde er als erster Afrikaner in die renommierte Académie française gewählt.

Niemals hat sich Senghor dabei mit seinen Ideen von Négritude und afrikanischem Sozialismus angepasst. Er war überzeugt, dass Afrikaner einen eigenen Weg finden müssen, jedoch im Dialog mit den Kulturen anderer Kontinente. Grundideen des Sozialismus fand er wertvoll für Afrika, da, wie er einmal sagte, »das Konzept des Teilens seit jeher bedeutsam in der Geschichte Afrikas war«.

Gerade durch seine genaue Kenntnis der französischen Gesellschaft war er in der Lage, auch selbstbewusst Kritik zu üben. Noch vor der Unabhängigkeit seines Landes forderte er im Juli 1959 die Verantwortung der Franzosen für eine fruchtbare Zusammenarbeit für die Zeit nach der Unabhängigkeit ein: »Wir wollen nicht unsere Überzeugung verschweigen, dass unsere Zuverlässigkeit Frankreich gegenüber eine ebensolche Zuverlässigkeit der Franzosen uns gegenüber erfordert.« Und er fuhr fort: »Ich weiß wohl, dass die Franzosen Fehler haben, sie haben aber auch Qualitäten. Was für ein bewundernswertes und enttäuschendes Volk, gleichzeitig verführerisch und irritierend! ... Sie bevorzugen Ansehen vor Interessen. Sie wollen gar nicht so sehr geliebt werden, als gesagt zu bekommen, dass man sie liebt. Aber wenn man eine solide, auf Fakten beruhende Kritik vorbringt, beugen sie sich der Wahrheit – aus Vernunft und Menschlichkeit.«

Léopold Sédar Senghor war in zweiter Ehe mit einer Französin verheiratet. 2001 starb er mit 95 Jahren in Frankreich.

»Fähig zu werden, die Menschheit als Ganzes umarmen zu können.« Julius Nyerere (1922–1999) im November 1964 in Tansania

Auch Julius Nyerere kommt aus einer Familie mit adliger Herkunft. Sein Vater ist das Oberhaupt der Zanaki, eines Volkes im Nordwesten des Landes. Hier wird er 1922 in einem Dorf am Ufer des Viktoriasees geboren. Wie Senghor erhält auch Julius Nyerere am Ende seiner Schulzeit und nach einer Ausbildung und drei praktischen Jahren als Schullehrer ein Stipendium, um in Europa zu studieren – in seinem Fall in Großbritannien, das die ehemalige deutsche Kolonie nach dem Ersten Weltkrieg übernommen hat. Mit 32 Jahren kehrt er 1954 in das damalige Tanganjika zurück und gründet die erste politische Partei des Landes – die TANU (Tanganyika African National Union). Der Leitgedanke der TANU ist, einen eigenen afrikanischen Weg zu finden, der sich an Ideen des Sozialismus orientiert und eine Einigkeit unter den verschiedenen Völkern herzustellen versucht.

Nachdem die TANU 1959 und 1960 in demokratischen Wahlen als eindeutige Siegerin hervorgeht, wird das Land 1961 in einem friedlichen Übergang unabhängig. Julius Nyerere wird 1962 erster Präsident. Die Tanganjika vorgelagerte Insel Sansibar, die die Engländer bereits 1890 vom deutschen Kaiser gegen die Nordseeinsel Helgoland »eingetauscht« hatten, wird 1963 unabhängig. Ein Jahr später schließen sich Tanganjika und Sansibar unter Präsident Nyerere zur Vereinigten Republik Tansania zusammen.

Julius Nyereres Vision des afrikanischen Sozialismus und sein unermüdlicher und mutiger Einsatz für seine Ideale bringen ihm in Afrika wie international viel Anerkennung ein, auch wenn er damit wirtschaftlich langfristig nicht erfolgreich sein wird. Die wichtigste Idee im neuen Tansania ist die von »Ujamaa« (in Swahili: Familiengemeinschaft). Unabhängig von sonstiger ethnischer, religiöser oder sozialer Herkunft sollen alle 120 (!) Völker Tansanias in den landwirtschaftlich ausgerichteten Ujamaas friedlich zusammenleben lernen. Das Ziel ist, eine gerechte Gesellschaft zu schaffen, die nicht nur politisch unabhängig ist, sondern es auch wirtschaftlich werden soll.

Nyerere selbst erläutert sein »Ujamaa-Konzept« 1964 so: »Ujamaa beschreibt unseren Sozialismus. Ujamaa hat nichts zu tun mit Kapitalismus, der eine Fun-Gesellschaft anstrebt auf der Basis der Ausbeutung des Menschen durch den Menschen. Und Ujamaa hat ebenso nichts zu tun mit doktrinärem Sozialismus, der seine Idee einer besseren Gesellschaft basiert auf dem angeblich unvermeidlichen Konflikt zwischen Menschen. Wir in Afrika haben keinen Bedarf mehr, bekehrt zu werden zu jenem Sozialismus oder jene Demokratie beigebracht zu bekommen. Sozialismus und Demokratie sind tief verwurzelt in unseren traditionellen Gesellschaften, die uns heute hervorgebracht haben ... Die Bedeutung, die die Familie für jeden von uns hat, muss langfristig erweitert werden über unsere persönliche Familie hinaus, über unsere ethnische Gruppe hinaus, über unser Land hinaus, ja über unseren Kontinent hinaus – um fähig zu werden, die Menschheit als Ganzes umarmen zu können.«

Tansania ist bis heute neben Kenia das einzige Land in Afrika, das nicht eine Sprache der Kolonisatoren, sondern eine afrikanische Sprache, das Swahili, als offizielle Landessprache durchgesetzt hat, auch wenn Englisch weiter eine Rolle im öffentlichen Leben spielt. Julius Nyerere selbst hat Werke von William Shakespeare ins Swahili übersetzt und die Förde-

1974 trifft Julius Nyerere (52) mit Chinas Regierungschef Mao Zedong (81) zusammen, zwei Jahre vor dessen Tod

rung von neuerer Literatur in Swahili zu seinem persönlichen Anliegen gemacht. All sein Engagement für Bildung und Erziehung bringt ihm im Land den liebevollen Beinamen »Mwalimu« ein – der Lehrer. Während seiner Regierungszeit unterstützt er andere Befreiungsbewegungen in Afrika und greift 1978/79 selbst militärisch ein, um ugandischen Widerstandskämpfern beim Sturz des Diktators Idi Amin zu helfen.

Seine mit Unterstützung der damaligen Sowjetunion, Chinas und Kubas ab 1967 radikal begonnene große Landreform der Ujamaa-Dörfer bringt ihm anfangs international viel Zustimmung, auch unter westlichen Intellektuellen.

Als sich langfristig jedoch zeigt, dass die Vernachlässigung der Industrialisierung ein Fehler gewesen und die Landwirtschaft allein nicht in der Lage ist, die zunehmende Armut im Lande aufzuhalten, gibt Nyerere dies als Irrtum offen zu und tritt 1985 von seinem Amt als Präsident zurück – ein bis dahin in Afrika einmaliger Vorgang. Die bereits von ihm begonnene vorsichtige Öffnung des Marktes wird von seinem Nachfolger, Ali Hassan Mwinyi (1925–2024) die kommenden zehn Jahre bis 1995 konsequent fortgesetzt.

*Julius Nyerere bleibt bis 1990 Vorsitzender der TANU-Partei und engagiert sich bis zu seinem Tod 1999 bei Friedensmissionen und der Lösung von Flüchtlingsproblemen. 1995 wird Benjamin Mkapa (1938–2020) Präsident und ab 2005 Jakaya Kikwete (*1950) nach friedlichen Wahlen für zwei Amtsperioden bis 2015. Sein Nachfolger wird John Magufuli (1959–2021) bis zu seinem frühen Tod 2021. Seitdem ist mit Samia Suluhu Hassan (*1960) erstmals eine Frau Präsidentin von Tansania.*

»Wir werden es wagen, die Zukunft zu erfinden!« – Thomas Sankara (1949–1987), 33 Jahre, im Jahr 1983, als neuer Präsident von Obervolta, das er ein Jahr später umbenennen wird in Burkina Faso – das »Land der aufrechten Menschen«

Sankaras Eltern, Angehörige der Silmi-Mossi, wollten am liebsten, dass der junge Thomas einmal katholischer Priester wird. Doch nach dem Abschluss der Oberschule entscheidet sich der junge Mann, der gern Gitar-

Thomas Sankara (35), der junge Präsident von Burkina Faso, dem Land der »aufrechten Menschen« 1984

*re spielt und Motorrad fährt, für eine Offiziersausbildung. Die Musik gibt er jedoch nicht auf und erringt zunächst vor allem Beliebtheit als Musiker der Band »Tout-à-Coup Jazz«. Mit 27 Jahren wird er zum Kommandanten eines Ausbildungslagers befördert und schließt Freundschaft mit einem anderen jungen Offizier namens Blaise Compaoré (*1951). Gemeinsam gründen sie die Geheimorganisation ROC, die »Gruppe kommunistischer Offiziere«, die sich gegen Korruption und für Gerechtigkeit im konservativen Obervolta einsetzen soll, einem westafrikanischen Land mit damals rund acht Millionen Einwohnern. Zunächst versuchen die jungen Offiziere im Rahmen der bestehenden Regierung Einfluss zu gewinnen.*

Tatsächlich wird Thomas Sankara 1981 mit 31 Jahren zum Staatssekretär im Informationsministerium ernannt – und fährt zur ersten Kabinettssitzung provokativ mit dem Fahrrad. Nach einem halben Jahr gibt er die Regierungsarbeit angewidert auf und erklärt, dass er nicht mehr mit ansehen möchte, wie »die Regierung das Volk knebelt«. In den folgenden Monaten kommt es zu mehreren, teils auch blutigen Putschen.

Ein neuer militärischer Machthaber macht den jungen Mann, der zunehmend populär vor allem bei den ärmeren Schichten ist, im Januar 1983 sogar kurzfristig zum Premierminister, entlässt ihn aber bereits im Mai wieder und stellt ihn unter Hausarrest. Es kommt zu Demonstrationen für Thomas Sankara. Anfang August 1983 putscht sein Freund Blaise Compaoré mit Unterstützung Libyens und ernennt Thomas Sankara zum Präsidenten von Obervolta. Die an ihn gestellten Erwartungen sind groß. Thomas Sankara wird viele noch übertreffen.

Von Anfang an verwirklicht er eine Einheit von Wort und Tat, wie sie von wenigen Politikern innerhalb wie außerhalb Afrikas je geschaffen wurde: Zu einer der ersten Aktionen gehört der Verkauf aller Luxuslimousinen der bisherigen Regierung. Er verpflichtet alle Minister, das damals billigste Auto in Obervolta, den Renault 5, zum Dienstwagen zu nehmen. Seine besonderen politischen Anliegen sind eine Basisdemokratisierung der Gesellschaft, die Stärkung der Rechte von Frauen und Jugendlichen und der Ausbau von Erziehungs- und Gesundheitswesen.

Den traditionell afrikanischen Anführern untersagt er das Recht auf Zwangsabgaben und Pflichtarbeit der Landbevölkerung in ihren jeweiligen Gebieten und baut demgegenüber basisdemokratisch gewählte »Volkskomitees zur Verteidigung der Revolution« auf, die auch das Recht auf Be-

waffnung haben. Nicht nur sind in seiner Regierung mehr Frauen als je zuvor in einer afrikanischen (und europäischen!) – und zwar bis heute –, er untersagt auch traditionelle Beschneidungen und die Heirat mit mehreren Frauen und propagiert Verhütungsmittel. Zu seiner Leibwache wird eine ausschließlich von Frauen gebildete Einheit auf Motorrädern ernannt.

Am ersten Jahrestag seiner Revolution erhält Obervolta einen neuen Namen: Burkina Faso, in der Sprache der Mossi und Dyula: »Land der aufrechten Menschen«.

Außerdem gibt es eine neue Flagge und eine von Thomas Sankara geschriebene Nationalhymne. Auch wenn es anfangs vor allem kommunistische Regierungen wie Kuba und die Sowjetunion sind, die ihn anerkennen und von denen er Unterstützung erfährt, können auch westliche Politiker das »Wunder von Burkina Faso« nicht auf Dauer ignorieren. 1984 erhalten 2,5 Millionen Kinder erstmals in der Geschichte des Landes Schutzimpfungen. 1985 werden zehn Millionen Bäume gepflanzt, um gegen das zunehmende Vordringen der Wüste aus dem Norden anzugehen. Thomas Sankara wird zum Hoffnungsträger weit über das kleine westafrikanische Land hinaus, das er regiert. Umstritten sind dagegen vom ihn einberufene »Volkstribunale«, da sie nicht rechtstaatlichen Regeln folgen, sondern »revolutionärer Moral«, und so nicht selten zum Austragen persönlicher Konflikte missbraucht werden. Einige Kommentatoren nennen ihn den »Che Guevara Afrikas«.

Ende 1985 geschieht ein Missgeschick, für das er persönlich nicht verantwortlich zu machen ist, das aber doch ungeahnte Folgen hat. Bei einer Volkszählung besuchen von der Regierung Beauftragte versehentlich auch einige Dörfer und Lager im benachbarten Mali, was die dortige Regierung als Provokation empfindet und nach bereits vorherigen Spannungen zum Anlass für einen Krieg nimmt, der am Weihnachtstag 1985 beginnt, fünf Tage dauert und etwa 100 Menschen das Leben kostet. Über diesen bis heute in Burkina Faso »Weihnachtskrieg« genannten Konflikt kommt es zu Auseinandersetzungen innerhalb der Regierung von Thomas Sankara, an denen auch sein langjähriger Freund Blaise Compaoré beteiligt ist. Außerdem geht das Nachbarland Elfenbeinküste, nach wie vor am Tropf Frankreichs hängend, auf Abstand und wirbt, gemeinsam mit Frankreich, für eine baldige »Absetzung« Sankaras.

Während die Welt weiter mit zunehmender Bewunderung beobachtet, was in Burkina Faso geschieht – im Jahr 1987 startet beispielsweise eine landesweite Alphabetisierungskampagne –, bereitet eine kleine Gruppe um Blaise Compaoré in der zweiten Jahreshälfte den Sturz von Thomas Sankara vor. Es ist nicht bekannt, ob er sich der drohenden Gefahr bewusst war. Am 15. Oktober 1987 wird er mit zwölf seiner Vertrauten ergriffen und noch am gleichen Tag erschossen. Seine Mörder verscharren ihn in einem zunächst namentlich nicht gekennzeichneten Grab. Blaise Compaoré ernennt sich zum neuen Präsidenten von Burkina Faso. Als Grund des Putsches gibt er unter anderem an, dass Thomas Sankara die Beziehungen zu den Nachbarländern gefährdet habe.

Mehrere »Volkskomitees« im ganzen Land greifen zu den Waffen, um Widerstand gegen die neue Regierung und Solidarität mit dem von der Mehrheit des Volkes verehrten Thomas Sankara zu demonstrieren. In vielen Ländern innerhalb und außerhalb Afrikas wird die Nachricht vom Tod des jungen Idealisten schockiert aufgenommen. Sein Grab wird später im Sektor 29 der Hauptstadt gefunden. Unbekannte Anhänger Sankaras versehen es mit einem Grabstein, der die schlichte Inschrift »Capitaine Thomas Sankara« trägt.

Von Sankaras Träumen ist durch seinen Mörder und Nachfolger Blaise Compaoré, den selbst ernannten »Retter der Revolution«, wenig verwirklicht worden. Die durchschnittliche Lebenserwartung der Einwohner des »Landes der aufrechten Menschen« sinkt während seiner Regierungszeit auf 44 Jahre, und nach wie vor können rund 70 Prozent der Männer und 90 Prozent der Frauen nicht lesen oder schreiben.

Als Blaise Compaoré versucht, nach 27 Jahren Alleinherrschaft die Verfassung zu ändern, um ihm eine erneute Verlängerung seiner Präsidentschaft ab 2015 zu ermöglichen, kommt es ab Anfang Oktober 2014 landesweit zu Protesten vor allem junger Leute. In der Hauptstadt Ouagadougou geht ein Teil des Parlaments in Flammen auf. Erst als ihm ein Teil der Armeeführung die Gefolgschaft versagt, tritt er am 31. Oktober 2014 offiziell zurück und flüchtet kurz darauf ins Nachbarland Elfenbeinküste.

Ein Sprecher der Opposition bezeichnet diesen lange für unmöglich gehaltenen Vorgang voller Hoffnung als den »Beginn eines westafrikanischen Frühlings«.

Noch länger an der Macht (mehr als drei Jahrzehnte) halten sich mit Unterdrückung und undemokratischen Mitteln in der Region die Präsi-

*denten von Angola José Eduardo dos Santos (1942–2022) und Äquatorialguinea Teodoro Obiang (*1942), die beide seit 1979 herrschten bzw. noch immer herrschen, sowie Kameruns inzwischen 91-jähriger Präsident Paul Biya (*1933), der seit 1982 im Amt ist. Paul Biya hatte 2008 nach 26 Jahren Herrschaft sogar durchgesetzt, in die Verfassung aufzunehmen, dass er – sollte er jemals nicht mehr Präsident sein – nicht bestraft werden darf für Verbrechen, die er während seiner Regierungszeit begangen hat.*

1983 hatte Thomas Sankara begonnen, genau solche Praktiken zu beenden. Nach dem Sturz von Blaise Compaoré 2014 waren die Hoffnungen auf eine Demokratisierung vor allem unter der jungen Generation groß.

*Der frühere Premierminister Roch Marc Kaboré (*1957) ging Anfang 2014 auf Distanz zu Compaoré und schaffte es nach dessen Flucht, bei den ersten demokratischen Wahlen 2015 mit 53 Prozent der Stimmen selbst Präsident zu werden. Er erhielt Zustimmung für seine gemäßigte Politik und wurde bei den zweiten Wahlen im November 2020 sogar mit mehr als 57 Prozent der Stimmen bestätigt.*

Am 24. Januar 2022 jedoch putschte das Militär zum ersten Mal und stellte ihn unter Hausarrest, angeblich weil er »die Sicherheitslage im Land nicht mehr unter Kontrolle« habe. Tatsächlich nahm die Zahl terroristischer Anschläge von islamistischen Gruppen auf staatliche Einrichtungen wie Polizeistationen und Rathäuser, aber auch auf Schulen und Kirchen zu. Im April 2022 trat der ehemalige Präsident Kaboré zurück und wurde aus dem Arrest entlassen. Schon am 30. September 2022 erfolgte ein zweiter Putsch rivalisierender Militärs.

Gegenwärtig sind etwa zwei Millionen der heute 23 Millionen Einwohner Burkina Fasos auf der Flucht vor terroristischer Gewalt, mehr als sechs Millionen Menschen sind vom Hungertod bedroht. Rund 40 Prozent des Landes sind unter Kontrolle verschiedener Banden. Im »Global Terrorism Index« vom Februar 2024, der weltweit alle vom Terrorismus betroffenen Länder auflistet, liegt Burkina Faso gegenwärtig an erster Stelle.

Kaum vorzustellen, wie das Land der aufrechten Menschen heute aussähe, wenn Thomas Sankara seine Ideale einer gerechten und freien Gesellschaft weiter hätte verwirklichen können. (Mehr zur aktuellen Situation in Burkina Faso findet sich im Kapitel »Proteste der jungen Generation in Westafrika: Neue Bündnisse«, ab S. 272).

Tradition und Moderne: Frauen erheben ihre Stimmen

Wenig ist über Frauen bekannt, die in früheren Epochen Afrikas »Geschichte gemacht« haben. Vieles ist Legende. Es gibt kaum Dokumente und so gut wie keine Aussagen von historischen Frauen selbst. Im Altertum ragen in Ägypten die Herrscherinnen Nofretete (14. Jahrhundert v. Chr.) und Kleopatra (69–30 v. Chr.) heraus. In Nubien war Tiy (1415–1340 v. Chr.) an der Regierung beteiligt. Tausend Jahre später stritten zwei westafrikanische Königinnen gegen Kolonialmächte: In Angola Königin Nzinga Mbanda (1582–1663) gegen die Portugiesen und die Ashanti-Königin Yaa Asantewaa (1863–1923) gegen die Engländer.

All das ist andererseits keineswegs eine afrikanische Besonderheit. Auch von anderen Kontinenten sind nur in Ausnahmefällen Lebensgeschichten historisch bedeutender Frauen, die es fraglos zu allen Zeiten gegeben hat, dokumentiert. Die Emanzipation der Frauen, ihr Recht auf Selbstbestimmung und eigene Ausdrucksformen ist in den meisten Kulturen erst spät – und in der Regel von ihnen selbst – erstritten worden. In Diskussionen zwischen afrikanischen und europäischen Frauenrechtlerinnen fällt auf, dass Afrikanerinnen ihr Verhältnis zu Traditionen oft differenzierter artikulieren: Nicht selten treten sie als Hüterinnen guter Traditionen auf, ohne kritisch die negativen Anteile zu verleugnen.

Kaum jemand verteidigt in diesen Dialogen noch körperliche Verstümmelungen von Mädchen (»Beschneidungen«), wie das Zunähen der Vagina oder das Entfernen der Klitoris, die angeblich »ihrem eigenen Schutz« dienen – so fanatische Traditionalisten in Somalia und im Sudan, wo bis heute über 90 Prozent der Frauen »beschnitten« werden. Weltweit sind nach Angaben der Weltgesundheitsorganisation (WHO) rund 100 Millionen Frauen betroffen, wovon die meisten Fälle – rund 80 Millionen – in Afrika vorkommen. Bereits 1984 gründeten afrikanische Frauenorganisationen in Senegal das Interafrikanische Komitee, das später seinen ständigen Sitz bei der Organisation

Afrikanischer Einheit (OAU) erhielt und heute zum Schutz der Frauen mit verschiedenen UNO-Organisationen kooperiert.

Die Bedeutung der Lobola, des Brautpreises, dagegen, die der zukünftige Ehemann der Familie seiner Braut zahlen muss, ist bei der Mehrheit der »schwarzen« Bevölkerung Südafrikas bis heute ebenso selbstverständlich wie das Schleiertragen in bestimmten islamisch geprägten nordafrikanischen Ländern, wobei davon betroffene Frauen nicht selten gleichermaßen durchdachte Argumente sowohl dafür als auch dagegen vorbringen. Emanzipation ist kein einmaliger Akt. Derartige Diskussionen sind vielmehr Ausdruck von Bewegung, von kritischer Auseinandersetzung und offener Entwicklung.

Seit dem Ende des Kolonialismus sind selbstbewusste Afrikanerinnen keinesfalls mehr aufzuhalten. Sie wehren sich zu Recht gegen die erniedrigenden Stereotypen von afrikanischen Frauen, die in den Köpfen mancher Europäer bis heute herumspuken: entweder die halbnackte junge Frau, die dem angereisten Touristen erotisch-naiv ihre prallen Brüste präsentiert, oder die ausgemergelte Mutter, die an ihrem Hängebusen ein vom Hungertod bedrohtes Baby stillt.

Im Jahr 2002 fand in Südafrika eine ungewöhnliche Beerdigung statt, die für viele einen wesentlichen Teil der Geschichte ihrer jahrhundertelangen Entrechtung ebenso auf den Punkt brachte wie die endlich notwendige Achtung ihrer Würde:

Sarah »Sartjie« Baartman, geboren 1789 am Ostkap Südafrikas, gestorben 1815 in Paris und beerdigt in Südafrika am 9. August 2002, dem nationalen Frauentag:

Der wirkliche Name von Sarah Baartman, die später zärtlich Sartjie genannt wurde, ist nicht bekannt. Geboren wurde sie 1789 als Angehörige der Khoikhoi, einer der ältesten Völkergemeinschaften im südlichen Afrika, die von den Europäern verächtlich »Hottentotten« genannt wurden. Als Kind oder Jugendliche erhielt sie den christlichen Taufnamen, unter dem sie – gerade 21 Jahre alt – von einem englischen Schiffsarzt in Kapstadt erworben wurde. Er nahm sie 1810 mit nach London, um sie dort »wegen ihres ausladenden Hinterteils« – auf Jahrmärkten gegen Eintritt in verschiedenen Städten Englands als »Hottentotten-Venus« nackt vorzuführen.

Durch diese erniedrigende Vorstellung erlangte Sarah Baartman zunehmende Bekanntheit. Erst als sie schließlich sogar am Londoner Piccadilly in ihrem Käfig vorgeführt wurde, kamen Proteste von Gegnern der Sklaverei. Der Arzt entledigte sich ihrer, indem er sie 1815 an einen französischen Tierhändler verkaufte, der das gleiche Spektakel in Paris fortsetzte. Nur wenige Monate nach ihrer Ankunft in Frankreich starb Sartjie jedoch, gerade 25 Jahre, vermutlich an einer Geschlechtskrankheit.

Doch ihr Leidensweg war damit noch nicht zu Ende. Nur 24 Stunden nach ihrem Tod landete sie bei dem zu seiner Zeit führenden Anatomieexperten Baron Georges Cuvier, der ihren Leichnam nicht nur untersuchte, sondern systematisch zerlegte, mit besonderem Interesse für ihre Sexualorgane. Ziel seiner Untersuchung war die Beantwortung der Frage, ob Sarah Baartman eher ein Mensch oder ein Tier gewesen sei. In seinem 16-seitigen Abschlussbericht vertrat er die Auffassung, dass sie doch zu den Menschen zu rechnen sei, und ließ die Reste ihres Körpers in Wachs gießen – mit Ausnahme ihres Gehirns, ihres Skeletts und ihrer Schamlippen, die er als Ausstellungsstücke präparierte und als Geschenk an das Pariser »Musee de l'Homme« gab, wo sie bis 1974 dem allgemeinen Publikum zugänglich waren.

1995, ein Jahr, nachdem die erste demokratisch gewählte Regierung Südafrikas im Amt war, nahm sie auf Wunsch heutiger Angehöriger der Khoikhoi und San Verhandlungen mit der französischen Regierung auf, um Baartmans sterbliche Überreste in ihrer afrikanischen Heimat beerdigen zu können. Diese Verhandlungen, die bis ins französische Parlament getragen wurden, zogen sich über sechs Jahre hin, bis endlich offiziell Zustimmung zur Auslieferung gegeben wurde. In einer würdevollen Gedenkfeier, an der über 8 000 Menschen teilnahmen und von der internationale Nachrichtenagenturen berichteten, wurde Sarah »Sartjie« Baartman am 9. August 2002 in der Kleinstadt Hankey am südafrikanischen Ostkap endlich beerdigt. Ihr Grab wurde zur nationalen Gedenkstätte erklärt.

Miriam Makeba (1932–2008), geboren im südafrikanischen Johannesburg, auch »Mama Afrika« genannt

Eine andere Südafrikanerin, die jedoch noch zu Lebzeiten in ihr Heimatland zurückkehren konnte, ist die weltweit berühmte Sängerin Miriam Makeba, von vielen auch schlicht »Mama Afrika« genannt. Mitte der

»Mama Afrika« Miriam Makeba (58) kehrt 1990 zurück ins nun freie Südafrika

fünfziger Jahre wird ihr stimmliches Talent international zuerst von den »Manhattan Brothers« entdeckt. Wenig später beginnt sie – gerade 25 Jahre alt – ihre Solokarriere und gründet ihr eigenes Frauentrio. 1959 wird sie ausgewählt, um in den USA bei einem Musicalfilm mitzuwirken. Wie sie in Südafrika bereits ihre Stimme gegen die Apartheidspolitik der weißen Minderheitsregierung erhoben hatte, so spricht sie sich in den USA gegen diskriminierende »Rassengesetze« aus, ohne dass es ihrer zunehmenden Popularität schadet. Nur die südafrikanische Regierung empfindet sie bald darauf als »inakzeptables Ärgernis«: 1960 wird ihr die Rückkehr nach Südafrika verweigert, eine Strafe, die 30 Jahre lang, bis zum Ende der Apartheid 1990, aufrechterhalten wird.

Sie lebt viele Jahre in den USA und zieht später wegen zunehmender politischer Unzufriedenheit nach Westafrika um. Als Delegierte des westafrikanischen Guinea spricht sie zweimal vor der UNO-Generalversammlung in New York über das Unrecht der Apartheid in Südafrika. Eine lebenslange Freundschaft und berufliche Zusammenarbeit mit dem US-amerikanischen Sänger Harry Belafonte (1927–2023) beginnt.

Durch ihre Verbindung von afrikanischer Musik mit persönlichem En-

gagement für Menschenrechte geschieht es wiederholt, dass sie während ihrer internationalen Tourneen auch mit prominenten Politikern zusammentrifft, wie dem damaligen US-Präsidenten John F. Kennedy (1917–1963) oder dem kubanischen Staatschef Fidel Castro (1927–2016).

Bei ihrer Heimkehr nach Südafrika 1990 wird sie von Nelson Mandela persönlich begrüßt. Die kommenden Jahre engagiert sie sich vor allem für den Aufbau einer demokratischen Gesellschaft in Südafrika. 2001 sagt sie in einem Interview: »Wir müssen vor allem etwas gegen Arbeitslosigkeit tun – und gegen die Krankheit Aids.« Nach einem Konzertauftritt in Italien stirbt sie am 9. November 2008 mit 76 Jahren an einen Herzinfarkt.

In vielen afrikanischen Fruchtbarkeitsmythen haben Frauen nicht nur passiv empfangende, sondern aktiv schöpferische Rollen inne. Sie werden als anzubetende Göttinnen dargestellt, die über spirituelle Kräfte verfügen, von denen die klassischen monotheistischen Religionen des Judentums, Christentums und des Islam, die an einen männlichen Gott glauben, nur träumen können. In einigen Bantu-Religionen gibt es unter variierenden Namen die *Ninavanhu-Ma*, die »Große Mutter«, die »Göttin aller Schöpfung«.

Wie sehr Frauen trotzdem häufig ein Vielfaches an Anstrengung unternehmen müssen, um endlich gehört zu werden und ihre eigenen Perspektiven einbringen zu können, belegen die persönlichen Erinnerungen von Graça Machel, der ersten Erziehungsministerin im südostafrikanischen Mosambik.

»Was ich in meiner Jugend erlebt habe, wiederholt sich bis heute bei Millionen von Frauen, millionen- und abermillionenfach auf dem afrikanischen Kontinent.« Graça Machel, geboren 1945 in Mosambik, berichtet im Jahr 2002 über ihr Leben:

»Bis heute bin ich traurig darüber, dass ich 20 Tage nach dem Tod meines Vaters, der Vertragsarbeiter in südafrikanischen Minen war, geboren wurde. Meine Mutter versorgte uns Kinder mit dem Wenigen, was sie von ihrer Arbeit als Hausangestellte mitbringen konnte. Meine beiden Eltern konnten weder lesen noch schreiben …

Als ich sechs Jahre alt war, wurde ich von meiner ältesten Schwester aufgenommen, die als Lehrerin in einem Dorf weit weg von uns arbeitete. Es war die einzige Möglichkeit, im richtigen Alter zur Schule gehen zu können. Sie ist meine zweite Mutter. Und sie war sowohl eine gute Mutter als auch eine gute Beraterin. Es gelang ihr, mir ein Gefühl der Sicherheit zu geben, auch wenn ich nun weit weg von meiner Mutter war ... Meine Schwester öffnete meine Augen für Wissen und Bildung. Sie ist typisch für jene Frauen, die selbstverständlich die Sorge für jüngere Geschwister auf sich nehmen ebenso wie für die eigenen Kinder ...«

Durch ein Stipendium der Methodistenkirche kann Graça Machel eine Oberschule besuchen. Als eine der besten ihres Jahrgangs erhält sie mit Unterstützung einer amerikanischen Missionarin ein weiteres Stipendium zum Studieren in Lissabon. Mit 23 Jahren beginnt sie 1968 dort ein Fremdsprachenstudium, am Ende spricht sie vier Sprachen fließend.

»Ich wäre nicht geworden, was ich heute bin, und hätte nicht jene Lektionen der Verantwortlichkeit für andere gelernt, ohne diese drei Frauen in meinem Leben: meine Mutter, meine älteste Schwester und jene amerikanische Missionarin aus Pennsylvania, die mir zum Studium verholfen hat ... Viele meiner ehemaligen Mitschülerinnen leben nicht mehr, an vermeidbaren Krankheiten gestorben, im Krieg umgekommen. Und von jenen, die noch leben, haben die meisten ein so hartes Leben gehabt, dass sie heute – in ihren Fünfzigern wie ich – erscheinen wie 70, gezeichnet von den Härten ihres Lebens ... Als einzige schwarze Studentin in meiner Klasse in Portugal ließ man mich spüren, dass ich nicht dazugehörte. Später, zurück in Mosambik, wo ich zunehmend die Erniedrigungen meines Volkes aus nächster Nähe erlebte, fühlte ich mich gezwungen, etwas zu tun ...«

Mit 28 Jahren trat Graça Machel einer der von den portugiesischen Soldaten brutal verfolgten Widerstandsgruppen der »Front für die Befreiung Mosambiks« (FRELIMO) von Samora Machel (1933–1986) bei. Nachdem ihr der portugiesische Geheimdienst auf die Spur gekommen war, floh sie nach Tansania. Dort erhielt sie ein militärisches Training, schloss sich erneut der FRELIMO in Mosambik an, wurde dann aber nach Tansania zurückgerufen, um an einer FRELIMO-Schule für Flüchtlingskinder zu unterrichten. Hier traf sie Samora Machel persönlich, »aber anfangs geschah gar nichts. Dann kamen wir uns langsam näher und verliebten uns.« Samora Machels erste Frau Josina, ebenso im Widerstandskampf engagiert, war zwei Jahre vorher gestorben und hatte ihm sechs Kinder hinterlassen.

Im Jahr 1974, als in Portugal endlich die Diktatur zusammenbricht und damit auch der Weg zum Ende der Kolonien frei wird, ist Graça Machel 29 Jahre alt. Sie wird vorgeschlagen als erste Erziehungsministerin eines unabhängigen Mosambik. Sie erinnert sich später: »Als ich davon erfuhr, wurde ich blass und erschrak entsetzlich angesichts dieser Herausforderung. Erziehung war eine der Schlüsselaufgaben der FRELIMO. Und mehr noch, da ich die einzige weibliche Ministerin in der ersten Regierung sein sollte, fühlte ich, ich müsste alle Frauen Mosambiks repräsentieren. Als Erstes verkroch ich mich tagelang in mein Bett und weinte. Wenn ich versagen sollte, würden alle sagen: Da siehst du, was passiert, wenn du einer Frau Verantwortung überträgst. Ich lehnte schließlich ab. Aber natürlich Samora, typisch Samora, akzeptierte es nicht ... Was konnte ich machen? Ich trocknete mir die Tränen ab und machte mich an die Arbeit.«

1975 wird Samora Machel zum ersten Präsidenten eines freien Mosambik. Wenige Monate später heiraten Samora und Graça. Sie wird Mutter der sechs Kinder aus seiner ersten Ehe, später bekommen sie weitere eigene Kinder.

Ab 1976 nimmt eine unter anderem vom rassistischen Südafrika finanzierte Untergrundorganisation, die RENAMO (Nationaler Widerstand Mosambiks), ihre grausamen Attacken gegen die junge Regierung auf, der in den folgenden Jahren rund 100 000 Zivilisten zum Opfer fallen.

Graça Machel macht es zu ihrer persönlichen Aufgabe als Erziehungsministerin, den Kindern ihres vom Bürgerkrieg erschütterten Landes die bestmögliche Erziehung angedeihen zu lassen: Die Zahl derjenigen, die Grund- und Oberschulen besuchen können, verdoppelt sich in den Jahren ihrer Dienstzeit von 1975 bis 1989 von 40 auf mehr als 80 Prozent. Als Vorsitzende der UNESCO-Kommission Mosambiks lag ihr das Schicksal der Tausenden zu Kriegswaisen gewordenen Kinder besonders am Herzen.

Im Oktober 1986 erschüttert ein Schock das ganze Land: Samora Machel kommt bei einem Flugzeugunglück über südafrikanischem Luftraum ums Leben. Bis heute ist nicht restlos aufgeklärt, inwieweit die damalige Apartheidsregierung in Südafrika dafür verantwortlich war, oder ob sie möglicherweise gar nichts damit zu tun hatte. Außer dem Präsidenten sterben die Botschafter Sambias und Simbabwes sowie 32 weitere Passagiere. Graça Machel bleibt trotz ihrer tiefen persönlichen Trauer bis 1989 weiter im Amt. Nach dem Flugzeugunglück agieren die RENAMO-Terroristen ver-

Graça Machel (65) in Johannesburg 2010

stärkt und machen mehr und mehr Schulen und Krankenhäuser zu Zielen ihrer Anschläge.

Graça Machel widmet sich in den kommenden Jahren vor allem der internationalen Arbeit für die Rechte von Kindern und Frauen. 1994 wird sie vom damaligen ägyptischen UNO-Generalsekretär Boutros Boutros-Ghali (1922–2016) beauftragt, als unabhängige Expertin einen »UNO-Report zu den Auswirkungen bewaffneter Konflikte auf Kinder« zu verfassen.

Die Jahre 1994–1996 verbringt sie überwiegend in jenen Ländern vor Ort, die besonders gezeichnet sind von kriegerischen Auseinandersetzungen. Ihr Abschlussbericht ist ein in der Geschichte der UNO bislang einmaliges Dokument und hat unter anderem zur Einrichtung einer Sonderkommission für von Krieg und Bürgerkrieg betroffene Kinder und Jugendliche geführt.

»Zu Beginn des letzten Jahrhunderts waren etwa zehn Prozent der Opfer Zivilisten und 90 Prozent Soldaten. Heute ist das Verhältnis umgekehrt: 90 Prozent sind Zivilisten und zehn Prozent Soldaten. Das heißt: Krieg wird gegen einfache Leute in Dörfern, in den Straßen, in Schulen geführt. Zu Opfern werden vor allem die Verletzlichsten gemacht …«, berichtet sie. »Sie haben vielleicht davon gehört, dass die Hälfte aller Flücht-

linge auf dieser Erde Kinder sind … Nach all meinen Erfahrungen in den vielen Ländern, die ich besuchte, ist es nicht möglich und völlig unrealistisch, Gerechtigkeit für jeden Einzelnen zu schaffen, der Unrecht erlitten hat. Schlicht und einfach deshalb, weil die Schäden zu groß sind. Es muss deshalb mehr darum gehen, eine Lebenseinstellung zu entwickeln, in der ein Gerechtigkeitssinn spürbar und lebbar für jeden wird … Die Frage ist: Wie kann ein lebendiges System aufgebaut werden, in dem Menschen mit dem Gefühl leben, dass sie selbst am Aufbau einer Gesellschaft beteiligt sind, in der Gerechtigkeit herrscht?«

Dem späteren ersten frei gewählten Präsidenten Südafrikas, Nelson Mandela, begegnet sie zum ersten Mal persönlich, als er kurz nach seiner Freilassung aus dem Gefängnis 1990 auch Mosambik besucht. Als Graça Machel zwei Jahre später einen Ehrendoktor in Kapstadt erhält, treffen sie sich erneut. Nachdem Nelson Mandela sich von seiner Frau Winnie Madikizela-Mandela (1936–2018), die in den langen Jahren seiner Haft von 1962–1990) zwar zu ihrem Mann hielt und selbst mutig gegen die Apartheid auftrat, sich aber später für den Missbrauch von jungen Anhängern (und in einem Fall sogar der Mitverantwortung für den Mord an einem ihrer jugendlichen Leibwächter) sowie Korruption verantworten musste, hat scheiden lassen, heiraten Graça Machel und Nelson Mandela an seinem 80. Geburtstag im Juli 1998. Sie bleibt an seiner Seite bis zu seinem Tod mit 95 Jahren am 5. Dezember 2013.

»In ein paar Jahrzehnten wird jedem der Zusammenhang zwischen Umwelt, Rohstoffen und Konflikt ebenso deutlich vor Augen sein, wie es heute das Verhältnis zwischen Menschenrechten, Demokratie und Frieden ist.« – Wangari Maathai (1940–2011) aus Kenia, die erste Afrikanerin, die 2004 den Friedensnobelpreis erhielt, nicht zuletzt für ihren Einsatz zum Schutz der Natur

Geboren wird Wangari Muta 1940 als Tochter eines armen Farmarbeiters. Zu der Zeit ist Kenia noch britische Kolonie. Als sie mit 16 Jahren als Klassenbeste die Volksschule beendet, tobt im Land der sogenannte Mau-Mau-Aufstand und ihre Familie gehört zum Volk der Kikuyu, die im Zentrum der Unruhen stehen.

Es gibt damals nur eine Oberschule für Mädchen in Kenia – Wangari wird 1956 dort aufgenommen aufgrund ihrer herausragenden Leistungen. 1960 erhält sie gemeinsam mit 300 besonders begabten kenianischen Studierenden ein Stipendium der Kennedy Stiftung und kann in den USA Biologie mit den Nebenfächern Chemie und Deutsch studieren. Nach Abschluss kehrt sie 1966 zurück nach Kenia, jedoch wird eine ihr zuerst zugesagte Assistenz an der Universität von Nairobi dann doch einem männlichen Konkurrenten gegeben. So eröffnet sie zunächst mit ihren Schwestern einen Kaufmannsladen in der Hauptstadt, um sich über Wasser zu halten.

Schließlich erhält sie eine befristete Stelle bei einem deutschen Professor aus Gießen, der an der Universität von Nairobi lehrt. Als dieser 1967

Wangari Maathai (71) in Kenia im April 2011, fünf Monate vor ihrem Tod am 25. September

nach Deutschland zurückkehrt, lädt er sie zu einem Promotionsstipendium ein. Tatsächlich studiert Wangari drei Jahre in Gießen und München. 1969, mit 29 Jahren, kehrt sie zurück nach Nairobi und heiratet im gleichen Jahr Mwangi Mathai und nimmt seinen Namen an. Ein Jahr später bekommt sie ihren ersten Sohn: Waweru. 1971 wird ihre Tochter Wanjira geboren, und Wangari schließt erfolgreich ihre Doktorarbeit an der Zoologischen Fakultät ab. Sie ist damit die erste Frau Ostafrikas mit einem Doktortitel.

1977 wird sie die erste Professorin Kenias. Von Beginn an setzt sie sich für die Rechte von Frauen an der Universität ein, während ihr Mann sich zunehmend parteipolitisch engagiert. Seit ihrer Rückkehr nach Kenia hilft sie darüber hinaus bei vielen humanitären Organisationen mit. So wird sie auch Präsidentin des Roten Kreuzes Kenias. Über ihren Einsatz zur Erhaltung der Umwelt sagt sie später bescheiden: »Die ersten Bäume begann ich zu pflanzen, um ein paar Frauen zur Seite zu stehen, die ich kannte. Immer sind Frauen die ersten Opfer von Umweltzerstörung, sicher in Kenia: Sie sind diejenigen, die stundenlang laufen müssen, um frisches Wasser zu holen oder Feuerholz zu sammeln oder überhaupt Nahrung für ihre Familien auf den Tisch zu bringen.«

Um die Natur zu bewahren, aber auch um Frauen Arbeit zu verschaffen, beginnt sie ab Mitte der 1970er-Jahre mit der von ihr ins Leben gerufenen Stiftung »Envirocare« (Sorge für die Umwelt), Bäume zu pflanzen. Die ersten Versuche scheitern an finanziellen Problemen. Aber sie gibt nicht auf und erhält zunehmend Anerkennung von der UNO. 1977 gelingt der Durchbruch: Mit der Idee von Umweltschutzgebieten durch selbst gepflanzte Baumzonen – die »Grünen Gürtel« – beginnt sie die »Green Belt«-Bewegung, die zum Vorbild auch für andere arme Länder wird.

Leider gerät ihre Ehe in dieser Zeit in eine Krise und erst nach zwei Jahren und kostspieligen Gerichtsprozessen trennt sich das Paar 1979, dabei wird Wangari von einem konservativen Richter schuldig gesprochen – vor allem, weil sie, wie ihr Mann betonte, sich »nicht als Ehefrau kontrollieren ließ«. Auch verbietet ihr Mann ihr, seinen Namen weiter zu tragen. Sie löst das Problem, indem sie ein a hinzufügt und sich seitdem Maathai (mit zwei a) schreibt.

Wenig später nimmt sie eine Stelle für ökonomische Entwicklung in Afrika bei der UNO in Sambias Hauptstadt Lusaka an, ihre Kinder bleiben bei ihrem Exmann in Nairobi. In den kommenden zehn Jahren gelingt es – trotz vieler politischer Hindernisse in Kenia selbst – die »Green Belt«-Bewegung auf fünfzehn weitere afrikanische Länder auszuweiten. 1989 kommt es zu einer direkten Konfrontation mit dem damaligen Präsidenten Kenias, Daniel arap Moi (1924–2020) und dessen Plänen, in einem zentralen Naturpark ein sechzigstöckiges Hochhaus und einen Parkplatz für 2000 Fahrzeuge (sowie eine Statue des Präsidenten) zu errichten. Wangari Maathai und die »Green Belt«-Bewegung organisieren Protestaktionen und reichen zahlreiche Eingaben beim Parlament ein. Am Ende unterliegt sie, und das Bauvorhaben wird doch realisiert. Ihr und ihrer Umweltbewegung wird vorgeworfen, sie sollten doch lieber nach Europa gehen, da es dort angeblich mehr Unterstützung für ihre »verrückten Ideen« gäbe. 1992 wird die Bewegung nicht nur verboten, sondern sie selbst auch vorübergehend verhaftet. Bei einem Hungerstreik gemeinsam mit anderen Aktivistinnen wird sie von der Polizei bewusstlos geschlagen. Diese Misshandlungen führen zu internationalen Protesten und Wangari Maathai erhält mehrere Auszeichnungen.

Trotzdem eskaliert die Konfrontation mit Kenias Regierung in den kommenden Jahren weiter, nicht zuletzt, da sie sich nun auch parteipolitisch einmischt und mehrfach versucht, oppositionelle Parteien zusammenzubringen. Als die Opposition unter Mwai Kibaki (1931–2020) 2002 erstmals die Mehrheit erringt, wird Wangari Maathai von 2003 bis 2005 zur stellvertretenden Umweltministerin gewählt.

In dieser Zeit erhält sie 2004 den Friedensnobelpreis. In den folgenden Jahren wirbt sie weltweit für den Schutz der Umwelt und bekommt insgesamt 14 Ehrendoktortitel, unter anderem in Japan, Norwegen und in den USA, aber endlich auch in Kenia selbst. Sie stirbt am 25. September 2011 in Nairobi an einer Krebserkrankung.

»Es ist höchste Zeit, dass wir uns von der Entwicklungshilfe verabschieden und lernen, unsere Wirtschaft selbst zu entwickeln. Durch vielfältigen Ackerbau, mehr Tourismus und vor allem die eigene Nutzung unserer Rohstoffe. Es ist möglich, jetzt.« – Joyce Banda (*1950), Staatspräsidentin von Malawi im Jahr 2012

Joyce Banda wird 1950 im britischen Protektorat Nyasaland, dem späteren Malawi, geboren. Ihr Vater ist ein bekannter Musiker in einer Polizeikapelle und ermöglicht ihr eine gute Schulbildung. Ihre erste wichtige

Joyce Banda (63) zu Besuch in London 2013

persönliche Entscheidung trifft sie mit 25 Jahren, als sie ihren Mann, der sie wiederholt misshandelt, mit ihren drei kleinen Kindern verlässt und beschließt, von nun an für sich selbst zu sorgen.

*Mit 31 Jahren wird sie von ihrem ersten Mann geschieden und heiratet Richard Banda (*1937), den früheren Kapitän der malawischen Fußballnationalmannschaft und späteren obersten Richter und Justizminister Malawis. Mit ihm führt sie eine »Ehe voller gegenseitiger Achtung« mit zwei weiteren Kindern. Von 1985 bis 1997 macht sie sich vor allem einen Namen als erfolgreiche Geschäftsfrau, die immer auch die Frauenrechte im Auge hat. In dieser Zeit gründet sie die »Vereinigung malawischer Geschäftsfrauen«, der sich rund 30 000 Frauen anschließen, mit dem Ziel, die ökonomische Situation aller Mädchen und Frauen in Malawi zu verbessern.*

Ab 1999 engagiert sie sich zunehmend auch parteipolitisch. Wenig später wird sie Ministerin für Geschlechterfragen und Gemeindearbeit. Sie engagiert sich in der Zeit vor allem gegen den Missbrauch von Frauen und Kindern in der Familie. Ab 2006 wird sie Außenministerin von Malawi und ab 2009 sogar Vizepräsidentin des Landes.

*Als der international umstrittene und von vielen als Diktator angesehene Präsident Bingu wa Mutharika (1934–2012) am 5. April 2012 stirbt, kommt es vorübergehend zu einer Staatskrise. Bingu wa Mutharika hatte die Ministerin kurz vor seinem Tod noch entlassen und sein Bruder Peter Mutharika (*1940) versucht, die Macht zu übernehmen.*

*Die Verfassung sieht Joyce Banda aber als einzige legitime Nachfolgerin an. Als sich das Militär hinter sie stellt und sie wenig später als Präsidentin vereidigt wird, gilt dies weltweit als positives Beispiel für eine Rückkehr zu Demokratie und Achtung der Verfassung. Joyce Banda wird damit zur zweiten Regierungschefin Afrikas, nach Liberias Ellen Johnson Sirleaf (*1938).*

Joyce Banda gewinnt viel internationale Anerkennung. Als sie jedoch Weisungen des Weltwährungsfonds (IMF) folgt und das Geld Malawis um über 30 Prozent abwertet, bringt dies viele im Land gegen sie auf. Vor allem arme Leute bekommen die staatlichen Sparmaßnahmen zu spüren. Joyce Banda bezeugt ihren persönlichen Willen, die Wirtschaft des Landes zu stabilisieren, indem sie mehr als 60 Luxuslimousinen der Regierung sowie den vom früheren Diktator erworbenen Privatjet verkauft und selbst auf 30 Prozent ihres Gehaltes verzichtet.

*In chaotisch verlaufenen und bis zuletzt umstritteten Wahlen vom Mai 2014 verliert Joyce Banda und muss die Entscheidung des Obersten Gerichtshofes akzeptieren, dass die Wahlen nicht wiederholt werden. Am 1. Juni 2014 wird nun doch der Bruder des ehemaligen Diktators, Peter Mutharika, zum Präsidenten Malawis ernannt. Allerdings verliert er 2019 die Wahl gegen Lazarus Chakwera (*1955), der seit 2020 das Land regiert.*

Margaret Busby (27) als junge Verlegerin 1971 in London

Margaret Busby (*1944) war 1967 mit 23 Jahren nicht nur die jüngste Verlegerin in Großbritannien, sondern auch die erste afrobritische. Seitdem hat sie zahlreiche junge Autor*innen afrikanischer Herkunft gefördert und stieg selbst auf zur angesehenden Jury-Vorsitzenden des renommierten Booker-Literaturpreises. 2023 wurde sie zur Präsidentin des PEN England gewählt:[3]

»*Geboren wurde ich auf dem Land in Ghana. Mein Vater war Arzt. Wir waren nicht arm, aber um mich auf eine Schule in England schicken zu können, mussten meine Eltern an allen Ecken und Enden sparen. Meine*

3 In Deutschland erschien 2023 eine Auswahl von 30 Stimmen ihrer zuerst 1992 veröffentlichten Sammlung Schwarzer Autorinnen auf über 1000 Seiten unter dem Titel *Töchter Afrikas*, 2019 der Folgeband *Neue Töchter Afrikas*, hier gefördert und herausgegeben von Christa Morgenrath und Eva Wernecke von der Initiative Stimmen Afrikas in Köln.

Mutter erzählte, dass sie nur ein Kleid hatte, das sie jeden Abend wusch und zum Trocknen für den nächsten Tag aufhängte. … Auf der Schule lernte ich zunächst, was jedes koloniale Kind lernt: alles über Großbritannien und seine glorreiche Geschichte, an erster Stelle Winston Churchill.

Doch da auf der Schule auch Kinder anderer Herkunft wie ich waren, lernte ich auch auf Farsi rechnen, auf Mandarin fluchen und auf Spanisch singen. Außerhalb der Schule war ich das kleine afrikanische Mädchen. Ich war niemals ich selbst. …

Als ich mit dem jungen weißen Engländer Clive Allison 1967 unseren Verlag Allison & Busby gründete, gab es keine Vorbilder für uns. Aber ich wusste: Es ist möglich. Und wir publizierten alles, was wir selbst gut fanden, auch verrückte Bücher wie eines auf wasserfestem Papier mit Liedern zum Singen in der Badewanne. … Die literarische Welt behandelte mich zunächst eher wie einen Freak, etwa so wie ›Das Mädchen aus Afrika will Bücher veröffentlichen …‹, was klang wie ›Ein Schwarzes Mädchen kann lesen …‹.

*Aber ich habe einfach weitergemacht. Zu Beginn konnten wir unseren Autor*innen keine Honorare zahlen, aber unsere Bücher fanden eigene Leser*innen, mehr und mehr. Für viele überraschend wurden die Töchter Afrikas 1992 ein Erfolg, wie auch die Neuen Töchter Afrikas 2019, sodass es heute eine nach mir benannte Stiftung an der Universität von London gibt, wo afrikanische Studentinnen ein Stipendium beantragen können.«*

In der Einleitung für die deutsche Ausgabe von 2023 schreibt sie:

»Alles hat seine Berechtigung: die Freuden und die Bürden des Ortes unserer Geburt, die Freuden und die Bürden des Ortes, an dem wir uns niedergelassen haben, die Freuden und Bürden unserer Wahlheimat, die abgelehnten Zugehörigkeiten ebenso wie die selbstgewählten. Mein eigener familiärer Stammbaum umfasst unzählige Wurzeln und Wege, wodurch ich das Glück habe, dass ich weit mehr kennenlernen durfte als mein Heimatland Ghana.«

Späte Befreiung im Süden: Das Ende der Apartheid

Ab 1975 – nach dem Ende der portugiesischen Kolonialzeit auch in Mosambik, Angola, Guinea-Bissau und den Kapverdischen Inseln – gibt es offiziell keine von europäischen Mächten beherrschten Länder in Afrika mehr. Die meisten der bis zur Unabhängigkeit in diesen ehemaligen Kolonien verbliebenen Weißen kehren nun in Scharen gen Europa zurück – so flüchten von den rund 230 000 Weißen Mosambiks nach der Unabhängigkeit mehr als 95 Prozent heim nach Portugal. Die übrigen rund 10 000 Weißen unterstützen die neue Regierung und sind willkommen zu bleiben.

Im südlichen Afrika – in Rhodesien, in Südafrika und im von Südafrika besetzten Namibia – halten sich europäischstämmige Weiße weiter mit einer Art Trick, indem sie, ohne die einheimische Mehrheitsbevölkerung auch nur wahrzunehmen, von sich aus ihre »Unabhängigkeit« vom britischen Mutterland erklären: 1910 gründet sich zuerst die »Südafrikanische Union« als ein reiner Weißenstaat, der die Mehrheit aller Bürger nichtweißer Hautfarbe mit diskriminierenden Gesetzen und der Macht eines modernen Polizei- und Militärapparates im eigenen Land ausgrenzt und unterdrückt.

Diese Politik der radikalen »Rassentrennung« (in der dem Niederländischen verwandten Sprache Afrikaans ab 1948 offiziell »Apartheid« – »Trennung« genannt) dehnt Südafrika ab 1920 auch auf das ehemalige »Deutsch-Südwestafrika« aus, das die Deutschen nach dem verlorenen Ersten Weltkrieg haben aufgeben müssen. Die Südafrikanische Union erhält zunächst ein Völkerbundsmandat für das Nachbarland im Norden, weigert sich dann nach dem Zweiten Weltkrieg jedoch, es zurück an die neu gegründete UNO (als Nachfolger des Völkerbunds) zu geben oder gar Unabhängigkeitsbestrebungen der unterdrückten schwarzen Mehrheit in jenem Land zuzulassen, das ab 1968 von der UNO offiziell als Namibia anerkannt wird.

Das heutige Simbabwe schließlich war zunächst auf Bestreben des britischsüdafrikanischen Kolonialpolitikers und Kapitalisten Cecil Rhodes (1853–1902) in weiten Teilen zu Spottpreisen aufgekauft, aber auch illegal enteignet worden, schließlich 1891 zum britischen Protektorat und 1923 zur Kronkolonie »Südrhodesien« erklärt worden. 1953 wird das Land mit weiteren nördlichen Gebieten (»Nordrhodesien« und »Nyasaland«) zur kurzlebigen »Zentralafrikanischen Föderation« zusammengeschlossen, ein Gebilde von Englands Gnaden, das bereits zehn Jahre später auseinanderfällt: 1964 werden »Nordrhodesien« als Sambia und »Nyasaland« als Malawi unabhängig. Diese Anerkennung wird »Südrhodesien« von Großbritannien verweigert, da die dortigen Weißen nach dem Vorbild Südafrikas weiter keine Nichtweißen wählen lassen, geschweige denn an der Regierung beteiligen wollen. Daraufhin erklärt 1965 die weiße Minderheitsregierung unter »Ministerpräsident« Ian Smith (1919–2007) sich selbst als »unabhängig« vom englischen Mutterland und nennt sich ab 1970 Rhodesien.

Die »Weißen« in Südafrika, in Namibia und in Rhodesien richten ihre europäisch orientierten Welten mit dem Rücken zum übrigen Afrika ein, wobei alle angeblich hochgehaltenen Werte von »Demokratie« und »Zivilisation« nur für sie selbst gelten. Die niederländischstämmigen Weißen Südafrikas, die bereits wesentlich früher alle Verbindungen zum Mutterland gekappt hatten, gehen sogar noch einen Schritt weiter und nennen sich »weiße Afrikaner«, auch um ihr Recht auf afrikanisches Land zu unterstreichen.

Am kürzesten von den drei Ländern können sich die Weißen in Rhodesien politisch halten. Trotz massiver, auch militärischer Unterstützung durch die Regierung in Südafrika gewinnen die Freiheitskämpfer der zunächst noch rivalisierenden Shona unter Robert Mugabe (1924–2019) und der Ndebele unter Joshua Nkomo (1917–1999) beständig an Boden. Viele einfache Menschen, die sich dem Befreiungskampf angeschlossen haben, nachdem ihnen von den Weißen nicht mehr genug Land gelassen wurde, um die eigene Familie satt zu bekommen, lassen in diesen Jahren ihr Leben. 1978 macht die Regierung von Ian Smith erstmals das Zugeständnis einer »gemischtrassischen Regierung«. Die daraufhin folgenden Wahlen werden jedoch aufgrund vielfachen Betrugs international nicht anerkannt.

Erst als es im Februar 1980 zu einem neuen Anlauf kommt, bei dem die Wahlen unter dem Schutz internationaler Beobachter stattfinden, kann ein Durchbruch erreicht werden: Robert Mugabes ZANU-Partei wird als stärkste Kraft gewählt, die ZAPU von Joshua Nkomo kommt auf Platz zwei. Beide Parteiführer einigen sich darauf, angesichts dieses Ergebnisses ihre Rivalitäten beizulegen und eine gemeinsame Regierung zu bilden, bei der Robert Mugabe Premierminister und Joshua Nkomo Innenminister wird.

Einige »Weiße« fliehen unmittelbar nach den Wahlen nach Südafrika, Namibia oder auch nach England, da sie fürchten, dass die Gräuel der jahrzehntelangen Ausbeutung in Rache ihnen gegenüber umschlagen. Robert Mugabe meint es jedoch ernst, als er von Versöhnung gegenüber den Weißen spricht (wobei er neue Spannungen mit Joshua Nkomo gewalttätig löst, indem er bereits Anfang 1983 Massaker unter dessen Anhängern im Matabeleland anrichtet, ihn als Innenminister entlässt und de facto einen Einparteienstaat einrichtet). Vor diesem Hintergrund bleiben die meisten weißen Großgrundbesitzer oder kehren zurück und helfen – unter der Bedingung, dass die »Landfrage« nicht radikal angepackt würde – bei der Stabilisierung der Wirtschaft mit. Simbabwe gilt in den achtziger Jahren als eines der Vorbilder eines gelungenen Übergangs in die Unabhängigkeit. Robert Mugabe erhält auch international viel Anerkennung.

Die ungelöste Landfrage schwelt jedoch als Zeitbombe weiter: Rund 40 000 Weiße, darunter auch Ian Smith, besitzen mehr als die Hälfte des nutzbaren Landes, während die Mehrheit der über 13 Millionen schwarzen Einwohner Simbabwes sich den Rest teilen, häufig karge Gegenden, in die sie zu Zeiten der weißen Herrschaft vertrieben wurden. Die 1981 von einer unabhängigen Untersuchungskommission für eine notwendige Landreform vorgeschlagene sofortige Umverteilung von fruchtbarem Land an mindestens 140 000 schwarze Familien ist bis heute nicht realisiert. Unter anderem scheitert sie an in der Verfassung garantierten Eigentumsrechten für die Weißen, die nicht erkennen, dass nur eine gerechtere Umverteilung auch dauerhaft Frieden und Stabilität garantieren würden.

Robert Mugabe trug selbst entscheidend zum Desaster bei, indem er sich zunehmend zum altersstarren Diktator wandelte, der zur

Sicherung eigener Macht mit Terror gegen Oppositionelle vorgeht und seit 2000 mit gewaltsam und chaotisch durchgeführten Landenteignungen weißer Farmer zugunsten von Anhängern der eigenen Partei und eben nicht der Masse schwarzer Landarbeiter, Simbabwe innerhalb kürzester Zeit in den Ruin führte. Zum ersten Mal seit der Unabhängigkeit herrscht wieder Hunger im Land, da mehr und mehr Farmen brach liegen. Die politische Opposition – vor allem die 1999 gegründete »Bewegung für demokratischen Wandel« (MDC) – erhält trotz vieler Bedrohungen wachsende Zustimmung in der Bevölkerung. In den landesweiten Wahlen von 2008 bekommt sie, obwohl die Ergebnisse lange zurückgehalten werden und es einige Unregelmäßigkeiten gibt, am Ende die knappe Mehrheit von einem Sitz im Parlament.

Mugabe weigert sich, die Macht abzugeben, und die Gewalt eskaliert im Land. Erst nach langen Verhandlungen unter Vermittlung von Südafrikas Präsident Thabo Mbeki (*1942) kommt es zu einem Kompromiss in Form einer Koalitionsregierung: Mugabe bleibt weiter Staatspräsident, der Führer der Oppositionspartei MDC, Morgan Tsvangirai (1952–2018) wird Premierminister. Vorübergehend kommt es zu einer Beruhigung im Land, auch ökonomisch. In den Wahlen von 2013 jedoch – zu denen nur afrikanische Wahlbeobachter zugelassen werden, die sie für »frei und fair« erklären, im Gegensatz zur Opposition und den meisten internationalen Journalisten – gewinnt Mugabes Partei erneut eine Zweidrittelmehrheit. Der Posten des Premierministers wird abgeschafft – und Robert Mugabe wird im Alter von 89 Jahren erneut für fünf Jahre als Präsident Simbabwes bestätigt. Interne Konflikte im MDC führen nicht nur zur Spaltung und weiteren Schwächung der Opposition, 2014 verliert Morgan Tsvangirai auch seinen Posten als Parteivorsitzender. Als mögliche Nachfolgerin des greisen Diktators Robert Mugabe positioniert sich ab Mitte 2014 zusehends seine zweite, mehr als 40 Jahre jüngere Frau Grace Mugabe (*1965). Am 30. Januar 2015 wählt die Afrikanische Union (AU) im Rahmen der turnusmäßigen Rotation Robert Mugabe, inzwischen 90, mit deutlicher Mehrheit zum AU-Vorsitzenden.

Am 6. November 2017 entlässt Mugabe überraschend Vize-Präsident Emmerson Mnangagwa (*1942). Doch schon neun Tage später greift das Militär ein, stellt Mugabe unter Hausarrest und benennt am 19. November Mnangagwa zum neuen Präsidenten. Nur wenig später tritt Mugabe offiziell zurück unter der Bedingung, dass er und seine Frau diplomatischen Status bekämen, also keine Strafverfolgung möglich sei, dass er sein gesamtes Vermögen behalten könne und zusätzlich zehn Millionen US-Dollar erhalte. Obwohl alle seine Bedingungen erfüllt werden, erklärt er weiter öffentlich, dass seine Entmachtung »illegal« gewesen sei. Bei den ersten demokratischen Wahlen (zumindest offiziell) seit 38 Jahren, am 30. Juli 2018, wird Emmerson Mnangagwa mit knapp 50 Prozent der Stimmen gewählt. Oppostionelle Politiker*innen kritisieren die Wahl als »nicht fair«.

Bei der nächsten Wahl 2023 wird er mit 52,6 Prozent im Amt bestätigt. Bereits 2021 hatte US-Präsident Joe Biden (*1942) bestätigt, dass die Regierung von Mnangagwa die Opposition im Land unterdrücken würde, und eine Verlängerung von Sanktionen angekündigt. Dies wird von Mnangagwa als besonders enttäuschend empfunden, da er sich zuvor um eine Verbesserung der Beziehungen zum Westen, vor allem zur EU und den USA, bemüht hatte. Ab 2023 kommt es deshalb zu einer Annäherung an Wladimir Putin (*1952), wobei er auch öffentlich Russlands Invasion in der Ukraine unterstützt.

Seit 1980, dem Fall der politischen Herrschaft der Weißen in Rhodesien, bleibt als letzte Bastion nur noch Südafrika und das von der südafrikanischen Minderheitsregierung illegal besetzte Namibia. Die Geschichte des Widerstands in Südafrika ist lang. Bereits zwei Jahre nach der Gründung der von England unabhängigen, von einer weißen Minderheit regierten Südafrikanischen Union finden sich oppositionelle Kräfte 1912 im Afrikanischen Nationalkongress (ANC) zusammen, dessen Ziel von Anfang an eine nichtrassistische, demokratische Gesellschaft ist. In dem beinah 80-jährigen Kampf des ANC und seiner Verbündeten bis zur Erreichung dieses Ziels gibt es immer wieder unüberwindlich scheinende Schwierigkeiten zu bewältigen. Generationen sterben in Armut und Erniedrigung, und jede junge Generation bringt wieder neue Ideen ein.

Die Aufstände von Schülerinnen und Schülern, die im Juni 1976 im Township Soweto bei Johannesburg beginnen, läuten die letzte

Phase der weißen Unterdrückung ein: Das Bild eines am 16. Juni 1976 erschossenen Jungen, der von einem jungen Mann weggetragen wird, begleitet von seiner verzweifelt weinenden Schwester, geht um die Welt.

»An Politik war er gar nicht so interessiert ...« – Antoinette Sithole Pieterson (*1959) über ihren Bruder Zolile Hector Pieterson (1963–1976) im südafrikanischen Township Soweto bei Johannesburg:

»Hector war ein ganz normaler Junge, der am liebsten Fußball spielte«, erinnert sich seine Schwester. »An jenem Tag war eine große Demonstration angekündigt, und weil alle seine Freunde dort hingingen, zog er auch mit. Seit Tagen war es unruhig im Township gewesen. Die meisten unserer Eltern wollten nicht, dass wir den Mund aufmachten. Aber wir hatten einfach genug. Als schwarze Schülerinnen und Schüler saßen wir in Klassenräumen mit nicht selten 70 oder 80 oder auch noch mehr Kindern. Es gab keine Heizung im Winter, und oft waren die Fenster kaputt. Bücher gab es auch so gut wie nie. Und unsere Lehrer erhielten einen Bruchteil an Lohn dessen, was Lehrer an Schulen für weiße Kinder bekamen. Und dann sollte diese neue Schikane eingeführt werden: Weil die Muttersprache der weißen Burenregierung Afrikaans war, sollte plötzlich überall im Land nur noch in Afrikaans unterrichtet werden. Wie sollte das denn gehen? Unsere Muttersprache ist Xhosa, ein paar können ganz gut Englisch, aber kaum jemand Afrikaans. Auch die meisten unserer Lehrer nicht. Und wir hatten es doch schon schwer genug mit dem Lernen. Irgendwie lief da das Fass über. Als unser Schulleiter uns die neue Weisung der Regierung aus Pretoria mitteilte, zeigten wir endlich unseren Zorn. Das war reine Erniedrigung, um uns noch mehr für dumm zu verkaufen ... und tatsächlich dumm zu halten. Und so trafen wir uns und verabredeten die große Demo am 16. Juni.

Und Hector lief eben mit. Er war erst zwölf, ich war 17 damals. Als die gepanzerten Polizeiwagen näher kamen, dachten wir nicht daran, wegzurennen. Und selbst als die ersten Schüsse zu hören waren, dachten wir: Das sind Warnschüsse ... und gleich kommt wieder das Tränengas. Aber sie schossen scharf. Ohne Vorwarnung. Auf Kinder, die noch jünger waren als Hector, mein Bruder. Aber Hector traf es als einen der Ersten. Ich weiß nicht

Hectors Schwester Antoinette Sithole Pieterson (47) zeigt Senator Barack Obama (45) – er war damals noch nicht US-Präsident – bei seinem Besuch in Soweto im August 2006 das berühmte Foto vom 16. Juni 1976, das damals um die Welt ging. Sie ist darauf weinend neben ihrem Bruder zu sehen

sicher, ob er der Erste war. So sinnlos. Weil er in seiner eigenen Sprache Unterricht haben wollte. Weil er seine Freunde nicht im Stich lassen wollte und deshalb mitlief. An Politik war er gar nicht so interessiert …«

Hectors Schwester berichtet diese persönlichen Erinnerungen im Jahr 1989 anlässlich eines Besuchs in Berlin, als eine Gesamtschule in Berlin-Kreuzberg sich dafür entscheidet, den Namen von Hector Pieterson (dort geschrieben als: Peterson) zu tragen und sie und zwei weitere Familienmitglieder zur Namensgebungsfeier eingeladen hat. Seit 1994 ist der 16. Juni als »Tag der Jugend« ein nationaler Feiertag in Südafrika.

1989 ist weltweit ein bedeutendes Jahr: Nur wenige Monate bevor auch in Südafrika die weiße Minderheitsregierung aufgeben wird, gehen in derselben Stadt Berlin, in die Hectors Schwester aus Südafrika zu Besuch kommt, zum ersten Mal nach Jahrzehnten der Trennung Deutsche frei von Ost nach West, schließen sich auseinandergerissene

Familienmitglieder wieder in die Arme, fällt die Mauer – der »Eiserne Vorhang« – zwischen Ost- und Westeuropa, scheint sich mit einem Mal die ganze Welt zu verändern.

Der »Kalte Krieg«, der seit Ende des Zweiten Weltkriegs zwischen den USA und der Sowjetunion herrschte, endete mit dem Zusammenbruch des kommunistischen Systems in Moskau. Für den unblutigen Übergang erhielt der letzte sowjetische Staatschef Michail Gorbatschow (1931–2022) mit seinen wichtigen demokratischen Reformen 1990 den Friedensnobelpreis.

Nicht nur die Sowjetunion selbst begann sich aufzulösen, auch der Zugriff, den diese Weltmacht auf die meisten Länder Osteuropas hatte, war vorbei und gab diesen die Möglichkeit zu mehr Selbstbestimmung. In den meisten Ländern führte dies tatsächlich zu bislang nicht gekannten Bürgerfreiheiten, in anderen – wie dem ehemaligen Jugoslawien – jedoch zu blutigen Kriegen verschiedener ethnischer Gruppen, die vorher von den kommunistischen Führern im Zaum gehalten worden waren.

In Afrika hatten sich nur wenige Länder aus den Machtkämpfen der Weltmächte USA und Sowjetunion völlig heraushalten können, die auch hier darin wetteiferten, möglichst viele Länder ihrem jeweiligen Einflussbereich einzuverleiben. Die Länder Afrikas, die auf die Karte der Sowjetunion gesetzt hatten, die auf viele junge Staaten Afrikas anfangs aus verständlichen Gründen vertrauenerweckender wirkte als die USA mit ihren Verbündeten in Westeuropa, die sich beinah alle zu Zeiten des Kolonialismus schuldig gemacht hatten, waren nun auf der Verliererseite: Alle bislang erhaltene wirtschaftliche und militärische Hilfe blieb von einem auf den anderen Tag aus, Berater wurden abgezogen, viele »Entwicklungsprojekte« schlicht im Stich gelassen.

Für Namibia allerdings bedeutete dies eine einmalige Chance: Da sich auch die sowjettreuen kubanischen Soldaten auf ihren Abzug vorbereiteten, konnte eine lange bestehende Forderung Südafrikas nach Abzug von rund 50 000 Soldaten Kubas aus dem an Nordnamibia angrenzenden Angola erfüllt werden. Im Gegenzug sicherte Südafrika zu, alle eigenen Soldaten aus Namibia zurückzuholen und den Weg für Wahlen freizumachen. Hierbei wird Ende 1989 die SWAPO, die ehemalige Befreiungsbewegung Namibias, stärkste Kraft, und ihr Vorsitzender Sam Nujoma (*1929) wird im März 1990 erster Präsident eines unabhängigen Namibia. Die meisten der rund 70 000 »Weißen«, davon etwa 30 000 Deutsche oder Deutschstämmige, bleiben im Land.

Diese weltpolitische Umbruchsituation führte schließlich auch zum Ende des »weißen« Minderheitsregimes in Südafrika. Angesichts des »verlorenen« Rhodesien hatte das »weiße« Regime in Südafrika Anfang der achtziger Jahre erstmals einige Lockerungen zugestanden in der Hoffnung, die »Schwarzen« Südafrikas damit zu besänftigen. Hinzu kommt in Südafrika noch die ehemals rassistische Bezeichnung einer Bevölkerungsgruppe als »Farbige«, die im Alltag bis heute gebraucht wird, um sprachliche oder religiöse Unterschiede anzugeben.

So wurden – auch nach den weltweit beachteten Schülerdemonstrationen von 1976 und dem in der Folge verstärkten internationalen Boykott gegen Südafrika – erstmals die Ausgaben für Schulen und Krankenhäuser für »Farbige« und »Schwarze« erhöht und Gefängnisstrafen für sexuelle Beziehungen zwischen »Farbigen« und »Schwarzen« einerseits und »Weißen«[4] andererseits aufgehoben. Eine politische Mitbestimmung, gar ein Wahlrecht für Schwarze, blieb weiter ausgeschlossen. In Ausnahmefällen versprach man einigen »Schwarzen«, die sich – wie der Anführer der Zulus und ihrer Inkatha-Partei Mangosuthu Buthelezi (1928–2023) – phasenweise »aufgeschlossener« gezeigt hatten, bestimmte Vorrechte, die aber nur zur Spaltung des gemeinsamen schwarzen Widerstands beitragen sollten.

Die Mehrheit der »schwarzen« Bevölkerung Südafrikas und Namibias ließ sich zu diesem Zeitpunkt jedoch nicht mehr mit halbherzigen Ablenkungsmanövern abspeisen. Die politische Unruhe im Land nahm eher noch zu. Bombenattentate »schwarzer« Untergrundkämpfer, bei denen auch unschuldige »weiße« Zivilisten ermordet wurden,

---

4 Warum ich die Wörter »schwarz«, »weiß« und »farbig«, wenn sie Menschen bezeichnen (und nicht in einem Zitat anderer stehen) in Anführungszeichen setze, erkläre ich im Kapitel »Haut hat viele Farben: Mehr als Schwarz und Weiß«, s. S.285.

trafen die »weiße« Gemeinschaft im Kern, da hier deutlich wurde, dass sie trotz modernster Geheimdienste und trotz ständig steigender Ausgaben für Polizei und Militär mit dem Rücken zur Wand standen.

Und das, obwohl alle bekannten politischen Führer der »Schwarzen« entweder ermordet waren wie der junge Steve Biko (1946–1977), ins Exil geflüchtet waren wie Oliver Tambo (1917–1993), Chris Hani (1942–1993) oder Thabo Mbeki (*1942) oder seit Jahrzehnten im Gefängnis saßen wie Govan Mbeki (1910–2001), Walter Sisulu (1912–2003) oder Nelson Mandela (1918–2013). Jene, die wie der anglikanische Erzbischof Desmond Tutu (1931–2021) durch ein hohes Kirchenamt geschützt und bislang nicht Mord oder Haft zum Opfer gefallen waren, arbeiteten unermüdlich dafür, ein Ende der Apartheid auf friedlichem Wege zu erreichen. Dafür wurde Desmond Tutu 1984 – zum weiteren Ärgernis des Apartheidregimes – mit dem Friedensnobelpreis ausgezeichnet.

Noch einmal unternahm die »weiße« Minderheitsregierung ab Mitte der achtziger Jahre alles, um die »schwarze« Bevölkerungsmehrheit mit Gewalt zu unterdrücken. Niemals zuvor wurden so viele Menschen ohne Gerichtsverhandlungen in Gefängnisse gesperrt, darunter viele Jugendliche. In manchen Fällen wurden selbst Grundschulklassen als »Unruhestifter« tagelang eingesperrt, zahllose Menschen verschwanden und tauchten entweder als Leichen mit Folterspuren oder gar nicht mehr auf. Das südafrikanische Militär flog selbst, obwohl offiziell geleugnet, völkerrechtswidrige Bombeneinsätze über Flüchtlingslager in Nachbarländern wie Angola, die den aus Südafrika Entkommenen Schutz und Unterstützung boten.

Es waren nur wenige »Weiße«, die sich auf die Seite der Schwarzen gestellt hatten und unüberhörbar gegen das Unrecht protestierten – aber es gab sie, wie die jahrelang einzige weiße Antiapartheid-Abgeordnete im Parlament Helen Suzman (1917–2009), die Kommunisten Joe Slovo (1926–1995), Denis Goldberg (1933–2020), Ronnie Kasrils (*1938) und seine Frau Eleanor (1936–2009), die Schriftstellerin und Literaturnobelpreisträgerin Nadine Gordimer (1923–2014), die Journalistin und Schriftstellerin Ruth Weiss (*1924), die Kirchenmänner Trevor Huddleston (1913–1998) und Beyers Naudé (1915–2005) oder die mutigen, überwiegend bürgerlichen Frauen des »Black Sash«, die

1990, kurz nach seiner Freilassung, empfängt Nelson Mandela (72) Helen Suzman (73), die ihn mehrfach im Gefängnis besucht hatte

bereits in den sechziger Jahren im Kostüm und schwarzer Trauerschärpe für die Freilassung politischer Gefangener demonstrierten.

Mit dem plötzlichen Zusammenbruch der Sowjetunion entstand eine neue Situation, die eine Chance für beide Seiten bot: Die Befreiungskämpfer Südafrikas, die eindeutige Unterstützung von nur wenigen europäischen Ländern wie Schweden, Norwegen und den Niederlanden erhielten, dafür eher aus afrikanischen Nachbarländern, die wiederum dem sowjetischen Einfluss näherstanden, wussten, dass wichtige Hilfsquellen längerfristig nicht zur Verfügung stehen würden. Das südafrikanische Apartheidsregime musste nach Jahren internationaler Isolation, die auch dazu geführt hatte, dass neben Beschränkungen des Handels kaum noch international bekannte Künstler das Land besuchten und keine internationalen Sportveranstaltungen mehr in Südafrika stattfanden, wohl oder übel erkennen, dass selbst mit brutalster Gewalt ein Ende ihrer Vorherrschaft auf Dauer nicht zu verhindern sein würde. Sollte nicht alles in einem schrecklichen Blutbad untergehen, bei dem am Ende alle Seiten nur Verlierer sein würden, musste etwas Neues gedacht werden.

Das »Wunder des friedlichen Übergangs« vom ungerechten Apartheidsregime zum demokratischen Südafrika, in dem Menschen aller Hautfarben, Religionen und Überzeugungen friedlich miteinander leben können, hat eine lange Vorgeschichte, deren Details erst nach und nach an die Öffentlichkeit kommen. Während unter dem am Ende nur noch starrsinnigen alten Staatspräsidenten Pieter Willem Botha (1916–2006) die Gewalt eskalierte, arbeiteten bereits auf verschiedenen Ebenen ab Mitte der achtziger Jahre »weiße« Wirtschaftsvertreter, Journalisten und oftmals jüngere Politiker an Alternativen zum bestehenden System, indem sie sich im Ausland mit wichtigen Vertretern der verschiedenen Befreiungsorganisationen, allen voran dem ANC, heimlich trafen. Etwa um die gleiche Zeit begannen auch vorsichtige und ebenfalls streng geheimgehaltene Konsultationen mit hochrangigen politischen Gefangenen wie Nelson Mandela, um abzutasten, inwieweit sie für eine politische Lösung, die die Sicherheit aller »Weißen« in Südafrika garantieren würde, zur Verfügung stünden.

Erst als 1989 endlich Staatspräsident Botha das Feld für den 20 Jahre jüngeren Frederik Willem de Klerk (1936–2021) räumt, kommt auch nach außen Bewegung in die scheinbar noch immer verhärteten Fronten: Am 10. Februar 1990 verkündet der neue Staatspräsident die Freilassung aller politischen Gefangenen sowie die Wiederzulassung der bislang verbotenen politischen Befreiungsorganisationen wie dem ANC. In den kommenden vier Jahren werden sorgfältige und durch Gewalt von verschiedenen Seiten immer wieder gefährdete Verhandlungen für die Vorbereitungen zur ersten demokratischen Wahl aller Südafrikanerinnen und Südafrikaner im April 1994 geführt. Extremrechte »Weißen«-Organisationen verweigern sich allen Verhandlungen und kündigen gewaltsamen Widerstand an. Alte Rivalitäten zwischen Zulus und Xhosa führen, noch angeheizt durch offizielle Sicherheitskräfte, zu blutigen Schlachten. Ein Jahr vor der Wahl wird der hochrangige ANC-Politiker und vor allem bei der Jugend beliebte Chris Hani (1942–1993) von zwei »weißen« Extremisten erschossen. Bombenattentate »schwarzer« Extremisten auf »weiße« Zivilisten in

Kirchen und Restaurants lassen mehr und mehr Zweifel aufkommen, ob das südafrikanische »Experiment« gelingen kann.

1993 erhalten Nelson Mandela und Frederik Willem de Klerk für ihre Entschlossenheit, Südafrika einen friedlichen Übergang zur Demokratie zu ermöglichen, den Friedensnobelpreis. Im April 1994 hält die Welt den Atem an, als die Wahlen an drei aufeinanderfolgenden Tagen im ganzen Land stattfinden. Und das Wunder geschieht: Die Wahlen verlaufen nicht nur friedlich, sondern werden von allen internationalen Beobachtern als vorbildlich gelobt. »Schwarze«, »weiße«, indische und »farbige« Südafrikanerinnen und Südafrikaner stehen oft Stunden in zuweilen Kilometer langen Schlangen vor den Wahllokalen. Hier kommen viele zum ersten Mal ins Gespräch miteinander und demonstrieren gemeinsam politische Vernunft.

Am 10. Mai 1994 wird die erste demokratisch gewählte Regierung Südafrikas in einer weltweit übertragenen Feier ins Amt eingeführt. Trotz überwältigendem Wahlsieg des ANC hat man sich für eine Regierung der »nationalen Einheit« entschlossen, die auch denjenigen, die zur politischen Konkurrenz gehören, und selbst denjenigen, die bislang die Unterdrücker waren, politische Vertretung zusichern: Nelson Mandela wird erster demokratisch gewählter Präsident Südafrikas, zu seinen Stellvertretern werden Frederik Willem de Klerk und Thabo Mbeki (sein späterer Nachfolger im Amt des Präsidenten ab 1999) ernannt. Das Amt des Innenministers übernimmt Zulu-Führer Mangosuthu Buthelezi, dessen Inkatha-Partei erst Tage vor der Wahl ihre Weigerung aufgibt, am Übergang mitzuarbeiten.

Noch niemals zuvor haben die Medien aus aller Welt so lange und so positiv über ein Ereignis in Afrika berichtet, wie in jenen Wochen zwischen den Wahlen im April und der Einführung der neuen Regierung im Mai 1994. Allen bisherigen scheinbar so vertrauten Bildern von Elend und Krieg in Afrika standen Bilder von selbstbewussten, gleichwohl bescheidenen und sensiblen Afrikanerinnen und Afrikanern gegenüber, die der Welt zeigten, dass trotz Hass und Unterdrückung in jüngster Vergangenheit Menschen unterschiedlicher Hautfarben und Überzeugungen doch zusammenleben und -arbeiten können, ja, dass sie noch stärker und menschlicher sind, wenn es gelingt.

»Es soll eine Gesellschaft geboren werden, auf die die gesamte Menschheit stolz sein kann …« – Nelson Mandela am 10. Mai 1994 in Südafrika:

»*Aus der Erfahrung einer ungewöhnlichen menschlichen Katastrophe heraus, die viel zu lange andauerte, soll eine Gesellschaft geboren werden, auf die die gesamte Menschheit stolz sein kann … Wir, die wir noch vor kurzem als Gesetzesbrecher betrachtet wurden, haben heute das seltene Privileg erhalten, in unserem eigenen Land Gastgeber der Nationen dieser Welt sein zu dürfen. Wir danken allen unseren ehrwürdigen Gästen, dass sie gekommen sind, um mit dem Volk unseres Landes Besitz zu ergreifen von dem, was als gemeinsamer Sieg der Gerechtigkeit, des Friedens und der Menschenwürde gefeiert werden kann. Wir haben endlich unsere politische Emanzipation erreicht. Wir verpflichten uns dazu, alle unsere Mitbürgerinnen und Mitbürger von den noch bestehenden Fesseln der Armut, der Benachteiligung, des Leidens und aller Diskriminierungen zu befreien. Niemals, niemals, niemals wieder darf es möglich sein, dass dieses wunderschöne Land die Unterdrückung eines Menschen durch einen anderen Menschen erlebt … Freiheit soll regieren. Gott schütze Afrika!*«

Die Verfassung, die das Parlament für das neue Südafrika verabschiedet, gehört zu den fortschrittlichsten der Welt, wobei die Rechte aller Minderheiten ausdrücklich verankert sind. Elf offizielle Landessprachen erkennen die kulturelle Vielfalt seiner Bewohner an. Es ist außerdem das erste Land Afrikas, in dem homosexuelle Frauen und Männer eine gesetzliche Anerkennung ihrer Partnerschaften und Schutz vor Diskriminierung erfahren.

Die Schrecken der Apartheid werden gleichwohl nicht verdrängt: Unter dem Vorsitz von Erzbischof Desmond Tutu tagt von 1996–1998 in allen Teilen des Landes die »Versöhnungs- und Wahrheitskommission«, zu der sowohl Opfer kommen können, um zu berichten und Entschädigungen zu beantragen, als auch Täter, die Amnestie erhalten, wenn sie zur Aufklärung von Verbrechen der Vergangenheit wahrheitsgetreu beitragen. 1999 endet Nelson Mandelas Amtsperiode und wie angekündigt, kandidiert er nicht erneut.

Sein Nachfolger bis 2008 wird Thabo Mbeki, der zwar ökonomisch das Land weiter stabilisiert und sich einen Namen bei internationalen

Friedensmissionen in Afrika macht, jedoch intern wenig Kritik duldet, zum Beispiel in Bezug auf eine hohe Ignoranz gegenüber den Millionen Aidsopfern im Land oder seine wirkungslose »stille Diplomatie« gegenüber dem benachbarten Diktator Robert Mugabe in Simbabwe.

Auf der Welt-Aids-Konferenz 2000 in Durban bekam Präsident Mbeki im Plenum der rund 12 000 internationalen Experten Buhrufe und Pfiffe zu hören, als er zwar den Zusammenhang zwischen Aids und Armut ausführlich erläuterte, aber nicht auf die medizinische Ursache der Ansteckung durch das HI-Virus einging und damit die Arbeit Tausender von Gesundheitsarbeiterinnen und -arbeitern infrage stellte, die den Gebrauch von Kondomen als derzeit einzig wirksamen Schutz empfehlen. Außerdem enttäuschte er die Hoffnungen von Millionen an Aids erkrankter armer Südafrikanerinnen und Südafrikaner auf eine vom Staat geförderte Ausgabe von Medikamenten, die Aids zwar nicht heilen, aber die Krankheit von einer tödlichen in eine chronische wandeln können.

Unmittelbar nach dem Präsidenten trat ein kleiner, zerbrechlich aussehender Junge in viel zu weitem Jackett ans Mikrofon und hielt eine Rede, die das Publikum unmittelbar still werden ließ.

»Akzeptiere uns – wir sind alle Menschen!« – Nkosi Johnson (1989–2001) spricht im Juli 2000 vor den Teilnehmerinnen und Teilnehmern der Welt-Aids-Konferenz in Durban, Südafrika:

»*Hi, mein Name ist Nkosi Johnson. Ich bin elf Jahre alt und habe Aids. Ich bin HIV-positiv geboren.*

Als ich zwei Jahre alt war, lebte ich in einem Zentrum für Menschen mit HIV/Aids. Meine Mutter, die eben auch infiziert war, konnte mich nicht behalten, weil sie Angst hatte, dass die Gemeinschaft, wo sie wohnte, herausfinden könnte, dass wir beide infiziert sind, und uns wegjagen würde. Ich weiß, dass sie mich sehr geliebt hat und mich besucht hätte, wenn es ihr nur möglich gewesen wäre. Dann musste das Zentrum schließen, weil es kein Geld mehr gab. Deshalb nahm mich meine Pflegemutter, Gail Johnson, die Direktorin des Zentrums war, mit zu sich nach Hause …

Ich weiß, dass mein Blut nur gefährlich für andere Menschen ist,

Nkosi Johnson (11) auf der Welt-Aids-Konferenz in Durban 2000

wenn sie ebenfalls eine offene Wunde haben und mit meinem Blut in Kontakt kommen. Nur dann müssen Menschen vorsichtig sein, wenn sie mich berühren ...

In dem Jahr 1997, gerade bevor ich zur Schule gehen sollte, starb meine Mutter Daphne. Meine Pflegemutter Gail sagte es mir, und ich musste sehr weinen. Sie ging mit mir zur Beerdigung ... Seitdem vermisse ich meine Mutter immer wieder sehr, und ich wünschte mir, sie wäre bei mir. Aber ich weiß, dass sie im Himmel ist. Und sie sieht über meine Schulter und in mein Herz.

Ich hasse es, Aids zu haben, weil ich immer wieder so krank werde, und ich werde so traurig, wenn ich an all die anderen Babys und Kinder denke, die auch Aids haben. Ich wünsche mir, dass die Regierung endlich das Medikament AZT an schwangere Mütter verteilt, das hilft, dass das Virus nicht von den Müttern auf ihre Babys übertragen wird. Babys können so schnell sterben.

Ich kannte ein ausgesetztes Baby, das bei uns aufgenommen wurde. Es hieß Micky. Er konnte nicht atmen. Er konnte nicht essen, und er war so krank. Und meine Mutter Gail musste die Fürsorge anrufen, damit sie ihn abholen und ins Krankenhaus bringen, wo er starb. Aber er war so ein hübsches kleines Baby.

Deshalb denke ich, dass die Regierung endlich handeln muss, weil ich nicht möchte, dass Babys sterben müssen ... Wenn ich groß bin, möchte ich mehr und mehr Menschen über Aids aufklären, und wenn meine Mutter Gail es mir erlaubt, überall auf der Welt. Ich möchte, dass Menschen verstehen, was Aids bedeutet, und sorgsam und respektvoll sind. Du kannst kein Aids bekommen, wenn du jemanden berührst, umarmst, küsst oder die Hände von jemandem hältst, der infiziert ist.

Sorge dich um uns und akzeptiere uns – wir sind alle Menschen.

Wir sind ganz normal. Wir haben Hände. Wir haben Füße.

Wir können gehen, wir können reden, wir haben die gleichen Bedürfnisse wie jeder Mensch – habe keine Angst vor uns. Wir sind alle gleich!«

Nach seiner Ansprache erhält der Junge lang anhaltenden Beifall. Wenige Monate nach seinem von vielen internationalen Medien übertragenen Auftritt in Durban erkrankt Nkosi schwer und stirbt schließlich am 1. Juni 2001, gerade zwölf Jahre alt. Seine Pflegemutter setzt die Arbeit für von Aids betroffenene Mütter und Kinder fort.

Die Harvard-Universität in Boston veröffentlichte 2008 eine Studie, nach der ewa 330 000 HIV-Patienten in der Regierungszeit von Thabo Mbeki unnötig starben, weil er nicht bereit war, die bereits vorhandenen ARV-Medikamente in staatlichen Kliniken an arme Patienten auszugeben. Erst als Thabo Mbeki nicht mehr im Amt war, änderte ab 2009 der neue Gesundheitsminister Aaron Motsoaledi (*1958) radikal die bisherige Politik und engagierte sich für frühe HIV-Tests und einen Zugang zu ARV-Medikamenten für alle Patienten, da sie das bislang einzige Mittel sind, um die tödliche Krankheit in eine chronische zu wandeln. Thabo Mbeki hat sich für seine Verantwortung am Tod so vieler, vor allem armer Südafrikanerinnen und Südafrikaner bis heute nicht entschuldigt.

Noch vor dem Ende seiner zweiten Amtsperiode kommt es zu einem internen Konkurrenzkampf, bei dem auf einem ANC-Parteikongress im Dezember 2007 sein bisheriger Stellvertreter Jacob Zuma (*1942) zunächst zum Parteivorsitzenden gewählt wird. 2008 wird Thabo Mbeki vom ANC aufgefordert zurückzutreten, was er ohne

Widerspruch tut. Nach den Wahlen 2009, die der ANC mit absoluter Mehrheit gewinnt, wird Jacob Zuma zum neuen Präsidenten Südafrikas vereidigt.

International gilt Jacob Zuma als umstritten, nicht nur, weil er 2005 während eines Prozesses wegen Vergewaltigung ausgesagt hatte, dass er sich nicht hätte »infizieren können«, da er »nach dem Geschlechtsverkehr geduscht« habe, sondern auch aufgrund von 783 Anklagen wegen Korruption und finanzieller Misswirtschaft, die alle kurz vor der Wahl 2009 fallengelassen wurden, da der Richter behauptete, dass die Anklagen nur »politisch motiviert« gewesen seien. In den Wahlen 2014 verlor der ANC geringfügig, obwohl erneut öffentliche Kritik am Verhalten des Präsidenten formuliert worden war, vor allem da Jacob Zuma seinen Privatwohnsitz Nkandla mit mehreren Millionen Steuergeldern luxuriös ausgebaut hatte, während mehr als 40 Prozent der Bevölkerung Südafrikas auch 20 Jahre nach dem Ende der Apartheid noch immer unter dem Existenzminimum leben müssen.

Im Mai 2014 wurde Jacob Zuma erneut für fünf Jahre zum Präsidenten Südafrikas gewählt. Gleichwohl wurde positiv wahrgenommen, dass ein Einparteienstaat nicht zu befürchten ist, da die Oppositionspartei DA (Democratic Alliance) unter Helen Zille (*1951) deutlich zugewonnen hat. Auch hat es neue Parteigründungen gegeben, wie die EFF (Economic Freedom Fighters) unter Julius Malema (*1981), dem ehemaligen ANC Jugendliga-Vorsitzenden, der sich linksradikal gibt, aber gleichwohl »Oberfehlshaber« nennt und als sein Vorbild Simbabwes Robert Mugabe angibt. Am 5. Dezember 2013 stirbt der von allen hoch geachtete Nelson Mandela im Alter von 95 Jahren.

Nach weiteren Anklagen wegen Korruption und Betrug muss Jacob Zuma im Februar 2018 zurücktreten, kann sich aber bis heute unter fadenscheinigen Gründen immer wieder einem Prozess entziehen. Sein Nachfolger Cyril Ramaphosa (*1952) setzt eine richterliche Kommission zur Untersuchung von staatlichem Machtmissbrauch ein, die zahlreiche zusätzliche Beschuldigungen gegen hohe Regierungsmitglieder belegt, aber ebenso zu nur wenigen personellen Konsequenzen führte. Bei den friedlichen Wahlen vom 29. Mai 2024 verliert der ANC erstmals seine absolute Mehrheit von über 50 Prozent und formt nun mit nur noch 40 Prozent seit dem 14. Juni 2024 eine Regierung mit der zweitstärksten Democratic Alliance (DA) mit 22 Prozent sowie einer weiteren kleinen Partei. Präsident wird erneut Cyril Ramaphosa. Sein Gegensacher Jacob Zuma hat mit einer kurz vor den Wahlen gegründeten neuen Partei (MK) immerhin fast 15 Prozent geholt, mit ihm wird trotz aller Korruptionsanklagen weiter zu rechnen sein.

Auch 30 Jahre nach dem Ende der Apartheid leben etwa 55 Prozent in extremer Armut.Die landesweite Arbeitslosigkeit liegt bei 33 Prozent, unter Jugendlichen sogar bei über 60 Prozent. Weltweit hat Südafrika die höchste Rate an Gewaltkriminalität. Hier Antworten zu finden, die echte Veränderungen bringen, muss die wichtigste Aufgabe jeder zukünftigen Regierung sein.

Völkermord in Zentral-Ostafrika: Ruandas Neuanfang

Ab 1994 ist ganz Afrika zumindest formal frei vom Kolonialismus. Die letzte Überwindung von Ausbeutung und Unterdrückung gelingt nicht nur ohne Blutvergießen, sondern auch noch mit einem afrikanischen Politiker, der weltweit zum Vorbild für menschliche Weisheit, Wärme und Bescheidenheit geworden ist. Es wäre ein schöner Abschluss eines Buches über die Geschichte Afrikas gewesen.

Aber leider sind die Geschichte, unsere Welt und auch Afrika niemals nur gut oder nur schlecht. Sie sind voller Widersprüche. Nur wenn wir es schaffen, diese auszuhalten, anzuschauen und uns bemühen, sie zu verstehen, können wir vielleicht weniger anfällig für Vorurteile und Gewaltlösungen werden, die ja immer auf Vereinfachungen angewiesen sind und niemals Widersprüche vertragen.

In jenen Monaten April und Mai 1994, als die Weltöffentlichkeit fasziniert und mit wachsender Bewunderung nach Südafrika schaute, vollzog sich auf demselben Kontinent, im Herzen Afrikas, eine Tragödie, die vieles an Schrecklichem in der Menschheitsgeschichte in den Schatten stellte. Da das grausame Geschehen sich zunächst nicht vor den Kameras internationaler Fernsehteams vollzog, wurde das Ausmaß des Dramas erst später in vollem Umfang deutlich. Es übertraf die schlimmsten Befürchtungen.

Dabei waren sowohl die UNO als auch viele westliche Regierungen, allen voran Frankreich, Belgien und die USA, durchaus wohlinformiert über den drohenden Völkermord – aber sie taten nichts. UNO-Generalsekretär Kofi Annan entschuldigte sich später öffentlich dafür. Frankreichs Staatspräsident François Mitterrand (1916–1996) versuchte vor allem, die von ihm zwischen 1990–1994 genehmigten 36 Waffenlieferungen nach Ruanda zu vertuschen. Und dem gerade gewählten US-Präsidenten Bill Clinton (*1946) saß noch die missglückte US-Friedensmission im ostafrikanischen Somalia vom Jahr davor im Nacken.

Im Dezember 1992 hatte sein Vorgänger George Bush sen. (1924–2018) die Landung von US-Soldaten bei der Hafenstadt Mogadischu befohlen, um den in Somalia wütenden Bürgerkrieg zu beenden. Der Krieg hatte bereits große Hungersnöte für die Zivilbevölkerung mit sich gebracht, und die Aktion war damals ausdrücklich von der UNO unterstützt worden. Die USA hatten jedoch keine genauen Kenntnisse der zerstrittenen Bürgerkriegsgruppen und die Soldaten waren zunehmend von der Situation überfordert. Der Mehrheit der Bevölkerung erschienen sie immer weniger als Befreier und immer stärker als Unterdrücker. Am 3. Oktober 1993 kam es zum tragischen Ende des Militäreinsatzes, als eine US-Einheit in einen Hinterhalt geriet: Zwei Kampfhubschrauber wurden abgeschossen, ein Pilot gefangen und 18 junge US-Soldaten getötet. Es war die größte Niederlage, die die USA in einer einzigen Schlacht seit dem Vietnamkrieg erlitt, dazu durch schlecht ausgerüstete somalische »Banditen«, die noch ein Jahr zuvor kein einziger US-General auch nur ernst genommen hatte.

Als es wenige Monate später in Ruanda brenzlig wurde, ging es den USA nur noch darum, die eigenen Bürger zu evakuieren. Eine Anweisung aus Washington an die US-Diplomaten in Ruanda lautete, keinesfalls das Wort »Völkermord« in den Mund zu nehmen, wenn sie über den Schrecken berichteten, der sich vor ihren Augen in diesem zentralafrikanischen Land abspielte – schlicht und ergreifend, um nichts weiter tun zu müssen!

Ruanda ist klein, gebirgig, äußerst fruchtbar und das dicht besiedeltste Land Afrikas. Es liegt ziemlich genau in der Mitte des Kontinents und lange Zeit war wenig bis nichts in Europa über Ruanda bekannt. Durch seine hochgebirgige Lage und die Abgeschlossenheit seiner Bewohner, die nur wenig Handel mit anderen Völkern trieben, und der Tatsache, dass es wohl als einziges Land Zentralafrikas schaffte, sowohl arabische als auch europäische Sklavenfänger abzuwehren, wurde es auch das »Tibet Afrikas« genannt.

Als die Europäer 1884/85 in Berlin den afrikanischen Kontinent unter sich aufzuteilen beginnen, hat man nur gehört, dass es in Ruanda einen mächtigen König geben solle, der den aristokratischen Tutsi angehört, die die Mehrheit der Landbevölkerung, die sich Hutu nennen, für sich arbeiten lassen. In den Wäldern gäbe es auch noch ein paar zurückgezogen lebende »Pygmäen«, die hier Twa heißen. Mit dem noch kleineren Nachbarland Burundi wurde Ruanda damals dem »deutschen Einflussbereich« in Ostafrika zugesprochen, ohne dass der König von Ruanda oder seine Untertanen davon etwas merkten.

Erst 1894 kommt der spätere deutsche Gouverneur für Ostafrika als einer der ersten Europäer »zu Besuch«, zieht aber bald wieder ab. Selbst als der deutsche Kaiser 1907 einen offiziellen »Residenten« benennt, um ihn dem Tutsi-König »als ständigen Berater« zur Seite zu stellen, zeigt sich der Mwami genannte König wenig beeindruckt und empfängt diesen nicht einmal zu einem Antrittsbesuch. »Wahrscheinlich weil ich nur 17 Gewehre als Geschenk bei mir hatte«, notiert der deutsche Resident, der Arzt Dr. Richard Kandt (1867–1918), verärgert. Mehr ausrichten kann er aber auch nicht, denn bis zum Ersten Weltkrieg haben insgesamt nie mehr als ein Dutzend Deutsche in dieser »Kolonie« gelebt. Nach dem von Deutschland verlorenen Krieg wird Ruanda Belgien zugesprochen, das im Kongo genug um die Ohren hat und sich ebenfalls auffallend zurückhält.

Erst als die Welle der Befreiungsbewegungen Ende der fünfziger Jahre auch Zentralafrika erreicht hat, merkt Belgien, dass es irgendetwas in Bezug auf Ruanda tun muss – aber was? Wie die Deutschen haben sich auch die Belgier auf die herrschende Klasse der Tutsi verlassen, deren Ausbeutungspraktiken gegenüber der Mehrheit der armen Hutu sie so lange nicht störten, wie alles mehr oder weniger ruhig bleibt. Nun aber fordern ausgerechnet jene Tutsi die Unabhängigkeit. Beleidigt über so viel Undankbarkeit lassen die Belgier die Tutsi fallen und heizen die ohnehin vorhandene Wut der Hutu über jahrhundertelange Unterdrückung noch an. So gestärkt kommt es 1959 zum Bauernaufstand von damals über zwei Millionen Hutu gegenüber rund 300 000 Tutsi. In einer einzigen Gewaltorgie stecken Landarbeiter die Höfe ihrer ehemaligen Herren in Brand, schlachten deren als heilig verehrte Rinderherden ab und, wo immer sie sie ergreifen können, auch ihre ehemaligen Unterdrücker selbst. Rund 50 000 Tutsi – Männer, Frauen und Kinder – werden ermordet. Noch einmal so viele können im letzten Moment außer Landes fliehen. Als das Land endlich 1962 unabhängig wird, haben die Hutu das Sagen und stellen die erste Regierung.

Und doch will sich nicht ein wirkliches Gefühl des Triumphes einstellen. Die Hutu wissen, dass die Tutsi, die nun von ihren elenden Flüchtlingslagern aus bitter auf die fernen Berge Ruandas schauen, auf Rache sinnen. In den nächsten Jahrzehnten lassen diese Spannungen niemals nach. Vor allem an den Grenzen schlagen immer wieder Tutsi-Partisanen zu, die von den Hutu verächtlich »Kakerlaken« genannt werden, und brennen Hutu-Dörfer nieder. Umgehend kommt es zu Racheaktionen an in Ruanda verbliebenen Tutsi, bei denen niemals nach Schuld oder Unschuld gefragt wird. Auch im Nachbarland Burundi, in dem ebenfalls Tutsi und Hutu wohnen. Und doch gibt es auch Regionen, wo Tutsi und Hutu einander allmählich als Menschen kennenlernen, ja sogar Freundschaften eingehen, und es zu Hochzeiten zwischen jungen Leuten aus den verfeindeten Bevölkerungsgruppen kommt.

Dass auch unter den Hutu nicht nur Einigkeit herrscht, wird 1973 deutlich, als der nationalistische General Juvénal Habyarimana (1937–1994) sich durch einen Putsch selbst zum Präsidenten befördert und in den kommenden 21 Jahren eine Diktatur errichtet, der sich alle Bürger – Hutu wie Tutsi – anzupassen haben. Sämtliche Bewohner Ruandas sind nun zum Beispiel von Geburt an Mitglieder der einzigen Staatspartei. So kann beispielsweise ein der Partei treuer Tutsi ebenso Karriere machen, wie ein kritischer Hutu im Gefängnis landen kann. Junge Tutsi außerhalb Ruandas erfahren ab Anfang der achtziger Jahre Anerkennung durch militärische Schulungen in der Partisanenarmee des ugandischen Aktivisten Yoweri Museveni (*1944), dem es – auch mittels vieler junger Tutsi-Offiziere – 1986 endlich gelingt, den Diktator Milton Obote (1924–2005) im eigenen Land zu verjagen und selbst Präsident zu werden.

Es sind diese jungen Tutsi-Offiziere, die nicht nur von der Weltöffentlichkeit, sondern auch von der Hutu-Regierung in Ruanda weitgehend unbemerkt eine äußerst schlagkräftige Armee aufgebaut haben, die in der Nacht vom 30. September 1990 aus dem Nachbarland Uganda aufbricht, um Richtung Kigali, der nur 150 Kilometer entfernten Hauptstadt Ruandas, zu ziehen, ein Marsch von nur wenigen Tagen. Präsident Habyarimana trifft dieser Einmarsch wie ein Schock. Seine Armee ist unvorbereitet und leistet kaum Widerstand. In letzter Minute kommt er auf die Idee, den französischen Präsidenten François

Mitterrand (1916–1996) um militärische Hilfe zu bitten, und hofft, dass dieser bereit sei, einmal mehr »französische Interessen« in Afrika zu verteidigen. Darauf verlassen kann er sich allerdings nicht, und Diktator Habyarimana packt für alle Fälle schon die Koffer.

Im letzten Moment landen französische Fallschirmspringer auf dem Flughafen der Hauptstadt. Aufatmen beim Diktator. Wut und Enttäuschung bei den Tutsi-Armeen. Gegen den Diktator hätten sie bestimmt gewonnen, ein Krieg mit Frankreich übersteigt ihre Möglichkeiten. Sie stoppen den Vormarsch im Nordosten Ruandas und halten diesen Landesteil von nun an besetzt. Jetzt ist das kleine Ruanda auch noch ein geteiltes Land. Wo soll das enden?

Nur zwei Auswege scheint es noch zu geben: Kompromiss oder Konfrontation. Erstaunlicherweise zögert der ruandische Präsident selbst lange. Er wird überrundet von rechtsextremen Hutu-Nationalisten, die davon überzeugt sind, dass nur eine »Endlösung« für immer Klarheit schaffen kann – die Vernichtung oder zumindest Vertreibung aller Tutsi und abweichlerischer Hutu aus Ruanda. Dreieinhalb Jahre stellen sich Hochschulprofessoren, Journalisten, Lehrer und andere »Gebildete« in den Dienst der Propaganda, um die einfache Bevölkerung Ruandas, von denen rund die Hälfte Analphabeten sind, vor der »Gefahr der Tutsi« zu warnen. Ab Mitte 1993 nimmt andererseits der außenpolitische Druck anderer afrikanischer Staaten auf Diktator Habyarimana zu, eine friedliche Kompromisslösung zu finden und seine Regierung auch gegenüber den Partisanen zu öffnen. Ein Aufschrei der ruandischen Rechtsextremisten ist die Folge. Das Pulverfass ist gefüllt, die Lunte befestigt. Es fehlt nur noch der Funken, um alles explodieren zu lassen.

Da er nicht von selbst kommen will, wird nachgeholfen. Am 6. April 1994 kehrt Habyarimana aus dem Ausland zurück, wo er einer Kompromisslösung im Prinzip seine Zustimmung gegeben hat und sich damit zum »Verräter« aller ruandischen Rechtsextremisten gemacht hat. Als sein Flugzeug zur Landung in Kigali ansetzt, wird es von »unbekannten Tätern« abgeschossen. Der Tod des Präsidenten ist das Signal zum Losschlagen.

Der ruandische Hetzsender sendet ab nun ununterbrochen Hetztiraden. Mehrmals am Tag wird der Aufruf verbreitet: »Tod! Tod! Die

Gräber sind erst zur Hälfte mit den Leichen der Tutsi gefüllt. Beeilt euch, sie ganz voll zu machen!« Einfache Menschen werden ermutigt, andere einfache Menschen grausam abzuschlachten. Frauen werden vergewaltigt, nirgendwo gibt es ein Entkommen. Auch in Kirchen Geflüchtete werden dort eingesperrt und die Gotteshäuser in Brand gesteckt. Häufigste Mordwaffe ist das Panga, ein langes Buschmesser, mit dem wahlweise Arme, Beine und Köpfe abgehackt werden. Die Armee gibt Rückendeckung, hält sich aber sonst eher zurück und achtet vielmehr darauf, dass alle beim Morden mitmachen. Ein teuflischer Plan, aufgrund dessen hinterher niemand sagen kann, er habe von nichts gewusst oder sei gar unschuldig gewesen.

Internationale Untersuchungskommissionen schätzen später die Zahl der in den rund 100 Tagen des Völkermords getöteten Tutsi auf 800 000 Menschen. So lange dauert es, bis die Tutsi-Partisanenarmee aus dem Nordosten endlich das ganze Land unter Kontrolle hat und ihr Anführer Paul Kagame (*1957) zunächst Premier- und Verteidigungsminister, ab 2000 bis heute auch Präsident Ruandas wird. Millionen Hutu, ob tatsächlich schuldig oder nicht, machen sich nun ihrerseits auf die Flucht, vor allem ins Nachbarland Zaire (seit 1997 Demokratische Republik Kongo).

Die neue Regierung unter Paul Kagame hat dem Land seitdem einige Stabilität geben können und auch Ansätze zur Zusammenarbeit zwischen Tutsi und Hutu geschaffen. Im August 2003 werden erstmals demokratische Wahlen durchgeführt, die Paul Kagame auch mit den Stimmen vieler Hutu gewinnt – nicht unbedingt geliebt, aber weithin geachtet dafür, dass er dem Land bereits neun Jahre Frieden beschert hat. Ein weiterer Erfolg: Dem neuen ruandischen Parlament gehören mit 49 Prozent an weiblichen Abgeordneten weltweit die meisten Frauen an, mehr noch als in Schweden, der bisherigen Nummer eins der Frauenemanzipation, deren Anteil bei 45 Prozent liegt. Paul Kagame wird 2010 erneut für sieben Jahre zum Präsidenten gewählt. Obwohl die Unterdrückung der politischen Opposition bis hin zu politisch motivierten Morden international kritisiert wird, gibt es gleichermaßen Anerkennung, dass Ruanda zu den am wenigsten korrupten Ländern Afrikas gehört.

1994 schrieb der nigerianische Schriftsteller und Literaturnobelpreisträger Wole Soyinka (*1934) noch: *»Ruanda ist zu unserem Albtraum geworden, Südafrika bleibt unser Traum.«*

Zwanzig Jahre nach dem Völkermord finden in Ruanda weltweit beachtete Gedenkfeiern statt, die eine in einem positiven Sinn erreichte Versöhnung signalisieren. Präsident Paul Kagame sagt am 7. April 2014:

»Wahrheit gegenüber der Geschichte ist eine Pflicht des Erinnerns, der wir uns nicht entziehen können ... Hinter dem Schlagwort »Nie wieder!« ist eine Geschichte, deren volle Wahrheit berichtet werden muss, unabhängig davon, wie unbequem sie sein mag ... Vor 20 Jahren hatte Ruanda keine Zukunft, nur eine Vergangenheit ... Heute sind die Hälfte aller Ruander unter 20 Jahre alt. Beinahe drei Viertel von ihnen sind unter 30 Jahren. Sie sind das neue Ruanda. Dass so viele von ihnen in den vergangenen drei Monaten die Flamme der Erinnerung in alle Teile unseres Landes trugen, gibt uns große Hoffnung.«

Afrikanischer Fundamentalismus: Verfolgung ethnischer, religiöser und sexueller Minderheiten

Das Beispiel Sudan, Darfur und Südsudan (arabische Mehrheit und afrikanische Minderheiten)

Noch bevor die ersten demokratischen Wahlen in Ruanda stattfanden, begann ein weiterer Völkermord – ab Anfang 2003 – in einer westlichen Region des Sudan namens Darfur. Dieser Genozid hat ebenfalls eine lange, mehr als 20-jährige Geschichte – hier die eines Bürgerkriegs zwischen der arabischen Mehrheitsregierung in Khartum und der Minderheit der afrikanischen Völker vor allem im Westen und Süden des Sudan, die seit jeher arm und benachteiligt gehalten werden. Von der Regierung bezahlte, sogenannte »Janjaweed«-Milizen, führten nun massenhafte Vertreibungen, Morde und Vergewaltigungen durch, die sich längst nicht mehr auf Rebellengruppen konzentrierten, sondern gegen alle Zivilisten richteten.

Bis 2007 wurden nach Schätzungen in der Region Darfur mehr als 400 000 Kinder, Frauen und Männer ermordet, und über 2,5 Millionen Menschen (von einer Gesamtbevölkerung von etwas mehr als sechs Millionen) waren aus ihren zerstörten Dörfern geflüchtet. Rund 400 Dörfer wurden dem Erdboden gleichgemacht. Im März 2009 wurde Sudans Präsident Omar al-Bashir (*1944) als erstes amtierendes Staatsoberhaupt vor dem Internationalen Gerichtshof in Den Haag (IGH) wegen Verbrechen gegen die Menschlichkeit angeklagt. Bis 2019 konnte er sich dem Haftbefehl entziehen, die meisten afrikanischen Länder unterstützen ihn hierbei.

Omar al-Bashir kam 1989 durch einen Militärputsch an die Macht und ließ sich seitdem im Amt drei Mal durch Wahlen bestätigen. Er führte die islamische Sharia als Gesetz für den Sudan ein, wodurch andere Religionen prinzipell nicht anerkannt sind. Der Sudan ist neben

Mauretanien, Nordnigeria und Somalia (und seit 2011 auch dem Südsudan) eines der Länder Afrikas, in denen die Todesstrafe für Homosexualität ausgesprochen werden kann. Andererseits werden etwa 40 Prozent der Mädchen unter 18 Jahren bereits als Kinder mit erwachsenen Männern verheiratet (im Südsudan sogar über 50 Prozent).

Außer dem Völkermord in der westlichen Darfur-Region unterdrückte Omar al-Bashir systematisch auch die Bewohner im Süden Sudans, die überwiegend christlichen und afrikanisch-traditionellen Religionen angehören. Obwohl im Süden rund 80 Prozent der Ölvorkommen zu finden sind, herrscht unter der Bevölkerung extreme Armut. Seit 1983 hatte sich im Süden eine Widerstandsarmee gebildet – die Sudan People's Liberation Army (SPLA) unter ihrem Anführer John Garang (1945–2005). In den kommenden Jahren werden rund zwei Millionen Zivilisten im Süden des Landes Mordopfer dieses extrem brutal geführten Bürgerkriegs.

Seit 2001 verhängt die UNO zahlreiche Sanktionen gegen das Bashir-Regime. Doch erst ab 2003 führt das zu gewissen humanitären Erleichterungen und internationale Hilfsorganisationen erhalten auch offiziell Zugang. Im Januar 2005 unterzeichnen John Garang für die SPLA im Süden und Omar al-Bashir für den übrigen Sudan einen Friedensvertrag, der dem Süden Autonomie für sechs Jahre zuspricht und John Garang zum Vizepräsidenten des Sudan und Präsidenten der autonomen Region Südsudan macht. Dann – 2011 – sollen die Bewohner des Südens über ihre Zukunft selbst abstimmen dürfen. Am 30. Juli 2005 kommt jedoch John Garang bei einem Flugzeugabsturz ums Leben, sein Nachfolger wird der christliche Salva Kiir Mayardit (*1951).

Die Volksabstimmung findet tatsächlich im Januar 2011 statt und 99 Prozent der Bevölkerung sprechen sich für einen unabhängigen Südsudan aus. Am 9. Juli 2011 wird Südsudan der 54. Staat Afrikas. An der Feier nehmen sowohl der erste Präsident Südsudans Salva Kiir Mayardit als auch Sudans Omar al-Bashir statt.

Viele Hoffnungen sind mit der Gründung des jüngsten Staates Afrikas verbunden – es sind ausreichende Ölvorkommen vorhanden, die, wenn sie friedlich und in fairen Handels- und Transportabkommen mit dem Sudan und internationalen Partnern zum Wohle des

Volkes genutzt werden, langfristig die Armut der Bevölkerung deutlich beheben können.

Der Beginn ist jedoch nicht einfach, und bald kommt es nicht nur zu Streitigkeiten mit der Regierung in Karthum über die Öltransporte, die in Pipelines weitgehend durch den Sudan laufen. Als im Juli 2013 der Vizepräsident Südsudans, Riek Machar (*1952), entlassen wird, der einer anderen Volksgruppe angehört als Salva Kiir Mayardit, kommt es Ende 2013 zu einem Putschversuch. Obwohl dieser scheitert, führt er zu einem internen Bürgerkrieg im Südsudan mit erneut Tausenden von Toten und rund 1,5 Millionen Flüchtlingen. Außerdem droht eine Hungerkatastrophe für Millionen Kinder und Erwachsene.

Im Januar 2015 wird bekannt, dass China als Mediator eines Friedensplans für den Südsudan auftritt und damit seine Politik der strikten Nichteinmischung in die Politik anderer Länder erstmals in Afrika aufgibt. 70 Prozent der Ölexporte aus dem Sudan und dem Südsudan gehen an China. Seit dem Konflikt ist der Export drastisch zurückgegangen und China musste einige hundert chinesische Arbeiter evakuieren. Über die Jahre und bis heute trug der chinesische Friedensplan im Südsudan durchaus zur Stabilisierung bei, vor allem durch Investitionen in Infrastruktur wie Gesundheit, Ausbildung und Landwirtschaft. 2023 nahmen hunderte junge Südsudanesen teil an kostenlosen Fortbildungs- und Studiumsangeboten in China.

Nach Monaten von Protesten weiter Teile der Bevölkerung und vergeblich gewaltsamen Versuchen der Niederschlagung der Regierung wird Omar al-Bashir am 11. April 2019 vom Militär unter Hausarrest gestellt. Ein Gericht verurteilt ihn am 14. Dezember 2019 wegen Korruption, nachdem rund 130 Millionen US-Dollar an Werten und Bargeld in seinem Haus gefunden worden waren. Am 11. Februar 2020 gibt die Militärregierung unter General Abdel Fattah al-Burhan (*1960) bekannt, dass sie bereit sei, Omar al-Bashir dem Internationalen Gerichtshof (IGH) in Den Haag zu übergeben, wo die Klage wegen schwerer Kriegsverbrechen in Darfur weiter anhängig ist.

Dies wird jedoch mehrfach verschoben – und Omar al-Bashir bleibt vorerst in einem Militärgefängnis im Sudan. Die Bildung einer um Frieden bemühten Zivilregierung 2020 scheitert mit der erneuten Machtübernahme des Militärs im Oktober 2021 unter General al-Burhan, der seitdem Regierungschef des Sudan ist. Die Lage bleibt mehr als angespannt: Nach Angaben der UNO sind im März 2024 bei einer Gesamtbevölkerung von ca. 47 Millionen im Sudan mehr als acht Millionen Menschen auf der Flucht und rund 25 Millionen Menschen sind von Hunger bedroht.

Das Beispiel von Nigeria: Ausbeutung des Ogoni-Volkes und Boko Haram (ein Vielvölkerstaat, eine ethnische Minderheit und islamischer Separatismus)

Nigeria ist das bevölkerungsstärkste Land Afrikas: Lebten dort 1950 noch ca. 33 Millionen Einwohner, sind es 2024 bereits 227 Millionen. Schätzungen gehen davon aus, dass Nigeria um 2100 von mehr als 730 Millionen Menschen bevölkert sein wird.

Viele Nigerianer leben in anderen Ländern, selbst auf anderen Kontinenten. Allein in den USA gibt es eine nigerianische Gemeinschaft von ca. einer Million Menschen. Die Bevölkerung unterteilt sich in rund 500 verschiedene ethnische Gruppen mit eigenen Sprachen und Kulturen, wobei Englisch als Amtssprache gilt. Die drei größten ethnischen Gruppen sind die Hausa, Igbo und Yoruba. Etwas weniger als die Hälfte der Bevölkerung sind Christen und gut die andere Hälfte fühlt sich dem Islam zugehörig.

Eine der kleineren ethnischen Gruppen sind das Volk der Ogoni, die vor allem in einem Gebiet des südöstlichen Niger-Flussdeltas leben. Zu den Ogoni zählen rund eine Million Menschen, die auf einer Fläche von etwa 1000 Quadratkilometern leben. Noch vor etwa 70 Jahren wohnten sie in überwiegend bescheidenen Dorfgemeinschaften in dem fruchtbaren Flussdelta, jedoch ohne Hunger oder Armut. Vier Jahre vor der Unabhängigkeit Nigerias schloss die englische Kolonialregierung mit der Royal Dutch Shell 1956 ein Abkommen zur Ausbeutung einer Ölquelle im Nigerdelta, die sich bald als äußerst ertragreich erwies.

In den 15 Jahren von 1976 bis 1991 wurden allein aus dem Land der Ogoni 40 Prozent der weltweiten Ölproduktion von Shell gewonnen. Die dabei angewandten Methoden nahmen keinerlei Rücksicht auf die Menschen, die dort lebten oder die Verseuchung der Natur, die mit der billigsten Form der Ölgewinnng einherging. Anfang der 1990er-Jahre war das Land der Ogoni durch Ölverschmutzung zu 98 Prozent unfruchtbar geworden, Kinder und Erwachsene verhungerten oder erkrankten an verseuchtem Wasser.

Mehrere nigerianische Regierungen machten sich mitschuldig an diesen Verbrechen gegenüber dem Volk der Ogoni und der Zerstörung ihres Landes. Besonders rücksichtslos verhielt sich General Sani Abacha (1943–1998), der mit dem Ölkonzern Shell nicht nur private Geschäfte machte, sondern auch das Ogoni-Volk und seine Anführer mit brutaler Gewalt unterdrückte. In den wenigen Jahren seiner Diktatur von 1993–1998 schaffte er rund 220 Milliarden englische Pfund in die eigene Tasche (beziehungsweise auf ausländische Konten). Diese Summe entspricht der gesamten westlichen Entwicklungshilfe für ganz Afrika über einen Zeitraum von 40 Jahren (1960–2000).

Ab 1990 gelang es vor allem Ken Saro-Wiwa als Vertreter der Ogoni, die Weltöffentlichkeit mehr und mehr auf die Verbrechen der Regierung und des multinationalen Shell-Konzerns aufmerksam zu machen.

Der Schriftsteller und Fernsehproduzent Ken Saro-Wiwa (1941–1995) gründete die gewaltfreie Bewegung für das Überleben des Ogoni-Volkes (Movement for the Survival of the Ogoni People – MOSOP), die mit drei Forderungen auftrat: Eine faire Teilhabe an den ungeheuren Gewinnen aus den Ölgeschäften mit ihrem Land, eine Behebung der schlimmsten Umweltschäden und eine Autonomie für das eigene Volk innerhalb Nigerias.

»Als Schriftsteller kannst du nicht einfach Geschichten erzählen oder die Nöte und Schwächen der Vergangenheit durchleuchten. Du musst aktiv an der Gestaltung einer gerechten Gegenwart und Zukunft teilnehmen.«

1992 verbrachte Ken Saro-Wiwa erstmals mehrere Monate im Gefängnis, ohne jedes Gerichtsurteil. Nach seiner Freilassung organisierte er mit der Bewegung MOSOP im Januar 1993 einen gewaltfreien Protestmarsch von

Ken Saro-Wiwa organisierte den gewaltfreien Widerstand des Ogoni-Volkes gegen die Ausbeutung des Shell-Konzerns und der nigerianischen Zentralregierung

rund 300 000 Ogoni – gut die Hälfte aller Ogoni war dabei. Noch im selben Jahr ließ Diktator Abacha das Land der Ogoni mit Truppen der Zentralregierung besetzen. Viele Aktivisten wurden erneut verhaftet, mehrere auch gefoltert. Andere wurden als »die wahren Führer der Ogoni« bezahlt und der Öffentlichkeit vorgestellt. Vier dieser gekauften »Führer« wurden am 21. Mai 1994 ermordet und Ken Saro-Wiwa mit anderen für die Morde verantwortlich gemacht. Als sich herausstellte, dass er sich am 21. Mai nicht am Tatort aufgehalten hatte, wurde ihm vorgeworfen, zu den Taten »aufgehetzt« zu haben. 1994 erhielt er, während seiner Zeit im Gefängnis, den alternativen Friedensnobelpreis. Gemeinsam mit acht anderen Aktivisten wurde er nach über einem Jahr Haft zum Tode verurteilt und am 10. Oktober 1995 gehängt.

Erst 14 Jahre später gelang es seinem Sohn Ken Wiwa (1968–2016) gemeinsam mit verschiedenen internationalen Menschenrechtsorganisationen in *den USA 2009 einen Entschädigungsprozess im Namen der Familien der damals neun Hingerichteten in New York gegen den Shell-Konzern vorzubereiten. Kurz vor Prozessbeginn stimmte Shell einer außergerichtlichen Einigung zu, nach der an die neun Familien eine Gesamtsumme von 15,5 Millionen US-Dollar ausgezahlt wurde. Dabei bestand Shell darauf, dass es sich dabei »nicht um ein Eingeständnis von Schuld« handele, sondern um einen Beitrag, der »den Versöhnungsprozess in Nigeria« unterstützen solle. 2014 wurde Diktator Abacha von der nigerianischen Regierung unter Goodluck Jonathan (*1957) für seine »Verdienste um die wirtschaftliche Entwicklung Nigerias« posthum geehrt.*

In der Tat ist Nigeria in den letzten Jahrzehnten zum wirtschaftlichen Giganten und seit 2014 zur stärksten Wirtschaftsmacht noch vor Südafrika auf dem Kontinent aufgestiegen. Seit 2006 ist es das erste Land Afrikas ohne Schulden. Experten gehen davon aus, dass Nigeria bei einem weiteren jährlichen Wirtschaftswachstum von sechs Prozent bis 2030 zu den reichsten 20 Ländern der Welt gehören dürfte. Positiv ist weiter, dass die Ölvorkommen und anderen Bodenschätze dabei nur 14 Prozent der Gewinne ausmachen und es gelungen ist, verschiedene Sektoren der eigenen Produktion wie Handys und andere Konsumgüter aufzubauen. Trotzdem leben noch immer gut zwei Drittel der Bevölkerung in größter Armut und 68 Prozent können weder lesen noch schreiben.

Eine hoffnungsvolle Zukunft für Mehrheiten wird wesentlich davon abhängen, ob interne gewaltsame Konflikte im Land, vor allem mit fundamentalislamischen Gruppen wie Boko Haram, die hauptsächlich im Norden des Landes operieren, gelöst werden und die Regierung als nicht-korrupt und allgemeine Menschenrechte achtend anerkannt wird. Außerdem sind dringend Investitionen in die Gesundheitsversorgung und Schulbildung nötig. Dann kann es gelingen, dass es bis 2030 erstmals zu einer stabilen Mittelschicht von ca. 35 Millionen Menschen kommen könnte, die wiederum den Markt mit ihrem Konsum positiv beeinflussen würde.

Allein militärische Optionen zur Lösung interner Konflikte werden ebenso wenig funktionieren wie die Verfolgung von Minderheiten, so gegenüber sexuellen Minderheiten seit Januar 2014 mit dem

»Gesetz zum Verbot gleichgeschlechtlicher Ehen«, die Lesben und Schwule mit 14 Jahren Gefängnis bedrohen und mit bis zu fünf Jahren jene, die sich weigern, sie anzuzeigen.

Auch auf die Terroraktionen von Boko Haram (Hausa für: »Westliche Bildung ist schlecht«) wurde bislang ausschließlich mit Gegengewalt reagiert: So erklärte Präsident Goodluck Jonathan im Mai 2013 in den nordöstlichen Provinzen Borno, Yobe und Adamawa den militärischen Notstand und jeder, der als Sympathisant von Boko Haram verdächtigt wird, kann seitdem ohne Gerichtsverhandlung mit bis zu 20 Jahren Gefängnis bestraft werden.

Boko Haram wurde 2002 von Mohammed Yusuf (1970–2009) gegründet mit dem Ziel, einen islamischen Staat in Nigeria zu schaffen. Der offizielle Name lautet in Arabisch: »Ein Volk, das sich für Tradition, die Lehren des Propheten und Glaubenskrieg einsetzt«. Die ersten sieben Jahre geschah dies überwiegend gewaltfrei und vor allem sich benachteiligt fühlende, oft jugendliche Muslime im Norden des Landes zeigten durchaus Zustimmung. *»Wenn Regierungen schwach, korrupt oder in ländlichen Gegenden kaum existieren, werden Gruppen wie Boko Haram vor allem von jenen gehört, die sich ausgegrenzt fühlen«*, schrieb Ayaan Hirsi Ali (*1969) über die Anfänge von *Boko Haram*. Sie ist Sozialwissenschaftlerin aus Somalia, die zuerst in den Niederlanden, dann in den USA Asyl fand und heute an der Harvard Universität arbeitet.

Mohammed Yusuf hatte vier Frauen und zwölf Kinder und war selbst nicht arm. Nachdem bei Zusammenstößen mit der Armee und Polizei am 29. Juli 2009 168 Menschen getötet worden waren, gelang der Polizei die Festnahme von Yusuf. Ein Fluchtversuch misslingt und einen Tag später wird er ohne Gerichtsverhandlung und vor den Augen der Öffentlichkeit von der Polizei erschossen.

Sein Nachfolger Abubakar Shekau (ca. 1975–2021) heiratet nicht nur eine von Yusufs Witwen, sondern übernimmt auch die Leitung von Boko Haram mit bislang ungekannter Brutalität: Waren anfangs Armee und Polizei Ziel von Attacken gewesen, werden nun wahllos auch arme Dorfbewohner Opfer von Überfällen. Angegriffen und hingerichtet werden auch Muslime, die sich nicht auf der Linie von Boko Haram bewegen, ebenso wie Christen, die sich weigern, zum Islam überzutreten. Bei Boko Haram kämpfen auch Kindersoldaten, viele erst zwölf Jahre alt. Zwischen 2009 und 2024 wurden nach Angaben von Menschenrechtsorganisationen bei von Boko Haram verübten Anschlägen etwa 35 000 Menschen getötet, mehr als zwei Millionen Zivilisten mussten fliehen.

»Bringt unsere Mädchen zurück! (Bring Back Our Girls!)« – eine Kampagne, die von betroffenen Eltern begonnen wurde, aber inzwischen auf verschiedenen sozialen Netzwerken von mehreren Millionen Menschen weltweit unterstützt wird.

Weltweit bekannt wurde Boko Haram vor allem durch die Entführung von 276 Mädchen im Alter von 16 bis 18 Jahren aus einer staatlichen Internatsschule in Chibok (Provinz Borno) in Nordnigeria: In der Nacht vom 14. auf den 15. April 2014 dringen sich als nigerianische Soldaten ausgebende Kämpfer von Boko Haram in die Schule ein und sagen den Mädchen, dass sie auf Lastwagen klettern sollen, um in Sicherheit gebracht zu werden. Aus Angst vor Angriffen war die Schule bereits einen Monat eher als üblich geschlossen worden und rund 530 Mädchen der Abschlussklassen waren nur zurückgekehrt, um ihre Prüfungen abzulegen. Bald merken die Mädchen jedoch, dass die Männer keine Soldaten sind. Einige Mädchen können sich verstecken oder entkommen, doch 276 von ihnen werden unter Waffengewalt abtransportiert, vermutlich in ein entfernt gelegenes und schwer zugängliches Waldgebiet. Es gibt auch Gerüchte, dass einige über die Grenze nach Tschad und Kamerun gebracht worden seien. Am 5. Mai veröffentlicht der Anführer von Boko Haram, Abubakar Shekau, ein Video, in dem er damit prahlt, dass Allah ihm »den Auftrag gegeben« habe. »Mädchen sollen keine Schule besuchen, sondern heiraten, so jung wie möglich. Ab neun Jahren ist dies gut möglich …« Bis Ende April können zwei Gruppen von insgesamt 57 Mädchen entkommen und zu ihren Familien flüchten, 219 werden weiter vermisst.

Während der Suchaktionen des Militärs in der Umgebung schlägt Boko Haram erneut zu und ermordet 300 Dorfbewohner in Gamboru Ngala, kurz nachdem die Soldaten die Gegend verlassen hatten – aus »Rache für Kooperation der Bewohner mit der Regierung«. Am 9. Mai gibt Boko Haram bekannt, dass die Mädchen nur freikämen, wenn die Regierung ver-

haftete Boko-Haram-Anhänger freilassen würde. Am 12. Mai folgt ein Video, in dem etwa 130 der Mädchen in traditioneller muslimischer Kleidung zu sehen sind und damit gedroht wird, sie als Sklaven zu verkaufen, wenn es nicht bald zur Freilassung ihrer Anhänger komme.

*Inzwischen sind Fotos der entführten Mädchen um die Welt gegangen. Die Eltern haben sich mit Menschenrechts- und Frauenorganisationen zusammengetan und Demonstrationen in mehreren Städten organisiert. Auf verschiedenen sozialen Netzwerken kommt es zu Petitionen an die nigerianische Regierung, mehr zu tun, um die Mädchen zu befreien. Allein auf Twitter haben bis zum 11. Mai weltweit mehr als 2,3 Millionen Menschen die Kampagne »Bringt unsere Mädchen zurück!« unterstützt, darunter auch Michelle Obama (*1964), die Frau des damaligen US-Präsidenten Barack Obama (*1961).*

Erst im Juli 2014 kommt es zu einem direkten Treffen von Eltern der weiter vermissten Mädchen mit dem nigerianischen Präsidenten. Mehrere Staaten, wie die USA, England, Frankreich aber auch China, Israel und der Iran haben der Regierung Nigerias Experten zur Verfügung gestellt, um die Mädchen zu finden.

Inzwischen weiten die Kämpfer von Boko Haram ihre Angriffe auch auf die Nachbarländer Benin, Tschad, Kamerun und Niger aus. Woher sie Waffen und Geld bekommen, ist umstritten. Im Mai 2014 wurden neun nigerianische Generäle unter dem Verdacht verhaftet, Waffen an Boko Haram verkauft zu haben.

Mitte Oktober 2014 verkündet die nigerianische Regierung, dass eine Freilassung der Schulmädchen aus Chibok unmittelbar bevorstehe. Boko-Haram-Anführer Abubakar Shekau dementiert dies umgehend und verkündet Anfang November 2014, dass die meisten Mädchen inzwischen an Mitglieder von Boko Haram, auch außerhalb von Nigeria, verheiratet worden und zum Teil bereits schwanger seien und mit ihren »neuen Männern« lebten. Am 14. November wird gemeldet, dass Boko-Haram-Kämpfer die überwiegend christlich besiedelte Kleinstadt Chibok eingenommen und hunderte Bewohner, vermutlich darunter auch Eltern der entführten Mädchen, ermordet haben. Tausende können in letzter Minute fliehen. Außerdem kommt es Anfang Januar 2015 zu einem Massaker in der nordnigerianischen Stadt Baga, bei dem über 2 000 Menschen getötet werden. Beobachter berichten, dass in dieser Provinz 70 Prozent des Landes inzwi-

schen unter Kontrolle von Boko Haram sind.

Fest steht außerdem, dass seit April 2014 im Norden Nigerias aus Angst vor neuen Entführungen mehrere 10 000 Mädchen dem Unterricht fernbleiben.

Ende Januar 2015 beschließt die Afrikanische Union (AU), 7500 Soldaten in den Kampf gegen Boko Haram zu entsenden. Erst nach schwierigen Verhandlungen und im Austausch gegen gefangene Boko-Haram-Käpfer kommen im Mai 2017 endlich weitere 82 Mädchen frei. Nach Angaben von Amnesty International sind bis heute (2024), mehr als zehn Jahre später, 98 Mädchen niemals frei gekommen und bleiben vermisst.

*Der Anführer Abubakar Shekau tötet sich am 19. Mai 2021 im Kampf mit einer provinziellen Gruppe des Islamischen Staates selbst, in dem er eine Bombenweste zündet. Sein Nachfolger wird der erst 24-jährige Bakura »Sahaba« Modu (*1997).*

*Ein Ende solcher Terrortaten gegenüber immer jüngeren Schüler*innen im Norden Nigerias ist nicht absehbar: Im März 2024 werden 200 Kinder einer Grundschule im nordwestlichen Kuriga gewaltsam entführt. Ihr Verbleib ist vorerst weiter unklar. Insgesamt wird die Zahl der entführten und bis heute vermissten Menschen auf 25 000 geschätzt, davon sind etwa 14 000 Kinder und Jugendliche.*

Das Beispiel von Uganda (christlich-heterosexuelle Mehrheiten und sexuelle Minderheiten)

In Uganda leben heute knapp 48 Millionen Einwohner mit mehr als 40 Sprachen und Ethnien. Offizielle Landessprachen sind Englisch und Swahili, während Luganda, die Muttersprache der Ganda, am häufigsten in der Hauptstadt Kampala und Umgebung vorkommt. Den verschiedenen christlichen Kirchen fühlen sich 84 Prozent der Bevölkerung zugehörig, während sich zwölf Prozent als Anhänger des Islam verstehen.

Auch Uganda ist kein armes Land: Der fruchtbare Boden und regelmäßige Regenfälle erlauben ertragreiche Landwirtschaft, außerdem gibt es Kobalt- und Kupferminen. Ökonomen vermuten, dass die bislang kaum ausgeschöpften Öl- und Gasvorkommen die Einnahmen des Staates in der Zukunft mehr als verdoppeln werden.

Von diesem Reichtum hat die Mehrheit der Bevölkerung bisher nichts – im Gegenteil: Obwohl das Bruttosozialprodukt des Landes derzeit jährlich etwa um 2,5 Prozent wächst, nimmt die extreme Armut von rund 40 Prozent der Bevölkerung mit knapp vier Prozent pro Jahr weiter zu. Grund hierfür ist das hohe Ausmaß von Korruption sowohl im Geschäftswesen, als auch bei den meisten Behörden bis hin zur Regierung: 2013 hat die Weltbank Korruption in Uganda als »ernstes Problem« bezeichnet und berechnet, dass der Allgemeinheit durch persönliche Bereicherung der wenigen Mächtigen jährlich knapp 300 Millionen US-Dollar verloren gehen. Mehrere internationale Organisationen und einige Geberländer haben daraufhin ihre finanzielle Hilfe für Uganda eingestellt.

Kinderarbeit ist weitverbreitet in der Landwirtschaft Ugandas und Präsident Museveni hat sich niemals für den Einsatz von Kindersoldaten in seiner früheren Befreiungsarmee verantworten müssen. Frauen arbeiten oft täglich bis zu 14 Stunden in der Landwirtschaft ohne festen Lohn. Die Abgeordneten im Parlament verdienen gleichwohl 60 Mal so viel wie die durchschnittlichen Beamten und kündigten 2014 eine erneute Erhöhung ihrer Einkommen an.

Es war der Abgeordnete David Bahati (*1973), der sich seit 2009 auch international einen Namen machte, indem er für die Einführung eines neuen Gesetzes warb, das in der Öffentlichkeit unumwunden »Kill the Gays« (»Ermordet die Schwulen«) genannt wurde. Mit dem Tod sollten homosexuelle Manner ab 18 Jahren bestraft werden, die zum zweiten Mal beim Geschlechtsverkehr mit einem anderen Mann verhaftet werden oder Sex mit Minderjährigen hatten. Auf letzterem basierte seine Kampagne im Wesentlichen: Er warf homosexuellen Männern vor, dass sie *»bevorzugt Kinder rekrutieren, nicht nur um sie zum Sex zu missbrauchen, sondern auch, um sie lebenslang zu Homosexuellen zu machen«*.

Er bekam viel Unterstützung, vor allem von aus den USA geförderten christlich-fundamentalistischen Kirchen in Uganda. Auch zahlreiche Journalisten schrieben Hetzberichte über »sündige Gays«, die ugandische Boulevardzeitung *Rolling Stone* veröffentlichte 2010 unter der Überschrift »Hängt sie auf!« Namen und Fotos von 100 Männern, die für homosexuell gehalten wurden.

Im Dezember 2013 sprach sich eine deutliche Mehrheit des Parlaments für die Gesetzesvorlage aus, wobei die Todesstrafe in lebenslange Haft umgewandelt wurde. Unter Strafe von mindestens sieben Jahren Gefängnis wurde gestellt, wer sich öffentlich für die Rechte sexueller Minderheiten ausspricht – und, schlimmer noch, strafbar ist ab nun auch, wer nicht den eigenen Sohn oder Bruder, den Kollegen oder Nachbarn, von dem bekannt ist oder vermutet wird, dass er homosexuell ist, bei der Polizei anzeigt.

Im Februar 2014 macht Präsident Museveni dieses Gesetz durch seine Unterschrift rechtskräftig.[5] Es kommt vermehrt zu Übergriffen auf als homosexuell verdächtigte Männer, die Polizeit greift in der Regel nicht ein oder ist gar auf Seiten der Gewalttäter. Viele homosexuelle Männer verlassen ihre Wohnungen und Arbeitsplätze, um sich zu verstecken. Einige, die Kontakte ins Ausland haben, gehen ins Exil.

Davon erzählen beispielhaft die Geschichten des Arztes Dr. Paul Semugoma (*1970) und des Lehrers und Aktivisten für die Rechte sexueller Minderheiten David Kato (1964–2011), der am 26. Januar 2011 in seinem Zuhause erschlagen wurde, nachdem sein Foto und sein Name in der oben erwähnten Ausgabe des *Rolling Stone* vom 9. Oktober 2010 veröffentlicht worden war.

»Ja, er war anders als die meisten in unserem Dorf. Er hatte zwar keine eigenen Kinder, aber er bezahlte zum Beispiel das Schulgeld für viele arme Kinder bei uns. In seiner Familie war er derjenige, der das Geld verdiente, nicht nur für Mutter und Schwester. Er konnte niemanden leiden sehen, so war er.« – Eine Nachbarin aus Nakawala, dem Dorf, in dem David Kato 47 Jahre zuvor geboren worden war

---

5 Am 1. August 2014 erklärt das Verfassungsgericht Ugandas das Gesetz für ungültig wegen eines Formfehlers während der Abstimmung. Aber es gibt neue Bemühungen, die ab Mai 2023 dazu führen, dass doch noch die Todesstrafe gegen queere Menschen eingeführt wird.

David kommt in einer ländlichen Gegend Ugandas gemeinsam mit seinem Zwillingsbruder John am 13. Februar 1964 zur Welt. Nach der Oberschule absolviert er ein Lehrerstudium. Er unterrichtet an verschiedenen Schulen, zuletzt an einer Berufsschule in Njeru, wo er sich 1991 öffentlich zu seiner Homosexualität bekennt und umgehend entlassen wird. Es gelingt ihm, mit 27 Jahren eine Anstellung als Lehrer in Johannesburg, Südafrika, zu bekommen, wo er bis 1998 bleibt und miterlebt, wie dort 1996 eine Verfassung geschaffen wird, in der steht, dass niemand aufgrund seiner sexuellen Orientierung benachteiligt werden darf.

Zurück in Uganda entscheidet er sich, während einer Pressekonferenz offenzulegen, dass er schwul ist. Das hat es noch nie zuvor in Uganda gegeben. Er wird umgehend verhaftet, aber nach einer Woche wieder freigelassen. Noch einmal arbeitet er als Lehrer von 2002 bis 2010.

Im März 2004 gründet er mit anderen Aktivisten die landesweite Organisation »Sexuelle Minderheiten Ugandas« (Sexual Minorities Uganda – SMUG) als Zusammenschluss von 18 verschiedenen regionalen Gruppen. Als im Parlament ab 2009 über das Gesetz zur Einführung der Todesstrafe gegenüber Homosexuellen beraten wird, gibt er seine Anstellung als Lehrer 2010 auf und arbeitet mit voller Kraft für SMUG in Kampala. In dieser Zeit erhält er ein Stipendium des Menschenrechtszentrums der englischen Universität York. Erneut kehrt David, der inzwischen öfter ins Ausland eingeladen wird, zurück nach Uganda.

Als am 9. Oktober 2010 sein Foto mit Namen auf der Vorderseite der Zeitung Rolling Stone *unter der Überschrift »Hängt sie auf: 100 Fotos von Ungandas Top Homos« erscheint, reagiert er nicht mit Panik wie viele andere, sondern erstattet mit zwei anderen SMUG-Mitgliedern Anzeige gegen die Zeitung, um die weitere Veröffentlichung von Fotos, Namen und selbst Anschriften von der Homosexualität Verdächtigten zu unterbinden. Am 3. Januar 2011, drei Jahre bevor das Gesetz gegen Homosexuelle beschlossen wird, verurteilt ein Richter die Zeitung wegen Anstiftung zu Gewalt zur Zahlung von je 600 US-Dollar an David Kato und seine beiden Mitstreiter.*

Gut drei Wochen später, am 26. Januar 2011, kommt gegen 14 Uhr ein Mann zum bescheidenen Haus von David Kato in Bukusa, in dem er allein wohnt, und verletzt ihn mit mehreren Hammerschlägen schwer am Kopf. David Kato stirbt noch auf dem Weg ins Krankenhaus.

David Kato (46) zeigt im Oktober 2010 die Zeitung, in der die Bevölkerung Ugandas aufgerufen wird: »Top Homos – Hängt sie auf!« Sein Foto ist eines der beiden auf der Vorderseite.

Ein Aufschrei geht um die Welt: US-Präsident Obama spricht von David Kato als einem »starken Anwalt für Fairness und Freiheit: David zeigte enormen Mut, indem er sich deutlich gegen den Hass äußerte.« Die örtliche Polizei leugnet zunächst jeden homophoben Zusammenhang und vermutet, dass es sich um einen »Raubmord« gehandelt habe.

Während David Katos Beerdigung in seinem Geburtsort Nakawala am 28. Januar 2011 kommt es zu einem Eklat, als der Pfarrer von den »vielen Sünden in Davids Leben« spricht und auf die biblischen Geschichten um die sündhaften Städte Sodom und Gomorra verweist. Mehrere Freunde und Familienmitglieder, aber auch angereiste Aktivisten jagen den Priester davon und bitten einen ebenfalls anwesenden anglikanischen Bischof, die Trauerfeier in Achtung vor David abzuhalten.

*Schließlich wird am 2. Februar 2011 der 21-jährige Nsubuga Enoch (*1989) verhaftet, der die Tat zugibt, jedoch behauptet, dass er David schon länger gekannt habe und es sich um einen Streit aufgrund der verweigerten Bezahlung für sexuelle Dienste gehandelt habe. Nsubuga Enoch wird am 10. November 2011 zu 30 Jahren Haft mit Zwangsarbeit verurteilt. Als Motiv ließ der Richter »Raub« gelten.*

Paul Semugoma (*1970) ist Arzt, geboren in Ugandas Hauptstadt Kampala als erstes von fünf Kindern seiner Mutter und als eines von 13 seines Vaters, der sechs Frauen hatte. Er kennt David Kato aus der gemeinsamen Zeit in der Oberschule, erfährt jedoch von dessen Schwulsein erst, als sie sich Jahre später wiedertreffen. Beide sind inzwischen aktiv für die Rechte sexueller Minderheiten. Seit 2012 lebt Paul Semugoma mit seinem Partner Brian Kanyemba (*1976) aus Simbabwe und ihren beiden Pflegekindern im Exil in Kapstadt, Südafrika:

»Ich bin ein homosexueller Mensch. Wenn ich heute zurückschaue, wird mir klar, wie sehr dieser Satz die meisten meiner Erfahrungen in meinem bisherigen Leben geprägt hat.

Uganda ist ein sehr konservatives Land. Und das bedeutet leider, dass Kinder über Sex nur von anderen Kindern hören, meist über Gerüchte und Klatsch. Im Unterricht oder von den Eltern kommt kein Wort. Als ich merkte, dass ich mich zu anderen Jungs hingezogen fühlte, erschrak ich zutiefst. Ich wollte davon nichts wissen.

Es gab eine Gruppe religiöser Schüler, die alles Sexuelle für Sünde hielten und der ich mich anschloss. Eine sehr einsame Zeit. Auch wenn ich es nicht wollte, musste ich doch dauernd an Sex denken. Mit 16 schaffte ich es, in die Oberstufe versetzt zu werden. Mein Traum war, einmal Arzt zu werden. Meine Mutter war Krankenschwester, und das hatte mich immer beeindruckt. Ein Onkel überzeugte mich, ein Auslandsstipendium zu beantragen. So begann ich mein Medizinstudium an der Muhimbili-Universität in Daressalam, der Hauptstadt von Tansania.

Mit 25 Jahren, 1995, konnte ich mein Studium erfolgreich abschlie-

ßen, wusste aber noch immer nicht mehr über Sex. In der Bücherei hatte ich zwar jede Menge ›Fachbücher‹ gelesen, aber in allen wurde immer nur betont, dass Homosexualität eine Krankheit sei. Am Ende dachte ich, dass ich vielleicht auch krank sei und vermied jeden sexuellen Kontakt. Nach meiner Rückkehr nach Uganda absolvierte ich mein praktisches Jahr am Rugaba-Krankenhaus in Kampala.

Danach erhielt ich eine erste Stelle in einem Flüchtlingslager im Norden. 1997 war dort, mitten im Bürgerkrieg, eine schlimme Zeit. Ich bekam die ärztliche Leitung des Lagers anvertraut. Die meisten Flüchtlinge kamen aus dem Süden Sudans. Viele hatten schwere Misshandlungen erlitten, einige Kinder waren als Sexsklaven oder Soldaten missbraucht worden. In jener Zeit versuchte ich alles, um ›normal‹ zu werden, und schlief mit so vielen Frauen wie nur möglich. Als der Vertrag nach zwei Jahren ausgelaufen war, fühlte ich mich emotional völlig ausgebrannt.

Trotzdem gelang es mir, umgehend wieder eine Stelle zu finden, nun am Internationalen Krankenhaus in Kampala. Zum ersten Mal war ich nicht mehr sicher, ob ich mich wirklich krank fühlen sollte. Mir war nur klar, dass ich es zu verstecken hatte – vor meinen Eltern, meinen Geschwistern, meinen Kollegen. Eine Weile ging ich nur deshalb mit einer Kollegin aus, damit keine Gerüchte entstünden.

Mit inzwischen 29 Jahren wollte ich mich dann endlich so annehmen, wie ich bin. Mir war klar, wie einsam ich war. Ich wollte mich auf die Suche nach anderen Ugandern machen, die so wie ich sind. Zuerst fand ich ein paar Kontakte übers Internet. Dann jemanden, der bereit war, mir eine Bar in der Stadt zu zeigen, wo sich auch Kuchus treffen würden. Kuchu ist ein Wort aus dem Swahili, mit dem wir uns gegenseitig als verschiedene sexuelle Minderheiten positiv benannten. Es bedeutet so viel wie gut aussehend oder attraktiv.

Der Besuch in dieser Bar wurde zum einschneidenden Erlebnis. Die anderen hier waren zuerst Ugander wie ich. Und dann waren sie auch schwul. Sie waren einfach da – und atmeten und aßen und redeten. Wir konnten uns verabreden, und ja, wir konnten auch Sex haben. Die meisten benutzten erfundene Namen. Ich hatte zum Beispiel einen John getroffen und merkte dann, dass andere ihn nur als Joseph kannten. Einige meinten, ich sei absolut naiv, anderen meine Visitenkarte mit Namen und Telefonnummer zu geben. Ich merkte auch, dass die meisten nur Sex, aber keine

Beziehung wollten. Das Vertrauen dazu war bei den meisten einfach nicht da. Ich suchte lange, bis ich dann aber doch einen Freund fand, mit dem ich zehn Jahre zusammen war.

In dieser Zeit wurde ich in unseren Kreisen immer mehr als der »schwule Doktor« bekannt. Eines Tages kam ein Patient zu mir, der HIV-positiv war – ganz klar auch er ein Kuchu. Ich wusste einiges über die Krankheit, aber nichts über HIV und schwule Männer. Im Studium war es immer nur um Sex zwischen Männern und Frauen gegangen. Nachdem ich im Internet forschte, wurde mir klar, dass wir eine der besonders gefährdeten Gruppen waren. Und kaum jemand in Uganda hatte damals auch nur eine Ahnung davon!

2004 gelang es mir, mit dem amerikanischen Vertreter von UNAIDS in Uganda persönlich zu sprechen. Er bot seine Hilfe an, indem er ein vertrauliches Treffen verschiedener Organisationen einberief, die sich in Uganda gegen HIV und Aids engagierten. Wir waren aufgeregt und froh, dass uns jemand zuhörte. Aber schon beim zweiten Treffen müssen Einzelheiten zur Regierung durchgedrungen sein, denn dieser Amerikaner musste bald danach das Land verlassen, weil er angeblich ›Werbung für Homosexualität‹ gemacht habe. Aber wir waren trotzdem durch diese zwei Treffen mutiger geworden.

Gemeinsam mit David Kato und Victor Mukasa (einem Transmann, der heute in den USA lebt) veranstalteten wir am 16. August 2007 eine erste Pressekonferenz in Kampala, einfach um zu zeigen, dass es uns gibt. Die meisten trugen eine Maske aus Angst vor Konsequenzen. Ich jedoch nicht, denn ich trat dabei zuerst als ›medizinischer Experte‹ auf. Die Regierung teilte uns mit, dass wir bei einer Wiederholung verhaftet werden würden. Mehrere Kirchenvertreter, einige mit deutlicher Unterstützung von fundamentalistischen Kirchen aus den USA, sagten uns den offenen Kampf an. 2009 wurde eine Gesetzesvorlage vorbereitet, die die Todesstrafe gegen Homosexuelle verankern sollte.

Es wurde immer schwieriger, irgendwelche Debatten im Land zu führen, ohne sofort persönlich bedroht zu werden. Gleichzeitig gelang es David und anderen, mehr und mehr internationale Unterstützung zu gewinnen. Inzwischen war klar, dass dieser Hass auf Homosexuelle nicht nur in Uganda bestand, sondern in den meisten Ländern Afrikas. Obwohl ich zu den ›Aktivisten‹ gehörte, hatte ich mich noch nicht öffentlich selbst als schwul geoutet. Für viele von uns war unser Freund David Kato ein Vorbild – aber seine brutale Ermordung dann ebenso ein Schock.

Als ich im Juli 2012 zu einer internationalen Aidstagung nach Washington eingeladen wurde, bot sich mir beruflich wie privat eine unglaubliche Chance. Zu der Zeit war meine erste Beziehung zu Ende gegangen, und ich hatte einen neuen Partner gefunden, jemanden aus Simbabwe, der in Südafrika lebte. Brian lud mich ein, mit ihm dort eine offen schwule Beziehung zu führen. Keine Lügen mehr, kein Doppelleben, keine tägliche Angst vor Gewalt. Und doch weiter arbeiten für die Rechte sexueller Minderheiten in Uganda und überall in Afrika.

So geschah es: In Washington sprach ich vor laufenden Kameras nicht nur als Arzt über HIV-Infektionen unter Homosexuellen in Uganda, sondern auch als offen schwuler Afrikaner. Am Ende dankte ich meinem Partner Brian für seine Liebe und Unterstützung. Danach flogen wir aus den USA direkt nach Südafrika, wo wir seitdem zusammenleben.«

Die international bekannte nigerianische Schriftstellerin Chimamanda Ngozi Adichie (*1977) unterzeichnete im Jahr 2014 einen Protestaufruf an die Regierung Nigerias, die ein strenges Gesetz gegen sexuelle Minderheiten verabschiedet hatte, mit den Worten:

»*Ich bin gegen dieses Gesetz, weil es kein Verbrechen ist, wenn Menschen als Erwachsene einvernehmlich Sex miteinander haben – also gegen niemanden ein Verbrechen begehen. Außerdem ist es unverständlich, dass in Nigeria, wo wir viele wirkliche Probleme haben, etwas zum Problem gemacht wird, das keines ist.*«

Als der offen homosexuelle kenianische Schriftsteller Binyavanga Wainaina (1971–2019) in Nairobi mit 48 Jahren an einem Herzleiden starb, schrieb Adichie in einer Trauerrede, dass sie seine Offenheit und Ehrlichkeit immer vermissen und lange über seinen Tod weinen würde.

Chimamanda Ngozi Adichie (44) spricht zur Eröffnung des Humboldt Forums in Berlin am 22. September 2021

Binyavanga Wainaina gewann 2002 den Caine-Preis für afrikanisches Schreiben und war Gründer der angesehenen Literaturzeitschrift *Kwani*. Ebenfalls 2014, als Nigeria neue strenge Gesetze gegen Homosexuelle einführte, veröffentlichte er den in vielen afrikanischen Ländern diskutierten Essay »Ich bin homosexuell, Mama!«, in dem er schrieb:

»Niemals, Mama. Ich habe dir nicht getraut. Jetzt an deinem Totenbett muss es heraus. Und. Ich. Sauge Luft tief in mich hinein, hinunter bis zu meinem Nabel. Und lasse es langsam und klar und ohne Stottern über die Schulter in ihr Ohr. Ich bin ein Homosexueller, Mama!«

*Als manche Leser*innen nicht glauben, dass er, der bekannte Autor, wirklich über sich selbst schreibt, fügt er in einem Tweet hinzu: »Für jeden, verwirrt oder in Zweifel: Ich bin ein Homosexueller. Schwul und ziemlich glücklich.« Und: »Als Pan-Afrikaner werde ich weiter nach Nigeria reisen. Ich habe dort viel Spaß gehabt. Auch wenn es jetzt ein Abenteuer wird.«*

Trotz aller Bemühungen von Aktivist*innen und Menschenrechtsorganisationen innerhalb wie außerhalb Ugandas führt ein zweiter Vorstoß im März 2023 für strengere Gesetze gegen sexuelle Minderheiten dazu, dass 97 Prozent der Abgeordneten im Parlament für die Todesstrafe für »schwere Fälle von Homosexualität« stimmen. Dieses »Anti-Homosexualitäts-Gesetz« wird von Präsident Museveni im Mai 2023 durch seine Unterschrift wirksam.

Edward Mutebi (*1992) erhält Asyl in Deutschland, nachdem er in Uganda nachweislich mehrfach verhaftet und gefoltert worden war. Er hat an der Alice-Salomon-Hochschule Berlin einen Master mit den Schwerpunkten Sozialarbeit und Menschenrechte absolviert und arbeitet mit Aktivist*innen der von ihm gegründeten Organisation Let's Walk Uganda wie auch der Queeren Nothilfe zusammen, die sich von Deutschland aus für verfolgte queere Menschen in Uganda und Ghana (und in der Ukraine) engagiert. Mit anderen ugandischen Aktivist*innen hat er eine Klage wegen des »Anti-Homosexualitäts-Gesetzes« beim Verfassungsgericht in Kampala eingereicht.

» *Es war schlimm in Uganda für queere Menschen vor dem Mai 2023 – seitdem ist es lebensgefährlich und ein Albtraum. Lesben, Schwule, Bisexuelle, Transgender-Menschen – sie alle haben nicht nur keine Rechte mehr, sondern können jederzeit geschlagen, auf der Arbeit entlassen oder aus ihrer Wohnung gejagt werden, ohne dass sie etwas dagegen tun können. Was uns angetan wird, ist unmenschlich und entgegen unserer afrikanischen Traditionen, wo Familienwerte ganz oben stehen. Familie gilt für jedes Mitglied der Familie – meine Eltern, meine Geschwister, meine Kinder. Sie zu verstoßen, weil sie einer sexuellen Minderheit angehören, ist scheinheilig und würdelos. Aber genau dazu ruft das neue Gesetz auf – und schlimmer noch: Richter können die Todesstrafe gegen uns verhängen, wenn wir zum Beispiel ›Wiederholungstäter‹ sind.*

Einer meiner guten Freunde, Brian Wasswa (1991–2019), nur ein Jahr älter als ich und von der eigenen Familie verstoßen, wurde am 5. Oktober 2019 in seinem Dorf mit Hacken erschlagen, weil er sich mit der Organisation Children of the Sun für Straßenkinder einsetzte, und zwar auch für solche, die mit Sexarbeit zu überleben versuchten. Niemals werde ich Brian vergessen.[6]«

In Ghana verabschiedet das Parlament, auch hier mit klarer Mehrheit, am 28. Februar 2024 ein sogenanntes Gesetz für Rechte auf menschliche Sexualität und Familienwerte, nach dem laut Definition sexuelle Minderheiten eine »unmenschliche Sexualität« leben und die »Werte einer wahren Familie zerstören«.

Besonders infam ist, dass queere Menschen nichts getan haben müssen, sondern dass sie allein, weil sie »so« sind, nämlich lesbisch, schwul, bisexuell oder transgender, und Diffamierungen anderer dies »belegen«, bereits zu drei Jahren Gefängnis verurteilt werden können. Zu solchen Denunziationen werden Familienmitglieder, Freund*innen und Nachbar*innen ausdrücklich aufgefordert.

Wann dieses Gesetz in Kraft tritt, hängt auch hier davon ab, ob Ghanas Präsident Nana Akufo-Addo (*1944) es unterzeichnen wird. Alle internationalen Proteste, selbst von Menschenrechtsorgansationen in Ghana wie Amnesty International, zeigen bislang wenig Wirkung.

Nicht vergessen werden darf, dass es nach Südafrika (zuerst 1995) inzwischen neun weitere afrikanische Länder gibt, die Homosexualität entkriminalisiert haben und Diskrimierung von queeren Menschen teilweise selbst unter Strafe stellen: die Zentralafrikanische Republik (2008), Lesotho (2010), Mosambik (2015), Seychellen (2016), Botswana (2016), Gabun (2020), Angola (2021), Mauritius (2023) und Namibia (2024).

---

6 Mehr zu Brian Wasswa auch in: van Dijk, Lutz: *Kampala – Hamburg.* Roman einer Flucht, Berlin 2020, S.157.

China in Afrika: Mehr als Mammutbauten und Plastiktöpfe

500 Jahre europäischer Kolonialismus haben tiefe Narben auf dem afrikanischen Kontinent hinterlassen. Seit erst etwa 25 Jahren hat sich die neue Weltmacht China dem afrikanischen Kontinent angenähert, und es verwundert nicht, dass nach anfänglicher Ignoranz international vor allem Skepsis laut wurde: Was steckt mehr hinter dieser »Partnerschaft« als Chinas klares Interesse an Afrikas Öl, vor allem in Angola, Nigeria und Sudan, und weiteren wichtigen Bodenschätzen wie im Kongo für den Aufbau der eigenen Wirtschaft im Tausch gegen ein paar scheinbar günstige Darlehen sowie Straßen und andere Mammutbauten, zuweilen auch persönliche Vergünstigungen einiger Diktatoren?

Was hat die Mehrheit der armen Bevölkerung Afrikas von diesen Abkommen außer allen möglichen Billigwaren (von Plastikgeschirr über Fake Hightech bis Kleidung), die eigene mühsame Produktionen eher gefährden, zumal Menschenrechte in China selbst ein heikles Thema sind?

Der belgische Journalist und Historiker David van Reybrouck (*1971) schreibt in seinem Klassiker *Kongo. Eine Geschichte* (2012) dagegen ohne jeden Zweifel: »*Waren die europäisch-amerikanischen Beziehungen die wichtigsten interkontinentalen Kontakte im zwanzigsten Jahrhundert, dann werden die chinesisch-afrikanischen Beziehungen die wichtigsten im einundzwanzigsten Jahrhundert sein.*«

Bei aller Kritik ist in der Tat mehr als beeindruckend, dass in nur 25 Jahren das Ausmaß der Handelsbeziehungen nicht nur vom Umfang her explodiert ist (heute haben 51 von 54 afrikanischen Staaten Abkommen mit China und der Umfang von Chinas Investitionen ist von anfänglich einigen Millionen 2024 auf ein Rekordhoch von mehr als 281 Milliarden US-Dollar angewachsen), sondern auch qualitativ hat sich Entscheidendes entwickelt: Längst geht es nicht mehr nur um streng wirtschaftliche Abkommen (Bodenschätze gegen günstige Darlehen und Billigprodukte), sondern spätestens seit Xi Jinping (*1953)

Chinas wachsende Präsenz in den meisten Staaten Afrikas (2024)

im März 2013 chinesischer Staatspräsident wurde, ist deutlich, dass die bislang geltende »Nichteinmischung in innere Angelegenheiten afrikanischer Staaten« als oberstes Gebot aufgegeben worden ist. Im April 2013 entsandte die Volksarmee Chinas erstmals Soldaten als Teil einer UNO-Friedensmission nach Mali. Seitdem folgten Stationierungen u. a. in Liberia, dem Sudan, der Elfenbeinküste und der Demokratischen Republik Kongo.

Seit 2000 finden alle drei Jahre Treffen des »Forums für chinesisch-afrikanische Kooperation« (FOCAC) abwechselnd in China oder einem afrikanischen Land statt, um den Kurs der Zusammenarbeit abzustimmen. An diesen Treffen nehmen nicht nur der Staatspräsident Chinas, sondern ebenso die Präsidenten vieler afrikanischer Staaten sowie der bzw. die Vorsitzende der Afrikanischen Union (AU) teil. 2012 sprach in Beijing auch UNO-Generalsekretär Ban Ki-moon (*1944) und würdigte vor allem jene Projekte, die Armut in Afrika bekämpfen und Begegnungen der Menschen im Bereich Ausbildung fördern.

Zu diesen Plänen gehören gegenwärtig unter anderem Stipendien für 80 000 junge Afrikanerinnen und Afrikaner, um in China in für Afrikas Entwicklung wichtigen Bereichen zu studieren und auch für ihre Rückkehr und berufliche Integration nach Abschluss des Studiums in den jeweiligen afrikanischen Heimatländern zu sorgen. Darüber hinaus werden 3 000 Ärzte und Krankenschwestern, 2 000 Landwirte und 1 500 Schulleiter zu Fortbildungen nach China eingeladen. In zahlreichen afrikanischen Ländern sollen mehr Krankenhäuser und neben den bereits bestehenden 61 Konfuzius-Instituten in 46 Ländern (die Teil aller wichtigen Universitäten Afrikas sind) auch sogenannte Chinesisch-Afrikanische Friedensschulen gebaut werden, um den Dialog auch mit der Bevölkerung zu fördern.

Um dem Eindruck jeglichen Neokolonialismus entgegenzutreten, war bereits 2009 angekündigt worden, den ärmsten der afrikanischen Länder alle Schulden zu erlassen und – wohl noch wichtiger – Einfuhrzölle auf afrikanische Produkte nach China um 95 Prozent zu reduzieren, um einen gegenseitigen Handel überhaupt erst zu ermöglichen.

Awa Fall aus dem Senegal ist Anfang 20 und eine von damals 20 000 jungen Leuten aus Afrika, die ein Studium in China begonnen haben. Sie berichtet 2012:

»*Ich bin in China, um chinesische Medizin zu studieren. Unterrichtet wird in Chinesisch, aber auch in Englisch.*

Für Medizin interessierte ich mich schon als Kind: Am liebsten war ich dann immer die Ärztin und sagte zu den anderen Kindern: Okay, lass mich dich mal untersuchen. Alles klar, das hier musst du nehmen, um wieder gesund zu werden.

Das Studium hier in Beijing macht Freude, weil die Lehrer richtig gut erklären, oft an konkreten Fällen. Traditionelle chinesische Medizin ist unseren afrikanischen Heiltraditionen ähnlich – in beiden werden viele Kräuter benutzt.

Ich glaube an die chinesische Medizin, weil kaum chemische Pillen benutzt werden. Alles basiert auf der Natur. Akupunktur nimmt dir die Schmerzen, ohne dass du Tabletten haben musst. Es basiert auf Selbstheilung.

Mein einziges Problem war am Anfang das ungewohnte Essen. Bei uns im Senegal lieben wir Fisch mit Reis. Inzwischen koche ich das aber für mich und andere Studentinnen und Studenten selbst, und die Afrikanerinnen und Afrikaner unter ihnen sind dann ganz glücklich. So koche ich meist für zehn Personen, wenn ich die Zeit und das Geld habe.

Mein vierjähriges Studium wird zu hundert Prozent von der chinesischen Regierung bezahlt. Wenn ich nach meinem Studium heimkehre, bin ich vielleicht die erste Ärztin im Senegal für chinesische Medizin. Mein Traum ist, damit vielen armen Menschen zu helfen, die sich die westliche Medizin mit all den teuren Medikamenten nicht leisten können.«

Inzwischen gibt es auch tägliche Linienflüge zwischen einigen afrikanischen Hauptstädten und China. Die am meisten frequentierten Routen sind die von Kinshasa (Kongo), Nairobi (Kenia) und Addis Abeba (Äthiopien) nach – Guangzhou. Nicht Beijing oder Shanghai, nein: Guangzhou. Schon mal gehört?

Guangzhou ist mit etwa 15 Millionen Einwohnern die drittgrößte Stadt Chinas. Sie liegt ca. 120 Kilometer nordwestlich von Hongkong. Früher war sie auch unter dem Namen Kanton bekannt. Guangzhou ist eine boomende Metropole, transportechnisch günstig gelegen am Perlflussdelta. Hier werden heute weltweit die meisten Computer und Handys produziert, daneben aber auch Plastikspielzeug und Kleidung. Flüge aus Afrika kommen mit leeren Gepäckräumen an – auf dem Rückflug gibt es keinen freien Millimeter und »freies Gewicht« wird in US-Dollar versteigert. Aber: Was chinesische Geschäftsleute in Afrika tun, können Afrikaner doch auch selbst?

Guangzhous Stadtteil Xiaobei, nur eine Station vom Hauptbahnhof entfernt, hat unter Chinesen heute auch die Beinamen »Chocolate City« oder »Little Africa«: Hier lebten viele Afrikanerinnen und Afrikaner jahrelang (teilweise auch illegal, wenn das Touristenvisum abgelaufen ist), je nach Perspektive zwischen 50 000 und 100 000 aus Nigeria, Kongo, Ghana und einigen anderen afrikanischen Ländern, vor allem aber aus Westafrika.

Es riecht nach Goldrausch, ist aber in aller Regel Plastik oder im besten Fall Imitat, was eingekauft und, in Pappkartons verpackt, heim nach Lagos, Accra oder Kinshasa gebracht wird, um dort fürs Fünf- bis Zehnfache verkauft zu werden. Xiaobei ist bislang die größte Ansiedlung von Afrikanerinnen und Afrikanern in China, wobei gemischte Ehen und erste afro-chinesische Kinder aber noch eher die Ausnahme sind.

Seit die Obrigkeit strenger gegen illegale Afrikanerinnen und Afrikaner in Guangzhou vorgeht, hat der Zuzug der kleinen Händler abgenommen und die Zukunft in »Chocolate City« ist eher ungewiss.

Die Wachstumsrate der inzwischen etablierten Exportfirmen sieht trotzdem weiter gut aus: Allein in Guangzhous Stadteil Xiaobei sind etwa 100 afrikanische Exportfirmen gemeldet, die zusammen mehr als 600 Millionen Dollar Umsatz pro Jahr machen. Doch hat aus obengenannten Gründen (strengere Kontrollen, Folgen von Corona) in jüngster Zeit die Zahl der dauerhaft in Guangzhou lebenden Afrikaner*innen stark abgenommen (nach offizielen Angaben auf ca. 4000), während die Zahl derjenigen, die vor allem aus Westafrika kurzfristig ein- und ausreisen, weiter bei über 450 000 pro Jahr liegt, trotz radikaler Unterbrechungen während der Corona-Pandemie 2020–2023.

Arabischer Frühling in Nordafrika: Die Ungeduld der Jugend

Der verzweifelte Protest von Mohamed Bouazizi (26)

Alles begann mit dem jungen Straßenhändler Mohamed Bouazizi (1984–2011) aus Tunesien.

Als Mohamed erst drei Jahre alt ist, stirbt sein Vater, ein Bauarbeiter. Die Mutter heiratet etwas später einen Onkel, aber dieser ist, als Mohamed schon zur Schule geht, aus gesundheitlichen Gründen meist ohne Arbeit. Gemeinsam mit seinen fünf Geschwistern besucht Mohamed eine Dorfschule, die aus nur einem Raum besteht. Schon mit zehn Jahren versucht er, mit allen möglichen Arbeiten auf dem Land etwas zur Ernährung der armen Familie beizutragen, und ist so öfter nicht im Unterricht, bis er als Jugendlicher schließlich die Schule gänzlich aufgibt (einige Reporter berichteten später, dass er eine Universität besucht habe, seine Schwester betont jedoch, dass dies eine Verwechslung gewesen sei).

Er nimmt sich ein Zimmer in der knapp 20 Kilometer entfernten Kleinstadt Sidi Bouzid, wo er hofft, eher Arbeit finden zu können. Seine Bewerbung für den Militärdienst wird abgelehnt. Schließlich hat er die Idee, mit einem kleinen Handkarren aus Holz durch die Innenstadt zu ziehen und Gemüse zu verkaufen. Oft arbeitet er mehr als 14 Stunden pro Tag, aber immerhin kann er sich einen festen Kundenstamm aufbauen und schafft es, pro Monat umgerechnet rund 140 US-Dollar zu verdienen. Außer um die eigenen Kosten für Zimmermiete und Essen zu decken, dient sein Einkommen auch der Unterstützung seiner Mutter im Dorf, für den kranken Onkel und die jüngeren Geschwister. Er hilft außerdem einer älteren Schwester, ihre Studiengebühren an der Universität zu bezahlen.

So bleibt kein Geld, um auch noch eine Lizenz für den bescheidenen Handel zu bezahlen. Obwohl er aufpasst, wird er doch öfter von der Polizei angehalten und zu Geldstrafen verurteilt. Auch sind seine Waren schon konfiziert worden. In Sidi Bouzid, einer Kleinstadt mit etwa 40 000 Einwohnern, rund 200 Kilometer südwestlich der Hauptstadt Tunis, herrscht über 30 Prozent Arbeitslosigkeit und Korruption ist weitverbreitet. Mohamed Bouazizi weigert sich, Bestechungsgelder zu bezahlen.

Am Donnerstagabend, dem 16. Dezember 2010, hat er für mehr Geld als sonst Gemüse auf Vorkasse eingekauft. Ab acht Uhr am nächsten Morgen, dem 17. Dezember, ist er mit seinem vollbeladenen Karren auf den Beinen. Gegen 10.30 Uhr wird er von der Polizei angehalten. Dieses Mal gehen sie noch einen Schritt weiter als sonst: Nicht nur werden ihm alle Waren abgenommen, sondern auch sein Holzkarren und eine neu angeschaffte elektrische Waage. Geleitet wird der Einsatz gegen die Straßenhändler an diesem Tag von einer 45-jährigen Beamtin der Stadtverwaltung, die ihn auslacht und – wie manche Zeugen später behaupten – sogar schlägt.

Aber Mohamed gibt noch nicht auf: Verzweifelt geht er zum Gebäude der Stadtverwaltung, um sich offiziell beim Governeur zu beschweren und sein Eigentum, wenigstens den Karren und die teure

Eine zu Ehren von Mohamed Bouazizi noch im Jahr seines Todes 2011 herausgegebene tunesische Briefmarke zeigt ihn und seinen bescheidenen Gemüsekarren

Waage, zurückzufordern. Der Governeur und auch sonst keiner der anwesenden Beamten ist jedoch bereit, ihn zu sprechen. Als er nicht aufgibt, wird erneut Polizei gerufen, die ihn vertreibt und ihm jeden weiteren Einlass verwehrt.

Mohamed geht darauf zu einem nahen Laden und kauft zwei Flaschen mit Farbverdünnungsmittel. Dann, um 11.30 Uhr, nur eine Stunde, nachdem ihn die Polizei zuerst angehalten hat, kehrt er zum Eingang der Stadtverwaltung zurück und ruft: »Wovon soll ich denn noch leben?« Als Nächstes schüttet er den Inhalt beider Flaschen über seinen Kopf und Körper und zündet sich an.

Es sind viele Menschen an diesem Freitagvormittag auf dem Platz vor der Stadtverwaltung von Sidi Bouzid. Die meisten starren voller Entsetzen auf den lichterloh brennenden jungen Mann. Einer versucht vergeblich, die Flammen mit Wasser zu löschen. Wenig später bricht Mohamed bewusstlos zusammen. Als endlich ein Krankenwagen eintrifft, ist Mohameds Haut zu 90 Prozent verbrannt.

Wie durch ein Wunder lebt er noch, auch wenn er nie mehr aus dem Koma aufwachen wird. Zwei Mal wird er in Spezialkrankenhäuser verlegt. Die Nachricht von seiner Selbstverbrennung verbreitet sich nicht nur überall im Land, sondern in der gesamten arabischen Welt. Viele junge Leute auch in anderen Ländern Nordafrikas und dem Nahen Osten fühlen mit Mohamed: Wie er sind sie arbeitslos oder verdienen nur wenig in schlechten Jobs. Wie er erleben sie staatliche Autorität als arrogant und korrupt.

Tunesiens Präsident Zine el Abidine Ben Ali (1936–2019), seit mehr als 23 Jahren im Amt, spürt bald, dass es hier um mehr als nur um den Protest eines armen Straßenhändlers geht: Er lässt sich von Fernsehkameras filmen, als er den bis dahin völlig unbekannten, weiter bewusstlosen Mohamed Bouazizi auf der Intensivstation besucht. Doch beinah täglich gibt es nun bereits auch in anderen Landesteilen Protestversammlungen gegen ihn und seine korrupte Staatsführung, vor allem von jungen Leuten wie Mohamed.

Am Nachmittag des 4. Januar 2011 erliegt Mohamed den schweren Verletzungen. Zur Beerdigung kommen etwa 5000 Menschen, streng bewacht von der Polizei. Trotzdem skandieren einige immer wieder Sätze wie: »*Heute weinen wir um dich, Mohamed. Bald werden diejenigen weinen, die dich auf dem Gewissen haben.«* In den kommenden Tagen demonstrieren Hunderttausende junger Leute überall im Land, auch in der Hauptstadt Tunis.

Am 13. Januar 2011 kündigt Präsident Ben Ali an, dass er bei den nächsten Wahlen 2014 nicht mehr kandidieren werde und ab sofort mehr Pressefreiheit erlauben wolle. Inzwischen hat sich jedoch auch die Militärführung des Landes entschlossen, ihn fallen zu lassen. Bereits einen Tag später und nur zehn Tage nach Mohameds Beerdigung gestattet das Militär Präsident Ben Ali mit seiner Frau und seinen drei Kindern gerade noch zu fliehen, dann wird der Flughafen geschlossen.

Zunächst fliegt Ben Alis Maschine nach Frankreich, wo ihm jedoch die Landung verwehrt wird. Schließlich gewährt ihm das konservative Königreich Saudi-Arabien Exil, wo er bis zu seinem Tod mit 83 Jahren am 19. September 2019 lebt. Am 20. Juni 2011 verurteilt ein tunesisches Gericht ihn und seine Frau in Abwesenheit zu 35 Jahren Gefängnis wegen Diebstahl am Volk und wegen des unrechtmäßigen Besitzes von Geld und Schmuck im Wert von vielen Millionen US-Dollar. Die meisten Tunesier – junge wie alte – atmen auf, weil es gelungen ist, eine Revolution so unblutig durchzuführen. Was wenig später unter dem Namen »Arabischer Frühling« bekannt wird, hat begonnen.

Drei Beispiele: Chaos in Libyen, erneute Militardiktatur in Ägypten – und eine gestärkte Demokratie in Tunesien

Chaos in Libyen

Es begann durchaus hoffnungsfroh: Als junger Offizier von 27 Jahren war Muammar al-Gaddafi (1942–2011) 1969 nach einem unblutigen Putsch an die Macht gekommen. Anfangs hatte er sich wie viele junge Araber am ägyptischen Präsidenten Gamal Abdel Nasser (1918–1970) orientiert, der 1952 ebenfalls ein korruptes Königshaus fortgejagt und sich für die Einheit der arabischen Völker eingesetzt hatte. Die großen Ölvorkommen Libyens nutzte Gaddafi anfangs nicht zur persönlichen Bereicherung, sondern verschaffte den meist armen Bewohnerinnen und Bewohnern seines Landes einen vergleichsweise hohen Lebensstandard. Mit den Einnahmen aus dem Ölverkauf sorgte er für kostenlose Schulbildung für Kinder und Jugendliche von sechs bis 15 Jahren sowie die besondere Förderung von Mädchen und Frauen, freie medizinische Versorgung und menschenwürdige Wohnungen für alle. Gleichzeitig unterstützte Gaddafi beinah alle arabischen und afrikanischen Befreiungsbewegungen von der PLO Yassir Arafats (1929–2004) bis zum ANC Nelson Mandelas.

Was so positiv begann, entwickelte sich im Laufe der Jahre immer mehr zu einer »islamisch-sozialistischen Volksrepublik«, in der Oberst Gaddafi, »Revolutionsführer« und »Oberbefehlshaber aller Streitkräfte auf Lebenszeit«, zum eigenwilligen Diktator wurde. In den achtziger Jahren ging er so weit, auch offen terroristische Gruppen zu fördern, was ihn und sein Land zunehmend in internationale Isolation trieb. US-Präsident Ronald Reagan (1911–2004) nutzte dies 1986 zu einem völkerrechtswidrigen Luftangriff der USA auf Tripolis, bei dem neben vielen Zivilisten auch eine Adoptivtochter von Gaddafi getötet und zwei seiner Söhne verletzt wurden.

Als 1998 Terroristen ein voll besetztes US-Verkehrsflugzeug zur Explosion brachten, das in der Folge über der schottischen Ortschaft Lockerbie abstürzte, versteckte Gaddafi die Verantwortlichen in Libyen. Daraufhin verhängte die UNO umfassende Sanktionen. 1999 lieferte Gaddafi die beiden Attentäter von Lockerbie an den internationalen Gerichtshof aus und zahlte 2003 Entschädigungen an die Familien der Opfer.

Ende 2003 erklärte er, sein Ideal einer arabischen Einheit sei gescheitert. Er zeigte sich schwer enttäuscht von den meisten anderen arabischen Staatschefs, die er nur noch als Egoisten oder Marionetten der USA ansah. Tragischerweise richteten sich nun all seine Hoffnungen »auf Afrika als Ganzes«. Er sah sich zunehmend selbst als den wesentlichen Begründer der neuen Afrikanischen Union (AU; bis 1999 OAU: Organisation for African Unity). Sein Angebot an die AU lautete, alle Kosten für den Sitz des ersten afrikanischen Parlaments in seiner Hauptstadt Tripolis zu finanzieren, in der es gleichwohl nicht einmal ein demokratisches Parlament für Libyen selbst gab. Jedes Treffen der AU machte er seitdem zu einer persönlichen Show: Ins südafrikanische Durban reiste er 2002 mit 60 Staatslimousinen, die teilweise in Flugzeugen von Libyen nach Südafrika transportiert worden waren.

Sein Plan, in dieser privaten Autokolonne durch die Stadt zu fahren, konnte in letzter Minute von Sicherheitsbeamten gestoppt werden.

Wenig später gab er zum Besten, dass er es gern übernommen habe, die Mitgliedsbeiträge zur AU für insgesamt elf afrikanische Staaten zu bezahlen. Einer der so Begünstigten, der damalige Präsident Sambias, sprach daraufhin umgehend die Unterstützung seines Landes für Tripolis als zukünftigen Sitz des afrikanischen Parlaments aus. Es war fraglos eine persönliche Enttäuschung, als die Vollversammlung der Afrikanischen Union sich wenig später für die äthiopische Hauptstadt Addis Abeba entschied. Dort wurde 2012 das von China finanzierte und gebaute AU-Hauptquartier mit einem Saal für 2500 Delegierte und einem Bürohochhaus von 99,99 Metern Höhe fertiggestellt. Die Höhe symbolisiert den Abstimmungstag, den 9 9.1999, an dem die AU gegründet wurde.

Bei der Eröffnung des Hauptquartiers 2012 war Muammar al-Gaddafi bereits tot. Als nach der Selbstverbrennung von Mohamed Bouazizi in Tunesien die Proteste eskalierten, hatte Gaddafi seine Unterstützung für den tunesischen Diktator Ben Ali erklärt. Ab Februar 2011 gingen auch in Libyen Hunderttausende junge Menschen auf die Straße und zeigten ihre Abscheu gegenüber dem eigenen Diktator und seinem mehr als 40-jährigen Regime. Die zweitgrößte Stadt Libyens, Benghazi an der Nordostküste des Landes, wurde schnell zum Zentrum der gewaltsamen Auseinandersetzungen.

Nach der friedlichen Revolution in Tunesien war die Öffentlichkeit schockiert, als Gaddafi umgehend auf die Demonstranten schießen ließ und Hunderte umkamen. Einige Soldaten, die sich weigerten auf Demonstranten zu schießen, wurden als Befehlsverweigerer exekutiert. Auch die Rebellen formierten sich nun militärisch und lieferten sich Gefechte mit der Armee. Bald waren mehrere Städte im Osten des Landes, auch Benghazi, unter ihrer Kontrolle. Doch Gaddafi, wissend um die eigene militärische Übermacht im Land, war weiter überzeugt, den Aufstand bald wieder im Griff zu haben. Grausamkeiten wurden von beiden Seiten begangen, auch die Rebellen folterten und ermordeten nun alle, die sie als Unterstützer Gaddafis ansahen.

Der Wind begann sich gegen Gaddafi zu drehen, als der UNO-Sicherheitsrat Ende Februar 2011 zuerst Sanktionen und ab März eine Flugverbotszone über Libyen verhängte. Wenig später begannen mehrere NATO-Staaten nicht nur das Flugverbot militärisch zu überwachen, sondern eigene Luftangriffe auf Gaddafis Armee zu fliegen. Am 15. Juli 2011 erkannten über 30 Regierungen (darunter Australien, Kanada, Deutschland, England, Frankreich, Japan, die USA, aber auch die Türkei, der Libanon und Jordanien), den nationalen Rebellenrat als legitime Übergangsregierung Libyens an. Gaddafi erklärte am gleichen Abend im Staatsfernsehen: *»Dieses Dokument ist absolut ohne Wert ... Wir werden diejenigen, die es unterzeichnet haben, unter unseren Füßen zertrampeln!«*

Am 30. April kommen bei einem NATO-Luftangriff auf Tripolis ein Sohn und drei Enkelsöhne von Gaddafi ums Leben. Im August erobern die Rebellen, unterstützt von der NATO aus der Luft, auch die Hauptstadt Tripolis. Gaddafi kann entkommen und zieht sich in verschiedene Verstecke um seinen Geburtsort Sirte zurück. Von hier aus macht er erstmals das Angebot, zurückzutreten und einer Übergangsregierung zuzustimmen. Dies wird jedoch nun nicht mehr akzeptiert. Jeder weiß, dass er nur noch von einer kleinen Gruppe persönlicher Leibwächter beschützt wird. Am 20. Oktober versucht er, in einem Konvoi von 75 Autos in Richtung Wüste auszubrechen. Die Wagenkolonne wird jedoch bereits am frühen Morgen entdeckt und ab 8.30 Uhr bombardiert, wobei 14 Wagen zerstört und 55 Begleiter getötet werden. Als der Konvoi nicht weiterkommt, versucht der 69-jährige Gaddafi mit einigen letzten Getreuen die Flucht zu Fuß.

Am Ende versteckt er sich in einer Kanalröhre, in der er jedoch bald aufgespürt und herausgezerrt wird. Von seiner Festnahme gibt es verschiedenene Handyaufnahmen, die noch am gleichen Tag über soziale Netzwerke um die Welt gehen: Sie zeigen einen schwer verletzten, an Kopf und Körper blutenden Gaddafi, der sich nur mit Mühe aufrecht halten kann und wiederholt geschlagen wird.

Nur wenig später erscheinen Fotos, die ihn leblos und halbnackt am Boden zeigen. Über den genauen Zeitpunkt und die Ursache seines Todes gibt es bis heute widersprüchliche Aussagen. Vier Tage lang wird sein Leichnam gemeinsam mit dem seines Sohnes Mutassim (1974–2011) in einem Kühlhaus zur Schau gestellt und danach an einem bis heute unbekannten Ort in der Wüste begraben.

Anders als in Tunesien gibt es in Libyen keine politischen Parteien oder wenigstens ein Parlament und so zerfällt der Rebellenrat der Aufständischen bald in verschiedene, einander widersprechende und bald auch bekämpfende Milizen. Weite Teile des Landes stehen nun unter Kontrolle von sogenannten »Revolutionsbrigaden«, die den »Nationalen Übergangsrat« nicht anerkennnen. Am Abend des 11. September 2012 wird das US-Konsulat in Benghazi von Milizen überfallen und der US-Botschafter Christopher Stevens (1960–2012) erschossen.

Mehr und mehr versinkt das Land in Chaos. Als am 15. Februar 2014 Wahlen zu einer verfassunggebenden Versammlung durchgeführt werden, gehen aus Angst vor Repressalien oder Überfällen auf die Wahllokale nur 15 Prozent der rund 6,3 Millionen wahlberechtigten Libyer zu den Wahlurnen. Inzwischen flüchten tausende Libyer vor der eskalierenden Gewalt ins kleine Nachbarland Tunesien. Die Ölproduktion, die beinahe 80 Prozent des Einkommens des Landes sicherstellte, ist fast völlig zum Erliegen gekommen, zumal mehrere Depots in Brand geschossen wurden und Löscheinheiten aufgegeben haben, sie unter Kontrolle zu bekommen. Nach Kämpfen um den internationalen Flughafen in Tripolis wird dieser schwer beschädigt geschlossen. Im Juli 2014 schließen mehrere Staaten ihre Botschaften in Tripolis, darunter auch die USA und Deutschland. Auch die UNO zieht alle Mitarbeiter ab. Allen Ausländern wird geraten, das Land so bald wie möglich zu verlassen.

Ende 2014 gibt es zwei konkurrierende Regierungen in Libyen – eine eher islamisch orientierte in Tripolis, die nicht durch Wahlen legitimiert ist, und eine eher säkulare, nach Tobruk geflohende, die zwar im Juni 2014 gewählt wurde, der vom obersten Gerichtshof Libyens Anfang November 2014 aber die Rechtmäßigkeit aberkannt wurde. Der bis 2020 andauernde Bürgerkrieg spaltet das Land in einen Ost- und einen Westteil. Ein Friedensabkommen 2020 bleibt brüchig, auch weil beide Seiten inzwischen militärische Kräfte aus anderen Ländern einbezogen haben: Für Ostlibyen kämpfen russische und für Westlibyen syrische Söldner, die von der Türkei bezahlt werden. Trotzdem gibt es 2021 den Versuch einer Einheitsregierung, wobei angekündigte Wahlen bis heute (2024) mehrfach verschoben werden.

In weiten Teilen des Landes herrscht Chaos. Von den heute

rund sieben Millionen Einwohnern sind nach Angaben der UNO etwa 300 000 auf Hungernothife angewiesen und ca. 245 000 Lybier*innen im Land selbst auf der Flucht. Zudem ist Libyen »Durchgangsland« für mehrere Hunderttausend (genaue Zahlen liegen nicht vor) verzweifelte Flüchtlinge aus anderen Teilen Afrikas, die auf eine Überfahrt nach Europa hoffen, jedoch in hohem Maße ausgenutzt, interniert und auch ausgeraubt, missbraucht und ermordet werden. Es gibt inzwischen zwar wieder eine deutsche Botschaft im westlichen Tripolis, die jedoch bislang (2024) aus Sicherheitsgründen nicht für Besucher*innen zugänglich ist. Konsularische Aufgaben werden von der Botschaft im benachbarten Tunesien wahrgenommen.

Im September 2023 kommt es in der ostlibyschen Hafenstadt Darna mit etwa 100 000 Einwohnern nach einem Sturm zu einer Flutkatastrophe mit bis zu 20 000 Toten und Vermissten. Die Überlebenden beklagen, dass das jahrelange Fehlen einer gesicherten und organisierten Regierung nicht nur dazu führte, dass Staudämme nicht mehr instandgehalten wurden, sondern auch aktuell kaum staatliche Rettungsdienste zur Verfügung stehen.

Erneute Militärdiktatur in Ägypten

Etwa ein halbes Jahr bevor Mohamed Bouazizi in Tunesien starb, kam der junge Ägypter Khaled Said (1982–2010) im Alter von 28 Jahren in der Nähe von Alexandria ebenfalls auf grausame Weise ums Leben: Am 6. Juni 2010 saß er in einem Internetcafé an seinem Computer, als zwei Polizisten hereinstürmten und ihn beschuldigten, Drogenhandel zu betreiben. Der Eigentümer des Cafés sagte später gegenüber der Presse aus: *»Erst dachten wir, dass sie ihn einfach vernehmen wollten. Aber dann packten sie ihn, hielten seine Hände auf dem Rücken fest und knallten sein Gesicht mehrfach auf die harte Tischplatte.«*

Danach zerrten sie den jungen Mann auf die Straße und in eine gegenüberliegende Einfahrt. Dort schlugen sie seinen Kopf erneut gegen ein Eisengitter. Als er bewusstlos zusammenbrach, traten sie weiter auf ihn ein. Sie hörten auch nicht auf, als zwei Ärzte, die zufällig vorbeikamen, sie dazu aufforderten. »Zu dem Zeitpunkt war er vermutlich bereits tot«, sagte einer von beiden später aus.

Die Vorgesetzten der beiden Polizisten nahmen diese zunächst in Schutz und behaupteten, Khaled sei wegen Drogenbesitz festgenommen worden und hätte die Aussage verweigert. Seine Familie behauptete dagegen, dass Khaled zwei Polizisten beim Drogenhandel gefilmt habe und die beiden die Herausgabe des Films gefordert hätten.

Eine Schwester nahm mit ihrem Handy ein Foto vom schrecklich zugerichteten Kopf Khaleds im Leichenschauhaus auf und stellte es wenig später ins Netz. Darauf ist deutlich zu sehen, wie schwer die Polizisten ihn folterten: Sein Schädel ist zertrümmert, die Nase gebrochen und der Unterkiefer herausgeschlagen.

Ein führender Google-Manager in Dubai sah das Foto und stellte eine Facebook-Seite unter dem Titel »Wir sind alle Khaled Said!« ins Netz, die innerhalb weniger Tage von Hunderttausenden jungen Leuten in Ägypten, aber auch bald weltweit, angeklickt wurde.

Erst jetzt stimmte ein Gericht einer strafrechtlichen Verfolgung der beiden Polizisten zu: Selbst wenn Khaled Said wirklich Drogen besessen haben sollte, würde dies niemals einen dermaßen brutalen Mord rechtfertigen. Im Oktober 2011 wurden beide Beamte zu nur sie-

Khaled Said (1982–2010)

ben Jahren Gefängnis verurteilt. In einem zweiten Prozess im März 2014 dann zu zehn Jahren. Viele Jugendliche sagten später: »*Sein geschundenes Gesicht wurde zum Symbol unseres Protestes!*« – eines Protestes vor allem gegen den ägyptischen Diktator Hosni Mubarak (1928–2020), der bereits seit 1981 an der Macht war, ein Jahr bevor Khaled überhaupt geboren wurde.

Hosni Mubarak war an die Macht gekommen, nachdem sein Vorgänger Anwar Sadat (1918–1981) am 6. Oktober 1981 während einer Militärparade von einem fundamentalistischen Offzier erschossen worden war. Mubarak war zu der Zeit Vizepräsident und selbst während des Attentats verwundet worden. Anwar Sadat seinerseits war 1970 als Vizepräsident Nachfolger des berühmten Gamal Abdel Nasser (1918–1970) geworden, der an einem Herzinfarkt gestorben war.

Anwar Sadat erhielt viel internationale Anerkennung, als er als erster arabischer Staatschef Israel 1978 besuchte und eine Rede vor der Knesset, dem israelischen Parlament, hielt. Obwohl (oder weil!) sein Bruder 1973 im Krieg gegen Israel umgekommen war, setzte er sich konsequent für einen dauerhaften Frieden ein und konnte 1978 einen Friedensvertrag mit Israel unterzeichnen. Was er im gleichen Jahr bei der Verleihung des Friedensnobelpreises an ihn und den israelischen Staatschef Menachem Begin (1913–1992) sagte, ist heute noch ebenso gültig und notwendiger denn je.

Anwar Sadat, Präsident Ägyptens von 1970–1981, sagte bei der Verleihung des Friedensnobelpreises 1978:

»*Lasst uns alle Kriege beenden, lasst uns Leben gestalten auf der stabilen Basis von Gleichheit und Wahrheit. Dies ist, was das ägyptische Volk möchte, ebenso wie die große Mehrheit aller arabischen Völker und des israelischen Volkes, ja im Grunde Millionen Männer, Frauen und Kinder in aller Welt … Die Welt wird alle politischen Anführer im Nahen Osten auch in Zukunft danach beurteilen, inwieweit sie diese Hoffnung der gesamten Menschheit wahr machen.*«

Die Einzigen im eigenen Land, die ihn ab dann als Verräter ansehen, sind die fundamentalistischen Anhänger des Islam (wie die 1928 gegründete Muslimbruderschaft) und die radikalen Linken, die dies als Verrat am palästinensischen Volk ansehen. Eine Gruppe fundamentalistisch-islamischer Offiziere plant seine Ermordung und führt sie konsequent aus. Bei einer Parade am 6. Oktober 1981 werden außerdem elf weitere Menschen getötet (unter ihnen der Botschafter Kubas). Zu Anwar Sadats Beerdigung kommen Staatsführer aus aller Welt, nur die arabische Liga schickt keinen Delegierten, aus Protest, da sie nicht konsultiert worden war, bevor Sadat den Friedensvertrag mit Israel unterzeichnet hatte.

Hosni Mubarak geht umgehend mit großer Härte gegen alle islamischen Fundamentalisten vor, über 300 Verdächtige werden verhaftet. Der Offizier, der den Anschlag geleitet hatte, gab an, dass ein islamischer Geistlicher ihm den Segen Allahs für die Ermordung des Präsidenten gegeben hatte. Alle Attentäter werden 1982 nach einem Prozess hingerichtet.

Die umgehend nach dem Mord erlassenen Notstandsgesetze von 1981, die das von Sadat eingeführte Mehrparteiensystem abschaffen sowie andere demokratische Errungenschaften wesentlich einschränken, werden von Hosni Mubarak in den 30 Jahren seiner Regierung zum Aufbau der eigenen Diktatur missbraucht.

Als die überwiegend jungen Leute sich auf Kairos berühmtem Tahrir-Platz zu Zehntausenden zu versammeln beginnen – zuerst nach dem Mord an Khaled Said – und dann, wie in anderen arabischen Ländern, zu Hunderttausenden überall im Land nach dem Tod des jungen Tunesiers Mohamed Bouazizi, ist dies auch ein Protest gegen das korrupte und diktatorische Regime von Hosni Mubarak, der mit Unterstützung des Militärs Pressefreiheit wie Menschenrechte missachtete. Es verbreitete sich das Gerücht, dass er einen seiner Söhne bereits als Nachfolger vorbereite.

Nach der Flucht von Ben Ali aus Tunesien hält sich auch Hosni Mubarak nur noch bis zum 11. Februar 2011 im Amt, als sein Rücktritt offiziell verkündet wird. Die Rolle des Militärs, das davor in seinem Auftrag rund 850 unbewaffnete, überwiegend junge Demonstranten erschossen hatte, bleibt lange undeutlich. Aber es wird schnell klar, dass die Militärs ihn nicht mehr in jeder Hinsicht decken. Am 13. April 2011 wird Hosni Mubarak mit seinen Söhnen Gamal und Aalaa festgenommen und am 2. Juni 2011 von einem Gericht zu lebenslanger Haft verurteilt.

Die jahrzehntelang verbotene Muslimbruderschaft wird zum ersten Mal wieder zugelassen und gründet umgehend die politische Freiheits- und Gerechtigkeitspartei, um an den ersten demokratischen Wahlen am 30. April 2011 teilzunehmen. Sie gewinnen überwältigend 235 der 498 Sitze im Parlament. Bei den Präsidentschaftswahlen am 24. Juni 2012 geht ihr Kandidat Mohammed Mursi (1951–2019) mit fast 52 Prozent der Stimmen als Sieger hervor und wird am 30. Juni 2012 zum ersten demokratisch gewählten Präsidenten in der modernen Geschichte Ägyptens mit damals rund 80 Millionen Einwohnern (heute – 2025 – sind es bereits rund 101 Millionen).

Mohammed Mursi wurde 1951 als ältester von fünf Söhnen eines armen Bauern geboren und fiel bald durch besonders gute Schulleistungen auf. Sein Ingenieursstudium absolvierte er an der Universität von Kairo. Später konnte er mit einem staatlichen Stipendium in den USA studieren, wo er 1982 seinen Doktortitel erhielt. Von 1982 bis 1985 war er junger Assistenzprofessor an der Universität von Südkalifornien und arbeitete zeitweise sogar als Experte für die Weltraumbehörde NASA. Nach seiner Rückkehr wurde er Professor für Ingenieurwissenschaften an der ägyptischen Zagazig-Universität. Zu den Zeiten, als die Muslimbruderschaft noch verboten war, kandidierte er als unabhängiger Kandidat und wurde von 2000 bis 2005 als Abgeordneter im Parlament zugelassen. Am Ende von Mubaraks Regime, im Januar 2011, wird er kurzfristig inhaftiert, kann jedoch entkommen.

Nach seiner Wahl bekräftigt er mehrfach, dass es unter ihm durchweg Glaubensfreiheit geben würde und dass Christen und alle Anhänger anderer Religionen ebenso in Ägypten zu Hause seien wie Muslime. International werden die friedlich verlaufenen Wahlen gelobt und Mursi mit positiver Neugier aufgenommen. Am 12. August 2012 enlässt er die beiden bis dahin loyal aufgetretenen obersten militärischen Befehlshaber und macht den eher unbekannten General Abdel Fattah el-Sisi (*1954) zum Verteidigungsminister. Ein erster Fehler, wie sich später herausstellen soll.

Ein zweiter schwerer Fehler unterläuft ihm am 22. November

2012, als er in einer Erklärung bekannt gibt, dass er sich selbst besondere Macht bei der noch zu schreibenden neuen Verfassung Ägyptens sichert und hierfür keine juristischen Einsprüche zulässt. Der ägyptische Friedensnobelpreisträger Mohammed el-Baradei (*1942), der sich während des Arabischen Frühlings mit den jungen Demonstranten solidarisierte, kritisiert ihn als jemanden, »der sich selbst zum neuen Pharao machen will«.

Erneut kommt es zu Massendemonstrationen. Zu groß ist die Angst, dass die junge Demokratie bald wieder beendet sein könnte. Anstatt auf die besorgten Stimmen einzugehen, schweigt Mursi zunächst. Es kommt zunehmend zu gewalttätigen Konfrontationen zwischen Mursi-Gegnern und Mursi-Anhängern. Am 4. Dezember 2012 muss Mursi erstmals aus seinem Palast flüchten, als die Polizei dem Ansturm der Demonstranten nicht mehr gewachsen ist und einige über die Mauern klettern und ins Innere vordringen können. In den folgenden Monaten kommt es mehr und mehr zu Zusammenstößen mit Polizei und Militär und erneut zu Toten und Schwerverletzten.

Statt den Oppositionskräften Stimme und Raum zu geben, beharrt Mohammed Mursi auf seiner demokratischen Legitimität als gewählter Präsident und ist nicht bereit, dem »Terror der Straße« nachzugeben. Mehr und mehr droht ein Bürgerkrieg zwischen seinen Gegnern und seinen Anhängern, die oft parallele Kundgebungen mit Zehntausenden von Menschen abhalten und kaum noch von Polizei und Militär auseinanderzuhalten sind. Ende Juni fordern Millionen Ägypter seinen Rücktritt und Neuwahlen.

Am 1. Juli 2013 veröffentlicht das ägyptische Militär ein Ultimatum an Regierung und Opposition: Man solle »den Forderungen des ägyptischen Volkes Gehör geben und sich auf einen gemeinsamen Weg innerhalb von 48 Stunden einigen« – oder das Militär würde »intervenieren«. Am gleichen Tag verlassen die vier Minister, die nicht Muslimbrüder sind, die Regierung. Am 2. Juli verkündet Mohammed Mursi, dass er sich dem Ultimatum nicht beugen und seinen eigenen Weg der Versöhnung des Volkes beschreiten würde. Dies ist seine letzte öffentliche Rede – noch am gleichen Tag nimmt ihn das Militär unter »Hausarrest« und lässt ihn wenig später an einem der Öffentlichkeit unbekannten Ort verschwinden.

Am 3. Juli 2013 tritt Verteidigungsminister Abdel Fattah el-Sisi gemeinsam mit mehreren Oppositionspolitikern (unter ihnen auch Friedensnobelpreisträger Mohammed el-Baradei, der den Posten als Vizepräsident akzeptiert) vor die Mikrofone und verkündet, dass der bisherige Präsident des Verfassungsgerichts, Adli Mansur (*1945), Interimspräsident sein würde, bis so bald wie möglich Neuwahlen stattfinden werden. Obwohl ein demokratisch gewählter Präsident durch das Militär entmachtet wurde, scheuen sich viele Regierungen, das Vorgehen von el-Sisi einen Militärputsch zu nennen, und verhalten sich eher abwartend.

In den kommenden Wochen und Monaten kommt es zur Verhaftung fast der gesamten Leitung der Muslimbruderschaft – Hunderte ihrer Mitglieder werden ebenfalls festgenommen, Menschenrechtsorganisationen sprechen auch vermehrt von Folter. Immer wieder demonstrieren junge Anhänger von Mursi für ihn, wobei Polizei und Militär ihnen mit brutaler Gewalt begegnen. Am 14. August 2013 werden an einem Tag 525 Menschen, die meisten davon junge Muslimbrüder, vom Militär bei Zusammenstößen erschossen. Nach nur einem Monat im Amt tritt am gleichen Tag Mohammed el-Baradei aus Protest vom Amt des Vizepräsidenten zurück.

Am 1. September 2013 wird gegen den ehemaligen Präsidenten Mursi Anklage wegen »Anstiftung zu tödlicher Gewalt« erhoben. Die Anklage wird mehrfach geändert und ein Prozess verschoben. Am 16. Mai 2015 wird er zusammen mit 105 seiner Anhänger zum Tod verurteilt, ein Urteil, das jedoch wenig später in lebenslange Haft umgewandelt wurde. Seine Familie protestiert mehrfach gegen die »grausamen Haftbedingungen« und dass »keine Rücksicht auf seine schwere Diabeteserkrankung« genommen würde. Am 17. Juni 2019 bricht er nach einer Anhörung im Gerichtssaal zusammen und stirbt wenig später mit 67 Jahren.

Verteidigungsminister Abdel Fattah el-Sisi wird von dem Teil der Bevölkerung, die gegen Mursi ist, als Held gefeiert. In vielen Aufrufen wird er gebeten, sich als Präsidentschaftskandidat zur Verfügung zu stellen. Am 26. März 2014 tritt er von allen militärischen Posten zurück und erklärt seine Bereitschaft, sich zur Wahl zu stellen.

Nachdem die meisten Anhänger und Mitglieder der Muslimbruderschaft verhaftet, untergetaucht, geflohen und zum Teil auch ermordet sind, wählen ihn von den verbliebenen 23 Millionen Wahlberechtigten 22 Millionen im Mai 2014 zum neuen Präsidenten. Seine Amtseinführung am 8. Juni 2014 in Kairo wird zum nationalen Feiertag mit Musikfestivals, auch in anderen Städten. Seine Popularität nimmt in den Wochen danach noch zu, als er bekannt gibt, die Hälfte seines Präsidentengehalts so wie die Hälfte seines Privatbesitzes zum Aufbau der Wirtschaft zu spenden.

Gleichzeitig sitzen nicht nur Tausende politische Gegner in den Gefängnissen, sondern überdies haben zahlreiche in- und ausländische Journalisten Berufsverbot erhalten oder sind ebenfalls bereits zu langjährigen Haftstrafen verurteilt, zumeist als »Sympathisanten der Muslimbrüder«. Im Juni 2014 werden die Todesurteile gegen die meisten der inhaftierten Führer der Muslimbruderschaft sowie 183 ihrer Unterstützer von einem Gericht bestätigt. Mehr als 500 Anhänger der Muslimbrüder sind bereits zu lebenslangem Gefängnis verurteilt. Die Freiheits- und Gerechtigkeitspartei, die politische Vertretung der Muslimbruderschaft, die bei den ersten demokratischen Wahlen Ägyptens im April 2012 noch 235 der 498 Sitze im Parlament erhielt, wird im August 2014 verboten.

Am 23. Mai 2014 wird dagegen die lebenslängliche Haftstrafe für den ehemaligen Präsidenten Hosni Mubarak, der sich als Anhänger des derzeitigen Präsidenten el-Sisi erklärt, auf drei Jahre reduziert, außerdem muss er nachweislich gestohlene Staatsgelder von fast 18 Millionen US-Dollar zurückzahlen. Bereits seit August 2013, kurz nachdem Präsident Mursi abgesetzt und inhaftiert war, ist Mubarak aus dem Gefängnis entlassen worden und stand nur noch unter »Hausarrest«. Ende November 2014 wird er endgültig freigesprochen.

Abdel Fattah el-Sisi stabilisiert seine autoritäre Präsidentschaft bis heute einerseits durch Unterdrückung jeder Opposition (Human Rights Watch spricht 2023 von Folter, Haft und auch Mord) und andererseits durch wichtige innenpolitische Reformen, die Vorteile für weite Teile der Bevölkerung haben, wie auch durch seine aktive Teilnahme bei internationalen Zusammenkünften, zuletzt als er anbot, dass man Verhandlungen zum Waffenstillstand im Gaza-Krieg in Kairo führen könnte.

Demokratischer Neuanfang in Tunesien nach Stärkung erneut gefährdet

Dort, wo der Arabische Frühling mit dem verzweifelten Protest des jungen Mohamed Bouazizi am 17. Dezember 2010 begann, hat er nicht nur am längsten angehalten, sondern sich etwas mehr als drei Jahre danach, am 26. Januar 2014, auch ein demokratisches Fundament gegeben: 200 von 216 Abgeordneten des tunesischen Parlaments stimmen an diesem Tag für eine neue Verfassung für die rund zehn Millionen Einwohner ihres Landes, die weltweit als vorbildlich gelobt wird.

Zum ersten Mal in der arabischen Welt werden Frauen und Männer nicht nur formal vor dem Gesetz gleichgestellt, sondern es wird zum Ziel erhoben, dass es einmal genauso viele weibliche wie männliche Angeordnete geben solle. Die Rechte sexueller Minderheiten werden jedoch bislang nicht erwähnt und auch Paragraph 230, der männliche Homosexualität mit bis zu drei Jahren Gefängnis bestraft, bleibt weiter gültig. Abgesehen davon wird dem Fundamentalismus eine deutliche Absage erteilt und in dem zu 98 Prozent islamischen Land wird ausdrücklich die Glaubens- und Gewissenfreiheit aller Menschen garantiert. Die Verunglimpfung eines Mitbürgers als »Ungläubiger« steht ab sofort unter Strafe.

Um jede Diktatur für alle Zukunft zu verhindern, wird die Staatsmacht geteilt zwischen einem Präsidenten und einem Premierminister mit jeweils unabhängigen Befugnissen. Schließlich werden zukünftige Regierungen verpflichtet, alle Staatsgeschäfte nach den Prinzipien von Transparenz und Offenheit zu führen – »Staatsgeheimnisse« soll es prinzipiell nicht mehr geben.

Eher bescheiden entgegnet der Parlamentssprecher Tunesiens auf die internationale Anerkennung einer der humansten Verfassungen der Welt: »Unsere Verfassung ist – ohne perfekt zu sein – eine Verfassung des Konsens.«

Vielleicht ist es genau das: die Unvollkommenheit des Menschen, seine Fehlbarkeiten und Ideale anzuerkennen. Dem entspricht Kompromiss und Konsens eher als fundamentale Rechthaberei.

Dabei war der Weg vom Oktober 2011, als die Arbeit an der Verfassung begann, bis zum Januar 2014 keineswegs leicht und von ähnlichen Risiken wie in anderen arabischen Ländern geprägt: Auch hier gibt es zunächst im Oktober 2011 einen Wahlsieg der islamischen Ennahda-Partei mit 38 Prozent, die damit die erste demokratisch gewählte Regierung bilden kann ähnlich den Muslimbrüdern in Ägypten. Auch in Tunesien gibt es nach 2011 fundamentalistisch motivierte Gewalt an Andersdenkenden – hierfür stehen die Morde an den Oppositionspolitikern Chokri Belaïd (1964–2013) und Mohamed Brahmi (1955–2013), die im Februar und Juli 2013 auf offener Straße erschossen wurden, was wiederum zu gewaltsamen Massenprotesten gegen die islamische Regierung führte.

Anders als in anderen arabischen Ländern helfen in Tunesien jedoch viele Gruppen der Zivilgesellschaft (vor allem Frauen- und Jugendorganisationen) und die Gewerkschaften, wie auch die politischen Parteien in Regierung wie Opposition mit, dass Gewalt nicht eskaliert. Die islamische Regierung bringt damals die Weisheit auf, sich nach dem Mord an Mohamed Brahmi deutlich gegen jede Gewalt auszusprechen, und tritt im Januar 2014 freiwillig zurück. Sie macht damit Platz für eine neutrale Übergangsregierung der nationalen Einheit unter einem parteilosen Ministerpräsidenten sowie einem Kabinett von Ministern, die zuerst als Experten in ihren Ressorts bekannt sind (statt für Parteiverdienste).

Die sorgfältig vorbereiteten Neuwahlen finden Ende Oktober 2014 nicht nur »fair und friedlich« statt, sondern auch mit einer relativ hohen Beteiligung von fast 60 Prozent aller Wahlberechtigten. Gewinner ist das säkulare Wahlbündnis Nida Tunis (»Tunesiens Ruf«) mit 85 von insgesamt 217 Parlamentssitzen, die moderat islamischen Ennahda-Partei bekommt 69 Sitze. Das heißt, man wird sich auch in Zukunft einigen müssen, da auch die Opposition stark bleibt und die Jugend weiter wachsam.

Ein weitere Meilenstein ist die Wahl des Präsidenten Tunesiens: Sie gewinnt der Veteran Beji Caid Essebsi (1926–2019) für die Partei Nida Tunis. Er wird am 31. Dezember 2014 vereidigt – zum ersten Mal kommt ein Staatsschef ohne Putsch oder Gewalt, sondern von der Mehrheit des Volkes gewählt, in sein Amt.

Festzuhalten ist, dass das eher kleine Tunesien nicht nur aus der eigenen Vergangenheit gelernt hat, sondern auch von einigen Fehlern der wesentlich größeren Nachbarn: Bildung hat seit jeher einen hohen Wert in der tunesischen Gesellschaft – hier wird doppelt so viel dafür ausgegeben wie in dem klassischen »Kulturland« Ägypten. Das Militär hat ebenfalls gelernt und dient seit dem zugestandenen Abflug des Diktators Ben Ali am 14. Januar 2011 eindeutig dem demokratischen Staat und nicht vor allem sich selbst. Im Vergleich zum Nachbarn Libyen, einem der größten Ölproduzenten der Welt, hat Tunesien eher bescheidene Bodenschätze vorzuweisen. Mit 40 Prozent Export seiner eigenen Waren jedoch ist es auf Augenhöhe mit vielen europäischen Ländern und nicht abhängig von nur einem Rohstoff oder einer Agrarproduktion.

Am Ende jedoch war es die Entscheidung der Menschen, sowohl der Mächtigen als auch der zuvor Ohnmächtigen, die jeweils Andersdenkenden zu achten.

Moncef Marzouki (*1945), Tunesiens Interimspräsident von 2011–2014, ein bekannter Menschenrechtsaktivist, der unter Ben Ali mehrfach verhaftet worden war und bis zu dessen Flucht im Exil in Frankreich lebte, fasste es so zusammen:

»Am Tag der Verabschiedung unserer demokratischen Verfassung haben sowohl die Regierung als auch die Opposition gewonnen – wir alle haben gewonnen.«

Als junger Mann war Moncef Marzouki nach Indien gereist, um von Mahatma Gandhis (1869–1948) Idee des gewaltfreien Widerstand zu lernen. Als älterer Mann besuchte er Südafrika, um mehr über den friedlichen Übergang nach der Apartheid zu erfahren. Im März 2014 hob er alle Notstandsgesetze auf, die nach dem Sturz von Ben Ali erlassen worden waren. Im April 2014 verzichtete er auf zwei Drittel seines Präsidentengehalts, »um ein Vorbild des Teilens in Zeiten der Not zu geben.«

Am 18. März 2015 kommt es zu einem Überfall auf das bekannte Bardo-Nationalmuseum im Zentrum von Tunis, bei dem insgesamt 22 Menschen erschossen werden, unter den Opfern vor allem Urlauber aus verschiedenen europäischen Ländern. Die Terrormiliz Islamischer Staat (IS) bekennt sich wenig später dazu. Am 29. März demonstrieren zehntausende Tunisier gegen den Terror in ihrer Hauptstadt und für eine Fortsetzung der friedlichen Demokratie.

Mit Ausnahme dieses furchtbaren Ereignisses hätte es eigentlich auf einem guten Weg weitergehen können. Tunesien ist aber eben auch ein Beispiel dafür, dass eine Demokratie immer wieder verteidigt werden muss und niemals als für ewig gesichert gelten kann, umso mehr wenn sie noch so jung ist. Seit Kais Saied (*1958) im Juli 2021 zum Präsidenten Tunesiens geworden ist, hat er seine Macht nach altem Muster ständig ausgebaut und gleichzeitig oppositionelle Politiker*innen verhaften lassen. Proteste gegen ihn werden mit Gewalt niedergeschlagen. Umso bedauerlicher ist, dass die Europäische Union (EU) im Juli 2023 mit Saied ein finanzielles Abkommen über 127 Millionen Euro zum »Auffangen« (sprich: Einsperren oder in der Wüste aussetzen) von Flüchtlingen aus anderen afrikanischen Ländern unterzeichnet. Es ist nicht auszuschließen, dass das Abkommen doch noch scheitert, jedoch nicht aus humanen Erwägungen, sondern weil Präsident Saied sich später empört zeigt über die Kritik verschiedener Menschenrechtsorganisationen an seiner Politik und den EU-Beitrag als unzureichendes »Almosen« abtut.

Amnesty International erklärt 2023 weiter zu Recht: *»Während Oppositionelle, Menschenrechtsverteidiger*innen und Anwält*innen erstmals wieder in Tunesien inhaftiert und hunderte Migrant*innen in der Wüste ausgesetzt werden, signalisiert die Europäische Union durch das neue Abkommen: Die EU wird bei zukünftigen Menschenrechtsverletzungen der Regierung von Präsident Saied wegsehen, solange Tunesien die EU dabei unterstützt, Menschen von der Flucht nach Europa abzuhalten. Durch das Abkommen macht sich die EU mitverantwortlich für zukünftige Menschenrechtsverletzungen.«*

Zu den Opppositionellen, die verfolgt werden, gehört auch der erste demokratsiche Interimspräsident 2011–2014 und Menschenrechtsaktivist Moncef Marzouki, der 2021 und erneut im Februar 2024 wegen »Aufhetzung gegen die Regierung« zu acht Jahren Haft verurteilt wird – beide Male in Abwesenheit, da er inzwischen eine Einladung der US-amerikanischen Harvard-Universität angenommen hat. Erneut kann er, mit inzwischen 79 Jahren, nicht in sein Heimatland zurückkehren.

Proteste der jungen Generation in Westafrika: Neue Bündnisse

Nicht nur in diesen vier Ländern Westafrikas brodelt es seit längerem: in Mali, Niger und Burkina Faso, seit jüngstem auch in Senegal – alle vier Staaten sind ehemalige französische Kolonien. Neue Entwicklungen in ganz Westafrika kann man am Beispiel dieser vier Länder am deutlichsten beobachten.

Noch 1975 gab es gemeinsame Hoffnungen in Westafrika: So durch die Gründung von ECOWAS (Economic Community of Westafrican States) mit 15 Mitgliedsländern (u. a. Benin, Burkina Faso, Elfenbeinküste, Ghana, Niger, Nigeria, Senegal und Togo, mit offiziellem Sitz in Abuja, Nigeria). Eine der Hoffnungen war, kolonialistische Ländergrenzen durch vermehrte panafrikanische Kooperation zu überwinden. Doch die Nähe zu alten Kolonialmächten (dem »Westen«, hier allen voran Frankreich) und neuen, sich »anti-imperialistisch« gebenden Großmächten (wie Russland und China) spielten immer wieder eine Rolle, die in jüngster Zeit zu neuen Eskalationen führt.

Die westlichen Werte von »Demokratie« und »Freiheit« erscheinen vor allem in jenen Ländern vielen jungen Menschen zunehmend unglaubwürdig, wo autoritäre Regierungschefs mit scheinbar demokratischen Mitteln ihre Macht zu Korruption missbrauchen und dabei »freundliche Beziehungen« zu Frankreich und der EU (wie Mali) oder den USA (wie Nigeria und der Elfenbeinküste) pflegen.

So kam es in Westafrika zu Militärputschen u. a. in Mali (August 2020 und Mai 2021), Burkina Faso (Januar und September 2022) und Niger (Juli 2023), die sich durchweg als »antikolonial« und »basisdemokratisch« artikulieren, unabhängig davon, inwieweit Menschenrechte gegenüber Oppositionellen oder Minderheiten missachtet werden. Nach anhaltenden Differenzen erklären die drei neuen Militärregierungen im Januar 2024 ihren Austritt aus dem wirtschaftlichen Zusammenschluss ECOWAS.

In Mali war auch die deutsche Bundeswehr über zehn Jahre mit insgesamt etwa 20 000 Soldat*innen (von denen drei umkamen) im

Rahmen der UNO-Friedensmission MINUSMA (United Nations Multidimensional Integrated Stabilization Mission) stationiert und die etwa 4,3 Milliarden Euro kostete – die letzten Militärs verließen Mali im Dezember 2023 nach einer weitgehend als »gescheitert« bezeichneten Mission.

Wohin steuern die überwiegend jungen, durch Militärputsche an die Macht gekommenen Interimspräsidenten Assimi Goïta (*1983) in Mali, Ibrahim Traoré (*1988) in Burkina Faso und Abdourahamane Tiani (*1961) in Niger, wobei dessen Kurs auch ein Jahr später noch eher undeutlich ist? Welche Vision stellen der frühere Oppositionsführer in Senegal, Ousmane Sonko (*1974) und sein Stellvertreter und neuer Präsident Bassirou Diomaye Faye (*1980), seit den friedlich gewonnenen Wahlen vom 24. März 2024 dem früheren Premierminister (2004–2007) und dann Präsidenten (2012–2024) Macky Sall gegenüber?

Assimi Goïta (*1983), seit dem 28. Mai 2021 als Interimspräsident in Mali mit dem Aufbau einer neuen Regierung beauftragt, sagte Anfang 2024: »Jene, die Sanktionen gegen Mali verhängen, weil ihnen nicht passt, was wir endlich unabhängig verwirklichen wollen, sind Neokolonialisten, nichts anderes.«

Der junge Assimi wächst auf in einem Elternhaus, das geprägt ist durch den Vater, der eine hohe Position bei den Streitkräften Malis hat. So ist seine Ausbildung eine militärische auf akademischem Niveau mit zusätzlichem Training in den USA, Frankreich und Deutschland. Bereits als junger Mann leitet Assimi in der Position eines Oberst Einsätze gegen islamistische Terrorgruppen.

Politisch beginnt er sich zu engagieren in einer paramilitärischen Rebellengruppe gegen Präsident Ibrahim Boubacar Keïta (1945–2022), der seit 2013 im Amt ist. Obwohl dieser sich für die Versöhnung verschiedener Gruppen in Mali und einer Bekämpfung extremer Armut eingesetzt hat, wird ihm, der in Paris studierte, doch zu viel Nähe, ja Abhängigkeit von der Regierung Frankreichs vorgeworfen. Zunehmende Unruhen im Land, die auch die UNO-Friedensmission MINUSMA nicht unter Kontrolle brachte, und ein Deal mit der Weltbank über 50 Millionen US-Dollar ermutigen die Rebellen am 20. August 2020 den ersten Militärputsch durchzuführen. Präsident Keïta tritt einen Tag später zurück und wird daraufhin freigelassen. Er stirbt aus Krankheitsgründen Anfang 2022 in seinem Zuhause.

Der Versuch einer zivilen Übergangsregierung scheitert schon im Mai 2021 mit einem zweiten Militärputsch, bei dem erneut Oberst Assimi Goïta der Anführer ist und vom Verfassungsgericht zum Interimspräsidenten ernannt wird. Goïta verspricht die sorgfältige Vorbereitung »freier und fairer Wahlen«, wobei Frankreich und die USA dafür auf Anfang 2022 drängen. Doch die Parlamentswahlen werden mehrfach verschoben. Im Juni 2023 dagegen wird ein Referendum für eine neue Verfassung durchgeführt, die der Regierung mehr Rechte im Kampf gegen Terrorgruppen gibt und von einer Mehrheit unterstützt wird. Die Sicherheitslage bleibt, vor allem im Norden Malis, weiter angespannt.

Es gibt Belege, dass der »Kampf gegen Terroristen« zuweilen auch Abrechnung mit Oppositionellen bedeutet, so im Januar 2024, als die Armee gemeinsam mit russischen Söldnern ein Dorf des Fulani-Volkes an der Grenze zu Mauretanien überfällt, das der Nähe zu Dschihadisten verdächtigt wird, und wahllos 25 Männer und Jungen ermordet. Das deutsche Auswärtige Amt warnt vor Reisen nach Mali.

Im Juli 2023 nimmt Assimi Goïta am Russland-Afrika-Gipfel in St. Petersburg teil und lobt im Oktober 2023 den russischen Regierungschef Putin: »Die bedingungslose Unterstützung Russlands für Mali nehmen wir mit Dankbarkeit wahr.«

Gleichwohl ist anzuerkennen, dass die Armee Malis inzwischen die Dschihadistenhochburg Kidal im Norden befreit hat, was den Soldaten Frankreichs zehn Jahre nicht gelungen war. Entwicklungspolitische Projekte Deutschlands werden auch nach dem Abzug der Bundeswehr, wo es sicherheitspolitisch möglich erscheint, 2024 fortgesetzt. Die Bundesrepublik war 1960 das erste Land, das Mali nach dessen Unabhängigkeitserklärung anerkannte.

Ibrahim Traoré (*1988), seit dem 6. Oktober 2022 Interimspräsident von Burkina Faso: »Meine Generation kann eines nicht verstehen: Wie kann Afrika mit all seinem Reichtum heute der ärmste Kontinent sein?«

*Der junge Ibrahim fiel schon in der Schule als »besonders talentiert« auf. Mit 18 Jahren begann er ein Studium der Geologie an der Universität von Ouagadougou, engagierte sich gleichzeitig in einer Gruppe von muslimischen Student*innen und wurde außerdem aktives Mitglied der marxistischen Gesellschaft Studierender in Burkina Faso. Er beendete sein Studium »mit Auszeichnung«.*

Mit 21 Jahren begann er eine militärische Ausbildung, die ihm auch ein Training in Marokko ermöglichte. Befördert zum Leutnant wurde er mit 26 Jahren Teil der UNO-Friedensmission MINUSMA, wo er die kommenden Jahre mehrere Auszeichnungen erhielt. Ab 2020 wurde er in der Position eines Hauptmannes im besonders gefährlichen Norden Malis stationiert und ging zunehmend auf Distanz zur politischen Führung: »Es ist deutlich, dass wir täglich unser Leben riskieren und dabei schlecht ausgestattet sind, während einige unserer führenden Politiker Koffer voll mit Bestechungsgeldern für ihre persönlichen Geschäfte verteilen.«

*Wenig später wurde er zum Sprecher einer größeren Gruppe unzufriedener Soldaten. Andere bezeichneten ihn als »zweiten Thomas Sankara« und ermutigten ihn, sich in dessen Sinne für ein »gerechtes und unabhängiges Burkina Faso« einzusetzen, wenn nötig auch mit militärischen Mitteln. Im Januar 2022 war er Teil jener Offiziere, die den ersten Militärputsch durchführten, wobei es aus Unzufriedenheit mit einer »zu zögerlichen« Juntaführung schon im September 2022 zu einem zweiten kam. Bei diesem ernannte er sich selbst zum Anführer der Bewegung für Sicherheit und Wiederaufbau – und trat von nun an auch mit politischen Statements an die Öffentlichkeit, die ihm viele junge Anhänger*innen brachten, die ihn seitdem als neues Vorbild verehren, ja »fast wie einen Popstar«, wie ein Journalist es beschrieb. Mit 35 Jahren wurde er am 6. Oktober zum Interimspräsidenten ernannt und versprach »basisdemokratische Wahlen« spätestens im Juli 2024. Er wurde damit zum jüngsten Präsidenten auf dem afrikanischen Kontinent.*

»Ich weiß, dass ich jünger bin als die meisten von euch. Aber ich verspreche euch, dass ich den Westmächten zeigen werde, was Burkina Faso bedeutet: Das Land der freien und aufrechten Menschen … Ein Sklave, der nicht für seine Freiheit kämpft, hat keinen Genuss verdient … Die Afrikanische Union muss aufhören, jene Afrikaner zu verurteilen, die gegen die eigenen Marionettenregierungen aufstehen … Warum bereisen afrikanische Regierungschefs die Welt, etwa nur um zu betteln?«

*Im Februar 2023 verwies Ibrahim Traoré alle französischen Truppen des Landes: »Wir wollen uns an anderen Horizonten orientieren, weil wir ab jetzt Win-win-Partnerschaften anstreben.« Dazu gehören für ihn Länder wie Russland und die Türkei. Als im Januar 2024 die ersten 100 russischen Soldaten in der Hauptstadt Ouagadougou stationiert werden, betont Traoré, dass diese nach einigen Attentatsversuchen auf ihn als Verstärkung seiner Leibgarde da seien, aber nicht zum Militäreinsatz im Land. Der russische Staatschef Putin bestätigt das, kündigt aber gleichzeitig an, dass es in Zukunft keine russischen Söldner wie die berüchtigte Wagner-Gruppe mehr in Afrika geben solle, der Plan sei vielmehr, eine russische Afrika-Legion von 50 000 Soldat*innen aufzubauen, die allein, wo gewünscht, für Frieden und gegen Neokolonialismus eingesetzt werden würde.*

Zur Stabilisierung der Sicherheit im Land erklärt Traoré, »in der Tradition von Thomas Sankara Volkskomitees, rund 100 000 Freiwillige vor Ort als VDP (Volunteers for the Defense of the Homeland)« zu installieren. Ein Termin für Wahlen wird auf unbestimmte Zeit verschoben, jedenfalls »bis die Sicherheitslage dies im gesamten Land zulässt«. Nach internationalen Angaben sind immer noch mindestens 40 Prozent des Landes unter Kontrolle dschihadistischer Terrorgruppen.

*Anders als Thomas Sankara geht Traoré jedoch gewaltsam nicht nur gegen Terrorgruppen, sondern auch gegen politische Oppositionelle vor: Ohne Gerichtsprozesse werden jene, die sich kritisch äußern, abgeholt und zum militärischen Dienst in den gefährlichsten Regionen verpflichtet. Bislang prominentestes Beispiel ist der 70-jährige frühere Außenminister Ablassé Ouédraogo (*1953), der an Weihnachten 2023 von Sicherheitskräften entführt wurde und seitdem zum »Fronteinsatz« verschwunden ist.*

Ousmane Sonko (*1974), Oppositionsführer in Senegal, im Juni 2023 wegen »Handy-Diebstahls« verhaftet und am 15. März 2024 vorzeitig entlassen, verkündete rechtzeitig vor den Wahlen am 24. März: »Afrikanerinnen und Afrikaner wollen ihre Geschicke endlich selber lenken!«

Der früher so vorbildlich demokratische und friedliche Senegal, nicht nur unter seinem ersten Präsidenten Léopold Sédar Senghor, geriet unter dem letzten Präsidenten Macky Sall in eine unnötige Krise: So überzeugend dieser 2012 begann mit einer Reduzierung des Parlaments auf weniger Abgeordnete, wodurch nötige Investitionen in Infrastrukturen möglich wurden, so provozierend empfanden viele seine Ankündigung nach zwei Amtszeiten, diese nicht nur um eine dritte verlängern zu wollen, sondern auch die für den 25. Februar 2024 von der Verfassung vorgeschriebenen Wahlen auf den 15. Dezember 2024 verschieben zu wollen.

Jedes Wochenende nach dem Freitagsgebet gingen Tausende junge Menschen auf die Straße und drückten, überwiegend friedlich, ihren Widerstand gegen Salls zunehmend diktatorischen Stil aus. »Wir verteidigen unsere Verfassung!«, riefen sie, und in einem Lied, das selbst in Fußballstadien für den eingesperrten Oppositionsführer Ousmane Sonko gesungen wurde, hieß der Refrain in Wolof: »Sonko, namm naa la!« (»Sonko, ich vermisse dich!«).

Sonkos Zukunftsvision für Senegal lautet: »Es wird Zeit, dass Frankreich uns in Ruhe lässt! Frankreich muss die Stimmen hören, die von einem neuen Paradigma sprechen, von einer neuen Partnerschaft: gerecht und auf Augenhöhe. Die afrikanische Jugend wird das alte Modell nicht mehr akzeptieren, denn Afrika gehört den Afrikanern, sonst niemandem, nicht China, nicht den USA oder sonst wem. Und die Afrikanerinnen und Afrikaner wollen ihre Geschicke endlich selber lenken!«

*Am 25. Februar, dem ursprünglichen Wahldatum, rief die Opposition auf, trotzdem zu den improvisierten Wahlbüros zu gehen. Die Wahlbeteiligung war hoch, die ersten Wähler*innen kamen schon ab sechs Uhr morgens. Gut drei Viertel der Stimmen gingen an Sonkos Pastef-Partei (African Patriots of Senegal for Work, Ethics and Fraternity). In seiner Heimatstadt waren es sogar 139 000 der dort 140 000 registrierten Wähler*innen. Eine der Wahlparolen lautete in der senegalesischen Nationalsprache: »Li ñëpp bokk, ñëpp jott ci.« – Was allen gehört, soll allen zugute kommen.*

*Nachdem sich auch die Gewerkschaften Senegals dem Protest angeschlossen und sogar eine Ministerin und ein Minister der Regierung Sall freiwillig zurückgetreten waren, beschloss das oberste Verfassungsgericht, dass die Wahlen vor dem 2. April, dem offiziellen Ende der Sall-Regierungszeit, stattzufinden hätten, woraufhin der neue Wahltermin auf den 24. März festgelegt wurde. Auch alle politischen Gefangenen, wie Ousmane Sonko und sein jüngerer Stellvertreter Bassirou Diomaye Faye (*1980) seien sofort freizulassen, was auch geschah. Ein Triumph nicht nur der Oppo-*

sition, sondern der demokratischen Verfassung Senegals, ohne auch nur die Drohung eines Militärputsches.

Da gegen ihn immer noch fadenscheinige Anklagen anhängig waren und eine eigene Präsidentschaftskandidatur dadurch nicht möglich war, hatte Sonko schon im Januar seinen Stellvertreter als Kandidaten vorgeschlagen.

Die Wahlbeteiligung am 24 März 2024 war hoch, alles verlief friedlich und Bassirou Diomaye Faye wurde mit 54 Prozent der Stimmen gewählt (sein Gegenkandidat erhielt 36 Prozent). Am 2. April 2024 wurde er als jüngster Präsident Senegals vereidigt. Faye erklärte, »mit Demut und Transparenz« regieren zu wollen und »Korruption auf allen Ebenen zu bekämpfen«. Bei den ersten regulären Parlamentswahlen am 17. November 2024 erhält die Pastef-Partei von Bassirou Diomaye Faye und Ousmane Sonko 131 der 165 Sitze, Macky Sall gerade noch 16. Die Bevölkerung steht damit deutlich hinter dem neuen Kurs.

Moustapha Diallo (*1965 in Senegal) studierte zuerst Germanistik in Dakar, später in Österreich, Deutschland und Frankreich, lehrte an der Universität Paderborn und arbeitet heute als Übersetzer, Leiter des Kaddu-Verlags und Publizist (u. a. als Herausgeber und Mitautor des Buches *Visionäre Afrikas*, 2014, Neuausgabe 2022):

»*Ich lebe seit 30 Jahren in Deutschland, habe hier Kinder und gute Freunde – aber mein Herz ist in Senegal, jetzt mehr denn je. Denn durch die Wahlen wurde möglich, dass unser ›Projekt‹, wie wir es daheim in Westafrika nennen, weiter und unabhängig von neokolonialer Beeinflussung fortgesetzt werden kann: Ein demokratischer Senegal, wo die Verfassung und Rechtsstaatlichkeit von allen geachtet werden, wo die Idee eines geeinten Afrika nicht aufgegeben wird – und wo der große Reichtum des Landes endlich gerecht verteilt wird. Dafür steht die neue Regierung unter dem jungen Diomaye, dafür werden wir uns alle weiter engagieren.*«

Festung Europa: Teilen oder Töten?

Als ich dieses Kapitel vor zehn Jahren geschrieben habe, waren die Zahlen über Flüchtlinge weltweit, aber speziell auf dem afrikanischen Kontinent, so schlimm wie noch nie seit dem Zweiten Weltkrieg. Sie sind noch viel schlimmer geworden, ja, haben sich mehr als verdoppelt.

Damals hatten rund 50 Millionen Menschen ihr Zuhause verlassen und waren mit den wenigen Habseligkeiten, die sie bei sich tragen können, auf der Flucht – vor Hunger, Krieg, Verfolgung, die Hälfte von ihnen Kinder unter 18 Jahren. Sie geben alles auf, riskieren sogar ihr Leben, nur um wegzukommen von dort, wo es noch schlimmer ist.

Heute, 2025, gibt es nach Angaben der Vereinten Nationen (UNO) mehr als 114 Millionen Flüchtlinge auf der Welt. Neue Kriege, gegenwärtig auch wieder in Europa, in der Ukraine, und ein weiteres Auseinanderklaffen zwischen wenigen Superreichen und vielen extrem Armen sind die wesentlichen Ursachen, die niemand bestreitet. Bewusst habe ich die Aussagen Betroffener von vor zehn Jahren in diesem Buch bewahrt und nur durch aktuelle Zahlen ergänzt. Die Hoffnung, dass es auch jemals anders gehen kann, menschlicher für alle, darf nicht aufgegeben werden.

»Das entspricht dem Fang eines senegalischen Fischers, der jeden Tag mit seinem Boot hinausfährt, und das 55 Jahre lang …« – Noch einmal Moustapha Diallo, Senegal:

»Ich möchte mit einer Geschichte beginnen, die für viele Fluchtgeschichten aus Afrika steht. Sie handelt vom Dorf Ndioudiouf in meinem Heimatland Senegal. Dort wohnten damals etwa 165 Menschen.

Vor fünf Jahren taten sich dort 48 von ihnen, meist Jugendliche und junge Männer, zusammen und beschlossen, ein Boot zu bauen. Sie kamen alle aus diesem Fischerdorf oder dessen Umgebung und wollten sich nicht auf die einschlägigen Seelenverkäufer verlassen. Nach monatelanger Arbeit stachen sie in See, Richtung Spanien. Am Strand war das ganze Dorf

Moustapha Diallo (59), lebt heute in Wadersloh bei Münster (2024)

versammelt, denn jede Familie hatte mindestens ein Mitglied unter der Besatzung. Das Boot kam nie in Europa an. In dem Dorf wurde kein Fest mehr gefeiert, keine Hochzeit, keine Taufe, nichts, was Anlass zur Freude wäre … Es ist heute ein traumatisiertes Dorf.

Interessanter als die Frage, was sie in Europa wollten, ist die Frage, wie sie auf die Idee kamen: Warum dieser kollektive Aufbruch?

Einige Jahre zuvor hatte die Europäische Union Fangrechte für senegalesische Gewässer gekauft. Was das für die einheimischen Fischer bedeutete, kann man an folgenden Zahlen sehen:

Der Fang eines europäischen Trawlers an einem Tag entspricht dem, was ein senegalesischer Fischer fängt, wenn er jeden Tag mit seinem Boot hinausfährt, und das 55 Jahre lang. Die Existenzgrundlage ganzer Dörfer wurde mit diesem Abkommen zerstört … «

Der größte Teil aller afrikanischen Flüchtlinge kommt niemals in den wohlhabenden Ländern an: 86 Prozent der Flüchtlinge weltweit werden von anderen armen Ländern aufgenommen, oft Nachbarländern, denen es nicht viel besser geht, aber wo die unmittelbare Bedrohung etwas kleiner erscheint. Dort harren sie nicht selten jahrelang in oft erbärmlichen, riesigen Zeltlagern aus, auf engstem Raum mit Tausenden, oft Zehntausenden anderer Verzweifelter.

In Afrika kommen gegenwärtig die meisten Flüchtlinge aus Somalia, dem Südsudan, der Demokratischen Republik Kongo und der Zentralafrikanischen Republik, mehr und mehr auch aus jenen Ländern Nordafrikas, in denen der Arabische Frühling in einen Arabischen Herbst umgeschlagen ist. Das vom Bürgerkrieg zerrissene Libyen wurde dabei sowohl zu einem Durchgangsland für Hunderttausende Flüchtlinge aus anderen Teilen Afrikas, als auch mit rund 245 000 Libyern, die im eigenen Land auf der Flucht sind.

Nur die allerwenigsten von ihnen schaffen es bis nach Europa. Von den vielen Millionen Flüchtlingen erreichen pro Jahr nur etwa 100 000 die nordafrikanische Küste und etwas mehr als 40 000 versuchen von dort die weitere Flucht nach Spanien (oder die spanischen Enklaven Ceuta und Melilla in Nordmarokko) oder auf wackeligen und überladenen Booten nach Südfrankreich, Italien oder Griechenland.

Wie viele von ihnen dabei jedes Jahr umkommen, ist nicht sicher: Nach Angaben der Internationalen Organisation für Migration (IOM) ertranken 2014 rund 3 200 Menschen im Mittelmeer. Obwohl inzwischen mehr Fluchtrouten über Land versucht werden, ertranken auch 2023 noch mindestens 2 300 Flüchtlinge im Mittelmeer. Meist werden nur die spektulärsten Katastrophen wahrgenommen, wie jene am 3. Oktober 2013 vor der italienischen Insel Lampedusa.

Zeugenaussage einer älteren Bewohnerin von Lampedusa in der Nacht nach dem Unglück vom 3. Oktober 2013, als von 545 Flüchtlingen nur 155 gerettet werden konnten – und 390 ertranken: »Die waren so dicht bei uns an der Küste, dass wir im Dunkeln lange nur ihre Schreie hörten, aber so weit, dass wir sie nicht sehen konnten … bis es immer leiser wurde und auch die verstummten.«

Die italienische Insel Lampedusa liegt nur 130 Kilometer vor der tunesischen Küste. Bis Sizilien sind es dagegen noch rund 205 Kilometer. Es ist eine kleine Insel von nur 20 Quadratkilometern Fläche: Etwa neun Kilometer Länge in ostwestlicher Richtung und rund drei Kilometer Breite.

*Nur etwa 6500 Menschen wohnen dauerhaft hier. In den Sommermonaten kommen noch einmal etwa die gleiche Anzahl Urlauber. Neben dem Tourismus leben die meisten Lampeduser vom Fischfang und der Produktion von Fischkonserven. Es sind überwiegend hart arbeitende, freundliche Menschen, die wenig anfällig für Rechtsextremismus sind und selbst Politiker wie die Französin Marine Le Pen (*1968) davonjagten, als diese die Probleme auf der Insel für ausländerfeindliche Propaganda missbrauchen wollte.*

Viele Inselbewohner haben Verständnis für die Not der bis zu 25000 gestrandeten Flüchtlinge. Als im Januar 2009 einige Hundert aus einem Internierungslager ausbrachen (das ausgelegt war für 600 Menschen, in dem aber fast 2000 eingesperrt waren), protestierten einige mit den Flüchtlingen zusammen gegen eine Politik in Rom und Brüssel, die sie gemeinsam als »Vorposten der Festung Europa« missbrauchte.

Das Unglück in der Nacht vom 3. Oktober 2013 war nicht das erste, aber das bis dahin schwerste: An Bord des nur 20 Meter langen Bootes waren 545 Flüchtlinge, überwiegend aus Eritrea, Somalia und Ghana, die von der gut 300 Kilometer entfernten libyschen Küste aufgebrochen waren. Nach einem Motorschaden entzündete der Kapitän eine Decke als Notsignal. Das Feuer geriet jedoch schnell außer Kontrolle. Eine Panik entstand auf dem Schiff, sodass zu viele Passagiere auf die eine Seite des Bootes rannten, was zu dessen Kentern führte. 390 Kinder, Frauen und Männer ertranken, die meisten von ihnen konnten nicht schwimmen.

Viele hatten lange für diese Flucht gespart. Wie sich später herausstellte, hatten Menschenschmuggler bis zu 3000 US-Dollar pro Erwachsenen vorab kassiert. Der tunesische Kapitän wurde wegen Totschlags angezeigt. Gegen alle Überlebenden eröffnete ein Staatsanwalt zunächst ein Verfahren wegen illegaler Einwanderung, das aber später aufgrund zahlreicher Proteste zurückgezogen wurde.

Die Bürgermeisterin von Lampedusa, Giuseppina Nicolini (*1961), die sich schon früher für die Menschenrechte von Bootsflüchtlingen ausgesprochen hatte, sagte im Fernsehen:

»Diese ist nicht die erste Tragödie. Bisher blieben die meisten nur weitgehend unsichtbar für die Welt. Denn es ging immer nur um arme Menschen. Als zuletzt elf Afrikaner ertranken, berichtete niemand darüber. Stellen Sie sich vor, ein Luxusdampfer wäre in Seenot geraten und elf wohlhabende Passagiere ertrunken. Alle Nachrichtensender hätten weltweit davon berichtet. Nun mussten erst fast 400 arme Menschen ihr Leben lassen, um auch einmal internationale Aufmerksamkeit zu erhalten.«

Wie sehr sie recht hatte, wurde nur wenig später deutlich, als am 11. Oktober 2013 erneut ein Flüchtlingsboot mit 240 Passagieren, das von Malta aus nach Lampedusa aufgebrochen war, kenterte und 34 Menschen ertranken. Bürgermeisterin Nicolini jedoch schaffte es, dass noch vor Ende Oktober 2013 die italienische Regierung ein bis dahin nicht dagewesenes Rettungsprogramm unter dem Namen »Mare Nostrum« in Koordination zwischen Marine, Küstenwache und zivilen Organisationen für Bootsflüchtlinge ins Leben rief, durch das bis heute Tausende von Flüchtlingen nicht nur gerettet wurden, sondern auch illegaler Menschenschmuggel besser kontrolliert werden konnte.[7] Bürgermeisterin Nicolini betonte in verschiedenen Interviews: *»Wir müssen aufhören, immer nur erste Hilfe zu leisten, wenn wieder eine Katastrophe geschehen ist. Die Menschen, die ihr Leben riskieren, tun das, weil die Katastrophe, in der sie leben, noch viel schlimmer ist. Das müssen wir in Europa endlich begreifen.«*

Oft sind die Ursachen der Flucht nicht zu trennen von internationalen Wirtschaftsabkommen, wie sie Moustapha Diallo für das senegalesische Dorf schildert, die wesentlich dafür verantwortlich sind,

---

7 Nur ein Jahr später, Ende Oktober 2014, gab die italienische Regierung bekannt, dass das »Mare Nostrum«-Programm wieder beendet sei (durch das seit Oktober 2013 rund 150 000 Menschen aus Seenot gerettet worden waren – rund 400 pro Tag). »Italien hat seine Pflicht getan«, erklärte der italienische Innenminister dazu. »Mare Nostrum« wird nun durch das EU Programm »Triton« ersetzt, das wesentlich kleiner ist, nur vor europäischen Küsten operiert und nur auf Notruf anwortet, aber nicht selbst aktiv agiert. Flüchtlingsorganisationen vermuten, dass sich die Zahl der Toten erneut vervielfachen wird. Seit die rechtsnationale Giorgia Meloni (*1977) im Oktober 2022 Premierministerin Italiens wurde, haben sich die Bedingungen für Mittelmeerflüchtlinge noch einmal wesentlich verschlechtert.

dass Menschen aus größter Not ihre Heimat verlassen. Nicht selten sind es dieselben Politiker, die »nur« die sogenannten eigenen nationalen Interessen vertreten, die aber später am radikalsten eine »Bekämpfung der Flüchtlingsströme« fordern.

Menschenrechtsorganisationen betonen ebenso, dass es die Armut sei, die von der EU-Abschottungspolitik bestraft würde und nicht zuerst die Nationalität: Als Beispiel nennen sie die Visapolitik mehrerer europäischer Länder, die an Reiche ohne Probleme Aufenthaltsrechte vergeben. So kann zum Beispiel in Spanien und Portugal jeder eine europäische Aufenthaltsgenehmigung erhalten, der mindestens 500 000 Euro in Haus- oder Grundbesitz investiert. In Ungarn bekommt jeder ein Schengen-Visum, der dem Staat ein zinsfreies Darlehen von mindestens 250 000 Euro zur Verfügung stellt.

Von einer »Globalisierung der Gleichgültigkeit« hatte Papst Franziskus (*1936) bei seinem Besuch auf Lampedusa im Juli 2013 gesprochen. Und nach dem Unglück vom 3. Oktober lobte er ausdrücklich die Bewohner von Lampedusa und ihre Bürgermeisterin, die einfache »menschliche Freundlichkeit« gezeigt hätten durch ihre »Solidarität« mit den vielen Flüchtlingen auf ihrer kleinen Insel.

Besondere Anerkennung in vielen armen Teilen der Welt erhielt auch die ehemalige deutsche Bundeskanzlerin (2005–2021), Angela Merkel (*1954), als sie während des ersten Höhepunkts der Flüchtlingskrise in Deutschland am 31. August 2015 nach dem Besuch eines Flüchtlingslagers auf einer Bundespressekonferenz erklärte: »Wir schaffen das!« In unserem kleinen Township bei Kapstadt sprachen mich Nachbarn auf sie an und sagten, dass sie die beste Politikerin in Europa wäre – weil sie nicht Panik verbreiten würde, sondern Ideen, wie Wohlstand geteilt werden kann.

Inzwischen gibt es ein nur begrenzt funktionierendes Abkommen der Europäischen Union (EU) mit der Türkei von 2016: Für sechs Milliarden Euro hat sich die Türkei bereit erklärt, Flüchtlinge im Land festzuhalten und nicht weiter nach Europa durchzulassen. Zuletzt, 2023, versuchte die deutsche Außenministerin Annalena Baerbock (*1980) einen ähnlich umstrittenen Deal mit Tunesien (2023), siehe dazu auch S. 271 .

Haut hat viele Farben: Mehr als Schwarz und Weiß

Was bedeutet »schwarz« und was »weiß« in Bezug auf Hautfarben? Kein Mensch ist weiß wie Schnee und niemand schwarz wie Kohle. Viele, aber nicht alle Menschen mit dunkler Hautfarbe haben afrikanische Ursprünge. Beide Begriffe sind und waren schon immer ideologisch aufgeladen.

Es war die Afroamerikanerin Audre Lorde (1934–1992), Poetin, lesbische Feministin und ab 1984 auch immer wieder Gastprofessorin in Berlin, die als Erste vorschlug, die Herkunft und Vielfalt von Deutschen mit afrikanischen Wurzeln mit dem Begriff »Afrodeutsch« stolz zu nennen – anstelle einer ideologischen Äußerlichkeit:

*»Es geht darum, unsere wahren Farben zu zeigen … Im Frühling 1984 lehrte ich erstmals drei Monate Literatur an der Freien Universität Berlin. Meine Student*innen meinten, dass sie den Begriff ›Afrodeutsche‹ noch nie vorher gehört hatten. Eine in Deutschland geborene Studentin mit dunkler Hautfarbe betonte, dass das Netteste, womit sie bislang von anderen zuweilen bezeichnet wurde, das Wort ›Kriegsbaby‹ war – ein Kind als Folge einer Beziehung zwischen einer deutschen Frau und einem schwarzen US-Soldaten.*

Was mich interessiert: Wo kreuzen sich unsere Wege als farbige Frauen jenseits unserer je eigenen Unterdrückungserfahrungen? Wie unterscheiden sie sich? Und am wichtigsten: Was können wir lernen von unseren geteilten Unterschieden, das hilfreich für uns beide ist – Afrodeutsche und Afroamerikanerinnen?«

Der englische Begriff *Black* war ursprünglich eine herabsetzende Bezeichnung von hellhäutigen Menschen gegenüber dunkelhäutigen – von den ersten aus Westafrika deportierten Sklaven bis zum rassistischen Südafrika, bevor dort 1994 endlich die Apartheid abgeschafft wurde. Aber auch in vielen anderen Sprachen bekam die Farbe eine negative Konnotation, im Deutschen beispielsweise bei »Schwarzmarkt« oder »Schwarzfahrer«.

Es ist nachvollziehbar, dass zuerst in den USA Nachkommen früherer Slaven dieses Wort ins Positive umkehrten wie in dem Slogan »Black ist beautiful« oder der militanten Black-Panther-Bewegung.

Die schon 2013 nach dem Mord an einem afroamerikanischen Jugendlichen durch einen Polizisten dezentral über soziale Medien gegründete Bewegung Black Lives Matter (BLM – Schwarze Leben sind wichtig) wurde zum globalen Netzwerk mit Protesten gegen Polizeigewalt gegen People of Color in vielen Ländern, auch außerhalb der USA, ab 2020:

Am 25. Mai 2020 drückte der Polizist Derek Chauvin (*1976) dem auf dem Boden liegenden Afroamerikaner George Floyd (*1973) bei einer Festnahme in der Stadt Minneapolis wegen des Verdachts, mit 20 Dollar Falschgeld bezahlt zu haben, sein Knie so auf den Hals, dass dieser während über neun Minuten beinahe nicht mehr atmen konnte, selbst dann noch, als dieser mit letzter Kraft hervorpresste: »I can't breathe!« (»Ich kann nicht atmen!«). Dann wurde Floyd bewusstlos, und Passanten riefen um Hilfe, als jedoch ein Krankenwagen eintraf, war George Floyd bereits tot. Handyaufnahmen des Mordes wurden zuerst in den USA, bald auch weltweit verbreitet.

Bereits seit den 1980-Jahren wurden Organisationen in Deutschland gegründet, die sich gezielt gegen Rassismus und für die Rechte von Menschen mit dunkler Hautfarbe engagieren – so die Initiative Schwarze Menschen in Deutschland (ISD) oder Afrodeutsche Frauen (oder auch: Schwarze Frauen) in Deutschland (ADEFRA). »Adefra« ist nicht nur eine Abkürzung, sondern bedeutet auf Amharisch (das vor allem in Äthiopien und Eritrea gesprochen wird): mutige Frauen. Seit wenigen Jahren wird in mehr und mehr Ländern, auch in Deutschland, im Februar der Black History Month mit historischen Veranstaltungen begangen.

Im Februar 2022 wurde in Köln die erste »Schwarze Bibliothek« in Deutschland von Glenda Obermuller, geboren in Guyana, eröffnet und nach dem Afrodeutschen Theodor Wonja Michael (1925–2019) benannt. Michaels Nachlass an Büchern, aber auch an persönlichen Dokumenten macht einen wichtigen Teil der Bibliothek aus.

Eine Wandmalerei im Berliner Mauerpark zeigt George Floyd (2020)

Theodor Wonja Michael (1925–2019) in einem Interview Anfang 2014: »Der Punkt ist ja, dass wir immer beweisen müssen, dass wir es können. Jemand mit europäischem Aussehen braucht diese Beweise nicht.«

Michaels Leben kann selbst als historisches Zeugnis gelesen werden: 1925 wurde er als Sohn eines Kameruners und einer Deutschen in Berlin geboren. Nach dem Tod der Mutter 1926 kam er zu Pflegeeltern, die mit »Völkerschauen« Geld verdienten, in denen er bereits als Zweijähriger auftreten musste. Sein Vater starb 1934. Trotz Volksschulabschluss 1939 durfte er aufgrund der Nürnberger Rassengesetze keine Ausbildung beginnen. Kurzfristig arbeitete er als Hotelportier, bis er wegen der Beschwerde eines Gastes entlassen wurde.

Danach gelingt es ihm, Arbeit als Zirkusdarsteller sowie als Komparse in NS-Kolonialfilmen zu finden, unter anderem in dem berühmten Film Münchhausen *(1943). Wegen seiner Hautfarbe wird er nicht zur Wehrmacht eingezogen, jedoch ab 1943 bis Kriegsende in einem Arbeitslager bei Berlin interniert.*

Nach 1945 arbeitet er kurz für die US-Besatzungstruppen und als Schauspieler, aber kann bald sein Abitur nachholen und danach in Hamburg und Paris studieren mit einem Abschluss als Diplom-Volkswirt. In der Folge ist er als Journalist, Lehrbeauftragter und Regierungsberater der SPD tätig. In Köln gründet er eine eigene Familie. 1971 beginnt er als erster Afrodeutscher eine höhere Laufbahn beim Bundesnachrichtendienst (BND) bis zur Pensionierung 1987. Im Ruhestand nimmt er wieder Rollen als Schauspieler an. Er engagiert sich für die Initiative Schwarze Menschen in Deutschland (ISD) und veröffentlicht 2013 seine Autobiografie Deutsch sein und schwarz dazu. Erinnerungen eines Afro-Deutschen. *2018 erhält er das* Bundesverdienstkreuz *– ein Jahr vor seinem Tod mit 94 Jahren in Köln.*

In einem Interview mit der Berliner taz, *das kurz nach Erscheinen seiner Autobiografie veröffentlicht wird, sagt er 2014: »Mein schwieriges Mutterland hatte mich nie unterstützt. Unter anderem, weil es immer die Beamten gab, die schon zur Nazizeit da waren und noch im Kopf hatten: Die nehmen uns die Arbeit weg. Die nehmen uns die Frauen weg. Die überfremden uns. Ich bin mein ganzes Leben lang gegen Steine, die mir vor die Füße geworfen wurden, angegangen. Und dann kommt dieses schwierige Mutterland auf einen zu und sagt: Wir brauchen dich! Da sagt man: Gut, ich komme! Warum? Das ist die Bundesrepublik, die ich mit aufgebaut habe. Ich tat es auch im Hinblick darauf, dass es die nächsten Generationen einmal leichter haben sollen, solche Positionen zu erreichen. Weil schon jemand vor ihnen da war, dem man es zugetraut hat. Der Punkt ist ja, dass wir immer beweisen müssen, dass wir es können. Jemand mit europäischem Aussehen braucht diese Beweise nicht. Wir schon. Und zwar vorab. Das ist das Schwierige eines schwarzen Menschen in einer weißen Welt.«*

Inzwischen gibt es afrodeutsche Kinder, Frauen und Männer in wesentlich größerer Sichtbarkeit, nicht nur in Schulen und der Musik- und Unterhaltungsbranche, sondern auch im öffentlichen Dienst (wie zum Beispiel der Polizei) oder auch als Abgeordnete und Regierungsmitglieder in Landesparlamenten und dem Bundestag.

Genaue Zahlen, wie viele Afrodeutsche in Deutschland leben, liegen zu Recht nicht vor, um alle rassistischen Definitionen zu vermeiden. Eine Einschätzung der Initiative Schwarze Menschen in Deutschland von 2008 geht von etwa 500 000 Menschen aus, eine andere vom Berliner Afrozensus aus dem Jahr 2020 von rund einer Million.

Besondere Sichtbarkeit hat regelmäßig Jana Pareigis im deutschen Fernsehen als eine von drei ZDF-Moderator*innen der Heute-Abendnachrichten seit 2021. Sie wurde als Tochter einer deutschen Mutter und eines Vaters aus Simbabwe 1981 in Hamburg geboren. Nach ihrem Abitur 2000 studierte sie Politologie und Afrikanistik in Hamburg, Berlin und New York. 2017 drehte sie für die Deutsche Welle den autobiografisch geprägten Dokumentarfilm *Afro.Deutschland*, in dem unter anderen auch Theodor Wonja Michael zu Wort kommt. In einem Interview zum Film sagt sie:

»In Deutschland wird zu wenig über das Thema Rassismus geredet. Rassismus hat dabei viele Facetten: Die schlimmste Ausprägung sind sicherlich die rechtsextremen Gewalttaten, aber es geht eben auch um vermeintliche Kleinigkeiten, sogenannter Alltagsrassismus, der trotzdem für etwas steht. Die Frage ›Wo kommst du her?‹ ist zum Beispiel nicht per se rassistisch. Wenn ich dann aber darauf antworte ›Aus Hamburg‹ und diese Antwort nicht akzeptiert wird, sondern mit einem ›Nee, wo kommst du wirklich her? Wo kommt deine Farbe her?‹ geantwortet wird, dann wird nicht akzeptiert, dass ich aus Deutschland komme, obwohl ich in Hamburg geboren und aufgewachsen bin. Nicht jede Person, die so reagiert, ist ein Rassist, aber so zu fragen, ist rassistisch. Und das müssen wir dringend deutlich machen … Zum Beispiel bin ich es als Schwarze Person gewohnt, als ›schwarz‹ bezeichnet zu werden, die meisten weißen Personen sind es aber nicht gewohnt, als ›weiß‹ bezeichnet zu werden.«

Im letzten Kapitel dieses Buches kommt die Afrodeutsche Maimuna Bojang (*2000) zu Wort, eine Stimme der jungen Generation, die deutlich macht, wie viel noch zu tun ist. Aber die auch zeigt, wie sie es schafft, selbstbewusst und überwiegend positiv gegen jede Form von Rassismus und Diskriminierung aufzutreten.

Ausblick: Afrikas Zukunft Viva Afrika!

Afrika – wie wird es weitergehen? Noch ist vieles offen. Alles scheint möglich.

Es ist bedauerlich und wenig hilfreich, dass es einerseits weiterhin extrem pessimistische Szenarien gibt, die Afrika und seine Menschen als dauerhafte Opfer betrachten oder – schlimmer noch – mehr oder weniger abgeschrieben haben.

Demgegenüber gibt es aber auch jene Visionen, die fest darauf vertrauen, dass Afrikanerinnen und Afrikaner eigene Wege finden zur Lösung dieser Probleme, die von niemandem geleugnet werden: Nach Jahrzehnten des Abschüttelns der vielfältigen wirtschaftlichen wie psychologischen Folgen von Sklaverei und Kolonialismus ist die Zeit einer afrikanischen Selbstachtung gekommen, einer selbstbewussten Aufwertung Afrikas und seiner Menschen. Viva Afrika!

Wem ist eher zu glauben?

Zum Glück ist das keine Glaubensfrage, sondern wird einzig und allein davon abhängen, was an konkreten Taten in Afrika und in respektvoller Partnerschaft auch im Rest der Welt unternommen wird. Manche Länder Asiens und Lateinamerikas, die noch in jüngster Vergangenheit ebenso arm und ausgegrenzt waren, wie es viele Länder Afrikas bis heute sind, haben sich innerhalb weniger Jahre mit stimmigen Lösungen aus dem schlimmsten Elend befreit und sind als ernst zu nehmende Partner akzeptiert. Dabei haben sie sich in den wenigsten Fällen ideologisch anpassen müssen.

Wie können eigene Lösungswege afrikanischer Länder internationale Anerkennung finden?

Unvergessen ist für viele Afrikaner*innen die bedrückende Erfahrung, während und nach der Corona-Pandemie von den reichen westlichen Ländern im Stich gelassen worden zu sein, obwohl die UNO-Weltgesundheitsorganisation (WHO) COVID-19 im März 2020 zur »globalen Pandemie« mit bis heute weltweit 6,9 Millionen Toten erklärt hatte.

Denn als die ersten schützenden Impfstoffe entwickelt waren, gingen diese nicht nur zuerst an die Länder des reichen Nordens, sondern selbst noch nachdem die Impstoffe dort doppelt und dreifach gehortet wurden, sodass die armen Länder des Südens unterversorgt blieben.

Wo wurde dagegen die wichtigste Lektion aus der Corona-Pandemie gelernt? In Afrika! Denn es ist im Interesse aller Länder dieser Welt, dass Menschen überall, also auch in Afrika, Zugang zu funktionierenden öffentlichen Gesundheitssystemen haben.

Dabei ist Afrika nicht arm. Es verfügt im Bereich mineralischer Rohstoffe wie Bauxit, Chromit, Kobalt, Diamanten, Gold, Platin und Titan über bis zu 89 Prozent der Weltvorräte.

Nur wenige Länder haben bisher selbst von diesem Reichtum profitieren können: Botswana im südlichen Afrika als heute größter Diamantenproduzent der Welt ist ein gelungenes Beispiel, wie eine stabile und nicht korrupte Regierung es seit der Staatsgründung 1966 geschafft hat, ein kontinuierliches Wirtschaftswachstum aufzubauen. Heute gilt Botswana auf der UNO-Entwicklungsskala als die Nummer eins aller afrikanischen Länder. Allein bleibt anzumerken, dass die Schätze an Rohdiamanten, die in den Weiten der Kalahari-Wüste zu finden sind, dort ohne Rücksicht auf den bedrohten Lebensraum der San gefördert werden, die als Minderheit in Botswana wenig Achtung genießen.

Dass Afrikas gesamte Wirtschaftskraft (gemessen am Bruttoinlandsprodukt 2023) weniger als 2,7 Prozent am Weltmarkt beträgt, ist ein Skandal. Europas Anteil beträgt dagegen im gleichen Zeitraum 24,4 Prozent. Ganz Afrika »verdient« etwa so viel wie die Privatfirma General Electric oder das kleine Belgien. Die vielen Rohstoffe Afrikas werden zu Preisen ausgeführt, die in New York, Brüssel und Tokio diktiert werden, wodurch der offizielle Anteil Afrikas an den weltweiten Exporten bei gerade mal 2,3 Prozent liegt (2023). Von den wenigen Einnahmen verlassen rund 40 Prozent den Kontinent umgehend wieder in Form von Rückzahlungen und Zinsen für Auslandsschulden.

In Afrika selbst ist zu lange auf einzelne Exportprodukte pro Land gesetzt worden, wodurch fatale Abhängigkeiten vom Weltmarkt entstanden. Als die internationalen Preise für Kaffee oder Zucker fielen, bedeutete dies den Zusammenbruch ganzer Volkswirtschaften in vielen afrikanischen Ländern. Auch wird es darauf ankommen, die Weiterverarbeitung von Rohprodukten in Afrika selbst zu realisieren, da so nicht nur dringend notwendige Arbeitsplätze und Infrastrukturen für Herstellung und Transport geschaffen werden, sondern die weiterverarbeiteten Produkte auch zu wesentlich höheren Preisen verkauft werden können.

Diese Bemühungen haben bisher die meisten wirtschaftlich starken Länder dadurch behindert, dass sie unzulässig hohe Zölle für Produkte aus ärmeren Ländern verlangen, der armen Verwandtschaft sozusagen mit teuren Eintrittskarten den Zugang zum Markt verwehren.

Bemühungen zur gerechteren Regelung der Ausfuhr von Rohstoffen werden in Afrika auch gefährdet durch international kooperierende und mit modernsten Waffen ausgestattete Gangsterbanden, die besonders Mineralien illegal so verkaufen, dass erneut die Volkswirtschaft des jeweiligen Landes leer ausgeht. Die von »Warlords« geführten Privatarmeen, die keinerlei Rücksicht auf die jeweilige Zivilbevölkerung nehmen, geben sich gern den Anschein von politischen Rebellengruppen, sind aber de facto nur an persönlicher Bereicherung interessiert.

Es geht hier auch um die mühsame, aber unumgängliche Überwindung verkrusteter Herrschaftsstrukturen in Afrika, wie die Ökonomin Axelle Kabou (*1955) in ihrem Buch *Weder arm noch ohnmächtig. Eine Streitschrift gegen schwarze Eliten und weiße Helfer* formuliert hat.

Axelle Kabou, geboren in Douala, Kamerun, war lange für die UNO in Abidjan (Elfenbeinküste) tätig:

»Offiziell geht es um die Verbesserung der Lebensbedingungen der afrikanischen Bevölkerungen. Aber ist die fortschreitende Verschlechterung dieser Lebensbedingungen nicht ein Anzeichen dafür, dass wir es vielmehr mit Betrug auf allen Ebenen zu tun haben? …

Erstens wird von vornherein die politische Klasse Afrikas von jeglichem Verdacht der Inkompetenz reingewaschen, indem man die Aufmerksamkeit der Afrikaner auf ein permanentes internationales Komplott ablenkt; je länger dies andauert, desto mehr Gründe hat die politische Klasse, an der Macht zu bleiben. Zweitens sollen sich die Afrikaner weiter mit Einheitsparteien zufrieden geben, deren Ziele verschwommen sind. Und drittens wird eine große Zahl von Experten mit nie endenden Dienstreisen und Forschungsaufträgen versorgt, deren Zwecklosigkeit, gemessen an der sich verschlimmernden Unterentwicklung, noch nicht einmal hinterfragt wird …

Die gesamte Kulturpolitik Afrikas seit der Unabhängigkeit betont die traditionellen Werte: Respekt vor dem Chef, Ehrfurcht vor dem Alter, Furcht vor den Oberschichten und den übernatürlichen Kräften, Verehrung des Geldes und abgöttische Verklärung einer vorkolonialen Vergangenheit.«

Zu selten ist noch immer die nüchterne und durchdachte Analyse, die frei ist von persönlichem oder nationalistischem Egoismus, aber eben nicht frei von Achtung gegenüber jenen Millionen Menschen, die vor Ort immer wieder und scheinbar völlig passiv von »Auswirkungen« aller Art getroffen werden. Ihre Sehnsüchte und Träume zum Ausgangspunkt zu nehmen, ohne deshalb unkritisch zu werden, ihr Übernehmen von Verantwortung, ihr Aktivwerden als ebenso wichtige, wenn nicht noch wichtigere Investition gegenüber neuen »Entwicklungshilfemilliarden« anzuerkennen, ist Voraussetzung für einen Dialog, der dieses Wort verdient.

Die Ideologie von »entwickelten« und »unterentwickelten« Ländern ist eine, die keinerlei Orientierung mehr gibt. Außer, dass sie jenen, die materiell mehr besitzen, ein zusätzliches Gefühl der Höherwertigkeit vermittelt (ohne diese dabei auch nur ansatzweise glücklicher zu machen), erfüllt sie keine Funktion mehr. Jene, die demzufolge »noch nicht so entwickelt« sind, werden nur entweder unsicher, böse oder endgültig zu Verweigerern, denn wer möchte sich schon gern über Jahrzehnte so bezeichnen lassen – außer aus dem einen Grund, dass bestimmte »Hilfs«-Gelder nur unter diesem Etikett der Minderwertigkeit zu erhalten sind.

Der Preis ist noch in anderer Hinsicht hoch und prinzipiell destruktiv: So lange noch immer mehr Gelder in Form von »Schuldenrückzahlungen« den Kontinent verlassen, als an »Entwicklungshilfe« hereinkommen (gut zwei Drittel gegenüber einem Drittel), dient diese

Die 54 Staaten Afrikas heute (2024)

Art des »Helfens« ohnehin eher der Gewissensberuhigung der Reichen als der wirklichen Verbesserung von Lebensbedingungen der Armen.

Dazu gehört auch angesichts zunehmender Klimakatastrophen, dass die wohlhabenden Länder eine besondere Verpflichtung haben, für die von ihnen verursachten furchtbaren Schäden und als deren Folge Leid und Flucht von Millionen von Menschen Verantwortung zu übernehmen: Der gesamte Kontinent Afrika trug gemäß Global Climate Watch 2021 nur drei Prozent zu allen Treibhausgasemissionen in der Welt bei (im Vergleich dazu trug China allein 25 Prozent bei). Gleichwohl zählen fünf afrikanische Länder zu den zehn weltweit am meisten von den Folgen wie Flutkatastrophen, Dürren und Bränden betroffenen Ländern: Malawi, Mosambik, Niger, Simbabwe und Südsudan.

Auch die Tatsache, dass erst seit wenigen Jahren in europäischen Ländern und in den USA eine Diskussion über die Rückgabe gestohlener afrikanischer Kulturschätze begonnen hat, kann als erschreckendes Beispiel für die jahrhundertelange Ignoranz gegenüber Kolonialverbrechen gesehen werden. Jüngste Schätzungen gehen davon aus, dass sich bis heute etwa 90 Prozent der in Kolonialzeiten gestohlenen Kulturschätze außerhalb Afrikas befinden. Lange verteidigten sich international angsehenene Museen in New York (Metropolitain und Guggenheim), Paris (Louvre), London (British Museum) oder Berlin (Ethnologisches Museum/Humboldt Forum) damit, dass es zwar um »Raubgut aus kolonialen Zeiten« ginge, dies jedoch unter »anderen historischen Bedingungen« geschehen sei und heute die »afrikanischen Ursprungsländer erst nachweisen« müssten, »ob sie mit diesen Schätzen auch verantwortlich umgehen« könnten.[8] Die Räuber verlängern Unrecht damit, dass sie den Bestohlenen bis heute ihr schlichtes Eigentumsrecht absprechen.

Erst 2022 hat Deutschland gerade mal 20 von im vorletzten Jahrhundert über 1100 geraubten Bronzen im Gesamtwert von etwa 60 Millionen Euro aus dem historischen Königreich Benin (heute auf dem Gebiet von Nigeria) an die nigerianische Regierung zurückgegeben.

8 Die Zitate stammen aus unterschiedlichen, teilweise gemeinsamen Erklärungen dieser Museen aus den Jahren 2018–2021, siehe auch: Faloyin, Dipo: *Afrika ist kein Kontinent*, Berlin 2023, S. 268–275.

Im letzten Jahrhundert waren es Befreiungsbewegungen in vielen afrikanischen Ländern, die es mit Mut, Geduld und Klugheit schafften, die Fesseln der europäischen Ausbeutung abzuschütteln. In unserem Jahrhundert wird es zunehmend darauf ankommen, dass die heute jungen Afrikanerinnen und Afrikaner ihr persönliches Selbstbestimmungsrecht als Kinder und Jugendliche, als Frauen, als Vertreter verschiedener Ethnien und Minderheitengruppen in einem demokratischen Dialog untereinander verwirklichen und damit auch persönlich Verantwortung im Kampf gegen Armut, Krankheiten und Krieg übernehmen.

Und für junge Europäerinnen und Europäer ist es an der Zeit, jenseits von Urwaldexotik und Elendsbildern in ihren Ländern mit Vorurteilen über den Kontinent Afrika aufzuräumen – und sich und anderen die Freiheit zu schenken, ganz »andere Träume zu sehen«, wie der nigerianische Autor Ben Okri es sich erhofft.

Epilog:
Afrika als Teil der einen Welt

Die Freiheit, andere Träume zu sehen …
von Ben Okri[9]

Sei dankbar für die Freiheit,
andere Träume zu sehen.
Lobe deine Einsamkeit so sehr,
wie du Kraft geschöpft hast
aus der früheren Gemeinsamkeit.

Alles, was du jetzt erlebst,
wird zu Stimmungen zukünftiger Freude werden.
Deshalb lobe alles.
Schätze deinen Weg nicht geringer
als den anderer.
Wage nicht zu richten,
sondern sieh die Dinge mit wachen und offenen Augen.
Verdamme nicht,
sondern lobe, wenn du kannst.
Und wenn du nicht kannst, schweige.

Die Zeit jetzt ist ein Geschenk für dich.
Ein Geschenk der Freiheit,
die immer verwirrende Vergangenheit
zu denken, zu erinnern und zu verstehen.
Und dich neu zu erschaffen,
um die Zeit zu verwandeln.

Lebe, solange du lebendig bist.
Lerne den Weg von Stille und Weisheit.
Lerne zu handeln, lerne eine neue Sprache.
Lerne zu sein, was du bist in der Saat deines Geistes.
Lerne dich selbst zu befreien von all den Dingen,

---

9 Auszug aus dem Gedicht »To an English Friend in Africa« (1991), Übersetzung Lutz van Dijk

Ben Okri (53) lebt heute in London (2012)

die dich zerrissen haben
und deine geheime und unentdeckte Straße begrenzen.

Denke daran, dass alle Dinge, die dir geschehen,
Rohmaterial sind,
unendlich fruchtbar,
unendlich nachgiebig für Gedanken,
die dein Leben bereits ändern konnten.
Und dies immer tun werden. …

Liebe fordert das Beste in uns,
um immer und rechtzeitig das Schlechteste

und Niedrigste in unseren Seelen zu überwinden.
Liebe die Welt in Weisheit.
Allein die Liebe ist die großartigste Waffe
und das tiefste und härteste Geheimnis.

Also fürchte dich nicht, meine Freundin, mein Freund.
Die Dunkelheit ist sanfter als du denkst.
Sei dankbar für die vielfältigen Träume der Schöpfung
und die vielen Wege der namenlosen Menschen und Völker.
Sei dankbar für das Leben, wie du es lebst.

Und möge dich ein wunderbares Licht
immer führen auf der noch immer offenen Straße.

Der Schriftsteller Ben Okri wurde 1959 im Norden Nigerias geboren. Seine frühe Kindheit verbrachte er in London, bevor er 1968 mit seiner Familie nach Nigeria zurückkehrte. Bereits als Schüler war er vom Schreiben fasziniert. Mit 18 Jahren vollendete er seinen ersten Roman *Blumen und Schatten* (der zwei Jahre später veröffentlicht wurde) und zog erneut nach England, wo er seitdem lebt. Sein größter Erfolg war der Roman *Die hungrige Straße* (1991). Er erhielt dafür den angesehenen Booker-Literaturpreis. Bis heute wurden ihm sechs Ehrendoktorwürden verliehen.

Männer, liebevoll
von Sonwabiso Ngcowa[10]

Ich höre das unbefangene Lachen eines Kindes,
die sanfte Stimme einer Frau,
die ein Lied summt.
In diesem Augenblick war es,
dass ein dunkler Schatten
die Melodie der Frau ersterben ließ.
Kein Kinderlachen mehr.

Gewalttätige Wolken türmten sich auf,
die Herzform nur scheinbar,
zusammengebraut von einem Sturm
endloser Versprechen,
stöhnend unter ihrer Last der Männer,
die aufmerksam nur ihren eigenen Geräuschen gegenüber,
gefangen in der Pose von gewichtigem Zorn sind.

Ihr Samen hängt wie zäher Schleim
an den auf den Feldern hart arbeitenden Frauen,
allem Schutz entzogen.
Betrogene Babys, nicht mehr aus Liebe gezeugt,
nur noch aus liebloser Konvention.

Da sind die Reiter der gewalttätigen Wolken,
sich selbst beweisend durch sinnlose Gewalt,
durch sogenannte Würde patriarchalischer Verbrechen.
Um anderen vorschreiben zu können,
was ein wahrer Afrikaner ist:
In der Herrschaft über Frauen und Kinder.

---

10 Übersetzung des Gedichts »Men, caring – amadoda, akhathalayo« (2014) von Lutz van Dijk

Und andere Männer.
Manchmal,
wenn sie herunterkommen von ihren hohen Wolken,
noch immer Achtung für nichts verlangend,
nicht bereit zu beschützen,
dann streifen sie die Stiefel ab
und ruhen sich aus.
Während ihre Babys hungern,
selbst ihr klagendes Weinen
erzeugt keine Schuld in den Augen der Männer,
die das wenige Geld nur für sich verschwenden.
Chauffeure sind sie, großspurig steuernd
trotz all ihrer beängstigenden Grenzen.

Genau hier, genau jetzt –
müssen wir beginnen zu verlernen:
Alles verbrennen,
alles, was so tödlich ist für uns alle.
Der Ruf der Frau nach Liebe,
wenn abgelehnt,
weiter aller Brutalität weiter unterworfen,
bedeutet Tod. Ihren Tod.

Die tote Frau,
alle Lehmwände wird sie durchdringen,
so verwundet sie auch ist,
den gesamten Penis des Mannes in sich,
wendet sie sich trotz allem mit Venusaugen mir zu:
»Es ist zu spät,
wenn der Mann erst begreift
nach meinem Tod
und mit seinem letzten Atem
eine Entschuldigung flüstert.«

Ein Mann jedoch, Indoda[11]*, hat es gesehen,*
als er herunterkam von oben.
Von anderen Männern erniedrigt,
ein Clown genannt, ein Dummkopf.
Doch Frauen hören ihm zu, als er berichtet,
wie die Männer auf die Wolken geklommen sind.

»Aber wie lange wird es noch dauern,
Indoda,
dass die anderen ihre Drohungen aufgeben
von wie als Särgen gestalteten Häusern
und von Herzen,
die mit dem Messer in uns geschnitten werden?«

Dieser erste Indoda,
ein neuer afrikanischer Mann,
beginnt seine Vision,
indem er andere Männer gewinnt,
mit ihm zu singen,
selbst ohne Angst, einander zu berühren:

Ein Mann, liebevoll,
schafft keine gewalttätigen Wolken
über den Köpfen der Frauen.

Ein Mann, liebevoll,
befreit Frauen von allem Missbrauch,
und ermutigt andere Männer,
sich selbst zu befreien
von Politikern, Königen, selbst Priestern,
die bisher mit geballten Fäusten und Schwertern
die Fortsetzung unfairen Verhaltens absichern.

---

11 *Indoda* – das Xhosa-Wort für Mann

Ein Mann, liebevoll,
sorgt sich nicht zuerst um seinen trockenen Platz,
wenn Frauen im Sumpf oder Treibsand untergehen.
Ein Mann, liebevoll,
baut eine Schutzmauer für sie
gegenüber allen Angriffen
mit Fäusten, Steinen, Messern, Pangas
und männlichen Schwänzen.
Es ist an ihm,
Liebe und Sex als ihr Vergnügen zu gestalten,
Stöhnen nur noch aus Lust,
nie mehr aus Schmerz.

Es mag Zeit brauchen,
aber wir können es lernen.
Es ist an mir,
einem liebevollem Mann,
nicht mehr der Frau unter
oder selbst neben mir einen Platz
anzuweisen,
sondern gemeinsam Leben zu gestalten.

Die gewalttätigen Wolken müssen sich auflösen,
ohne je wieder zu entstehen.
Damit das Kind wieder lachen kann,
damit Babys wieder mit Liebe gezeugt werden,
damit Frauen wieder singen können,
damit Männer wieder singen können.
Eines Tages gemeinsam.

Sonwabiso Ngcowa (*1984) wuchs in einem Dorf im Ostkap Südafrikas auf. Später ging er mit seiner Mutter in das Township Masiphumelele bei Kapstadt, wo er als erster schwarzer Jugendlicher auf einer »weißen« Oberschule sein Abitur schaffte. Danach absolvierte er eine Ausbildung als Bankkaufmann und erhielt eine feste Stelle. 2011 entschied er sich, die sichere Zukunft bei der Bank aufzugeben.

Sonwabiso Ngcowa (30), in Masiphumelele bei Kapstadt (2014)

Er erhielt ein Stipendium und begann neben einem Studium der Humanwissenschaften an der Universität Kapstadt seine Leidenschaft zu verwirklichen – zu schreiben. Sein erster Roman *Conversations with Lungile* (2012) erschien online, seitdem sind zahlreiche Kurzgeschichten auch bei angesehenen Verlagen wie Oxford University Press und Cover2Cover erschienen. Er verfasst u. a. Literaturrezensionen für die *Cape Times* und leitet Schreibwerkstätten für Jugendliche. Sein zweiter Roman *In Search of Happiness* (2014) über lesbische Liebe in einem Township hat zu viel kontroverser Aufmerksamkeit in Südafrika geführt und erschien im selben Jahr auch in deutscher Sprache unter dem Titel *Nanas Liebe*. Er hat inzwischen mit seiner Frau zwei kleine Töchter und arbeitet heute, unterstützt durch ein Stipendium, an seiner Promotion über öffentliche Gesundheitsversorgung in Südafrika.

Urgroßmutters Salz
von Amma Darko

Wir kannten sie alle nur als Urgroßmutter. Tatsächlich war sie meine Großtante und hatte niemals eigene Kinder. Auch hat sie niemals einen Klassenraum von innen gesehen. Als das älteste Kind in der Familie und dann noch als Mädchen war es keine Frage, dass sie beim Aufziehen ihrer jüngeren Geschwister half. Und das waren immerhin elf, sie selbst nicht mitgerechnet. Später wurde sie von allen erst als Mutter, später als Großmutter und schließlich sogar als Urgroßmutter, wie von mir, angesehen. Ihr genaues Alter kannte keiner, aber sie war bestimmt über 80. Und sie war eine recht zufriedene alte Frau. Die inzwischen erwachsenen Kinder ihrer Geschwister kümmerten sich mit Zuneigung um sie.

Eines Tages wurde sie plötzlich sehr krank. Man brachte sie sofort in eines der besten Krankenhäuser. Nachdem die Diagnose gestellt und die wichtigste Medizin verabreicht war, verordnete der Arzt ihr eine eiserne Regel: Keinen einzigen Krümel Salz mehr! Urgroßmutter behagte diese Idee gar nicht. Mehr als 80 Jahre hatte sie ihre Mahlzeiten mit Salz genossen. Und jetzt dieser Aufstand nur um ihr langes Leben vielleicht noch ein paar Monate oder Jahre zu verlängern?

Kurz darauf besuchte ich sie als eines der vielen Enkelkinder, die ihre Gesellschaft so sehr genossen. Immer kannte sie Geschichten. Manchmal gerieten sie ihr beim Erzählen etwas durcheinander, aber es waren immer schöne Geschichten aus ihrem langen Leben. Normalerweise begrüßte sie mich mit einem herzerwärmenden zahnlosen Lächeln.

Nichts davon an jenem Tag. Ich dachte, es läge an ihrer Krankheit. Sie belehrte mich umgehend: »Amma, falls die Medikamente und geschmacklosen Gerichte jemals ihre Wirkung tun, werde ich schon lange an Lustlosigkeit gestorben sein!« Ich nahm ihre faltige Hand, und sie fuhr fort: »Ich möchte mich wieder auf meine Mahlzeiten freuen können. Ich möchte wieder lächeln ...«

Am nächsten Tag schritt ich zur Tat. Vor meinem Besuch bei ihr hatte ich heimlich etwas Salz in ein gefaltetes Stück Papier getan. Als ich es ihr gab, kehrte ihr Lächeln tatsächlich zurück. Nach einer Weile erholte sie sich sogar wieder und konnte das Krankenhaus verlassen. Ob wegen oder trotz unserer Geheimaktion behielt sie für sich.

Als ich Lutz van Dijks Geschichte Afrikas das erste Mal las, musste ich an Urgroßmutter denken. Afrikanische Geschichte wird hier auf eine Weise erzählt, die Anerkennung ausdrückt für das alltägliche Leben von Afrikanerinnen und Afrikanern in all ihrer Vielfalt und so auch für eine Frau wie sie. Ich habe ihre Ängste und Hoffnungen und die ihrer Vorfahren sogar in Kapiteln wiedererkannt, die sich auf den ersten Blick mit ganz anderen Völkern als unserem beschäftigen. In dem Abschnitt über die »Pygmäen« im Kongo ging es auch um sie: jene einfachen Werte im Leben, jene bescheidenen Erwartungen. Genau wie bei ihr.

Als ich noch zur Schule ging, kamen viele besonders dunkelhäutige Menschen aus Liberia nach Ghana. Ich hatte keine Ahnung, warum. Wir nannten sie die »Kru« und schauten auf sie herab. Ich dachte, dass es ein Spottname sei, den wir Ghanaer erfunden hatten. In Lutz van Dijks Kapitel über die Geschichte Liberias entdeckte ich nun, dass die Kru ein Volk sind, das in seinem eigenen Land bis heute ausgebeutet wird. Viele von uns Afrikanerinnen und Afrikanern wissen vermutlich mehr über die Entdeckung Amerikas oder Napoleons Eroberungen als über uns und unsere Geschichte.

In den letzten 500 Jahren haben die Völker Afrikas Erniedrigungen ertragen müssen, die wohl einmalig in der Geschichte der Menschheit sind: Sklaverei und Kolonialismus haben ihre zerstörerischen Spuren hinterlassen. Neokolonialismus richtet weiter schlimmste Verwüstungen an. Viele von uns empfinden wie Urgroßmutter: Kaum jemand hört zu, was wir wirklich wollen. Die uns bedeutsamen Werte werden verächtlich beiseite geschoben, anstatt einen Dialog zu beginnen, mag er anfangs auch mühsam sein. So wie ihr erstarrt uns zuweilen das Lächeln auf den Lippen. Aber es lebt sehnsüchtig in unseren Herzen fort.

Lutz van Dijk und ich gehören der gleichen Generation an. Geboren wurden wir auf zwei verschiedenen Kontinenten. Viel später hatten wir das Privileg, zu reisen und beide Welten erleben zu können. Aber hat er damit schon das Recht, die Geschichte meines Kontinents zu schreiben?

Je länger ich sein Buch gelesen habe, desto mehr bin ich überzeugt: Lutz van Dijk hat sich dieses Recht erworben, weil er so sorgfältig den vielfältigen Stimmen Afrikas zugehört hat. Und indem er dies leidenschaftlich vormacht, ermutigt er seine Leserinnen und Leser – unabhängig, ob in

Afrika oder Europa oder sonstwo in der Welt – das Gleiche zu versuchen: Mehr Anstrengung aufzubringen im aufmerksamen Zuhören besonders jenen Stimmen gegenüber, die anfangs am fremdesten erscheinen.

Mein Wunsch ist, dass die Geschichte Afrikas so dargestellt wird wie in diesem Buch. Realistisch werden unsere Nöte und Erwartungen beschrieben. Aber es betont auch unsere Stärken. Nicht viele Bücher über Afrika tun dies. Gleichzeitig wird afrikanisches Leben in keiner Weise romantisiert oder werden afrikanische Regierungen unkritisch dargestellt. Es ist vor diesem Hintergrund sogar ein Vorzug, dass Lutz van Dijk kein Afrikaner ist. Niemand kann ihm vorwerfen, dass sein Buch nur ein weiterer Versuch eines Afrikaners sei, die Mängel Afrikas zu entschuldigen.

Unsere Geschichte kennt viel Leiden und Schmerz. Dass wir trotzdem noch immer in der Lage sind zu lächeln, ja voller Lebensfreude miteinander lachen können, sagt vielleicht etwas aus über eine innere Stärke, so wie ich sie bisher in keinem anderen Geschichtsbuch habe finden können. Und dabei wird es nicht als eine rare Eigentümlichkeit von Afrikanern beschrieben, die mehr oder weniger unverständlich bleiben muss für Nichtafrikaner, sondern als etwas zutiefst Menschliches, etwas, das wir mit allen Menschen auf diesem Planeten teilen können. Wie die Prise Salz, die ich damals zu Urgroßmutter schmuggelte.

Amma Darko (57) aus Accra, Ghana, bei einer Lesung in Köln (2013)

Amma Darko wurde 1956 als Angehörige der Fanti in Zentral-Ghana als fünftes von sieben Kindern geboren. Ihr Vater arbeitete bei der Post, ihre Mutter als Händlerin. Später studierte sie Kunst an der Kwame-Nkrumah-Universität in Kumasi. Von 1981 bis 1987 lebte sie als Asylbewerberin in Deutschland, wo sie ihre Leidenschaft fürs Schreiben entdeckte. Aber erst nach der Rückkehr nach Ghana gelang ihr der Durchbruch. Ihr erster Roman erschien 1991. Heute ist Amma Darko eine international bekannte Autorin von Büchern für Jugendliche und Erwachsene. In deutscher Sprache sind von ihr bisher sieben Bücher erschienen. Ihr Roman *Die Gesichtslosen* (2003) erzählt die Geschichte eines 14-jährigen Mädchens, das sich auf der Straße durchschlagen muss. Der Roman wurde zur Schullektüre in Ghana. 2008 erhielt sie den Literaturpreis von Ghana. Ihr jüngstes Kinderbuch *Das Halsband der Geschichten* erschien 2019. Amma Darko lebt heute in Ghanas Hauptstadt Accra und unternimmt Lesereisen in Afrika und Europa.

Warum mein Afro rockt

von Maimuna Bojang

Ich wurde vor 24 Jahren in Oldenburg geboren, einer Stadt in Niedersachsen. Meine Mutter ist Deutsche, mein Vater Gambier. Meine gambische Familie gehört dem Volk der Mandinka an. Ich selbst spreche leider nur ein wenig Mandinka und verständige mich zu Besuch in Gambia eher mit einem Mix aus Mandinka und Englisch.

Aufgewachsen bin ich in Norddeutschland, aber meine Kleinfamilie, das sind meine Eltern, mein sechs Jahre jüngerer Bruder und ich, fliegen alle zwei Jahre gemeinsam für ungefähr zwei Wochen nach Gambia in Westafrika, um Zeit mit unserer Großfamilie dort zu verbringen.

Woran ich mich zuerst als Kind erinnere, ist, dass vor allem meine Mutter, meine deutsche Oma und die beste Freundin meiner Mutter immer sehr wertschätzend über meine dunkle Haut gesprochen haben. Vor allem im Sommer, wenn meine Haut viel dunklere, sattere Brauntöne angenommen hat.

Ständig haben sie betont, wie schön mein Farbton sei, und oft folgte darauf, wie neidisch sie doch seien und viel lieber auch einen Farbton wie meinen hätten. Nicht nur auf meine Hautfarbe bezogen sind die Aussagen der drei hängen geblieben, das Gleiche spielte sich ab, sobald es um meine Haare ging.

Zwischen Papa und mir war meine Hautfarbe eigentlich nie ein Thema, zwischen meinem kleinen Bruder und mir auch nicht.

Ich habe meine gesamte Kindheit in demselben Haus verbracht und bin erst fürs Studium weggezogen. Ich bin ziemlich behütet in einer Sackgasse aufgewachsen und hatte die Straße voller Kinder in meinem Alter zum Spielen, wobei ich in dieser Kindergruppe immer als Einzige nicht weiß war. Zwei meiner engsten Freundinnen waren meine Nachbarinnen, und wir haben häufig zu dritt gespielt.

Manchmal jedoch wurde ich ausgeschlossen oder auch gar nicht erst von den Vätern reingelassen – mit der Begründung, dass die beiden jetzt auch mal allein spielen wollten. Mich hat das verletzt und verwirrt, aber mit ungefähr fünf Jahren habe ich das vermutlich nicht weiter hinterfragt.

Vor ein paar Jahren habe ich mich mit meinem Vater über unsere Nachbarschaft, vor allem über die Väter, unterhalten und dabei erfahren, dass da rassistische Tendenzen durchgeschimmert sind. Er ist damals, als ich einmal weinend nach Hause gekommen bin, zu dem Haus der einen Freundin gegangen, um den Vater zur Rede zu stellen. Bis heute weiß ich nicht genau, was vorgefallen ist, aber er sagt, dass die beiden ein Problem mit Rassismus haben.

Ich erinnere mich noch gut daran, dass mich der Vater meiner besten Freundin »spaßmäßig« von klein auf ständig gefragt hat, ob ich in die Steckdose gefasst habe. Allgemein wurden meine Haare oft mit Vogelnestern, einem Stromschlag oder Schafen in Verbindung gebracht oder als »lustig« oder »seltsam« beschrieben. Von dem grenzüberschreitenden In-die-Haare-Fassen mal ganz abgesehen!

Meine Haare waren, bis ich in die weiterführende Schule gekommen bin, eine größere Unsicherheit als meine dunkle Haut. Schon im Kindergarten wollte ich genauso glatte und lange Haare haben wie die anderen Mädchen um mich herum, und mein Vater hat mir regelmäßig den Afro in kleine Baumwollfäden eingewickelt, um ihn sanft zu glätten.

Einmal im Jahr kam eine Großtante aus Gambia zu Besuch, die mir lange Braids mit Extensions geflochten hat, das zweite Jahre habe ich Braids in Gambia geflochten bekommen, immer kurz bevor wir zurück nach Deutschland geflogen sind.

Braids haben mir schon immer eine extra Portion Selbstbewusstsein gegeben, früher weil ich dadurch endlich lange und glatte Haare hatte, mit denen ich auch die Frisuren der anderen tragen konnte, heute weil ich mich dadurch mit der Schwarzen Community verbunden fühle.

Heute rocke ich meinen Afro, aber auch, weil es endlich die passenden Produkte in Drogerien gibt und genügend Tutorials auf Social Media zu finden sind. Mein Vater hat eine ganz andere Lockenstruktur (auch: Curl Pattern) als ich und die Haare immer super kurz getragen, mittlerweile hat er eine Glatze. Meine Mutter hat glatte Haare. Beide konnten mir nicht wirklich etwas über meine Locken beibringen. Jetzt habe ich eine beste Freundin, die ebenfalls Schwarz ist und ein ähnliches Curl Pattern hat, wodurch wir uns immer austauschen können.

*Meine Hautfarbe kam mir persönlich früher gar nicht so viel dunkler vor als die meiner weißen Freund*innen. Zumindest die meiste Zeit* *des Jahres über. Wenn dann aber der Sommer kam, kamen die Sprüche: »Kannst du überhaupt einen Sonnenbrand bekommen?« – »Wie, du kannst noch dunkler werden?« – »Guck mal, jetzt bin ich fast so dunkel wie du!«*

*Dazu haben Mitschüler*innen regelmäßig nach meinem Arm verlangt, um ihren daneben zu vergleichen. Gepaart mit Spitznamen wie »Schokobärchen«, »Vollmilchschokolade« oder, wenn ich dann im Sommer dunkler geworden bin, »Kakao«.*

Das hat gemischte Gefühle in mir ausgelöst. Da wollte ich lieber unsichtbar sein und untertauchen, aber weder die Hautfarbe noch die Haare oder meine Körpergröße (ich war schon immer groß) haben das möglich gemacht.

Die erste richtige Rassismus-Erfahrung machte ich bereits in der zweiten Klasse der Grundschule. Einer meiner Mitschüler hat regelmäßig behauptet, ich sei jetzt seine Sklavin und müsse tun, was er möchte. Er hat Bilder gemalt, auf denen ich ihn bedient habe, von dem »Dschungel« gesprochen, aus dem ich gekommen sein soll und hat mich mit dem N-Wort angesprochen. Auch mithilfe von Lehrkräften und Elterngesprächen hat dieses Verhalten bis zum Ende der vierten Klasse nicht aufgehört.

Was ich ganz klassisch sowohl früher als auch heute immer noch erlebe ist, dass fremde Menschen fragen, wo ich herkomme. Wenn ich darauf antworte, dass ich aus Oldenburg komme, folgt ein verwirrtes »Nee, ich meine, wo du wirklich herkommst!«. Heute mache ich da gern ein Spielchen draus und antworte, dass ich aus Kreyenbrück komme, einem Stadtteil in Oldenburg.

Früher habe ich diese Frage aber nie verstanden, vor allem wenn ich die Person nicht richtig kannte. Keine meiner weißen Freundinnen wurde das gefragt, und ich kam ja schließlich aus Oldenburg und nicht aus Sukuta, dem Dorf, in dem meine Familie in Gambia lebt.

Heute identifiziere ich mich selbst als Schwarz. Und deutsch. Das ist aber erst seit ein paar Jahren so. Früher habe ich eher versucht, so »weiß« und unauffällig zu sein wie möglich und hätte mich nie als Schwarz bezeichnet.

In Gambia wird mir das Schwarzsein abgesprochen und werde ich als weiß betrachtet. Das kommt vor allem daher, dass die Machtstrukturen immer noch in den Köpfen verankert sind und Weißsein mit Reichtum und

Macht assoziiert wird. Es wird nicht selten die Haut gebleacht und der natürliche Afro unter glatten Perücken versteckt.

Mich selbst als Schwarz und deutsch zu identifizieren, fühlt sich empowernd an, weil ich so gelernt habe, meine gambischen Wurzeln zu schätzen und meine Multikulturalität zu feiern. Außerdem fühle ich mich so mit meiner gesamten Familie verbunden – egal ob die gambische oder deutsche Seite.

Derzeit bin ich in den letzten Zügen meines Bachelorstudiums. Ich studiere Gymnasial- und Gesamtschullehramt mit den Fächern Anglistik/Amerikanistik und Philosophie. Dass ich Englischlehrerin werden möchte, war mir schon lange klar. Englisch ist eine Sprache, die ich von klein auf durch meine Familie mitbekommen habe und die ich dementsprechend so schnell wie möglich sprechen können wollte.

Seitdem ich 14 bin, gebe ich Englischnachhilfe und helfe einfach gerne, Defizite aufzuarbeiten. Neben Englisch wollte ich als zukünftiges Fach noch etwas Kreativeres haben, weshalb ich zwischen Kunst und Philosophie geschwankt habe.

Letztendlich habe ich mich für Philosophie entschieden, weil ich den Austausch von diversen Ansichten mit Kindern und jungen Erwachsenen super spannend finde. Generell arbeite ich einfach gerne mit Menschen zusammen und bin der Meinung, dass Kinder Lehrkräfte verdienen, die ihren Beruf wirklich mögen und es sich zur Aufgabe machen, auf allen Ebenen, also auch zwischenmenschlich, guten Unterricht zu gestalten.

Für die Zukunft wünsche ich mir, dass die Gesellschaft endlich mehrheitlich einsieht, dass Deutschland nach wie vor ein Problem mit Rassismus hat und Rassismuserfahrungen Betroffenen nicht abspricht. Ich wünsche mir auch, dass die Herkunft und Wurzeln nicht immer so eine große Rolle spielen und erst einmal ernstes Interesse an dem Menschen an sich gezeigt wird.

Manchmal wäre es schön, wenn sich Leute bestimmte Fragen einfach verkneifen würden, weil sie schlicht dämlich sind: Ob wir dunkler werden können, ob wir einen Sonnenbrand kriegen können usw. …

Manche Alltage sind von Mikroaggressionen geprägt, da tun selbst nettgemeinte Fragen in der Menge weh, weil es sich anfühlt, als würde man lediglich auf das Anderssein reduziert werden. Die Neugierde des Gegen-

übers muss befriedigt werden, unabhängig davon, ob man erzählen möchte. Das ist die Erwartungshaltung.

Für meine eigenen Kinder (die ich hoffentlich haben werde) wünsche ich mir, dass sie ihre Hautfarbe und Haarstrukturen lieben lernen. Dass sie keine Rassismuserfahrungen mehr sammeln müssen, die sie ihre gambischen Wurzeln als Bürde empfinden lassen.

Ich wünsche mir, dass wir, Menschen mit dunkler Hautfarbe, nicht schräg angeschaut werden. Seit über 400 Jahren gibt es Schwarze Menschen in Deutschland – nicht erst seit ein paar Jahren.

An der Uni bin ich bei der Anglistikfachschaft aktiv, hauptsächlich im Awareness-Bereich, wo ich Aufklärungsarbeit zu Rassismus und Sexismus leiste. Wir haben es uns zur Aufgabe gemacht, bei öffentlichen Veranstaltungen Ansprechpersonen zu sein. An unserer Uni darf kein Platz für Rassismus, Sexismus oder Homo- und Transphobie sein.

Darüberhinaus engagiere ich mich in einer BiPoc-Flinta-Gruppe in Münster, der Stadt, in der ich mein Studium aktuell absolviere. Die Gruppe ist ein Safe Space, in dem wir Community-Treffen organisieren, auf denen wir uns austauschen oder auch Dinge zusammen unternehmen können.

Über den Verein Afrikanische Perspektiven biete ich Vorlesungen von afrikanischen Kinderbüchern an und gestalte ein Programm drumherum. Das gefällt mir wahnsinnig gut, weil Bilderbücher so eine starke Wirkung haben und ich fest davon überzeugt bin, dass das alle Kinder schon in jungen Jahren sensibilisieren kann und auch einfach Repräsentation bietet. Ich liebe diese Arbeit. Zum Teil tue ich das für die kleine Maimuna in mir, die sich früher auch durch solche Bücher vielleicht weniger allein gefühlt hätte.

Maimuna Bojang (24) in Münster 2024

Maimuna Bojang wurde im Jahr 2000 im niedersächsischen Oldenburg geboren. Sie steht derzeit kurz vor ihrem Bachelor-Abschluss für das Lehramt an Gesamtschulen und Gymnasien in den Fächern Anglistik/Amerikanistik und Philosophie an der Universität Münster. Dort engagiert sie sich auch in einer BiPoc-Flinta-Gruppe, deren Abkürzung für »Black, indigenous, People of Colour – Frauen, lesbisch, intergeschlechtlich, transgender, agender« steht.

Danksagung

Für Beratung und wichtige Hinweise bei der aktuellen Neuausgabe danke ich zuerst Dr. Rita Schäfer/Essen (Deutschland) und Dr. Moustapha Diallo (Deutschland/Senegal).

Dank für eine besonders vertrauensvolle und zuverlässige Zusammenarbeit geht an den Leiter des Peter Hammer Verlags Moritz Klein, an sein ganzes Team sowie an meinen Lektor Laurenz Bolliger.

Für kritische Anregungen, auch bei früheren Ausgaben, danke ich Prof. Dr. Franz Ansprenger/Berlin (Deutschland), Amma Darko/Accra (Ghana), Dr. Dr. Jacob-Emmanuel Mabe/früher Douala (Kamerun), heute Berlin (Deutschland) und Dr. Anke Poenicke/Berlin (Deutschland).

Weitere Unterstützung und inhaltliche Anregungen kamen von Prof. Dr. Ama Ata Aidoo/Accra (Ghana), Prof. Dr. Sibusiso Bengu, ehem. Botschafter Südafrikas/Berlin (Deutschland), Prof. Carl-Heinz und Micha Evers/Berlin (Deutschland, beide inzwischen verstorben), Dr. Glenn Hawkes und Jesse Hawkes/Vermont (USA) und Kigali (Ruanda), Dr. Christoph Heise/Görlitz (Deutschland und Polen), China Keitetsi/Soborg (Dänemark), Jean-Claude Kuba/Paris (Frankreich), und Dr. Petra Raymond, ehem. Direktorin des Goethe-Instituts in Accra (Ghana).

Für den Epilog geht mein Dank an Amma Darko/Accra (Ghana) sowie Maimuna Bojang/Münster (Deutschland) und an Ben Okri/London (Großbritannien) und Sonwabiso Ngcowa/Kapstadt (Südafrika).

Uneingeschränkte Unterstützung beim Arbeiten an diesem Buch habe ich über all die Jahre von meinem Mann Perry Tsang erhalten. Vertrauen in den Wert des Schreibens auch unter widrigen Bedingungen und dem Zuhören gerade dort, wo niemals zugehört wurde, hat mir die Freundin und Mitbegründerin unseres Township-Kinderhauses (www.hokisa.co.za), Karin Chubb, ehemalige Dozentin an der Universität des Western Cape, geschenkt.

Quellen und Literatur

Die mir wichtigsten Quellen waren fraglos die Gespräche mit Menschen verschiedener Generationen in jenen afrikanischen Ländern, die ich bislang besuchen konnte, sowie in Südafrika, wo ich seit 1997 regelmäßig beruflich tätig bin und seit 2001 überwiegend lebe. Hinzu kommen persönliche Begegnungen mit Afrikanerinnen und Afrikanern in Europa, Lateinamerika und den USA. In wenigen Fällen sind die Familiennamen abgekürzt, wenn es gewünscht wurde. Historische Aussagen stammen aus entsprechender Fachliteratur, bislang unveröffentlichten Dokumenten oder sind nach eigener Recherche rekonstruiert.

Erst in den letzten Jahren sind mehr und mehr Bücher erschienen, die wirklich neue Sichten auf Afrikas vielseitige Geschichte präsentieren und in denen aktuelle authentische afrikanische Stimmen selbst zu Wort kommen. Überdies haben einige Autor*innen sich die Mühe gemacht, afrikanische Dokumente aus der Zeit vor dem europäischen Kolonialismus aufzuspüren und zu veröffentlichen.

In Deutschland haben sich in diesem Zusammenhang u. a. die folgenden Initiativen besonders verdient gemacht. Sie informieren regelmäßig über Neuerscheinungen auf ihren Websites:

- Afrikanische Perspektiven (Münster): www.afrikanische-perspektiven.de
- Stimmen Afrikas (Köln): endet Dezember 2024, aber Veranstaltungen weiter im: www.allerweltshaus.de
- InterKontinental Buchladen und Verlag (Berlin): www.interkontinental.org

Die wichtigsten Texte, aus denen ich mitunter zitiere, nenne ich hier in alphabetischer Folge der Namen ihrer Autor*innen (Übersetzungen aus dem Englischen, wie u. a. der Texte von Chinua Achebe, Amma Darko, Sonwabiso Ngcowa oder Ben Okri stammen von mir, wenn nicht ausdrücklich anders angegeben):

Achebe, Chinua: *Things Fall Apart*, London 1958

Adichie, Chimamanda Ngozi: *Warum ich Feministin bin*, Berlin 2022

Alagiah, George: *A Passage to Africa*, London 2001

Ansprenger, Franz: *Geschichte Afrikas*, München 2002

Awa, Teresa/Erhardt, Tabea/Mawuto Dotou, Sandra/Ismail, Sheeko (Hg.): *Look at us! Galerie der Schwarzen Vorbilder & Held*innen in Deutschland*, Leipzig 2023

Badawi, Zeinab: *Eine afrikanische Geschichte Afrikas. Vom Ursprung der Zivilisation bis zur Unabhängigkeit*, München 2024

Bommarius, Christian: *Der gute Deutsche. Die Ermordung Manga Bells in Kamerun 1914*, Berlin 2015, auch in: *Berliner Zeitung*, 28.11.2022, S. 11

Busby, Margaret: *New Daughters of Africa*, London 1992

Busby, Margaret: »Einleitung«, in: Morgenrath, Christa/Wernecke, Eva (Hg.): *Neue Töchter Afrikas. 30 Stimmen*, Münster 2023

Busby, Margaret: Zitate aus: Edemarian, Aida: *Margaret Busby: how Britain's first black female publisher revolutionarised literature – and never gave up*, in: *The Guardian*, 22.10.2020

Chubb, Karin/van Dijk, Lutz: *Between Anger and Hope. South Africa's Youth and the TRC*, Johannesburg 2001 (deutsch: *Der Traum vom Regenbogen. Nach der Apartheid: Südafrikas Jugend zwischen Wut und Hoffnung*, Reinbek bei Hamburg 1999)

Darko, Amma: *Die Gesichtslosen*, Stuttgart 2003

Darko, Amma: *Das Halsband der Geschichten*, Hamburg 2019

Davidson, Basil: *Africa in History*, Suffolk 1974

Diallo, Moustapha M. (Hg.): *Visionäre Afrikas. Der Kontinent in ungewöhnlichen Porträts*, Wuppertal 2014; Neuausgabe: Wadersloh 2022

van Dijk, Lutz (Hg.): *African Kids. Eine südafrikanische Township-Tour*, Wuppertal 2012

van Dijk, Lutz: *Kampala–Hamburg. Roman einer Flucht*, Berlin 2020

van Dijk, Lutz: »Danke, Tata Tutu. Südafrika trauert um Erzbischof Desmond Tutu«, in: *taz*, 30.12.2021 (https://taz.de/Suedafrika-trauert-um-Erzbischof/!5822152/, abgerufen am 25.7.2024)

van Dijk, Lutz: »Südafrika ehrt Ruth Weiss«, in: *taz*, 4.5.2023 (https://taz.de/Anti-Apartheids-Aktivistin-erhaelt-Auszeichnung/!5931492/, abgerufen am 25.7.2024)

van Dijk, Lutz (mit Subi Bosa, Illustrator): *Thandi gibt nicht auf*, Nürnberg 2023

Dix, Holger (Hg.): *Afrika realistisch darstellen. Diskussionen und Alternati-*

ven zur gängigen Praxis. Schwerpunkt Schulbücher, Berlin/Sankt Augustin 2003

El-Tayeb, Fatima: *Schwarze Deutsche. Der Diskurs um »Rasse« und nationale Identität 1890–1933*, Frankfurt a. M. 2001

Enwezor, Okwui (Hg.): *The Short Century. Independence and Liberation in Africa 1945–1994*, München/London/New York 2001

Equiano, Olaudah: *Merkwürdige Lebensgeschichte des Sklaven Olaudah Equiano, von ihm selbst veröffentlicht im Jahre 1789*, Frankfurt a.M. 1990

Fage, John D./Oliver, Roland: *Kurze Geschichte Afrikas*, Wuppertal 2002

Fall, Awa: »I am in China to study Chinese Medicine«, (CCTV-documentary 18.7.2012), Beijing 2012

Faloyin, Dipo: *Afrika ist kein Land*, Berlin 2023

Harding, Leonard: *Geschichte Afrikas im 19. und 20. Jahrhundert*, München 1999

Hauck, Gerhard: *Gesellschaft und Staat in Afrika*, Frankfurt a.M. 2000

Hochschild, Adam: *Schatten über dem Kongo. Die Geschichte eines fast vergessenen Menschheitsverbrechens*, Stuttgart 2000

Kabou, Axelle: *Weder arm noch ohnmächtig. Eine Streitschrift gegen schwarze Eliten und weiße Helfer*, Basel 2001

Kapuscinski, Ryszard: *Afrikanisches Fieber. Erfahrungen aus vierzig Jahren*, München 2001

Kasule, Samuel: *The History Atlas of Africa*, New York 1998

Keitetsi, China: *Sie nahmen mir die Mutter und gaben mir ein Gewehr. Mein Leben als Kindersoldatin*, München 2002

Kumpfmüller, Karl A. (Hg.): *Europas langer Schatten. Afrikanische Identitäten zwischen Selbst- und Fremdbestimmung*, Frankfurt a.M. 2000

Lewis-Williams, David: *Stories that Float from Afar. Ancestral Folklore of the San of Southern Africa*, Kapstadt 2000

Lorde, Audre: *Die Quelle unserer Macht*, Münster 2020

Maathai, Wangari Muta: *Unbowed. One Woman's Story*, New York 2006

Mabe, Jacob E. (Hg.): *Das Afrika-Lexikon. Ein Kontinent in 1000 Stichwörtern*, Stuttgart/Wuppertal 2002

Maloni, Mbu: *Niemand wird mich töten*, Wuppertal 2011

Maltzan, Carlotta von (Hg.): *Africa and Europe: En/Countering Myths*, Frankfurt a.M. 2003

Mandela, Nelson: *Long Walk to Freedom*, Boston/New York 1994 (deutsch: *Der Lange Weg zur Freiheit*, Frankfurt a.M. 1994)

Marx, Christoph: *Geschichte Afrikas. Von 1800 bis zur Gegenwart*, Paderborn 2004

Marx, Christoph: *Südafrika. Geschichte und Gegenwart*, Stuttgart 2012, aktualisierte Neuauflage 2022

Mda, Zakes: »Fumbling for the Meaning of African Identity«, in: *Cape Times*, 6.2.2002

Melber, Henning: »Erbärmliche Gesten. Deutsche Kolonialvergangenheit in Afrika«, in: *taz*, 25.5.2022 (https://taz.de/Deutsche-Kolonialvergangenheit-in-Afrika/!5853562/ abgerufen am 25.7.2024)

Michael, Theodor Wonja: *Deutsch sein und schwarz dazu. Erinnerungen eines Afro-Deutschen*, München 2013

Michael, Theodor Wonja: Interview mit Katja Musafiri, in: *taz*, 29.1.2014 (https://taz.de/Theodor-Michael-ueber-seine-Biographie/!5049703/ abgerufen am 25.7.2024)

Morgenrath, Christa/Wernecke, Eva (Hg.): *Neue Töchter Afrikas. 30 Stimmen*, Münster 2023

Morgenrath, Christa/Wernecke, Eva (Hg.): *Imagine Africa 2060. Geschichten zur Zukunft eines Kontinents*, Wuppertal 2019

Mutwa, Credo: *Indaba, My Children*, Edinburgh 1964 (1998)

Ngcowa, Sonwabiso: *In Search of Happiness*, Kapstadt 2014 (deutsch: *Nanas Liebe*, Wuppertal 2014

Okri, Ben: *A Way of Being Free*, London 1997

Parker, John/Rathbone, Richard: *Geschichte Afrikas*, Köln 2010

Patemann, Helgard: *Lernbuch Namibia*, Wuppertal 1984

Plate, Christoph/Sommer, Theo (Hg.): *Der bunte Kontinent. Ein neuer Blick auf Afrika*, Stuttgart/München 2001

Reader, John: *Africa. A Biography of a Continent*, London 1998

van Reybrouck, David: *Kongo. Eine Geschichte*, Berlin 2012

Saro-Wiwa, Ken: *Sozaboy*, München 1997

Saro-Wiwa, Ken: *Die Sterne dort unten*, München 1997

Sarr, Felwine: *Afrotopia*, Berlin 2019

Sarr, Mohamed Mbougar: *Die geheimste Erinnerung der Menschen*, München 2022

Schäfer, Rita: *Frauen und Kriege in Afrika. Ein Beitrag zur Gender-Forschung*, Frankfurt a.M. 2008

Schäfer, Rita: *Migration und Neuanfang in Südafrika. Geschichte und Gegenwart von Einwanderung, Asyl und Wanderarbeit*, Frankfurt a.M. 2019

Schicho, Walter (Hg.): *Handbuch Afrika* (in 3 Bänden), Frankfurt a.M. 2002

Schicho, Walter: *Geschichte Afrikas*, Stuttgart 2010

Senft, Josef: *Diesseits von Afrika*, Berlin 2022

Somé, Sobonfu: *Die Gabe des Glücks. Westafrikanische Rituale für ein anderes Miteinander*, Berlin 1999

Sparks, Allister: *Beyond the Miracle. Inside the New South Africa*, Johannesburg/Kapstadt 2003

Stiftung Umwelt und Entwicklung NRW (Hg.), *Denis Goldberg. Freiheitskämpfer und Humanist*, Wuppertal 2014

Sun, Yun: *Africa in China's Foreign Policy*, Washington 2014

Sykes, Brian: *The Seven Daughters of Eve*, London 2001

Thiong'o, Ngugi wa: *Afrika sichtbar machen. Essays über Dekolonisierung und Globalisierung*, Münster 2022

Thorpe, S.A.: *African Traditional Religions*, Pretoria 1991

Villiers, Marq de/Hirtle, Sheila: *Into Africa. A Journey through the Ancient Empires*, London/Jeppestrum 1997

Weiss, Ruth: *Wege im harten Gras. Erinnerungen an Deutschland, Südafrika und England*, Wuppertal 1994, aktualisierte Neuausgabe: *A Path Through Hard Grass. A Journalist's Memories of Exile and Apartheid*, Basel 2014

Wiwa, Ken: *In the Shadow of a Saint*, Ottawa 2000

Zeittafel

Afrika in der Vorzeit (550 Mill. v. Chr.–ca. 5 000 v. Chr.)

Vor ca. 5 000 Millionen Jahren: Entstehung der Erde als dritter die Sonne umkreisender Planet, eine brodelnd glühende Kugel ohne jedes Leben.

Vor ca. 3 600 Millionen Jahren: Die ersten stabilen Landmassen bilden sich im heutigen Süden Afrikas. Das geologisch hohe Alter Afrikas ist Ursache seiner vielen Bodenschätze heute.

Vor ca. 550 Millionen Jahren: Afrika – zu über 90 Prozent in den Konturen von heute – besteht als festes Land und ist damit als erster aller Kontinente geboren.

Vor ca. 200 Millionen Jahren: Dinosaurier bevölkern für gut 140 Millionen Jahre Afrika. Danach sterben sie aus, während die anpassungsfähigeren Säugetiere sich weiterentwickeln.

Vor ca. 100 Millionen Jahren: Auch die anderen Kontinente haben sich gefestigt, wobei umstritten ist, wie weit sie anfangs voneinander entfernt lagen und ob sie sich bis heute bewegen (Pangaea-Theorie).

Vor ca. 3–5 Millionen Jahren: In den Savannen Ostafrikas erheben sich die ersten Urmenschen und beginnen, auf zwei Beinen zu laufen. Die Entwicklung vom Menschenaffen zum Urmenschen beginnt.

Vor ca. 200 000 Jahren: Die verschiedenen Urmenschen – wie der *Homo habilis* (»der Werkzeuge gebraucht«) und dann der *Homo erectus* (»der aufrecht geht«) – erklimmen die nächste Stufe der Evolution: die zum modernen Menschen, dem *Homo sapiens* (»der seinen Verstand gebraucht«) führt.

Vor ca. 100 000 Jahren: Eine relativ kleine Gruppe von *Homo sapiens* verlässt den afrikanischen Kontinent in Richtung Asien.

Vor ca. 40 000 Jahren: Die ersten modernen Menschen besiedeln Europa. Dort haben sich vor etwa 120 000 Jahren die Neandertaler (*Homo neanderthalensis*) entwickelt, eine eigene Evolutionsstufe zwischen Urmensch und modernem Menschen, die jedoch als eigenständige Entwicklungsform vor etwa 30 000 Jahren aussterben.

Vor ca. 15 000 Jahren: Menschen erreichen Nordamerika über die damals bestehende Landbrücke (Beringstraße) und ziehen bis nach Südamerika.

Vor ca. 10 000 Jahren: In verschiedenen Teilen der Welt geben Menschen ihr bisheriges Leben als Jäger und Sammler auf und werden mit ersten Versuchen von Ackerbau und Viehzucht sesshaft – so auch in jenen Gegenden Afrikas, die dies besonders begünstigen (in Nordafrika z.B. die fruchtbaren Ufer des Nils).

Afrika vom Altertum bis zum Mittelalter (ca. 5 000 v. Chr.–ca. 1 500 n. Chr.)

Ab ca. 3 000 v. Chr.: König Menes vereinigt die bisherigen Nord- und Südreiche am Nil zum ersten ägyptischen Pharaonenstaat. Die Ägypter entwickeln die Zeichenschrift der Hieroglyphen und bauen Pyramiden als ihre Grabstätten. Ihre kulturellen Errungenschaften beruhen auf Zwangsarbeit: Sie unterwerfen die meisten Bauern der Region, nehmen Menschen aus Nachbargebieten gefangen oder kaufen Sklaven.

Ab ca. 2 400 v. Chr.: Das ehemalige Savannengebiet der Sahara trocknet aus und wird zur Wüste. Noch mehr Menschen kommen in die Nilregion.

Ab 1 000 v. Chr.: Die südlich von Ägypten angesiedelten Nubier gründen ihren Königsstaat Kusch.

Ab ca. 800–500 v. Chr.: Bantu-Völker aus Zentralafrika breiten sich nach Osten, Westen und Süden aus. Ihre Gemeinsamkeit ist vor allem eine gemeinsame Sprachfamilie, sie bestehen niemals als ein Reich oder zentraler Staat. Im Süden treffen sie auf die Khoisan-Völker (Khoikhoi und San). Die »Pygmäen«, die vor allem im Kongobecken beheimatet sind, erhalten sich ihre eigene Kultur kampflos, indem sie sich weiter in die Regenwälder zurückziehen.

730–663 v. Chr.: Die kuschitischen Nubier erobern Ägypten und herrschen gut 60 Jahre als Pharaonen.

663–332 v. Chr.: Die aus dem Nordosten kommenden Assyrer vertreiben die Nubier aus Ägypten. Sie werden abgelöst von den Persern. Ab 332 übernehmen die Griechen unter Alexander dem Großen (356–323 v. Chr.) die Herrschaft in Ägypten.

146 v. Chr.: Nach der Eroberung der Hafenstadt Khartago durch die Römer erringen diese die Vorherrschaft über weite Teile Nordafrikas und nennen die neue Provinz *Africa proconsularis*.

Ab 30 v. Chr.: Nach dem Selbstmord der letzten Herrscherin von Ägypten, Kleopatra (69–30 v. Chr.), wird auch Ägypten Teil des römischen Weltreiches.

Ca. 8–4 v. Chr.: Der Jude Joschua wird im palästinensischen Bethlehem geboren. Als junger Mann protestiert er gegen die tradionelle jüdische Gesellschaft und wird als Jesus Christus zum Begründer des Christentums (im Jahr 33 n. Chr. hingerichtet durch die Römer). Die Christen werden von den Römern verfolgt.

Jahr 0: Ein später willkürlich festgelegtes Datum des christlichen Kalenders, das an die Geburt von Jesus Christus erinnern soll.

Ab ca. 50–ca. 800 n. Chr.: Im Gebiet des heutigen Äthiopien (Nordostafrika) errichten Einwanderer aus Südarabien den militärisch strukturierten Staat Aksum. Im Jahr 350 vernichten die Aksumiter die letzte Haupstadt des klassischen Nubiens: Meroë. 70: Die Römer zerstören den Tempel der Juden in Jerusalem, es gibt bis 1948 keinen jüdischen Staat mehr. Juden zerstreuen sich im gesamten römischen Weltreich, auch in Nordafrika.

Ab 313: Der römische Kaiser Konstantin (272–373) erkennt das Christentum an, ab nun finden Christen auch zunehmend Anhänger in Nordafrika. König Ezana von Aksum (ca. 320–360) lässt sich im Jahr 350 taufen. In allen anderen Teilen Afrikas bestimmen weiterhin vor allem traditionell afrikanische Religionen den Alltag.

622–800: Der Begründer des Islam, der arabische Prophet Mohammed (ca. 570–632), und seine Nachfolger erobern weite Teile Nord- und Nordostafrikas. Die bis heute prägende Aufteilung in das eher islamisch-arabisch geprägte Nordafrika und das als »Schwarzafrika« bezeichnete Gebiet südlich der Sahara mit einer Mischung aus christlichen und traditionell afrikanischen Religionen hat hier ihren Ursprung.

Ca. 600–ca. 1500: Afrikanische Reiche entstehen im Westen (wie zum Beispiel das traditionell afrikanisch religiöse Ghana ca. 600–1235, das islamische Mali ca. 1200–1464, das islamische Songhay 1464–ca.1590), aber auch im Osten (Swahili-Städte Kilwa und Mombasa) und im Süden Afrikas (das traditionell afrikanisch religiöse Simbabwe 1100–1480). Ihr Reichtum gründet sich im Handel und in der Kontrolle von Handelsrouten, später erfahren sie auch eine Blüte von Kultur und Wissenschaft (die erste Universität Afrikas befindet sich im malischen Timbuktu).

1415–1417: Noch vor den ersten Europäern landen chinesische Handelsschiffe an der Küste Ostafrikas: Es werden friedlich Waren ausgetauscht und die chinesische Flotte segelt wieder heimwärts.

Afrika wird von Europäern kolonisiert (ca. 1500–1945)

1444/45: Portugiesen unter Prinz Heinrich »dem Seefahrer« (1394–1460) erreichen erstmals die Westküste Afrikas und kehren mit reicher Beute, vor allem Gold und ersten gefangenen Afrikanern aus Guinea zurück nach Lissabon. Sie beginnen, Festungen an der westafrikanischen »Goldküste«, dem heutigen Ghana, zu bauen.

1483: Die Franzosen folgen auf der Höhe Senegals, bald darauf Engländer, Deutsche und Niederländer. Die Spanier konzentrieren sich auf Nordafrika.

1492: Hochseetüchtige Schiffe erlauben die Erkundung der Weltmeere – dabei erreicht der Italiener Christoph Kolumbus (1451–1506) im Auftrag der spanischen Königin Isabella auf einer nach Indien geplanten Route zufällig die »Neue Welt« – Amerika.

1497: Der Portugiese Vasco da Gama (1469–1524) umsegelt die Südspitze Afrikas und entdeckt den Seeweg nach Ostafrika und Indien.

Um 1500: An der Küste Ostafrikas sind die Swahili-Anführer nicht zur Unterwerfung bereit. Große Städte wie Kilwa werden geplündert, Mombasa wird niedergebrannt.

1510: Der erste Sklaventransport aus Westafrika erreicht Amerika. In Nord- und Südamerika werden dringend Arbeitskräfte gebraucht; Europäer kaufen diese von arabischen und afrikanischen Mittelsmännern, wagen sich aber vorerst nicht selbst ins Innere des Kontinents vor. Schätzungen gehen davon aus, dass in den kommenden Jahrhunderten mindestens acht (wahrscheinlich eher bis zu 15) Millionen afrikanische Männer, Frauen und Kinder gefangen und als Sklaven außerhalb Afrikas deportiert werden. Am Sklavenhandel beteiligen sich neben den Portugiesen vor allem Franzosen, Engländer, Deutsche und Niederländer.

1526: Der König der Bakongo, Nzinga Mbemba (ca. 1460–1542), der sich 1491 als König Afonso I. taufen ließ und anfangs am Sklavenhandel tüchtig mitverdiente, beschwert sich beim »Bruderkönig« von Portugal vergeblich über die »Entvölkerung« seines Kongo-Reiches.

1652: Niederländer errichten Kapstadt als Handelsposten an der Südspitze Afrikas.

1700: Aufstieg des Königreiches der Ashanti in Ghana, bis zur Zerschlagung durch die Engländer 1874. Die Ashanti-Könige haben bis heute im modernen Ghana viel Einfluss.

1795–1803: Engländer erobern die Kapkolonie von den Niederländern. Diese ziehen sich ins Landesinnere zurück, bilden eine zunehmend vom Mutterland isolierte Nation und nennen sich nun selbst »Afrikaner«.

1818: Shaka (1787–1828) wird Anführer der Zulus im südlichen Afrika und schmiedet mit neuen militärischen Strategien aus verschiedenen Bantu-Gruppen ein mächtiges Zulu-Königreich. Andere Völker, wie die Sotho oder Ndebele, die sich ihm in den Weg stellen, werden vertrieben.

Ab 1850: Zunehmend erkunden europäische »Entdeckungsreisende« wie der deutsche Heinrich Barth (1821–1865), der Schotte David Livingstone (1813–1873) und der Engländer Henry Morton Stanley (1841–1904) das Innere des Kontinents. Ihnen folgen christliche Missionare, die entschlossen sind, die »Seelen der Heiden« zu retten, notfalls auch gegen deren Willen.

1863: Die Sklaverei wird offiziell in den USA abgeschafft, in England bereits 1833. In der Realität bleibt sie noch länger bestehen. Bis heute gibt es illegale Sklaverei in verschiedenen Ländern der Welt.

1879: Nachdem die Zulus den Engländern deren bis dahin größte Niederlage in Afrika bereitet haben, schlagen diese im gleichen Jahr mit einer neuen Waffe, dem Maschinengewehr, vernichtend zurück.

1884/85: Auf der Berliner Kongo-Konferenz unter Vorsitz von Reichskanzler Otto von Bismarck (1815–1898) verabreden Vertreter europäischer Großmächte, wie die bisherigen Einflusszonen in Afrika in Kolonien untereinander aufgeteilt werden sollen – ohne dass die afrikanischen Völker dazu auch nur gehört werden. Bedingung ist, dass ein europäischer Staat nur Anspruch erheben darf, wenn er auch die »Kontrolle« über ein gewünschtes Gebiet nachweisen kann. Daraufhin setzt ein Wettlauf ein, um entweder mit afrikanischen Herrschern geschlossene sogenannte »Schutzverträge« vorlegen zu können oder sich mit Gewalt zu nehmen, was nicht über Verhandlungen zu bekommen ist. Deutschland erhebt Anspruch auf »Deutsch-Ostafrika« (heute Tansania, Ruanda und Burundi), Kamerun und Togo in Westafrika und »Deutsch-Südwestafrika« (heute: Namibia).

1881–1885: Der belgische König Leopold II. (1835–1909) setzt mit Hilfe Henry Morton Stanleys durch, dass der Kongo sein Privatbesitz wird. Ab 1908 heißt die Kolonie offiziell »Belgisch-Kongo«, seine Bewohner werden mit brutalster Gewalt ausgebeutet.

1891–1898: In Tanganjika bietet Chief Mkwama (ca. 1855–1898) vom Volk der Hehe dem deutschen Regierungsvertreter Carl Peters (1856–1918) Frieden an. Peters will aber Land und nicht Frieden. Darauf beginnen die Hehe ihren bewaffneten Widerstand. Erst gut sieben Jahre später kann er gebrochen werden. Mkwama wird hingerichtet, sein abgeschlagenes Haupt triumphierend nach Berlin gesandt.

1889–1898: Der englisch-südafrikanische Politiker Cecil Rhodes (1853–1902) erwirbt durch Käufe und illegale Besitznahme weite Teile des heutigen Simbabwe unter dem Namen »Süd-Rhodesien«. 1891 wird das gesamte Gebiet »britisches Protektorat«, später englische »Kronkolonie«.

1896: Äthiopiens Kaiser Menelik II. (1844–1913) gelingt ein Sieg über die Italiener, die ebenfalls mehr Einfluss als Kolonialmacht in Afrika haben wollen. Sie können sich nur in der Provinz Eritrea und einem Teil Somalias halten.

1899–1902: In Südafrika kämpfen niederländischstämmige Buren (weiße »Afrikaner«) gegen die Engländer um die Vorherrschaft in Südafrika. Der Krieg endet mit der Niederlage der Buren.

1904–1905: Im Auftrag des deutschen Kaisers werden in »Deutsch-Südwestafrika« (heute: Namibia) Aufstände der Herero und Nama blutig niedergeschlagen, wobei General Lothar von Trotha einen »Vernichtungsbefehl« erlässt, der in einem Völkermord (mit über 75 000 getöteten Herero und Nama) endet.

1912: Der Afrikanische Nationalkongress (ANC) wird in Südafrika gegründet, die erste Organisation für die Gleichberechtigung Schwarzer.

1914–1918: Im Ersten Weltkrieg bekämpfen sich Engländer und Deutsche auch in ihren Kolonien entlang der Grenze von Tanganjika und Kenia. Dabei werden angeheuerte Afrikaner auf beiden Seiten eingesetzt, allein für die deutsche Armee rund 13 000 Mann.

1919: Als Kriegsverlierer muss der deutsche Kaiser Wilhelm II. (1859–1941) alle Kolonien in Afrika abgeben. Der Völkerbund (Vorläufer der UNO) übernimmt formal die Verwaltung der deutschen Kolonien, häufig ändert sich an den kolonialen Zuständen wenig. In »Deutsch-Südwestafrika« (heute: Namibia) übernimmt das rassistische Südafrika die Verwaltung und schützt dort die Rechte der Weißen, auch die der Deutschen.

1919: Im gleichen Jahr findet jedoch auch der erste Panafrikanische Kongress in Paris statt, wo sich erstmals junge afrikanische Intellektuelle, aus deren Reihen viele zukünftige Politiker hervorgehen werden, treffen, um über eine Zukunft Afrikas ohne Kolonialismus zu beraten.

Ab 1929: Die Weltwirtschaftskrise benutzen die europäischen Kolonialmächte zu einer noch stärkeren Ausbeutung der Kolonien. Millionen Menschen in ländlichen Gebieten stürzen ins Elend, in der größten Not suchen sie ihr Heil in den nun explosiv wachsenden Großstädten – die ersten Slumsiedlungen entstehen.

1936–1942: Der italienische Diktator Benito Mussolini (1883–1945) unternimmt einen neuen Versuch Italiens, Äthiopien zu besetzen. Es gelingt nur für knapp acht Jahre. Im Zweiten Weltkrieg werden die Italiener von den Engländern vertrieben, die die Macht an Kaiser Haile Selassie I. (1892–1975) zurückgeben.

1939–1945: Im Zweiten Weltkrieg, den die deutsche Naziregierung unter Adolf Hitler (1889–1945) begonnen hat, werden auch Hoffnungen auf eine »Rückeroberung« der ehemaligen deutschen Kolonien propagiert. Sie scheitern kläglich. Und doch wird das ehemalige »Deutsch-Südwestafrika« für nicht wenige ehemalige Nazis nach 1945 zum sicheren Fluchtort. Ein Teil des Weltkrieges wird in Nordafrika von Engländern, Franzosen, später auch US-Amerikanern gegen Deutsche und Italiener ausgetragen.

1945: Auf dem fünften Panafrikanischen Kongress in Manchester verabreden die Delegierten, darunter viele zukünftige junge afrikanische Staatsgründer, eine Resolution, die zur Befreiung vom Kolonialismus aufruft.

Afrikas Weg zur Freiheit (1946 bis heute)

1946–1956: In Nordafrika beginnt die Befreiung von den Kolonialmächten: 1946 verlassen die Engländer endgültig Ägypten, schon 1943 werden die Italiener aus Libyen vertrieben, Marokko erlangt seine Unabhängigkeit von Frankreich und Spanien wie Tunesien von Frankreich und der Sudan von England im gleichen Jahr 1956.

1954–1962: In Algerien akzeptiert Frankreich erst nach einem blutig geführten Krieg, der mehr als einer Million Algeriern das Leben kostet, die Unabhängigkeit des Landes.

1947–1954: Das Zeitalter des Kolonialismus geht zu Ende: Auch außerhalb Afrikas müssen die beiden größten Kolonialmächte ihre wichtigsten Kolonien aufgeben: 1947 wird Indien von England unabhängig, Frankreich muss 1954 Indochina verlassen.

1952–1956: In Kenia erheben sich die Kikuyu im »Mau-Mau«-Aufstand gegen die britische Kolonialherrschaft, wobei sich die Gewalttaten jedoch vor allem gegen jene Kikuyu richten, die mit den Engländern zusammenarbeiten. Jomo Kenyatta (ca. 1894–1978) wird 1953 als einer der Anführer zu sieben Jahren Zwangsarbeit verurteilt, obwohl er sich kritisch gegenüber bestimmten Terroraktionen geäußert hatte. 1963, zwei Jahre nach seiner Freilassung, wird Jomo Kenyatta der erste Präsident des unabhängigen Kenia.

1957: Das Startsignal für die Befreiung »Schwarzafrikas« (Afrika südlich der Sahara) erfolgt in der englisch kolonisierten Goldküste: Kwame Nkrumah (1909–1972) wird erster Präsident des neu gegründeten Staates Ghana und zum Motor einer jungen und selbstbewussten Bewegung des »afrikanischen Nationalismus«.

1960: Der endgültige Durchbruch: Allein in diesem Jahr werden 17 afrikanische Staaten südlich der Sahara unabhängig.

1961: Der 1960 demokratisch gewählte Premierminister der neuen Demokratischen Republik Kongo, Patrice Lumumba (1925–1961), wird von politischen Gegnern und im Beisein belgischer Offiziere zu Tode gefoltert.

1961–1963: Unabhängigkeit auch in Ostafrika: 1961 Tanganjika, 1962 Uganda und 1963 Kenia und Sansibar. Unter Präsident Julius Nyerere (1922–1999) bilden Tanganjika und Sansibar 1964 die neue Republik Tansania.

1963: Gründung der Organisation Afrikanischer Einheit (OAU: Organisation of African Unity) in Addis Abeba, der alle unabhängigen afrikanischen Staaten angehören. Die bestehenden Kolonialgrenzen werden ausdrücklich anerkannt, die Idee Kwame Nkrumahs der Gründung von »Vereinigten Staaten von Afrika« wird abgelehnt.

1965: Die OAU gründet ein neun Staaten umfassendes Befreiungskomitee mit Sitz in Daressalam (Tansania), dessen Aufgabe unter anderem darin besteht, militärischen Widerstand in den letzten Kolonien Afrikas zu organisieren.

1961–1975: Befreiungskriege in den portugiesischen Kolonien Angola, Guinea und Mosambik.

1975: In Mosambik wird Graça Machel (*1945) als einzige Frau in der Regierung Ministerin für Erziehung. Es gelingt ihr in nur zehn Jahren trotz anhaltendem Bürgerkrieg die Zahl der Kinder, die Grund- und Oberschulen besuchen können, auf 80 Prozent zu verdoppeln.

1980: In Rhodesien gibt die weiße Minderheitsregierung unter Ian Smith (1919–2007) auf und gesteht Wahlen zu, aus denen die ZANU-Partei als eindeutiger Sieger hervorgeht. Ihr Anführer Robert Mugabe (1924–2019) wird Präsident des neuen Simbabwe und beginnt mit einem durchaus erfolgreichen Konzept der Versöhnung mit den Weißen und einer wirtschaftlichen Stabilisierung des Landes.

1983–1987: Im westafrikanischen Obervolta verwirklicht Thomas Sankara (1949–1987) eine Revolution, die in bislang nicht gekanntem Umfang die Rechte von Frauen, Jugendlichen und der armen Landbevölkerung stärkt. 1984 benennt er das Land um in Burkina Faso – »Land der aufrechten Menschen«. 1987 wird er von seinem ehemaligen Vertrauten Blaise Compaoré (*1951) ermordet, der bis Oktober 2014 an der Macht ist und erst nach Massenprotesten abtritt und das Land verlässt.

1990: Das Ende der Apartheid in Südafrika wird vorbereitet (offiziell abgeschafft 1994): Die weiße Minderheitsregierung unter Frederik Willem de Klerk (1936–2021) und die verschiedenen schwarzen Befreiungsgruppen unter dem erst im Februar nach 27-jähriger Haft entlassenen Nelson Mandela (1918–2013) beginnen Verhandlungen über ein zukünftiges demokratisches Südafrika.

1992–1996: Boutros Boutros-Ghali (1922–2016) aus Ägypten ist UNO-Generalsekretär.

1992–1993: In Somalia führt ein Bürgerkrieg zu schrecklichen Hungersnöten. Ein von der UNO unterstützter Militäreinsatz der USA scheitert.

1994: In Südafrika finden im April die ersten freien Wahlen statt. Nelson Mandela gewinnt und wird im Mai als der erste demokratisch gewählte Präsident in sein Amt eingeführt.

1994: In Ruanda werden innerhalb von drei Monaten rund 800 000 Menschen – überwiegend Angehörige der Tutsi – von jahrelang aufgehetzten Angehörigen der Hutu grausam ermordet. Der Völkermord geschieht nach Aufforderung staatlicher Autoritäten und Milizen.

1995: Der nigerianische Schriftsteller und Menschenrechtsaktivist Ken Saro-Wiwa (1942–1995), der gegen seine Regierung und den internationalen Shell-Ölkonzern protestierte, wird von Dikator Sani Abacha (1943–1998) gemeinsam mit acht anderen Aktivisten am 10. November erhängt.

1996: Die »Schuldenfalle« (die schon länger besteht) wird mit konkreten Zahlen belegt: Mehr Schuldenrückzahlungen (ca. 30 Milliarden US-Dollar) verlassen den afrikanischen Kontinent, als an »Entwicklungshilfe« (ca. 20 Milliarden US-Dollar) hereinkommt.

1997–2006: Kofi Annan (1938–2018) aus Ghana ist UNO-Generalsekretär, 2001 erhält er den Friedensnobelpreis. Sein Nachfolger wird Ban Ki-moon (*1944) aus Südkorea.

1998: Im Kongo stehen sich ab Oktober zum ersten Mal afrikanische Staaten als Verbündete im Krieg gegenüber: Simbabwe, Angola und Namibia unterstützen den erst 1997 an die Macht gekommenen Präsidenten Laurent Kabila (1941–2001), die Länder Uganda und Ruanda die Rebellen.

1999: Beschluss zur Gründung der »Afrikanischen Union« (AU, in Kraft ab 2002) unter Beteiligung aller afrikanischen Staaten (mit Ausnahme Marokkos, das erst 2017 beitritt) als Nachfolger der »Organisation afrikanischer Einheit« (OAU, seit 1963).

1990–2000: Am Ende dieses Jahrzehnts sind im südlichen Afrika rund zwölf Millionen Menschen an Aids gestorben, davon rund drei Millionen Kinder. Südafrika hat die weltweit höchste Infektionsrate mit etwa 25 Prozent der Bevölkerung, nicht zuletzt weil Präsident Thabo Mbeki (*1942) die Wirksamkeit von Antiretroviral-Medikamenten leugnet und diese nicht zulässt.

2001: In Botswana erklärt Präsident Festus Mogae (*1939), dass sein Land als erstes in Afrika kostenlos ARV-Medikamente an alle Aidspatienten ausgeben wird.

2002: Die »Afrikanische Union« (AU) nimmt ihre Arbeit auf: Zum ersten Mal vereinbaren die AU-Mitgliedsstaten, dass Menschenrechte und Demokratisierung wichtig sind und dass es ein Recht auf Intervention bei Nichtbeachtung gibt.

2003: Nach mehr als 20 Jahren Bürgerkrieg beginnen im Sudan die von der arabischen Mehrheitsregierung geförderten »Janjaweed«-Milizen einen Genozid gegen die nichtarabische Minderheit vor allem in der westlichen Region Darfur: Bis 2007 werden mehr als 400 000 Zivilisten ermordet, etwa 2,5 Millionen Menschen fliehen aus ihren zerstörten Dörfern.

2004: Nach jahrelangem Engagement internationaler, nationaler und lokaler Gesundheitsorganisationen und Bürgerinitiativen kommt es zu einem vorsichtigen Schwenk in der Aidspolitik Südafrikas: Nach Botswana (2001) und Malawi (2004) wird endlich auch hier ein landesweites Programm zur kostenlosen Ausgabe von aidshemmenden Medikamenten (ART) an alle Patienten begonnen, die dies selbst nicht bezahlen können, aber zur Lebensrettung benötigen. Zu einer endgültigen Wende kommt es in Südafrika aber erst ab 2009 mit dem neuen Gesundheitsminister Aaron Motsoaledi (*1958), der das Programm zur Verteilung von ARV-Medikamenten ernsthaft betreibt.

2004: Die frühere Öko- und Frauenrechtsaktivistin und heutige stellvertretende Umweltschutzministerin von Kenia, Wangari Maathai (1940–2011), erhält den Friedensnobelpreis – zum ersten Mal wird das Engagement für Frieden und Umweltschutz ausgezeichnet.

2005: Vor dem G8-Gipfeltreffen in Gleneagles (Schottland), auf dessen Programm der britische Premierminister Tony Blair (*1953) die Bekämpfung der Armut in Afrika gesetzt hat, werden Anfang Juli unter dem Motto »Live 8 – Make Poverty History« (»Macht Armut zur Geschichte«) Musikkonzerte mit vielen internationalen Stars gleichzeitig in London, Cornwall, Tokio, Moskau, Berlin, Johannesburg, Paris, Rom, Barrie (Kanada) und Philadelphia (USA) durchgeführt, die von Millionen Menschen live am Fernsehen mitverfolgt werden. Rund 200 000 überwiegend junge Leute aus aller Welt führen am Vorabend des G8-Treffens eine friedliche Protestdemonstration in der schottischen Hauptstadt Edinburgh durch. Neben einem Schuldenerlass für die armen Länder Afrikas und mehr Finanzhilfe werden auch erstmals faire Handelsbeziehungen gefordert. Am ersten Tag des G8-Treffens kommt es zu Bombenanschlägen auf öffentliche Verkehrsmittel in London, bei denen über 50 Menschen getötet und Hunderte verletzt werden. Trotzdem gelingt es, einen teilweisen Schuldenerlass durchzusetzen. Faire Handelsbeziehungen bleiben Zukunftsmusik.

2006: Im Januar wird Ellen Johnson Sirleaf (*1938) in demokratischen Wahlen zur Staatspräsidentin von Liberia gewählt. Zum ersten Mal in der Geschichte eines offiziell dekolonisierten Kontinents Afrika wird damit eine Frau Staatsoberhaupt.

2007: Es wird zunehmend deutlich, dass Chinas Engagement in Afrika seit dem Beginn des zweiten Jahrtausends ein sorgfältig geplanter Prozess der zuerst wirtschaftlichen (und später auch kulturellen) Zusammenarbeit mit mehr und mehr Regierungen Afrikas von Algerien bis Simbabwe ist. China verschafft sich so Zugang zu Afrikas Rohstoffen im Austausch gegen günstige Darlehen und billige Konsumwaren bis hin zu Wohnungs- und Straßenbauten und ganzen Fabriken. 53 von 54 Staaten Afrikas haben bis heute Handelsverträge mit China abgeschlossen. 2009 kündigt China an, den ärmsten der afrikanischen Länder alle Schulden zu erlassen und – noch wichtiger – Einfuhrzölle auf afrikanische Produkte nach China um 95 Prozent zu reduzieren, um einen gegenseitigen Handel zu fördern. Anfang der 1980er-Jahre betrug das Handelsvolumen zwischen Afrika und China weniger als eine Milliarde US-Dollar, 2011 belegt die offizielle Statistik 165 Milliarden, 2023 sind es 282 Milliarden.

2008: Anfang des Jahres kommt es zu schweren Unruhen in Kenia, nachdem der bisherige Staatspräsident Mwai Kibaki (1931–2021) offensichtlich versucht hat, den Ausgang der Wahlen vom Dezember 2007 durch Betrug zu seinen Gunsten zu beeinflussen. Die Opposition unter Raila Odinga (*1945) fordert Neuwahlen. Es kommt zu schweren Unruhen, denen mehr als 1300 Menschen zum Opfer fallen und die das ehemals ökonomisch stabilste Land Ostafrikas in eine schwere Krise stürzen. Unter Vermittlung des ehemaligen UNO-Generalsekretärs Kofi Annan (1938–2018) gelingt schließlich am 28. Februar 2008 ein Kompromiss: Kibaki (als Präsident) und Odinga (mit dem neugeschaffenen Posten als Premierminister) teilen sich die Macht. Das Land atmet auf und viele der mehr als 300 000 Flüchtlinge kehren nach und nach wieder in ihre während der Unruhen zerstörten Dörfer zurück. Die Regierung hält immerhin bis zu den folgenden Wahlen im März 2013.

2009: Im März wird Sudans Präsident Omar al-Bashir (*1944) vor dem Internationalen Gerichtshof in Den Haag (IGH) als erstes amtierendes Staatsoberhaupt wegen Verbrechen gegen die Menschlichkeit an den nicht-arabischen Völkern des Sudan im Westen (Darfur) und Süden angeklagt, kann sich einem Urteil aber entziehen mit Unterstützung mehrerer afrikanischer Länder. Erst 2019 wurde er bei einem Staatstreich gestürzt und inhaftiert, aber nicht ausgeliefert. Ein Gericht im Sudan verurteilt ihn wegen Korruption, weitere Anklagen sind anhängig. Derzeit ist er in einem Gefängniskrankenhaus in Sudans Hauptstadt Khartum.

2009: In Südafrika wird Jacob Zuma (*1942) im April zum neuen Präsidenten gewählt. Auch wenn die Regierungspartei ANC die absolute Mehrheit erhält, gewinnen doch auch Oppositionsparteien, wie die DA (Democratic Alliance) unter Helen Zille (*1952) dazu, wodurch der positive Trend zu einer Mehrparteiendemokratie gestärkt wird.

2010: In Südafrika findet die erste Fußballweltmeisterschaft auf dem afrikanischen Kontinent statt.

2011: Um den mehr als 20-jährigen Bürgerkrieg im Süden des Sudan zu beenden, dem mehr als zwei Millionen Menschen zum Opfer fielen, findet unter internationaler Vermittlung im Januar eine Volksabstimmung im Süden des Landes statt, bei der sich 99 Prozent der Bevölkerung für einen unabhängigen Staat aussprechen. Am 9. Juli 2011 wird Südsudan der 54. Staat Afrikas. Bislang wird jedoch auch der Südsudan von internen Machtkämpfen rivalisierender Volksgruppen beherrscht und kann die reichen Ölvorkommen kaum zur Verbesserung der Lebensbedingungen der Bevölkerung nutzen.

2011–2012: Der »Arabische Frühling« (Aufstand gegen arabische Diktaturen, auch »Arabellion« genannt) beginnt am 17. Dezember 2010 mit der Selbstverbrennung des jungen Mohamed Bouazizi (1984–2011) als Protest gegen jahrzehntelange Diktatur und Ausbeutung armer Menschen in Tunesien. In nur wenigen Wochen gehen Millionen junger Menschen in vielen arabischen Ländern Nordafrikas und des Nahen Ostens auf die Straße. Als Erster flüchtet der tunesische Diktator Zine el Abidine Ben Ali (1936–2019), seit 23 Jahren im Amt, am 14. Januar 2011, nur zehn Tage nach Mohamed Bouazizis Tod im Krankenhaus. In Ägypten tritt Dikator Hosni Mubarak (1928–2020), seit fast 30 Jahren im Amt, nach nur 18 Tagen Protest am 11. Februar 2011 zurück und wird am 13. April verhaftet. In Libyen weigert sich Dikator Muammar al Gaddafi (1942–2011), seit 42 Jahren im Amt, zu weichen und lässt seine Armee auf Demonstranten schießen. Schließlich muss jedoch auch er flüchten und wird dabei am 20. Oktober 2011 ermordet. Was so hoffnungsvoll in vielen Ländern begonnen hat, wird nur in den wenigsten durchgehalten. Libyen ist bis heute vom Bürgerkrieg zerrissen, in Ägypten hat erneut das Militär unter Abdel Fattah el-Sisi (*1954) die Macht übernommen und wurden Andersdenkende eingesperrt. Nachdem die Opposition weitgehend ausgeschaltet war, ließ er sich erstmals 2014 zum Präsidenten wählen, verlängerte die Amtszeit des Präsidenten auf sechs Jahre und ließ sich mit 90 Prozent der Stimmen 2024 erneut für eine dritte Amtszeit wählen. Nur Tunesien schafft eine wirkliche Mehrparteiendemokratie und gibt sich am 26. Januar 2014 eine Verfassung, die weltweit als vorbildlich gelobt wird und die Rechte Andersgläubiger wie Andersdenkender ebenso wie die von Frauen und Mädchen achtet. Leider ist dieser positive Beginn gegenwärtig erneut gefährdet durch den seit 2019 autoritär regierenden Präsidenten Kais Saied (*1958), der 2021 den Notstand ausrief und noch mehr Macht an sich riss.

2012: In Malawi wird Joyce Banda (*1950) ab Mai Staatspräsidentin und damit zweite Regierungschefin Afrikas (bis Juni 2014).

2012: Am 16. August werden im südafrikanischen Marikana 34 streikende Bergarbeiter von Polizei und Militär erschossen, zum Teil auf der Flucht ermordet. Dies hat es in Südafrika seit dem Ende der Apartheid nicht gegeben und die Regierung von Präsident Jacob Zuma wird massiv kritisiert, auch international.

2013: Im April entsendet die Volksarmee Chinas erstmals Soldaten als Teil einer UNO-Friedensmission nach Mali.

2013: Bei den Wahlen in Simbabwe wird der 89-jährige Robert Mugabe (1924–2019), der bereits seit 33 Jahren regiert, im August erneut für fünf Jahre im Amt bestätigt. Internationale Wahlbeobachter sind nicht zugelassen, die Opposition spricht von Betrug. Die stärkste Oppositionspartei MDC (Movement for Democratic Change – Bewegung für demokratischen Wandel) spaltet sich. 2017 muss Mugabe zurücktreten, er stirbt mit 95 Jahren 2019 in einem Krankenhaus in Singapur.

2013: Im September werden in Kenia in einem großen Einkaufszentrum in der Hauptstadt Nairobi, der Westgate Shopping Mall, mehrere Tage ein paar hundert Kinder, Frauen und Männer zu Geiseln von al-Shabaab. Am Ende sind 67 Menschen tot, davon vier Terroristen. Der bis dahin gut floriende Tourismus in Kenias Naturparks und an den Stränden muss schwere Einbußen hinnehmen.

2013: Am 13. Oktober kentert ein überladenes Flüchtlingsschiff vor der Küste der italienischen Insel Lampedusa. 390 afrikanische Kinder, Frauen und Männer ertrinken. Regelmäßig kommt es zu ähnlichen Unglücksfällen bei Fluchtversuchen verzweifelter Menschen von Nordafrika nach Europa. Im Jahr 2013 riskieren rund 40 000 Menschen so ihr Leben.

2013: Mehrere afrikanische Staaten (u. a. Uganda und Nigeria) verschärfen ihre Gesetze gegen homosexuelle Männer und Frauen und andere sexuelle Minderheiten zu lebenslanger Haft. Die Todesstrafe für homosexuelle Handlungen droht bereits in Sudan, Südsudan und Mauretanien. In 38 von 54 afrikanischen Staaten bestehen Gesetze mit der Androhung von langjährigen Haftstrafen gegen sexuelle Minderheiten. Neu sind Gesetze, die erstmals auch jene kriminalisieren, die nicht bereit sind, homosexuelle Bekannte, Kollegen oder Familienmitglieder anzuzeigen oder die sich sogar öffentlich für deren Rechte einsetzen. Immerhin gibt es heute (2025) in neun afrikanischen Staaten Gesetze, die sich gegen die Diskriminierung sexueller Minderheiten aussprechen, s. auch S. 246.

2014: Im Norden Nigerias werden in der Nacht vom 14. auf den 15. April 2014 aus einer Schule 276 Mädchen von der islamisch-fundamentalistischen Terrorgruppe Boko Haram entführt. Bis Ende April können zwei Gruppen von insgesamt 57 Mädchen entkommen und zu ihren Familien flüchten, 219 werden weiter vermisst. Auf verschiedenen sozialen Netzwerken kommt es zu Petitionen an die nigerianische Regierung, mehr zu tun, um die Mädchen zu befreien. Allein auf Twitter haben bis zum 11. Mai weltweit mehr als 2,3 Millionen Menschen die Kampagne »Bringt unsere Mädchen zurück!« unterstützt, darunter auch Michelle Obama (*1964), die Frau des US-Präsidenten Barack Obama (*1961).

2014: Bei den Wahlen in Südafrika im April wird Jacob Zuma trotz Kritik wegen der Morde an den 34 Bergarbeitern in Marikana sowie wegen persönlicher Bereicherung beim Ausbau seiner Privatvillen in Nkandla wiedergewählt. Erneut gewinnen jedoch auch die Oppositionsparteien an Stimmen.

2014: Anfang August lädt US-Präsident Barack Obama einem ersten USA-Afrika-Gipfeltreffen nach Washington ein, der 50 der 54 Regierungen folgen. Er spricht dabei von einem »Treffen unter Gleichen« und bietet u. a. Kooperation in der Terrorismusbekämpfung an. Es wird deutlich, dass die USA hier gegenüber China aufholen wollen: Die wirtschaftlichen Investitionen Chinas in Afrika betragen 2014 rund 200 Billionen US-Dollar, die der USA mit 85 Billionen US-Dollar dagegen deutlich weniger als die Hälfte.

2014: Seit März 2014 verbreitet sich in Westafrika (Guinea, Liberia und Sierra Leone) das Ebolavirus epidemieartig. Verantwortlich dafür sind vor allem marode bis nicht existierende öffentliche Gesundheitssysteme, die die hoch ansteckende Krankheit, die in 70–90 Prozent der Fälle tödlich verläuft, kaum eindämmen können. Internationale Hilfe kommt erst allmählich in Gang – oder gar nicht. Auf dem Treffen der 20 mächtigsten Industrieländer (G20) Mitte November 2014 im australischen Brisbane wird die unglaubliche Summe von zwei Trillionen US-Dollar (eine Eins mit 18 Nullen) für weiteres Wirtschaftswachstum verabredet – dagegen gibt es kein Geld für den Kampf gegen Ebola. Nur die

Weltbank (WBG) und der Internationale Währungsfonds (IMF) werden aufgerufen, 300 Millionen US-Dollar so zu investieren, dass »die Weltwirtschaft bei ähnlichen Gesundheitsepidemien in Zukunft nicht gefährdet wird«.

2015: Bis April sind von der Weltgesundheitsorganisation (WHO) mehr als 25 000 mit Ebola infizierte Menschen registriert, inzwischen sind auch Einzelfälle außerhalb Afrikas bekannt, wie den USA und einigen Ländern Europas. Es gelingt – vor allem dank strengen Hygienevorschriften und vorbildlicher ärztlicher Versorgung auf dem Land – Ebola einzudämmen. Bis zum offiziellen Ende der Ebolaepidemie 2016 in Westafrika sind von mehr als 28 500 Infizierten rund 11 300 gestorben. Spätere Ebolaausbrüche in der Demokratischen Republik Kongo (DRC) 2018–2020 und Uganda 2022 lernen von diesen Erfahrungen und bleiben regional.

2015: Am 7. Januar kommt es zu Anschlägen islamistischer Terroristen in Paris auf die Satirezeitschrift *Charlie Hebdo* sowie am 8. Januar auf einen jüdischen Supermarkt, bei denen zwölf Menschen ermordet werden. Die Attentäter sind die Brüder Saïd (1980–2015) und Chérif Kouachi (1982–2015), Kinder algerischer Einwanderer, die in einem Heim und später bei einer Pflegefamilie aufwuchsen, sowie Amedy Coulibaly (1982–2015), dessen Familie aus Mali stammt. Alle drei Attentäter, die miteinander befreundet waren, werden von der Polizei gestellt und nach einem Schusswechsel getötet. In den Tagen danach kommt es in der westlichen Welt zu millionenfachen Solidarisierungen unter dem Motto *Ich bin Charlie!* in Solidarität mit den Opfern. In einigen islamischen Ländern finden Massendemonstrationen gegen die als verletzend empfundenen Karikaturen von *Charlie Hebdo* statt, auch hierbei kommt es zu Toten.
Am 20. Januar wird demgegenüber der junge Muslim Lassana Bathily (*1990) in Frankreich als Held geehrt: Er hatte sechs Kunden beim Überfall auf den jüdischen Supermarkt ein Versteck gezeigt und ihnen dadurch das Leben gerettet. Mit 16 floh Bathily aus Mali, mit 18 drohte ihm die Ausweisung – jetzt erhielt er mit

24 Jahren in einem Schnellverfahren die französische Staatsbürgerschaft vom Premierminister persönlich überreicht.

2015: Ende März finden Wahlen im bevölkerungsstärksten Land Afrikas, in Nigeria, statt: Zum ersten Mal seit der Rückkehr zur Demokratie 1999 wird ein Oppositionspolitiker zum neuen Präsidenten gewählt – der Ex-General Muhammadu Buhari (*1942) löst Goodluck Jonathan (*1957) bis 2023 ab, der seinem Nachfolger vorbildlich gratuliert und damit einen friedlichen Übergang ermöglicht. Dies findet weltweite Anerkennung.

2016: Von den derzeit rund 60 Millionen Flüchtlingen in der Welt befinden sich etwa ein Viertel, mehr als 15 Millionen, in Afrika (bis 2024 erhöht sich die Zahl auf weltweit 114 Millionen). Die weitaus meisten Flüchtlinge kommen niemals in den wohlhabenden Ländern an: 86 Prozent der Flüchtlinge weltweit werden von anderen armen Ländern aufgenommen, oft Nachbarländern, denen es nicht viel besser geht, aber wo die unmittelbare Bedrohung kleiner erscheint. Dort harren sie nicht selten jahrelang in oft erbärmlichen, riesigen Zeltlagern aus. Die Flüchtlingsströme in Europa sind dagegen wesentlich geringer: 2016 waren rund 6,3 Millionen Flüchtlinge in der EU registriert, von denen 14 Prozent in Lagern oder Asylunterkünften für klar begrenze Zeiten untergebracht sind.

2017: Nach dem vom Militär erzwungenen Rücktritt des 93-jährigen Präsidenten von Simbabwe, Robert Mugabe (1924–2019), am 15. November – nach 37 Jahren im Amt – wird der ehemalige Vizepräsident Emmerson Mnangagwa (*1942) zu seinem Nachfolger ernannt. Er bemüht sich zunächst um eine Aufhebung der US-Sanktionen gegen sein Land »wegen unfreier Wahlen und Unterdrückung der Opposition«. Als dies von der US-Regierung unter Präsident Joe Biden (*1942) abgelehnt wird, sucht Mnangagwa ab 2023 die Nähe zu Russland und unterstützt dann auch die Invasion Russlands in der Ukraine.

2018: In Südafrika muss Präsident Jacob Zuma am 10. Februar wegen schwerwiegender Korruptionsvorwürfe zurücktreten. Sein

Nachfolger wird Cyril Ramaphosa (*1952), der einmal Mandelas Wunschkandidat als Nachfolger war. Jacob Zuma hat sich bis heute nicht vor einem Gericht verantworten müssen, sondern konnte sich immer wieder mit juristischen Tricks entziehen.

2019: Der Präsident von Äthiopien, Abiy Ahmed (*1976), erst seit 2018 im Amt, erhält den Friedensnobelpreis für seine Bemühungen, den seit 1998 andauernden blutigen Grenzstreit mit Eritrea zu beenden und erstmals wieder diplomatische Beziehungen zuzulassen. Unter Vermittlung der Regierung von Algerien kommt es im Juni 2000 tatsächlich zu einem Friedensabkommen.

2020: Im November kommt es in Äthiopien zu einem neuen militärischen Konflikt, der während der folgenden zwei Jahre zu einem Bürgerkrieg mit fast einer halben Million Toten führt: Das Volk der Tigray, die vor allem in einem nördlichen Gebiet des Landes gleichen Namens leben und früher mehr Privilegien hatten, nehmen dies der Regierung von Abiy Ahmed übel und forcieren mehrere Konflikte, die eskalieren. Die Tigray-Region wird von der Zentralregierung zunehmend blockiert, auch was Nahrungsmittel, Medikamente, Strom und Medienzugang betrifft. Die humanitäre Not der etwa sieben Millionen Menschen in der Region (von etwa 110 Millionen Äthiopier*innen insgesamt) ist verheerend – mehr als die Hälfte der Kinder hungern, Kranke und Verletzte können kaum noch versorgt werden. Beiden Seiten werden schwere Kriegsverbrechen vorgeworfen. Unter Vermittlung der USA und Südafrikas wird am 2. November 2022 endlich ein Waffenstillstand unterzeichnet. Ein stabiler Frieden ist bis heute nicht erreicht.

2020–2023: Am 24. März 2020 erklärt die Weltgesundheitsorganisation (WHO) COVID-19 (Corona) zur »globalen Pandemie« mit bis heute weltweit fast 6,9 Millionen Toten. In kurzer Zeit gelingt es, wirksame Impfstoffe gegen Neuinfektionen zu entwickeln. Diese werden jedoch zuerst von reichen Ländern aufgekauft ohne Rücksicht auf die Not in armen Ländern: Bis Juli 2021 sind so 65 Prozent der Menschen in Nordamerika und 55 Prozent in Europa geimpft, aber nur zwei Prozent der Bevölkerung aller Menschen

auf dem afrikanischen Kontinent! Schlimmer noch: Auch als es in Deutschland bereits mehr als dopppelt soviel Impfdosen gibt, als eingesetzt werden können, wird doch nicht geteilt. Im Gegenteil: Als im November 2021 zuerst in Südafrika Wissenschaftler*innen die neue Omnikron-Variante entdecken und ihr Wissen weltweit teilen, ist nicht Anerkennung die Folge, sondern ein umgehendes Einreiseverbot in Europa für Südafrikaner*innen (das sich später als völlig sinnlos herausstellt). Zum offiziellen Ende der Pandemie am 5. Mai 2023 hat die WHO in Europa ca. 736 000 Tote (in Deutschland knapp 90 500) registriert, auf dem Kontinent Afrika etwa 258 000 Tote.
Eine Lektion bleibt: Globale Gesundheitskatastrophen können nur verhindert werden, wenn auch international in den Aufbau minimaler, gleichwohl effektiver öffentlicher Gesundheitsversorgung in armen Ländern investiert wird.

2021: Während Coronazeiten behauptet der Präsident von Tansania, John Magafuli (1959–2021), dass sein Land von der Pandemie verschont geblieben sei und dass Impfstoffe und Hygieneregeln sinnlos seien. Er stirbt am 17. März 2021 (offiziell an »Herzproblemen«, doch es besteht kaum Zweifel, dass er mit Corona infiziert war). Seine Nachfolgerin, Samia Suluhu Hassan (*1960), die erste weibliche Präsidentin des Landes, rief in ihrer ersten Rede zu Corona-Schutzmassnahmen auf und startete ein Impfprogramm, das Zehntausenden das Leben rettete. Ebenso erfreulich ist, dass sie die Opposition zum Dialog ermutigte und Pressefreiheit als Teil einer funktionierenden Demokratie erklärte. Kritik erfuhr sie von Menschenrechtsorganisationen, weil sie das Wohl von Naturparks über das der dort ansässigen rund 150 000 Maasai stellte und Teile des Maasai-Volkes bereits mehrfach von ihren angestammten Weidegründen zugunsten von devisenbringenden Elite-Safaris vertrieben wurden.

2022: Am 2. März stimmten bei der UNO-Generalversammlung die überwältigende Mehrheit von 149 Staaten gegen die Invasion Russlands in der Ukraine, fünf waren dagegen und 35 enthielten sich. Fast die Hälfte der Enthaltungen, 17, waren von afrikanischen Staaten, fast ein Dittel aller 54 Länder Afrikas.

2020–2023: In Westafrika kommt es in drei Ländern, alle ehemalige französische Kolonien, zu Militärputschen: in Mali (August 2020 und Mai 2021), Burkina Faso (Januar und September 2022) und Niger (Juli 2023). Diese werden überwiegend von der jungen Generation unterstützt. Was von der einen Seite als ein »Putschen gegen demokratisch gewählte Regierungen« verurteilt wird, bezeichnen die anderen als »längst notwendiges Ende kolonialer Bevormundung«.
Nicht nur das französische Militär zieht sich daraufhin zurück aus diesen Ländern, sondern auch die Bundeswehr beendet ihre »Friedensmission« in Mali von rund 20 000 Soldat*innen im Dezember 2023.

2023: Seit Mai ist Bola Ahmed Tinubu (*1952), ein wohlhabender Geschäftsmann, der demokratisch gewählte Präsident Nigerias, des bevölkerungsreichsten Landes Afrikas.

2024: Namibia wird das neunte Land Afrikas, in dem die Rechte sexueller Minderheiten geachtet werden – nach Südafrika (1995), der Zentralafrikanischen Republik (2008), Lesotho (2010), Mosambik (2015), den Seychellen (2016), Botswana (2016), Gabun (2020) und Angola (2021).

2024: Anfang Januar bestätigt der durch einen Militärputsch an die Macht gekommende Interimspräsident von Burkina Faso, Ibrahim Traoré (*1988), dass die ersten 100 russischen Soldaten »als Teil seiner Leibgarde« eingetroffen seien. Der russische Staatschef Wladimir Putin (*1952) kündigt gleichzeitig an, dass es in Zukunft keine russischen Söldner wie die berüchtigte Wagner-Gruppe mehr in Afrika geben solle, der Plan sei vielmehr, eine russische Afrika-Legion von 50 000 Soldat*innen aufzubauen, die »allein, wo gewünscht, für Frieden und gegen Neokolonialismus« eingesetzt werden würde.

2024: Am 11. und 12. Januar befasst sich der Internationale Gerichtshof (IGH) in Den Haag mit einem Antrag Südafrikas, die Regierung Israels wegen Völkermordes (Genozid) im Gaza-Streifen zu verurteilen und einen sofortigen Waffenstillstand zu fordern. Südafrika benennt gleichwohl die schrecklichen Verbrechen an über 1200 überwiegend israelischen Zivilisten am 7. Oktober 2023, ist jedoch auch aufgrund der eigenen Geschichte von Apartheid der Meinung, dass Israels Regierung und Armeeführung die rund 1,3 Millionen palästinensischen Zivilist*innen im Gaza-Streifen, davon die Hälfte Kinder, unverhältnismäßig bombardieren und humanitäre Hilfe aktiv blockieren. Der IGH spricht vorerst kein Urteil, nimmt aber den Antrag Südafrikas an und fordert Israel auf, »mit sofortiger Wirkung« alles zu unterlassen, was die Zivilbevölkerung im Gaza-Streifen weiter unverhältismäßig gefährde.

2024: In Senegal protestieren zunehmend junge Menschen gegen den bisherigen Präsidenten Macky Sall (*1961), der nach zwei Amtsperioden von der Verfassung vorgeschriebene Wahlen verschieben möchte, nachdem mehrere oppositionelle Politiker*innen bereits verhaftet wurden. Doch die jungen Protestierenden bleiben gewaltlos und bekommen zunehmend Unterstützung von der Bevölkerung, so auch von den Gewerkschaften. Schließlich ordnet das Oberste Verfassungsgericht an, dass die Wahlen nicht weiter verschoben werden dürfen.
Am 24. März finden landesweit friedliche Wahlen statt, bei denen der früher oppositionelle Bassirou Diomaye Faye (*1980) mit 54 Prozent der Stimmen zum neuen Präsidenten gewählt wird – dies wird gleichzeitig als ein Sieg der Demokratie in Senegal gefeiert und erneut überwältigend bestätigt bei den Parlamentswahlen am 17. November 2024, bei denen Fayes und Sonkos Partei 131 von 165 sitzen erhält.

2024: Am 1. April wird Judith Tuluka Suminwa (*1967) Premierministerin der Demokratischen Republik Kongo und damit die neunte weibliche Regierungschefin seit dem Ende des Kolonialismus in Afrika.

2024: Bei den Wahlen vom 29. Mai verliert in Südafrika erstmals nach 30 Jahren die frühere Befreiungsbewegung und spätere politische Partei African National Congress (ANC) die absolute Mehrheit von 50 Prozent und bildet mit einem Anteil von nur noch 40 Prozent eine Regierung der nationalen Einheit (Government of National Unity, GNU) zusammen mit der zweitstärksten Partei

Democratic Alliance (DA), die auf fast 22 Prozent kommt, sowie zwei weiteren kleinen Parteien. Bei diesem friedlichen Übergang wird Cyril Ramaphosa am 14. Juni als Präsident wiedergewählt.

2025: Am 20. Januar wird der republikanische, national-populistische Donald Trump (*1946) erneut US-Präsident. Es ist zu erwarten, dass für afrikanische Staaten günstige Wirtschaftsabkommen weiter reduziert werden.

Register

Bildnachweise

© Karten: Peter Palm, Berlin

S. 5: »Masiphumelele« © Lutz van Dijk; **S. 13:** Sive Maholwana © privat; **S. 18:** Sive Maholwana © privat; **S. 21:** Desmond Mpilo Tutu – Pressestelle Erzbischof Tutu; **S. 63:** Cheikh Anta Diop – www.abagond.wordpress.com; **S. 81:** Haile Selassie – British Press Service, no 3757; Transfer; United States. Office of War Information. Overseas Picture Division. Washington Division; 1944; Wikimedia Commons; **S. 97:** Nzinga Mbemba – © Brian R. Owens; www.africanhistory-histoireafricaine.com; **S. 104:** Olaudah Equiano – The Interesting Narrative of the Life of Olaudah Equiano, or Gustavus Vassa, the African, London, 1789, British Library; flickr.com; **S. 114:** Cetshwayo – © Alexander Bassano; **S. 124:** Samuel Maharero – © delcampe.net; **S. 130:** Chinua Achebe – © Carlo Bavagnoli/Time Life Pictures/Getty Images; **S. 133:** Ama Ata Aidoo – © The Art of Ama Ata Aidoo; Fadoa Films 2014; **S. 137:** Rudolf Duala Manga Bell – Quelle unbekannt; **S. 150:** Ellen Johnson Sirleaf – © Chatham House, London; flickr.com; **S. 152:** Frantz Fanon – © Pacha J. Willka; Wikimedia Commons; **S. 157:** Patrice Lumumba – © imago stock&people; **S. 159:** Patrice Lumumba – © imago/ZUMA/Keystone; **S. 162:** Kwame Nkrumah – © Time Magazine; **S. 172:** Bobi Wine – © Konrad Hirsch, München; **S. 174:** Léopold Sédar Senghor –Université Populaire Méroë-Africa; www.universitepopulairemeroeafrica.org; **S. 177:** Julius Nyerere – www.mzungu-inmanzese.blogspot.de; **S. 178:** Thomas Sankara – Homepage des Konsulats von Burkina Faso in Zürich; **S. 186:** Miriam Makeba – © Tom Beetz; **S. 190:** Graça Machel – © Sports for Peace Gala; Wikimedia Commons; **S. 192:** Wangari Maathai – © Barbara Unmüßig/Heinrich-Böll-Stiftung; flickr.com; **S. 195:** Joyce Banda – © Marisol Grandon/Foreign, Commonwealth & Development Office; **S. 197:** Margaret Busby – © Evening Standard/Getty Images; **S. 205:** Antoinette und Hector Pieterson – © Hector Pieterson Memorial & Museum, Johannesburg; **S. 209:** Nelson Mandela & Helen Suzman – © Helen Suzman Foundation; **S. 214:** Nkosi Johnson – © Juda Ngwenya/Reuters; **S. 230:** Ken Saro-Wiwa – Library Information Services; Maynooth University; flickr.com; **S. 239:** David Kato – © IPS-Inter Press Service News Agency; **S. 244:** Chimamanda Ngozi Adichie – © David von Becker; **S. 253:** Mohamed Bouazizi – © Leila Allagui; www.tunisia-stamps.tn; **S. 261:** Khaled Said – »Killing of Khaled Mohamed Saeed«; en.wikipedia.org; **S. 280:** Moustapha Diallo – © privat; **S. 287:** George Floyd; Mauergemälde in Berlin © Lutz van Dijk; **S. 299:** Ben Okri – Metsavend; Wikimedia Commons; **S. 305:** Sonwabiso Ngcowa – © privat; **S. 309:** Amma Darko – © Herby Sachs; **S. 315:** Maimuna Bojang – © privat

Der Verlag hat sich bemüht, alle Rechteinhaber ausfindig zu machen und zu kontaktieren. Dies ist leider nicht in jedem Fall gelungen. Eventuelle Rechteinhaber werden gebeten, sich mit dem Verlag in Verbindung zu setzen.

Aktualisierte und erweiterte Ausgabe der zuerst 2004 erschienenen *Geschichte Afrikas* im Campus Verlag (Frankfurt a.M. und New York), dann neu im Peter Hammer Verlag (Wuppertal) 2015, 2. Auflage 2016.

Sonderausgabe für die Landeszentrale für politische Bildung

FSC
www.fsc.org
MIX
Aus verantwortungsvollen Quellen
FSC® C106954

Erweiterte und aktualisierte Neuauflage 2025

Lektorat: Laurenz Bolliger, Berlin
Korrektorat und Register: Büro Z, Wiesbaden
Der Verlag dankt Gudrun Honke für ihre kritische Durchsicht.
Umschlaggestaltung: Magdalene Krumbeck, Wuppertal
Satz: Magdalene Krumbeck, Wuppertal
Druck: Florjančič tisk d.o.o., Maribor, Slowenien
ISBN 978-3-7795-0768-0

Sie möchten in Kontakt mit dem Peter Hammer Verlag bleiben?
Abonnieren Sie gerne unseren Newsletter und folgen Sie uns auf Social Media.
www.peter-hammer-verlag.de

Peter Hammer Verlag GmbH
Föhrenstr. 33–35, 42283 Wuppertal, Deutschland
info@peter-hammer-verlag.de